Wolfgang Schroeder
Robert Paquet (Hrsg.)

Gesundheitsreform 2007

Nach der Reform
ist vor der Reform

W0195292

VS VERLAG FÜR SOZIALWISSENSCHAFTEN

Bibliografische Information der Deutschen Nationalbibliothek
Die Deutsche Nationalbibliothek verzeichnet diese Publikation in der
Deutschen Nationalbibliografie; detaillierte bibliografische Daten sind im Internet über
http://dnb.d-nb.de abrufbar.

1. Auflage 2009

Alle Rechte vorbehalten
© VS Verlag für Sozialwissenschaften | GWV Fachverlage GmbH, Wiesbaden 2009

Lektorat: Frank Schindler

VS Verlag für Sozialwissenschaften ist Teil der Fachverlagsgruppe
Springer Science+Business Media.
www.vs-verlag.de

Das Werk einschließlich aller seiner Teile ist urheberrechtlich geschützt. Jede
Verwertung außerhalb der engen Grenzen des Urheberrechtsgesetzes ist
ohne Zustimmung des Verlags unzulässig und strafbar. Das gilt insbesondere
für Vervielfältigungen, Übersetzungen, Mikroverfilmungen und die Einspei-
cherung und Verarbeitung in elektronischen Systemen.

Die Wiedergabe von Gebrauchsnamen, Handelsnamen, Warenbezeichnungen usw. in diesem
Werk berechtigt auch ohne besondere Kennzeichnung nicht zu der Annahme, dass solche
Namen im Sinne der Warenzeichen- und Markenschutz-Gesetzgebung als frei zu betrachten
wären und daher von jedermann benutzt werden dürften.

Umschlaggestaltung: KünkelLopka Medienentwicklung, Heidelberg
Druck und buchbinderische Verarbeitung: Krips b.v., Meppel
Gedruckt auf säurefreiem und chlorfrei gebleichtem Papier
Printed in the Netherlands

ISBN 978-3-531-15984-3

Inhalt

Anhang

Vorwort

Die Gesundheitsreform 2007 (Gesetz zur Stärkung des Wettbewerbs in der gesetzlichen Krankenversicherung GKV-WSG) zielt im Kern auf eine Reform des Finanzierungsmodus und der Institutionenordnung des bundesdeutschen Gesundheitssystems. Der Gesundheitsfonds, die Entmachtung der Verbände der Krankenkassen sowie die neue Bedeutung einzelvertraglicher Regelungen zwischen den Kassen und Leistungsanbietern werden die Akteurslandschaft dieses Politikfelds massiv verändern. Dieser Prozess ist bereits im vollem Gange. Während sich die traditionellen Verbände bzw. Kollektivakteure der Gesundheitspolitik in diesen Gesetzgebungsprozess lautstark und offensiv einbrachten, weil sie sich herausgefordert fühlten und um ihren Platz kämpfen mussten, interessierte sich die breite Öffentlichkeit vergleichsweise wenig für diese Reform. Dabei steht jedoch eines fest: Rückblickend wird man konstatieren, dass mit diesem Gesetz der Weg zu einer grundlegend neuen Akteurskonstellation in der deutschen Gesundheitspolitik eröffnet wurde. Denn einer deutlichen Schwächung der Verbände steht die gestärkte Steuerungsfähigkeit des Staates sowie eine zunehmende Marktorientierung und Eigenständigkeit der einzelnen Kassen gegenüber. In diesem Band befassen wir uns mit der Rolle, dem Selbstverständnis und den Strategien der wesentlichen Akteure des deutschen Gesundheitswesens. Im Zentrum steht die Frage, wie sie die Reform beeinflusst haben und wie sie selbst von dieser Reform beeinflusst worden sind.

Ausgangspunkt für dieses Buch war ein Workshop, der von den Herausgebern im September 2007 in Berlin mit Unterstützung der Hans-Böckler-Stiftung und des BKK Bundesverbandes durchgeführt wurde. Teilgenommen haben zentrale Handlungsträger des Gesetzgebungsprozesses, die aus ihrer Perspektive die Entstehung, Bedeutung und Wirkungen des GKV-WSG reflektiert haben. Da „gutes Regieren", und das heißt hier konkret die solide Weiterentwicklung des deutschen Gesundheitssystems, maßgeblich von den beteiligten Personen und ihrem „Rollenverständnis" abhängt, ist es unabdingbar, sich mit ihrer Wahrnehmung der Prozesse auseinanderzusetzen. Dies geschieht in dieser Studie nicht alleine in historischer Perspektive, sondern als zukunftsorientiertes Lehrbeispiel für Regierungshandeln unter den Bedingungen einer hochkomplexen Akteurskonstellation.

Mit dem 2009 bevorstehenden Inkrafttreten der wesentlichen Regelungen der Gesundheitsreform entwickelt sich aber nicht nur ein Wandel der Institutionen und ein Paradigmenwechsel in der politischen Steuerung hin zu mehr Staat, sondern auch eine andere Form des Wettbewerbs. Welche Konsequenzen hat die partielle Verstaatlichung der Gesundheitspolitik? Welche neuen Vertragsgestaltungen und Vertragspartnerschaften bilden sich heraus? Welche Rolle spielen zukünftig die verschiedenen Verbände? Wer sind die Gewinner und Verlierer? Gemäß dem Motto „Nach der Reform ist vor der Reform!" skizzieren wir mit diesem Band zugleich die Bedingungen für die nächste Reformrunde, die sicher in der kommenden Legislaturperiode folgen wird. Deren Inhalt wird maßgeblich geprägt sein durch die in diesen Beiträgen dargestellten Interessen und Deutungen.

Dieses Buch ist das Ergebnis einer beeindruckenden Teamleistung. An erster Stelle möchten wir uns bei allen Autorinnen und Autoren bedanken, die durch ihre Texte die Basis für das Gelingen dieses Projektes gelegt haben. Zu danken ist aber gleichermaßen dem Redaktionsteam: Ohne den unermüdlichen Einsatz von Florian Albert, Marike Bartels, Robert Fischbach, Samuel Greef, Arijana Neumann, Michael Reschke, Tanja Schöttner, Andreas D. Schulz und Susanne Wilhelmi wäre dieses Werk in dieser vergleichsweise überschaubaren Zeit nicht zustande gekommen.

Wolfgang Schroeder (Kassel)   Robert Paquet (Berlin)
1. September 2008

Gesundheitsreform 2007 – Akteure, Interessen und Prozesse

Robert Paquet / Wolfgang Schroeder

Während in der Renten- und Arbeitsmarktpolitik zwischen 2001 und 2007 weitreichende Veränderungen der Strukturen, Leistungen und Ergebnisse mit wenigen Paukenschlägen durchgesetzt wurden, sind die Veränderungen in der Gesundheitspolitik eher schleichend. Sicher gab es auch in diesem Politikfeld in den letzten Jahren viele Veränderungen, die aber weitgehend in der Logik der Kostendämpfungspolitik verharrten. Die Gesundheitsreform 2007 unterscheidet sich davon deutlich und bricht aus dieser Entwicklungslogik aus. Zwar lässt sie den Leistungsbereich, der normalerweise die Bürger am stärksten interessiert, praktisch unberührt. Durch die Änderungen im Finanzierungssystem und die Organisationsreform der Krankenversicherung führt sie jedoch zu einer grundsätzlichen Strukturveränderung, die lange nachwirken wird. Daher bietet gerade dieser Gesetzgebungsprozess einen vertieften Einblick in neue Formen des experimentellen Regierens, in konträre Interessenlagen, schwierige Aushandlungsprozesse und vetoorientierte Akteursstrukturen.

Weil in der Gesundheitspolitik eher der evolutionäre Wandel dominiert, kann auch weiterhin auf die großen Veränderungen gewartet werden. Mit ihren Beschlüssen für die „Bürgerversicherung" (SPD) und die „Solidarische Kopfpauschale" (CDU/ CSU) haben sich die beiden großen Parteien neu zu positionieren versucht. Doch mit der Großen Koalition ist dem Denken in Dimensionen des Systemwechsels zunächst einmal eine Absage erteilt worden. Denn solche Debatten über die Zukunft des Gesundheitswesens verbreiten meist mehr Unsicherheit als Vertrauen in die Leistungsfähigkeit der Systeme. Diese hohe, zuweilen nervöse öffentliche Aufmerksamkeit ist einerseits darauf zurückzuführen, dass nahezu alle Bürgerinnen und Bürger von möglichen negativen Veränderungen in der Gesundheitspolitik betroffen sind. Andererseits ist es nicht nur ein Thema individueller Betroffenheit, denn in keinem anderen Politikfeld gibt es derart viele konkurrierende Akteure, die um Anteile, Einfluss und Gestaltung ringen. Dabei geht es auf der inhaltlichen Seite einerseits um die Qualität und die Kosten der

Gesundheitsversorgung, aber andererseits auch darum, dass der Gesundheitssektor mit seinem nahezu 11-prozentigen Anteil am Bruttoinlandsprodukt und mittlerweile weit über vier Millionen Beschäftigten ein wesentlicher wirtschaftlicher Faktor ist.

Das vorliegende Buch beschäftigt sich mit der neuen Akteurskonstellation, die die Gesundheitsreform 2006/2007 geschaffen hat und mit den Veränderungen, die am 1. Januar 2009 in Kraft treten. Dabei wird keine „neutrale" Perspektive eingenommen, sondern die mit- und gegeneinander ringenden Akteure und Interessengruppen kommen selbst zu Wort, eingerahmt durch verschiedene wissenschaftliche Beiträge. Durch die Akteursperspektive sollen die divergierenden Probleme und ihre Deutungen möglichst authentisch artikuliert werden, um die gravierenden Veränderungen sowie ihre Bedeutung für eine post-korporatistische Systemperspektive und einen aktivierenden Sozialstaat in einen interessenpolitischen Focus einzubinden. Die Akteure schildern aus ihrer Perspektive, welche Maßnahmen zu den von ihnen beobachteten Veränderungen führten und welche Auswirkungen sie für das Gesundheitssystem prognostizieren.

Das Buch geht von der These aus, dass das deutsche Gesundheitssystem bisher wesentlich von einer Vielzahl (relativ) starker Akteure geprägt ist. Dabei ist die Akteursarena in der Gesundheitspolitik sehr vielschichtig und bunt. Sie reicht von den Kräften der Regierung und der sie tragenden Parteien bis zu den Ländern. Dazu gehören aber auch die Kassen mit ihren Bundes- und Landesverbänden, ihren Selbstverwaltungen und den Hauptamtlichen, die Arbeitgeberverbände und die Gewerkschaften. Außerdem natürlich die Akteure aus dem Bereich der Leistungserbringer, also beispielsweise die Organisationen der Ärzte, der Krankenhäuser, der Pharmaindustrie und der medizintechnischen Hersteller. Daneben gibt es die Patienten- und Verbraucherverbände, die wissenschaftlichen Beiräte, einzelne herausgehobene Wissenschaftler und – nicht zu vergessen – die Medien. Allein bei der Anhörung im Bundestag haben 94 Verbände teilgenommen; und dies war nur die Spitze des Eisbergs der Interessengruppen im Gesundheitswesen. Die genaue Zahl der Akteure, die sich in irgendeiner Weise von diesem Gesetzgebungsprozess betroffen sehen und versucht haben ihre Anliegen vorzutragen, lässt sich nur schwer ermitteln. Im Ergebnis stellt sich daher auch hier die Frage: Wer sind die Gewinner und wer sind die Verlierer dieser Reform?

Die Gesundheitspolitik ist ein ausgeprägtes Kampffeld. Die Beteiligten verfolgen zuweilen sehr unterschiedliche bis konträre Interessen, die durch das politische System ausbalanciert werden müssen. So sind die Versicherten sehr daran interessiert, mit möglichst geringen Beiträgen eine optimale Versorgungsqualität zu erhalten. Alle Leistungserbringer sind an hohen Vergütungen und Gewinnen interessiert. Alle Kassen versuchen sich im Wettbewerb mit geringen Ausgaben, hohen Einnahmen und guten Leistungen zu profilieren. Bis in die 1990er Jahre reagierte die Regierungspolitik auf die veränderten medizinisch-technologischen und ökonomischen Rahmenbedingungen einerseits durch Budgetierung in den Kollektivverträgen mit den Leistungserbringern und andererseits, indem sie den Leistungskatalog einschränkte, die Beiträge (vor allem zu Lasten der Mitglieder) erhöhte und die Zuzahlungen für die Patienten ausweitete. Ein wesentliches Ergebnis dieser Aktivitäten bestand darin, dass der Anteil der Ausgaben der Gesetzlichen Krankenversicherung (GKV) am Bruttoinlandsprodukt (BIP) seit über 30 Jahren relativ stabil gehalten werden konnte. Zugleich ist eine nachhaltige Stabilisierung des Beitragssatzes nur temporär, keinesfalls strukturell gelungen. Ursache dafür ist nicht zuletzt die Lohnbezogenheit der Beiträge. Die beitragspflichtigen Arbeitseinkommen (und die entsprechenden Lohnersatzleistungen wie Rente und Arbeitslosengeld) bleiben seit langem hinter der gesamtwirtschaftlichen Entwicklung zurück. Diese Problemkonstellation bildet den Ausgangspunkt für die Entwicklung der fundamentalen Reformprojekte der beiden großen Parteien zur künftigen Finanzierung der GKV. Die Dringlichkeit des Reformbedarfs in diesem Bereich ergibt sich insbesondere aus der Annahme, dass die hohen Lohnnebenkosten ein wesentliches Hindernis für den Abbau der Arbeitslosigkeit darstellen.

Eine erste tiefgreifendere gesundheitspolitische Strukturreform, die nicht primär an der Kostenentwicklung ansetzte, war das Gesundheitsstrukturgesetz (GSG) aus dem Jahr 1992, das über den Wettbewerb der Krankenkassen einen evolutionären Konzentrationsprozess in der GKV in Gang setzte. Waren es Anfang der 1990er Jahre noch über 1.000 gesetzliche Kassen, so reduzierte sich diese Zahl auf heute etwas mehr als 200. Außerdem wurden die Konturen der Kassenarten durch die zunehmende Wahlfreiheit der Versicherten immer mehr verwischt. Die Organisationsreform im Gesetz zur Stärkung des Wettbewerbs in der gesetzlichen Krankenversicherung (GKV-WSG) zieht die bereits damals angelegten Konsequenzen und ist insoweit eine Weiterführung der entsprechenden Ansätze des GSG.

1   Von der Gesundheitsreform 2003 zur Reform 2007

Spätestens seit den 1990er Jahren ist wegen der Lohnnebenkostendebatte das Ziel, dass der Beitragssatz stabilisiert oder gar reduziert werden müsse, die grundlegende Orientierungslinie der Gesundheitspolitik. Trotz mehrerer Reformen (Gesundheitsreform 2000, Arzneimittelausgaben-Begrenzungsgesetz 2002, Beitragssatzsicherungsgesetz 2003) gelang es der Bundesregierung bis 2003 nicht, den Anstieg des durchschnittlichen Beitragssatzes zur Gesetzlichen Krankenversicherung zu stoppen (2000: 13,6 Prozent; 2002: 14,4 Prozent). Daher versuchte Gesundheitsministerin Ulla Schmidt 2003 durch eine parteiübergreifende Gesundheitsreform, d.h. unter Einbeziehung der CDU/ CSU und der Bundesländer, einen größeren Schritt in Richtung auf eine nachhaltige Beitragssatzsenkung zu machen. Doch dieses Ziel wurde nicht erreicht. Wieder wurden keine strukturellen Reformen verankert, und wieder kam es nur zu einer einseitigen Belastung der Versicherten, bspw. durch die Einführung der Praxisgebühr, erhöhte Zuzahlungen sowie die einseitige Finanzierung des Krankengeldes und des Zahnersatzes durch die Mitglieder der Kassen. Statt der versprochenen „Jahrhundertreform" kam – trotz der äußerst schmerzhaften Auseinandersetzungen innerhalb der beteiligten Parteien – ein Gesetz heraus, das bestenfalls für einen überschaubaren Zeitpunkt eine Senkung des Beitragssatzes ermöglichen konnte. Obwohl die Gesetzlichen Krankenkassen 2005 finanzierungstechnisch deutlich günstiger gestellt waren als 2003, sahen sie sich durch ihre drückende Schuldenlast und die hinter der Kostenentwicklung zurückbleibenden Einnahmen (Arbeitslosigkeit) nicht in der Lage, die Beiträge wie von der Politik gewünscht zu senken.

In der Abfolge der Reformen, insbesondere in der Gesundheitspolitik, scheint eine Regel sicher: Nach der Reform ist vor der Reform! Die Abstände zwischen den Reformanläufen werden immer kürzer, denn bereits nach kurzer Zeit zeigt sich, dass die jüngste Reform nicht die erwünschten Wirkungen erbringt und deshalb eine neue Reform erforderlich ist. Die frustrierenden Erfahrungen der beiden großen Parteien mit der informellen Großen Koalition von 2003, d.h. mit den Wirkungen des „GKV-Modernisierungsgesetzes", führten jedoch zu einem Wandel. Nachdem in der bundesdeutschen Sozialpolitik über viele Jahrzehnte der Streit im Detail die Konkurrenz zwischen den Parteien beflügelte, entwickelte sich seit 2003 in der Gesundheitspolitik der Kampf *konkurrierender Grundkonzepte*. Während sich die CDU auf ihrem Leipziger Parteitag 2003 auf das Konzept der „Kopfpauschale" festlegte, entschied sich die SPD im gleichen Jahr für die so genannte „Bürgerversicherung". Diese politischen Richtungsentscheidungen spielten im Bundestagswahlkampf 2005 eine bedeutende Rolle. Doch mit der Großen Koalition mussten diese Grundkonzepte im Koalitionsvertrag (s. Anhang in diesem Band) explizit auf Eis gelegt werden und es begann die Suche nach Schnittmengen, die – unter den neuen Mehrheitsverhältnissen – im Sinne kleiner „dritter Wege" wenigstens temporäre Handlungsfähigkeit beweisen sollten. Auf der Basis der vagen Zielformulierungen im Koalitionsvertrag begann eine tastende Sondierungsphase, in der die heiklen Verhandlungen der Koalitionspartner für die „Eckpunkte" einer Gesundheitsreform vorbereitet wurden. Bevor auf diese Inhalte eingegangen wird, rekapitulieren wir im Folgenden den zeitlichen Ablauf des Gesetzgebungsprozesses, der ein wichtiges Basismaterial für eine politikwissenschaftliche Akteursperspektive bieten kann.

2 Die Zeitachse: Von der stillen Startprogrammierung zur Unterschrift des Bundespräsidenten

Von den ersten Vorbereitungen der Reform bis zur Unterzeichnung des Gesetzes dauerte es fast anderthalb Jahre. Den Startpunkt bildete der am 11. November 2005 fixierte Koalitionsvertrag. Den Schlussstein des eigentlichen Gesetzgebungsprozesses setzte der Bundestag, indem am 2. Februar 2007 eine Mehrheit von 378 gegen 207 Stimmen für das Gesetz zu Stande kam. Danach folgte die Unterzeichnung des Gesetzes (26. März 2007) durch den Bundespräsidenten Horst Köhler. Politik als legislatorischer Aushandlungsprozess hat also eine zeitliche Dimension, die bei komplexen Gesetzesvorhaben in abwechselnden Phasen zeitlicher Verdichtung und zögerlicher „stopp-and-go-Prozesse" verlaufen kann. In der Gesundheitspolitik ist dies mit hoher Wahrscheinlichkeit auch ein konflikthafter Prozess, in dem die zahlreichen Betroffenen versuchen, ihre jeweiligen Sonderinteressen einzubringen.

Um den Prozess besser zu verstehen, ist für die Gesundheitsreform 2007 eine Gliederung des Verlaufs in die folgenden vier Phasen sinnvoll, die durch unterschiedliche Akzente und Konflikte charakterisiert sind:

1. *Stille Startprogrammierung (November 2005 - April 2006):* Mit Abschluss des Koalitionsvertrages am 11. November 2005 begann die eigentliche Startphase, in der die wesentlichen Eckpunkte des späteren Gesetzes vorgedacht und intern zwischen den zentralen Akteuren des Bundesgesundheitsministerium (BMG), der Parteien und des Kanzleramtes kommuniziert wurden. In dieser konzeptionellen Phase spielten auch einige wenige Wissenschaftler eine Rolle, die international vergleichend nach Strukturen suchten, die innovative Impulse für den Wandel des deutschen Institutionensystems geben konnten. Der wichtigste Referenzpunkt dieser Phase waren die Niederlande, wo es bereits einen (etwas anders konstruierten) „Gesundheitsfonds" gab. Den Abschluss dieser Phase, in der die wichtigsten Grundgedanken erarbeitet wurden, die später den Charakter des GKV-WSG prägen sollten, bildeten

die Landtagswahlen in mehreren Bundesländern (Baden-Württemberg, Rheinland-Pfalz und Sachsen-Anhalt) am 27. März 2006. Hier drang kaum etwas an die Öffentlichkeit; gleichwohl herrschte bei den beteiligten Politkern eine nervöse Anspannung, wie der weitere Prozess organisiert und kommuniziert werden könnte.

2. *Machtpolitische Fixierung der Architektur (April 2006 - Juli 2006):* Nach den Landtagswahlen startete die kooperative Aushandlung der Eckpunkte, beginnend mit dem Spitzentreffen der Regierungsparteien am 29. März und der daran anknüpfenden Gründung der Bund-Länder-Arbeitsgruppe am 7. April. In ihr wurden die Eckpunkte vorbereitet, die am 3. Juli durch den Koalitionsausschuss beschlossen wurden.

3. *Referenten- und Kabinettsphase (Juli 2006 - Oktober 2006):* Nach der Verabschiedung des Eckpunktepapiers wurde der Gesetzentwurf unter Federführung des Gesundheitsministeriums erarbeitet und – zum Teil mühsam – mit dem Koalitionspartner abgestimmt. Das BMG legte seit Mitte August mehrere so genannte „Arbeitsentwürfe" vor, die einerseits Zwischenstände der innerkoalitionären Abstimmung dokumentierten, andererseits aber auch dazu dienten, für einzelne Regelungen – ohne Verbindlichkeit – die Resonanz zu „testen" bzw. die verschiedenen Interessengruppen zu ermüden. Nach einer abschließenden Diskussion der Parteispitzen, insbesondere zur Frage der sozialen Begrenzung des Zusatzbeitrags, wurde am 12. Oktober der Referentenentwurf vorgelegt. Am 24. Oktober übernahmen die Fraktionen der Koalitionsparteien die „Formulierungshilfe" des BMG als Gesetzentwurf zur Einbringung in den Bundestag. Am 25. Oktober beschloss das Bundeskabinett den gleichen Text.

4. *Feinjustierung, Änderungsanträge und Gesetzesabschluss (Oktober 2006 - Februar 2007):* Mit dem Kabinettsbeschluss begann der Prozess der intensiven Aushandlung. Nach der mehrtägigen öffentlichen Anhörung im Gesundheitsausschuss des Bundestages und dem ersten Durchgang im Bundesrat ergab sich eine Welle von Änderungswünschen im Grundsatz und Detail. Nachdem der Gesundheitsfonds selbst aber durch die Spitzen der Koalition akzeptiert war, konzentrierten sich die Konflikte auf die weitere Entwicklung der privaten Krankenversicherung und die finanzielle Belastung der Länder (Konvergenzklausel).

Abbildung 1:   Aushandlungsprozess Gesundheitsreform 2008

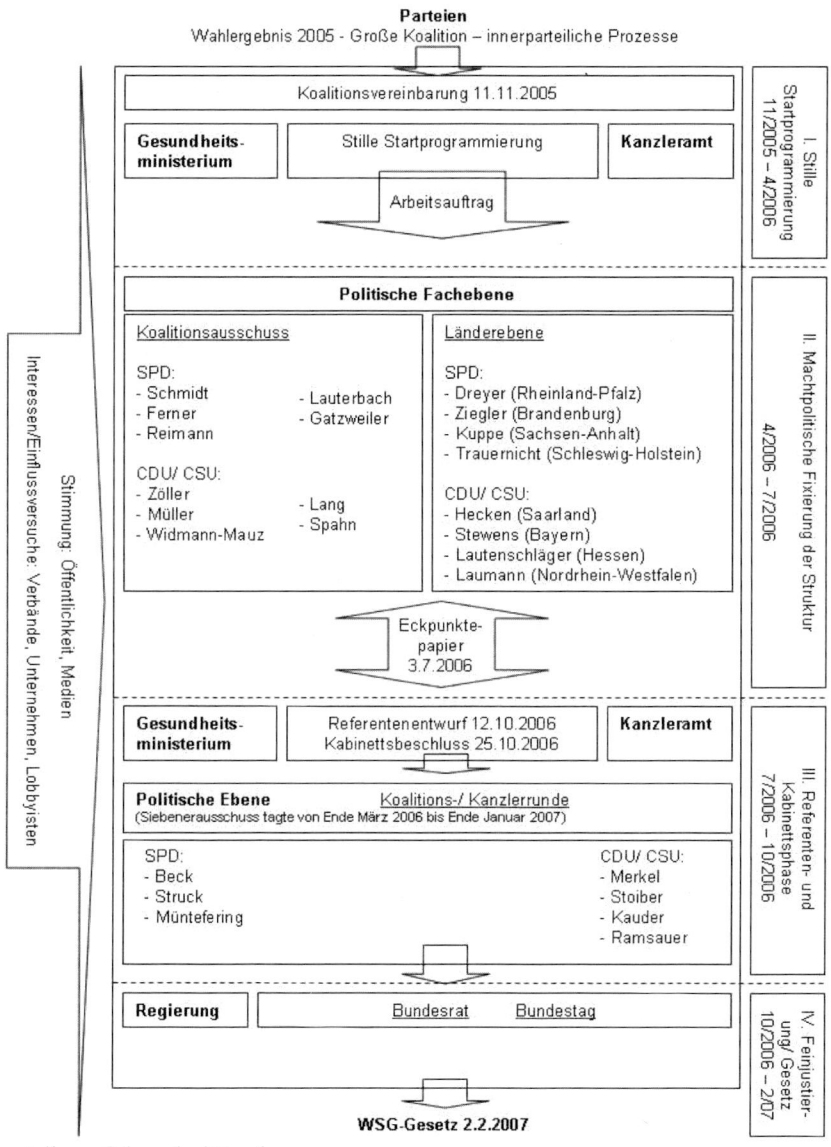

Darstellung: Schroeder/ Greef

Auch nach dem Inkrafttreten der Reform hält die Kritik bei fast allen Beteiligten – mit Ausnahme der Bundesregierung und der Partei- und Fraktionsspitzen der Großen Koalition – weiter an. Obwohl das Gesetz Stück für Stück umgesetzt wird, gibt jeder dieser Schritte willkommene Gelegenheiten neben der Detailkritik auch auf Grundsätzliches zurückzukommen. Das gilt insbesondere für die folgenden Themen: Umbau der GKV-Verbändestruktur, Festlegung des allgemeinen Beitragssatzes durch die Bundesregierung, Vorbereitung und Umsetzung des Gesundheitsfonds und der Zusatzprämie, Einführung der Morbiditätsorientierung des Risikostrukturausgleichs (Morbi-RSA), Umsetzung der Vorgabe zur Einführung der Insolvenzfähigkeit der Kassen, Konkretisierung der Vergütungsreform für die niedergelassenen Ärzte und die Fragen nach den Umverteilungswirkungen des Gesundheitsfonds zwischen den Ländern. Bemerkenswert ist, dass diese Konflikte einerseits bis weit in die beiden Koalitionsparteien hinein wirken und auch im Jahre 2008 immer wieder für erhebliche Spannungen sorgen. Andererseits leisten mehrere Bundesländer nach wie vor massiven Widerstand gegen die Umsetzung bestimmter Teile des Gesetzes. Das gilt z.B. für Bayern und Baden-Württemberg bei der Einführung des Morbi-RSA und außerdem für Sachsen bei der Beschränkung der durch den Gesundheitsfonds ausgelösten Finanztransfers zwischen den Ländern. Dabei kommt auch die nachgelagerte Kritik weitgehend von den Akteuren, die die entsprechenden Einwände schon im Laufe der Reformberatungen vorgetragen haben. Gerade der einschneidende Wandel der Akteurskonstellation sorgt für massive Betroffenheit bei den Verlierern und produziert daher außerordentlich scharfe Auseinandersetzungen.

3   Eckpunkte des GKV-WSG

Im Zuge der Verhandlungen über einen mehrheitsfähigen Kompromiss zwischen den großen Parteien, wobei auch die Bund-Länder-AG wichtige inhaltliche Vorarbeiten leistete, haben sich die Beteiligten schließlich am 3. Juli auf ein Eckpunktepapier geeinigt. Darin sind insbesondere folgende Zielsetzungen bedeutsam:

- Finanzierung der Krankenversicherungen über einen *Gesundheitsfonds* und *Festlegung eines einheitlichen Beitragssatzes* für alle Versicherten und Arbeitgeber; Umfinanzierung versicherungsfremder Leitungen über das Steuersystem; Begrenzung der eventuell erforderlichen Zusatzbeiträge aus sozialen Gründen auf maximal ein Prozent des Haushaltseinkommens.

- *Krankenversicherungsschutz für alle*, d.h. Pflichtversicherung bzw. Rückkehrmöglichkeit für alle Bürger in GKV oder PKV.

- *Erhaltung des pluralen Systems von GKV und PKV*; allerdings Ermöglichung des *Wechsels zwischen den PKV-Unternehmen*; Einführung eines kostengünstigen *„Basistarifs"* in der PKV zum Schutz vor Überforderung einkommensschwacher PKV-Mitglieder.

- Reform der *ambulanten ärztlichen Vergütung* und Ablösung der Budgetierung der Arzthonorare; Übertragung des Morbiditätsrisikos auf die Kassen.

- Öffnung der *Krankenhäuser* für die ambulante Versorgung.

- Einführung einer *Kosten-Nutzen-Bewertung von neuen Arzneimitteln* und weitere kostenbegrenzende Maßnahmen.

- Ausweitung des *Leistungskataloges*: Mutter-Vater-Kind-Kuren werden Pflichtleistungen; Einführung der geriatrischen Rehabilitation und von Leistungen der Palliativmedizin; Erweiterung der Leistungen zur Prävention in der GKV durch Einbeziehung von Impfungen in den Leistungskatalog.

- Erweiterung der Wahlmöglichkeiten durch *Wahltarife*.

- Bildung eines *einheitlichen Spitzenverbandes der Krankenkassen (SpiBu)* für die wettbewerbsneutralen Aufgaben der GKV; Ermöglichung kassenartenübergreifender Fusionen und anderer Maßnahmen zur Intensivierung des Kassenwettbewerbs.

- Einführung des *morbiditätsorientierten Risikostrukturausgleichs* (Morbi-RSA) zwischen den Krankenkassen.

- Erweiterung der *wettbewerblichen Elemente* in den Vertragsbeziehungen zwischen Kassen und Leistungserbringern, aber auch verpflichtende Einführung von *Hausarzttarifen* für alle Krankenkassen.

Im Zentrum des GKV-WSG steht dabei der Gesundheitsfonds, der als Grundidee von Anfang an Konsens zwischen den Koalitionären war. Daneben gibt es eine Fülle institutioneller und verfahrensorientierter Veränderungen, die die Aushandlungsprozesse und Akteurskonstellationen in der Gesundheitspolitik verändern. Die Dominanz institutioneller Themen hat schließlich dazu geführt, dass es bei diesem Reformprojekt kein größeres und durchgängiges Interesse einer breiten Öffentlichkeit an den Debatten gegeben hat.[1] Zwischen den Koalitionspartnern konnten die meisten Themenfelder weitgehend im Konsens konkretisiert werden. Die heftigsten Kontroversen hat es bei den Regelungen zur Morbiditäts-

---

[1] Um die Reform in der Öffentlichkeit besser „verkaufen" zu können, wurde der Leistungskatalog sogar punktuell ausgeweitet.

orientierung des RSA und bei allen Fragen gegeben, die die Selbständigkeit und Entwicklungsperspektive der Privaten Krankenversicherung (PKV) tangierten. Insbesondere bei diesen Punkten brachen die Formelkompromisse der „Eckpunkte" wieder auf und die tatsächlich dahinter liegenden Interessengegensätze kamen erneut zur Geltung.

Nachdem der Gesundheitsfonds als Grundidee zwischen den Koalitionären unantastbar war, entwickelte sich die Frage nach der Zukunft der PKV über einen längeren Zeitraum hinweg zum Dreh- und Angelpunkt der Konflikte. Während es das zentrale Ziel der Union war, die PKV als eigenständiges System zu erhalten, setzte die SPD darauf, die Doppelstruktur zischen PKV und GKV, die aus ihrer Perspektive einen wesentlichen Anteil an einem System der Zwei-Klassen-Medizin trägt, aufzuweichen. Erst vor dem Hintergrund dieser grundsätzlichen Frage der Solidarität im Gesundheitssystem erschließen sich die Gründe für die zahlreichen Verhandlungsschleifen der Reform.

4   Aushandlungsprozesse und die Inhalte des Gesetzes

Charakteristisch für das GKV-WSG 2007 ist, dass diese Reform die Bundesbürger vergleichsweise wenig interessierte. Dagegen waren die handelnden und unmittelbar betroffenen Kollektivakteure sensibilisiert wie bei kaum einer anderen Reform zuvor. Das geringe Interesse der Bürger lässt sich damit erklären, dass das GKV-WSG scheinbar keine direkt spürbaren Auswirkungen auf den Beitragssatz, die privaten Zuzahlungen oder auf für Patienten wahrnehmbare Strukturen der Versorgung hat. Die Auswirkungen des Gesundheitsfonds sind für die Bürger noch nicht abschätzbar, da dieser erst 2009 in Kraft treten wird. Dagegen haben die Verbände stärker reagiert, da die Reform für sie einschneidende Konsequenzen hat. Was die Wählerinnen und Wähler allerdings registriert haben, war die große Uneinigkeit sowohl innerhalb der Parteien als auch zwischen den Koalitionären, da diese Auseinandersetzungen über viele Wochen die Medien beschäftigten. Die Debatte war einerseits sehr emotional, weil besonders über Streitigkeiten in den Parteien berichtet wurde, andererseits für die Bürger auch schwer greifbar, weil sie die komplizierten Details – und damit auch oft den Kern der Konflikte – kaum durchdringen konnten.

Bei allen Differenzen hatten die Parteien der Großen Koalition aus der Vergangenheit gelernt, dass Gesundheitsreformen umso schwerer fallen und die Wirksamkeit umso geringer ist, je mehr Akteure an den Reformen beteiligt sind. Verhandlungsgruppen in der Größe von 50 Mitgliedern, wie sie noch beim Kompromiss von Lahnstein zum GSG gearbeitet hatten, sind problematisch, weil man davon ausgehen kann, dass alle Beteiligten unterschiedliche Verbindungen zu Lobbygruppen haben und im Rahmen von deren Interessen argumentieren. Der Vorteil der Großen Koalition lag nun erstens darin, dass sie nicht gezwungen war, die kleinen Parteien einzubinden, da auch ohne sie eine Mehrheit im Bundesrat gesichert war und zweitens darin, dass beide Partner – und zwar im Unterschied zu früheren informellen Großen Koalitionen in der Gesundheitspolitik – dazu entschlossen waren, die Belange der Verbände und Lobbyisten weitgehend zu ignorieren. Das BGM, als federführendes Machtzentrum der Reform war gegenüber den Verbänden so stark, dass man sie häufig einfach übergehen konnte.[2] Die Opposition kam in dieser Reform faktisch nicht vor und bot daher für die Verbände und Interessengruppen auch kaum einen öffentlichkeits- bzw. politikrelevanten Resonanzraum.

Während der Reform wurden die Leitlinien zunächst in der „Siebener-Runde", bestehend aus der Kanzlerin, Vizekanzler Franz Müntefering, den Fraktionsvorsitzenden von SPD und Union, Peter Struck und Volker Kauder, CSU-Chef Edmund Stoiber, SPD-Chef Matthias Platzeck (ab Mai 2006 sein Nachfolger Kurt Beck) sowie CSU-Landesgruppenchef Peter Ramsauer verhandelt. Diese Gruppe trat auch während des Reformprozesses immer wieder zusammen, wenn es darum ging, große Kontroversen – beispielsweise die Ein-Prozent-Regelung beim Zusatzbeitrag für die Versicherten – zu verhandeln. Die Fachpolitiker mussten sich an die Vorgaben dieser Runde halten und konnten weniger frei diskutieren als bei früheren gesundheitspolitischen Reformen. Der Mangel an bekannten, durchsetzungsstarken „Sozialexperten" aus den Fraktionen der Volksparteien und die Tatsache, dass die Koalitionäre selbst den Erfolg der Gesundheitsreform zur Schicksalsfrage ihrer Zusammenarbeit erklärt hatten, ließ die Reform zur „Chefsache" werden. Dass die Reform nur auf wenigen Schultern lastete, beweist der kleine Teilnehmerkreis der Koalitionsrunde.

---

[2] Franz Knieps, der zuständige BMG-Abteilungsleiter schreibt zur neuen Standfestigkeit der Politik gegenüber dem Lobbyismus: „Was die korporatistischen Akteure insgesamt bei den Vorarbeiten zum GKV-WSG verwirrte und verärgerte, war der Wille der politisch Verantwortlichen, in der heißen Phase der Verhandlungen lobbyistische Einflüsse zurückzudrängen und direkte Eingriffsversuche zu ignorieren." (Knieps, Franz (2007): Hitler, Honecker und die Gesundheitsreform – Zur Entstehungsgeschichte des GKV-Wettbewerbsstärkungsgesetzes, in: Ulrich, Volker/ Ried, Walter (Hrsg.): Effizienz, Qualität und Nachhaltigkeit im Gesundheitswesen. Theorie und Politik öffentlichen Handelns, insbesondere in der Krankenversicherung. Festschrift zum 65. Geburtstag von Eberhard Wille, Baden-Baden, S. 874.)

Da die Parteien in der Großen Koalition nicht in der Lage waren, ihr jeweils ureigenes parteipolitisches Projekt umzusetzen sowie aus Enttäuschung darüber, dass die durch die Reform von 2003 angestrebte Kostendämpfung nicht funktionierte, verfolgten sie gemeinsam die Strategie der Entmachtung der Verbände der GKV und auch, wenngleich abgeschwächt, der einzelnen Kassen. Vor allem die GKV-Verbände waren aus der Sicht der Politiker für das Scheitern der zahlreichen vorangegangenen Reformen verantwortlich. Die Schwächung der Verbände erschien dabei für beide Seiten der Koalition als ein attraktiver Teilerfolg, der für jede Partei, die nach der nächsten Wahl regieren würde, eine bessere Ausgangsposition für künftige Reformen bietet.

Die Gesundheitsreform umfasst eine Reihe von institutionellen und leistungsrelevanten Veränderungen für alle Beteiligten – sowohl für die Versicherten, die Krankenkassen und die Leistungsanbieter. Die wesentlichen Änderungen in den für die Fragestellung dieses Buches maßgeblichen Bereichen werden im Folgenden kurz skizziert:

- Die *institutionellen Reformen* umfassen vor allem Veränderungen für die Krankenkassen. Ab dem 1. Januar 2009 gibt es nur noch einen einheitlichen Spitzenverband der Krankenkassen. Dieser regelt in Rahmenvereinbarungen die Vergütung für die stationäre und ambulante Versorgung und setzt die Festbeträge für Arznei- und Hilfsmittel sowie die Höchstbeträge für Arzneimittel fest. Die bisherigen Bundesverbände der Krankenkassenarten werden entmachtet und verlieren ihre öffentlich-rechtlichen Aufgaben. Mit der neuen Reform darf jede Krankenkasse im GKV-System mit anderen Kassenarten fusionieren. Die einzelnen Krankenkassen werden unabhängiger von den Verbänden und können neue verbandliche Zusammenschlüsse unabhängig von ihrer bisherigen Kassenart bilden. Die Kassenarten verlieren somit weiter an Bedeutung. Die Krankenkassen erhalten vor allem im Bereich des Vertragsrechts erweiterte Kompetenzen, womit auch das bisherige Vertragsmonopol der Kassenärztlichen Vereinigungen (KVen) weiter in Frage gestellt wird.
- Außerdem erhält der *Gemeinsame Bundesausschuss (G-BA)* eine neue Struktur. Er ist das oberste Beschlussgremium der gemeinsamen Selbstverwaltung der Ärzte, Zahnärzte, Psychotherapeuten, Krankenhäuser und Krankenkassen in Deutschland. Er konkretisiert den Leistungskatalog der GKV, z.B. in Form von Richtlinien.
- Die *Finanzierung der GKV* wird mit dem Gesundheitsfonds neu geregelt. Dieser ist künftig das zentrale Instrument der Finanzierung des Gesund-

heitssystems, in den die Beiträge der Versicherten und Arbeitgeber eingezahlt werden. In ihn fließt auch der steuerfinanzierte Bundeszuschuss, der sich von 2,5 Milliarden Euro für das Jahr 2008, und 4,5 Milliarden Euro für 2009 jedes weitere Jahr um 1,5 Milliarden bis zu einer Höhe von 14 Milliarden Euro erhöhen soll. Die Höhe des Beitragssatzes beschließen nicht mehr die einzelnen Kassen, sondern die Bundesregierung wird in Zukunft einen allgemeinen und einheitlichen Beitragssatz festsetzen. Wenn die einer Kasse aus dem Gesundheitsfonds zugewiesenen Mittel ihre Ausgaben nicht decken, kann sich diese Kasse in begrenztem Umfang durch die Erhebung eines Zusatzbeitrages refinanzieren. Nur für das Jahr 2009 gilt die politische Zusage, dass der allgemeine Beitragssatz so festgesetzt wird, dass der Fonds mit 100 Prozent der Ausgaben der Krankenkassen gefüllt wird. In den Folgejahren kann sich diese Quote reduzieren, sodass für immer mehr Kassen die Erhebung von Zusatzbeiträgen notwendig wird. Im Risikostrukturausgleich zwischen den Krankenkassen wird neben dem Alter und Geschlecht künftig auch die Morbidität der Versicherten stärker berücksichtigt. Im Grundsatz steigt dadurch der Druck auf die einzelnen Kassen ihre Leistungsausgaben effizienter zu steuern. Dafür werden ihre Möglichkeiten zum Abschluss kassenspezifischer Verträge mit Leistungserbringern erweitert (z.b. durch Arzneimittel-Rabattverträge, Verträge zur hausarztzentrierten Versorgung und andere Einzelverträge mit Ärztegruppen etc.).

- *Die Wahlrechte und die Vorsorgepflicht der Versicherten* werden im Sinne des Förderns und Forderns ausgebaut. Alle Bürgerinnen und Bürger haben die Pflicht eines Versicherungsschutzes in einer Krankenkasse. Nichtversicherte haben ein Rückkehrrecht in die Krankenkassen der GKV bzw. die Unternehmen der PKV in denen sie früher versichert waren. Die Versicherten der PKV erhalten in Zukunft die Wechselmöglichkeit zwischen PKV-Unternehmen ohne Verlust ihrer Alterungsrückstellungen. Die Versicherten der GKV erhalten erweiterte Möglichkeiten durch Wahltarife.

- Die *PKV* bleibt grundsätzlich als Vollversicherung neben der GKV erhalten, wird aber deutlich geschwächt. Die privaten Kassen müssen künftig einen Basistarif anbieten, der faktisch die Versorgungs- und Leistungskonditionen der GKV reproduziert. Der Basistarif ist für alle freiwillig Versicherten wählbar. Die Zugangsschwelle zur PKV-Versicherung wird weiter erhöht: Nur wenn das Einkommen über einen Zeitraum von mehr als drei Jahren über der Versicherungspflichtgrenze lag, ist künftig ein Wechsel von der GKV zur PKV möglich.

5   Bewertung der Reform: Wenig Lob, viel Kritik

Das Wesentliche dieser Reform hat mit den Möglichkeiten der Großen Koalition zu tun. Gegenüber allen früheren informellen Großen Koalitionen in der Gesundheits- und Sozialpolitik ist sie jetzt formal gefestigt. Das gibt der Regierung andere und größere Machtchancen gegenüber den Interessengruppen dieser Sphäre, die sehr vielfältig und kleinteilig, aber auch aktiv sind. Andererseits musste die zentrale Kontroverse der beiden Parteilager zur künftigen Finanzierung der GKV neutralisiert bzw. zurückgestellt werden. Das Modell des Gesundheitsfonds war dafür eine geradezu geniale Lösung. Es lässt die Zukunft offen, führt aber *beide* politischen Blöcke näher an ihre künftigen Gestaltungsmöglichkeiten heran. Der Fonds schwächt außerdem die bisher (relativ) mächtigen Kassen und stärkt die Gestaltungsmöglichkeiten der Regierung. Auch wenn dies den Beteiligten am Beginn der Koalitionsverhandlungen nicht wirklich klar gewesen sein dürfte, war es eine Art List der Großen Koalitions-Vernunft, dass es so kam. Jedenfalls wurde dafür im Koalitionsvertrag früh eine tragfähige Kompromissformel gefunden.

Die Gesundheitsreform 2006/ 2007 wurde im Vorfeld und nach der Verabschiedung relativ kontrovers zwischen den Akteuren diskutiert. Während der Anhörungen, innerhalb der Bundestagsfraktionen wie auch im Gesundheitsausschuss, gab es immer wieder Gegenstimmen, die insbesondere das Fehlen der grundsätzlichen Finanzierungsreform, die Auswirkungen auf die Solidarität in der GKV oder die Regelungen zum Verhältnis von GKV und PKV kritisierten. Die Kritiker der Reform konnten sich allerdings nicht durchsetzen. Dafür war auch ein gut funktionierendes Management seitens der Koalitionäre verantwortlich: Die kritischen Stimmen in den eigenen Reihen wurden übergangen oder geschickt ausgeblendet. Der Unmut äußerte sich schließlich (allerdings eher symbolisch) „nur" in der Weigerung von mehr als 50 Abgeordneten der Großen Koalition der Gesundheitsreform bei der Schluss-Abstimmung im Deutschen Bundestag zuzustimmen.

Die Kernpunkte der Reform beanspruchten jeweils beide Seiten für sich als Erfolg. Für die SPD ist die Gesundheitsreform ein „Einstieg in die Bürgerversicherung" und für die CDU der „Einstieg in die Gesundheitsprämie". Beide Parteien schafften sich damit in ihrer eigenen Wahrnehmung – und dies ist auch einer der Kritikpunkte – günstige Ausgangsbedingungen für eine Reform der Reform nach der nächsten Bundestagswahl.

Gerade die Bundesregierung sieht die institutionellen Reformen des Gesundheitswesens als deutlichen Fortschritt an. Insbesondere die SPD – die mit

Ulla Schmidt das Gesundheitsministerium führt – betont die Vorteile dieses Gesetzes für alle Beteiligten. Zwar bleibe die Bürgerversicherung weiterhin für die SPD das politische Ziel, doch wird die Versicherungspflicht für alle als ein sozialpolitischer Meilenstein auf dem Weg dorthin interpretiert. Die Gesundheitsministerin betont den Gewinn der Reform im Hinblick auf den dauerhaften Versicherungsschutz, die Rückkehrmöglichkeiten in die Krankenversicherung, den Rechtsanspruch auf Rehabilitation auch für Ältere, die Palliativmedizin, die Förderung der Prävention durch die GKV-Finanzierung der Impfungen, die Verbesserung der Versorgungsstrukturen und die moderaten Kostensteigerungen. Steuerungspolitisch würden zukünftige staatliche Regelungen einfacher, da die verkrusteten Strukturen bei den Kassen und ihren historischen Verbänden aufgebrochen und Abstimmungsprozesse vereinfacht worden seien. Vor allem werden verbesserte Wahlmöglichkeiten für die Versicherten, eine höhere Qualität der Versorgung, ein intensiverer Wettbewerb um Kosteneffizienz und eine Steigerung der Solidarität, etwa durch die Umgestaltung des RSA, als positive Effekte der Reform erwartet.

Ähnlich argumentiert die Union, die in der Gesundheitsreform vor allem einen Ausbau des Wettbewerbs in der GKV sieht. Wahlfreiheit, und Transparenz seien die Prinzipien eines zukünftigen Gesundheitswesens, die die Qualität und Effizienz der Leistungen verbessern würden. Die Möglichkeit der Kassen, mit Leistungserbringern Einzelverträge abzuschließen, sowie von weiteren Kassenfusionen seien Beispiele für Erfolge, die sich die Vertreter der Union in der Gesundheitsreform zuschreiben. Allerdings klingt hier bei der Union eine andere Saite mit. Die größten „Erfolge" hatte die Union – sogar in ihrer eigenen Darstellung – in der *Verhinderung* weitergehender Reformabsichten der SPD. Das gilt z.B. für die ursprünglichen Pläne des BMG zu einer noch stärkeren Beschränkung des Aktionsradius der PKV, für die von der Union durchgesetzte Möglichkeit, Hausarztverträge auch mit den traditionellen Kassenärztlichen Vereinigungen zu schließen und für die auf Betreiben der Union nur eingeschränkte Umsetzung der Morbiditätsorientierung im Risikostrukturausgleich.

Einhellige Ablehnung kommt derweil von den Oppositionsparteien und den traditionellen Verbänden. Bündnis90/ Die Grünen vermuten z.B., dass sich der Wettbewerb zwischen den Kassen künftig nicht mehr auf die Qualität richten, sondern sich als intensiver Preiswettbewerbs um die Zusatzbeiträge abspielen wird. Damit würde erneut die verschärfte Konkurrenz um die zahlungskräftigeren GKV-Mitglieder entfacht. Der solidarische Ausgleich der Risikostruktur werde durch die „kleine Kopfpauschale" konterkariert. Der Wettbewerb ginge wieder um gut verdienende und gesunde Mitglieder. Die Linke befürwortet im

Grundsatz das Fondsmodell, da es regionale Einkommensunterschiede ausgleiche und zu einem einheitlichen Beitragssatz führe. Kritisiert werden von ihr dagegen zwei Punkte: Die Beibehaltung der PKV und die Entwicklung der Gesetzlichen Krankenkassen hin zu marktwirtschaftlichen „Unternehmen", was als Bedrohung gesehen wird. Die Kassen wandelten sich zunehmend im Sinne des europäischen Unternehmensrechts, nach dem auch die Bestimmungen des Wettbewerbsrechts auf die GKV-Kassen Anwendung finden könnten. Der sozialpolitische Auftrag der gesetzlichen Krankenkassen und das Solidarsystem würden damit langfristig untergraben. In der Tendenz sieht die FDP in dem GKV-WSG ein Wettbewerbsverhinderungsgesetz. Denn durch den Gesundheitsfonds, die geschwächten privaten Kassen und den SpiBu werde es zukünftig noch weniger Wettbewerb und weniger Transparenz als bisher geben. Deshalb brauche man ein Gesetz, das die gesetzlichen Kassen in private Unternehmen überführe.

Die Verbände betonten vor allem die einschneidenden institutionellen Veränderungen, die insbesondere mit ihren Organisationsinteressen kollidieren. Hier stehen die zentralisierte und staatliche Ausrichtung des Gesundheitswesens, die neuen Instrumente zur Intensivierung des Wettbewerbes, der Bürokratieaufwand für den Gesundheitsfonds und die im GKV-WSG angelegten Kalkulationsunsicherheiten für die Kassen im Vordergrund. Als Ergebnis der Gesundheitsreform werden für die Versicherten und Patienten eine wachsende Bevormundung und (verdeckte) Leistungs- und Qualitätseinschränkungen befürchtet.

Im Hinblick auf das zentrale Konfliktthema der PKV wird deutlich, dass sie zwar als eigenständiges System neben der GKV erhalten bleibt, durch die Reform allerdings einige ihrer bisherigen Strukturprinzipen in Frage gestellt werden. Hier ist es der SPD besser als der Union gelungen sich mit ihren Veränderungsvorschlägen durchzusetzen, was z.B. am Basistarif am deutlichsten wird. Insbesondere war es von der Union riskant, sich auf die populistische Forderung von Wechselmöglichkeiten innerhalb der PKV einzulassen, die die Grundprinzipien privater Lebensversicherung, die bisher auch für die PKV galten, in Frage stellt. Vor dem Hintergrund der gesundheitspolitischen Mega-Kontroverse um Bürgerversicherung und Gesundheitsprämie war der Streit um die PKV allerdings nur die entsprechende Farce, die auf der Vorderbühne gespielt wurde.

Die massivsten Strukturveränderungen im Gesundheitssystem gehen allerdings auf das Konto des Gesundheitsfonds. Durch seine Einführung verlieren die einzelnen Kassen ihr bisheriges Recht, die Beitragssätze festzulegen an die Bundesregierung, respektive an das BMG. Inwiefern sich die Parteien mit der Vereinheitlichung und Verstaatlichung der Beitragssatz-Festlegung einen Gefallen getan haben, muss sich in der Praxis nach der Einführung des Fonds erst noch zeigen. Mit dem Recht, die Beitragssätze festzulegen ist nämlich auch die Pflicht der öffentlichen Rechtfertigung für deren Höhe verbunden. Ein hoher Beitragssatz könnte, ähnlich wie eine hohe Arbeitslosenquote, vor einer Bundestagswahl zum Nachteil für die Regierungspartei ausschlagen.

Weitere Kritik konzentriert sich zudem auch auf folgende Punkte:

- Aus *politischer Sicht* wird immer wieder hervorgehoben, die Reform habe im Hinblick auf die grundsätzlichen Finanzierungsfragen für die Zukunft der GKV versagt. Noch nicht einmal das kurzfristige Ziel der Reform – die Beitragssatzsenkung – sei erreicht worden. Gewerkschaften sehen in der Gesundheitsreform den Anfang einer Zerstörung der solidarischen Krankenversicherung. Gemeinsam ist allen Kritiken, dass die Reform zu einer Verstaatlichung des Gesundheitssystems, insbesondere durch die Festsetzung der Beiträge und den Fonds, führe. Der Beitragssatz könne so leicht zum Instrument von Wahlkämpfen werden. Durch den Steuerzuschuss von bis zu 14 Milliarden Euro werde ein Missverhältnis zwischen Beitrags- und Steuerfinanzierung des Gesundheitssystems geschaffen; der staatliche Einfluss auf die GKV sei in der Relation dazu zu hoch. Von anderer Seite wird eingewandt, dass auch Nichtversicherte durch ihre Steuern das GKV-System finanzierten, ohne entsprechende Leistungen zu erhalten, die nur den Mitgliedern einer Kasse vorbehalten blieben.

- Während mit der Gesundheitsreform 2003 (GMG) die *Leistungskürzungen und Zuzahlungserhöhungen* im Vordergrund der Auseinandersetzung standen, stehen bei der Gesundheitsreform 2007 vor allem *institutionelle Veränderungen* im Zentrum der Kritik. In diesem Zusammenhang wird von verschiedenen Seiten ein grundsätzliches Problem aufgeworfen: Es geht um die Rolle und die Funktion des Wettbewerbes im Gesundheitswesen. Dabei mag es dem Zeitgeist entsprechen, dass marktwirtschaftliche Prinzipien in nahezu alle gesellschaftlichen Bereiche eindringen. Wettbewerb ist jedoch kein Wert an sich. Eine Politik der Wettbewerbsorientierung im Gesundheitswesen muss sich die Frage gefallen lassen, wie viel Wettbewerb öffentliche Dienstleistungen vertragen. Wie weit passt die Sicherung eines öffentlichen Gutes wie „Gesundheit" mit marktwirtschaftlichen Prinzipien zusammen, die primär auf Kostenreduzierung, Steuerung durch finanzielle Anreize und Effizienzsteigerung setzen? Eine verstärkte Wettbewerbsorientierung stellt die bisherigen primären Ziele des *korporatistischen Sozialstaates*, wie eine solidarische Gestaltung des Gesundheitssystems, kollektive Rahmenverträge mit gleicher Geltung für alle Versicherten oder kooperative Arrangements zwischen dem Staat und den Verbänden der Leistungserbringer und Kassen grundsätzlich in Frage. Insoweit ist das GKV-WSG auch Teil einer grundsätzlichen Neuordnung des sozialstaatlichen Regimes in der Bundesrepublik Deutschland.[3]

6   Ausblick auf die Beiträge

Das GKV-WSG folgt in vielen Bereichen dem Entwicklungsmuster des „schleichenden Wandels". Zugleich sind mit diesem Gesetz aber auch tiefgreifende Veränderungen eingeführt worden, die insbesondere die Akteurskonstellation betreffen. Weil dieser Wandel in der gesundheitspolitischen Arena tatsächlich die Strukturen verändert, widmet sich dieser Sammelband der Betrachtung der Reform durch die Brille einiger zentraler Handlungsträger. Obwohl die Halbwertzeit der einzelnen Reformbausteine noch nicht vorhergesagt werden kann, ist davon auszugehen, dass gerade die hier debattierten Veränderungen in der Akteurskonstellation von Dauer sein werden.

Die Beiträge über die gesundheitspolitischen Akteure sind in sechs Kapitel eingeteilt, um dem Leser den Überblick zu erleichtern. Diesen Kapiteln ist jeweils eine wissenschaftliche Rahmung vorangestellt, die die Perspektive der einzelnen Akteure einbetten und damit einordnen sollte. Diese einleitenden Beiträge sind unterschiedlich lang, je nachdem wie umfangreich und intensiv die folgenden Artikel bereits einen umfassenderen Einblick in das jeweilige Feld geben. Am Ende des Bandes schließt sich ein ausführlicher Anhang an, in dem neben der Dokumentation wichtiger Texte insbesondere ein Expertenverzeichnis und eine Zeittafel zur Reform 2007 enthalten sind.

Aus Regierungsperspektive kommt in der Gesundheitsreform 2007 dem BMG und den Ländern eine zentrale Rolle zu, wie Robert Paquet und Hartmut Reiners in ihren Beiträgen zeigen. Auf der Ebene der Parteien gab es zwischen CDU (Beitrag von Arijana Neumann) und SPD (Beitrag von Wolfgang Schroeder) auf der einen und den kleinen Oppositionsfraktionen auf der anderen Seite (Andreas Brandhorst, Bündnis90/ Die Grünen) hingegen deutliche Unterschiede, was

---

[3] Vgl. dazu Paquet, Robert (2007): Der „vorsorgende Sozialstaat" beginnt mit dem Abschied von der Sozialversicherung. Zur aktuellen Gesundheitsreform – Versuch einer Einordnung, in: Sozialer Fortschritt 9-10/2007, S. 263 ff.; Platzeck, Matthias/ Steinmeier, Frank-Walter/Steinbrück, Peer (2007): Auf der Höhe der Zeit – Soziale Demokratie und Fortschritt im 21. Jahrhundert, Berlin.

ihre Interessen und Einflussmöglichkeiten im Gesetzgebungsprozess betrifft. Die institutionelle Neugestaltung hat zudem auf Seite der Kassen tiefe Spuren hinterlassen: Andreas Hänlein, Robert Paquet und Tim Gennet schildern, wie Gesetzliche und Private Krankenkassen vor und nach der Reform verfasst waren und sind und wie sie sich im Prozess positioniert haben. Doch auch die Leistungsanbieter müssen sich auf neue Rahmenbedingungen einstellen: Robert Paquet, Detlev Heins, Dominik von Stillfried und Stefan Gräf sowie Thomas Brauner bieten einen Einblick in die Situation von Krankenhäusern, Kassenärztlicher Bundesvereinigung und pharmazeutischen Industrie und beschreiben, welche Herausforderungen sich z.b. aus der neuen Wettbewerbsordnung mit Einzelverträgen ergeben. Volker Hansen (BDA) und Knut Lambertin (DGB) schildern in ihren Beiträgen Ablauf und Folgen der Reform aus Sicht der Selbstverwaltung der GKV (für die Arbeitgeber- und Arbeitnehmerseite). Dorothea Bronner beschreibt die Situation des G-BA nach der Gesundheitsreform, während Stephan Etgeton die Patientenbeteiligung in diesem Gremium aufzeigt. Wie diese Reform von Wissenschaft und Medien begleitet und beeinflusst wurde, schildern abschließend Rudolf Speth, Andreas Lehr und Jutta Visarius sowie Jürgen Wasem.

Experimentelles Regieren unter den Bedingungen der Großen Koalition

Wolfgang Schroeder

Gesundheitsreformen sind in Deutschland meist großkoalitionär angelegt. Sie werden dann im Zusammenspiel zwischen Regierung und Bundesgesundheitsministerium (BMG), dem Bundesrat und den Fraktionsspitzen ausgehandelt. Dieser Prozess, der in den folgenden Beiträgen nachgezeichnet wird, wird durch die gesundheitspolitischen Experten der beiden großen Parteien unterfüttert und bindet oft auch wichtige Verbände ein. Durch diese Parteienkonkordanz, besonders ausgeprägt auch beim Lahnsteiner Kompromiss zum Gesundheitsstrukturgesetz (GSG) 1992, wird die Konkurrenz der Parteien partiell ausgesetzt. Trotzdem verlaufen auch diese Aushandlungsprozesse nicht nur konsensual.

Die Gesundheitsreform 2007 zählt sicher zu den anspruchsvollsten, langwierigsten und komplexesten Gesetzesprojekten der Großen Koalition. Denn in keinem anderen Politikbereich ist die Zahl der handelnden Akteure und der dahinter stehenden Veto- und Gestaltungsressourcen so groß wie in diesem Feld. Deshalb ist es wichtig in zentralen Fragen ein starkes Steuerungszentrum zu haben. Wie in den folgenden Beiträgen gezeigt wird, haben die Kanzlerin und die zuständige Fachministerin in diesem Sinne das entscheidende Zentrum des Regierens in diesem Gesetzgebungsprozess gebildet. Tatsächlich hat die funktionierende Allianz zwischen Kanzleramt und Gesundheitsministerium – bei allen Eigeninteressen – maßgeblich dazu beigetragen, dass die früh gefundene Grundarchitektur des neuen Gesetzeswerkes über alle Kontroversen hinaus Bestand hatte. Flankiert wurde die koalitionäre Allianzpolitik beider Institutionen nicht nur durch die Fraktions- und Parteispitzen von CDU/ CSU und SPD, sondern auch durch eine konstruktive Verfahrenspolitik der Anfang April 2006 eingerichteten Bund-Länder-Arbeitsgruppe. Letztere hat dazu beigetragen, dass die Vetoaktivitäten aus den Ländern zumindest begrenzt werden konnten, ohne dass sie ganz ausblieben.

Fast anderthalb Jahre waren nötig, um dieses Gesetzeswerk unter Dach und Fach zu bringen. Aber auch nach seiner Verabschiedung ist die Liste der offenen

Fragen und Probleme nicht kleiner geworden. Immer wieder probten einzelne Akteure, und das nicht nur aus der Opposition oder aus dem Verbandsbereich, sondern auch aus den Regierungsparteien, den Sturmlauf gegen einmal gefundene Regelungen. Auch nach der Fixierung des Gesetzestextes hörte die Kritik nicht auf; allerdings wurden die Instrumente gewechselt: An die Stelle klassischen Lobbyings und publizistischer Kritik treten öffentliche Kampagnen oder richterliche Entscheidungen, um weitreichende Korrekturen des verabschiedeten Gesetzes nun ex post zu erreichen. Die Quelle der Ungewissheit besteht aber bei Weitem nicht nur in der Vielzahl der Kritiker und Vetospieler, sondern auch die ungewisse Wirkung der neu implementierten Strukturen und Verfahren, die die Rede von einem „experimentellen Politikstil" rechtfertigen, trägt dazu bei.

So sprachen manche Beobachter schon im Sommer 2008 davon, dass das Gesetz zur Stärkung des Wettbewerbs in der gesetzlichen Krankenversicherung (GKV-WSG) zu einem der „wohl größten sozialpolitischen Experimente der jüngeren bundesdeutschen Geschichte wird" (Mihm, Andreas (2007): Krankenkassen. Das Experiment Gesundheitsfonds, in: Frankfurter Allgemeine Zeitung vom 11.8.2008). Tatsächlich ist ungewiss, ob und wie die einzelnen Elemente des Gesetzes funktionieren. Deshalb spricht der Journalist und Gesundheitsexperte Andreas Mihm auch von einem Blindflug: „Es ist so, als würde ein neuer Airbus ungeachtet der Bedenken eines Teils der Konstrukteure vollbesetzt auf Probeflug geschickt; ein Blindflug als Testflug. [...] Noch werden die Bedenken von den politischen Spitzen in Fraktion und Regierung zur Seite gewischt. Zu groß ist die Angst in der Koalitionsführung, am Ende mit leeren Händen dazustehen. Bundeskanzlerin Angela Merkel und ihre Gesundheitsministerin gehen mit diesem Start des Gesundheitsfonds, ohne Netz und doppelten Boden, ein großes Wagnis ein" (ebd.). Die Große Koalition nutzte die Gesundheitsreform dazu, um gleich zu Beginn ihrer Legislaturperiode mit einem ihrer größten Gesetzeswerke ihre Handlungsfähigkeit unter Beweis zu stellen, was ihr trotz vielfältiger Kritik kurzfristig gelungen ist. Zumindest gelang es einen nach innen und außen abgesicherten Output in Gestalt einer veränderten Finanz- und Institutionenordnung zu entwickeln. Ob damit wirklich Antworten auf die strukturellen Probleme des deutschen Gesundheitssystems gegeben sind, die eine nachhaltige Perspektive haben, ist offen. Vermutlich ist aber eine solche Form des experimentellen Regierens in Zeiten nicht vereinbarer Positionen in grundlegenden Fragen und als Testlauf für innovative Politik notwendig. Irreversibel ist dieser Output in Form des Wettbewerbsgesetzes jedenfalls nicht.

Motor der Reform und Schaltzentrale: Die Rolle des Bundesministeriums für Gesundheit in der Gesundheitsreform 2007

Robert Paquet

1 Ziele und Ausgangslage des Gesundheitsministeriums vor dem Start der Reform

Mit der Bildung der neuen Bundesregierung hat das Bundesministerium für Gesundheit (BMG) zwar die Zuständigkeit für die Rentenversicherung verloren. Das Ministerium für Arbeit und Soziales – mit Vizekanzler Franz Müntefering an der Spitze – wurde faktisch im alten Ressortzuschnitt wiederhergestellt. Trotz dieser Beschneidung der Zuständigkeiten von Ulla Schmidt, die sich ursprünglich in der Fraktion als Rentenexpertin profiliert hatte, war das Ministerium von Anfang an voll arbeitsfähig. Die Kontinuität an der Spitze des Ministeriums und beim übrigen für die Gesundheitspolitik zuständigen Leitungspersonal sicherte von Anfang an den maßgeblichen Einfluss des BMG auf die gesundheitspolitischen Zielformulierungen der Großen Koalition.

Im Zusammenhang mit der Zielfindung der Regierung spielt auch die Amtstradition des Hauses an sich eine Rolle. Ziele wie etwa

- die Steuerung der Kosten der Gesetzlichen Krankenversicherung (GKV) durch budgetierende Maßnahmen,
- die Begrenzung der Spielräume der Selbstverwaltung in den Körperschaften (Krankenkassen und Kassenärztliche Vereinigungen – KVen – etc.) und
- die Stärkung der Gesetzlichen Krankenkassen zu Lasten der privaten Krankenversicherungsunternehmen sowie
- die Stärkung der Solidarität unter den Mitglieder der GKV

waren und sind grundsätzliche Ziele des BMG und stehen in einer langen Kontinuität – weitgehend unabhängig von der Parteizugehörigkeit der Minister. Außerdem gehört zu den langjährigen gesundheitspolitischen Zielen der SPD, die sich das BMG faktisch zu Eigen gemacht hat,

- die Abschaffung der Kassenarten[1],
- die Durchsetzung eines vollständigen Finanzkraftausgleichs sowie der Morbiditätsorientierung des Risikostrukturausgleichs (RSA),
- die Durchsetzung einer Organisationsreform der GKV mit einer drastischen Reduzierung der Zahl der Krankenkassen, der Förderung von (auch kassenartenübergreifenden) Fusionen und die Vereinheitlichung des GKV-Verbändesystems durch die Schaffung eines einheitlichen GKV-Spitzenverbandes,
- die Förderung der Hausarzt-Versorgung durch vertragliche Begünstigung und finanzielle Pauschalierungen,
- die Einführung einzelvertraglicher und wettbewerblicher Versorgungsmodelle unterhalb der Kollektivverträge der KVen mit dem Ziel, die KVen dadurch weiter zu schwächen.

Dass diese Ziele zum Teil widersprüchlich sind (z.b. gleichzeitig: Vertrags*wettbewerb und Zwang* zu Hausarztverträgen etc.) störte das BMG dabei nicht. Der Koalitionsvertrag bereitete all diese Ziele hinreichend vor und trägt somit überwiegend die Handschrift des SPD-geführten BMG.

Einige Überlegungen und Konzepte, die den Zielen zu Grunde liegen, gehen bis auf die GKV-Enquête-Kommission des Deutschen Bundestages von 1988/89 zurück. Zudem stellt sich die aktuelle Gesundheitsreform als Fortsetzung der letzten größeren Reformaktion, dem GKV-Modernisierungsgesetz 2004 (GMG) dar, verfolgt dessen Ziele und Lösungsansätze weiter und versucht, die dort offen gebliebenen Probleme zu lösen.

Das BMG war auf die Große Koalition insoweit gut vorbereitet, als bereits das GMG im Rahmen einer *informellen* Großen Koalition erarbeitet worden ist. Ungeachtet der (möglicherweise für den Alltagsbetrieb der Berliner Republik in ihrer Bedeutung überschätzten) Mega-Kontroverse „Bürgerversicherung versus Solidarische Gesundheitsprämie" gab es viele Berührungspunkte zwischen den Koalitionspartnern; die wesentlichen handelnden Personen kannten sich (wenn-

---

[1] Das war schon in den Koalitionsverhandlungen Konsens. Kein maßgeblicher Unionspolitiker hat sich mehr für die Kassenarten stark gemacht.

gleich Horst Seehofer später ein fachfremdes Ressort übernahm) und man teilte gemeinsame Erfahrungen und Einschätzungen im Hinblick auf andere Akteure im Gesundheitswesen.

Gerade durch die GMG-Erfahrung hatte man gelernt, gemeinsam gefundene Positionen gegenüber Lobbyisten durchzuhalten und die Interessenvertreter abzuwehren. Auch wenn die Erfolgserwartungen, die an das GMG geheftet waren, sich bald als überzogen herausstellten, blieb bei den beteiligten Politikern doch ein gemeinsames Gefühl der Enttäuschung über die Verbände im Gesundheitswesen, die sich oft als wenig konstruktive Kritiker, und manchmal als echte Vetoplayer erwiesen hatten. Die Politiker konnten den Krankenkassen und vor allem ihren Bundesverbänden damit die Verantwortung für die mangelhafte Umsetzung verschiedener guter Ideen zuschreiben (z.B. Integrationsversorgung, bessere Verzahnung von ambulanter und stationärer Versorgung etc.). Und vor allem konnte man sie für das Scheitern des zentralen Zieles des GMG, der von der Politik fahrlässig angekündigten Senkung der Beitragssätze, verantwortlich machen.

Vor dem geschilderten Hintergrund fiel es in den Beratungen zum Koalitionsvertrag (vgl. Dokumentation im Anhang) nicht allzu schwer, eine Einigung zu erreichen. Dabei war das BMG ohnehin für die Ausformulierung zuständig. Das BMG hat die Vorlagen zum Koalitionsvertrag gemacht und dabei seine Interessen natürlich zur Geltung gebracht. Dabei stehen die einschlägigen Absichtserklärungen in der Kontinuität der informellen „Großen Koalition" des GMGs. Die Tatsache, dass die zentrale Kontroverse „Bürgerversicherung versus Solidarische Gesundheitsprämie" dort als offenes Problem formuliert wurde, hatte sogar eine entlastende Wirkung und bot dem BMG mit seinen fachlich überlegenen Ressourcen alle Möglichkeiten, die Union mit eigenen Formulierungen zu präjudizieren.

Dabei ist die persönliche Rolle von Ulla Schmidt nicht zu überschätzen. Einerseits hatte sie bereits vier Jahre Zeit, ihr Haus personell und inhaltlich zu konsolidieren und in Bezug auf ihre Person, loyale Arbeitszusammenhänge zu schaffen. Innerhalb der Partei und der SPD-Fraktion hatte sie durch die Zugehörigkeit zu den „richtigen" Gruppierungen (Seeheimer Kreis, Landesgruppe Nordrhein-Westfalen, Frauen in der Fraktion) immer ausreichende Mehrheiten. Ebenso hat ihr das problemlose Verhältnis zu Franz Müntefering, dem Chef der SPD-Ministerriege, geholfen. Das wichtigste war jedoch, dass Ulla Schmidt sehr früh eine Verständigung mit Kanzlerin Angela Merkel gelang. Dabei musste sich die Übereinstimmung in dieser Phase noch gar nicht auf konkrete Inhalte beziehen.

Das Atmosphärische und die Herstellung einer Vertrauensebene reichten zunächst einmal aus.

Vor diesem Hintergrund konnte das BMG seine hausinternen Vorarbeiten und Ressourcen voll für die Vorbereitung des Gesetzes zur Stärkung des Wettbewerbs in der gesetzlichen Krankenversicherung (GKV-WSG) nutzen. *Allerdings gilt die Ministerin in der SPD nicht gerade als glühende Vorkämpferin der Bürgerversicherung.* In dem verantwortlichen Ministerium muss man sich – im Gegensatz etwa zu einer Parteiarbeitsgruppe – nun auch tatsächlich mit den vielfältigen praktischen und z.b. verfassungsrechtlichen Problemen der Umsetzung eines solchen Konzeptes auseinandersetzen. Gerade von Seiten der Parteigremien gab es daher den latenten Verdacht, die Ministerin setze sich nicht genügend für die im Programm der Partei geforderte Bürgerversicherung ein.

Allerdings haben Ulla Schmidt und ihr Ministerium schnell entdeckt, dass sich mit dem Gesundheitsfonds eine Konstruktion ergibt, die man für die Einführung der Bürgerversicherung nutzbar machen kann. Auch wenn der Gesundheitsfonds nicht zu den ursprünglichen Zielen des BMG gehörte, nutzt die Politik doch Gelegenheiten. Die machtpolitische Zufallskonstellation hat dem BMG mit dem Fonds ein Instrument in die Hand gegeben, mit dem z.B.

- der (politisch ungeliebte) Beitragssatzwettbewerb eingeschränkt werden kann und die Kassen finanziell stärker angeglichen werden können,
- die Vervollständigung des Finanzkraftausgleichs im RSA praktisch durch die Hintertür und ohne explizite Diskussion erledigt werden konnte und
- die Organisationsreform der Krankenkassen und ihrer Verbände, bzw. die Abschaffung und Nivellierung der Kassenarten durch eine Reform der Finanzstrukturen, zusätzlich grundiert werden konnte.

Diese Chancen wurden vom BMG weitgehend genutzt. Auch die Perspektive einer konsequent wettbewerblichen Orientierung der Gesundheitsversorgung – mit im langfristigen Ergebnis überwiegend einzelvertraglichen Versorgungskonzepten – stößt zum Teil auf die Skepsis der Ministerin. Sie steht sicher in einem kritischen Verhältnis z.B. zu den KVen, dürfte jedoch skeptisch hinsichtlich einer Perspektive sein, bei der es keine kollektivvertraglich geregelte Grundversorgung mehr geben würde. Hierzu werden von einzelnen Mitarbeitern des BMG durchaus radikalere Konzepte vertreten, ohne damit jedoch in Loyalitätskonflikte zur Ministerin zu geraten. Abschließend wird in Bezug auf die Ausgangslage des BGM deutlich, dass das Ministerium keinen „Masterplan" hatte. Es hat vielmehr sequentiell reagiert, war aber gut vorbereitet und hat seine Chancen im richtigen

Moment erkannt. In der Ex-post-Analyse passen die Dinge jedenfalls gut zueinander und lassen mehr Strategie vermuten, als wohl am Anfang des Reformprozesses tatsächlich vorhanden war.

2   Die Gesundheitsreform 2007 aus der Perspektive des BMG

2.1 *Das BMG und die anderen Akteure im Prozess der Gesundheitspolitik: Ressourcen und Probleme*

Der entscheidende Erfolg des BMG lag darin, dass es sehr früh im Entwicklungs-
prozess des GKV-WSG mit der Bundeskanzlerin Übereinstimmung beim Um-
gang mit der Finanzierungsfrage erreichen konnte. So wird berichtet, dass die
Kanzlerin persönlich schon am Jahresanfang 2006 die Gesundheitsministerin auf
das Konzept eines „Gesundheitsfonds" (in der Version des wissenschaftlichen
Beirats beim Finanzministerium) hingewiesen habe[2]. Das paßte gut mit eigenen
Vorarbeiten des BMG zusammen. Dort hatte man die Gesundheitsreform in den
Niederlanden intensiv beobachtet und teilweise als mögliches Vorbild erkannt.
Dort sollte mit Beginn des Jahres 2006 im Rahmen einer grundsätzlichen Kran-
kenversicherungsreform ein Gesundheitsfonds eingeführt werden, der viele konzeptionelle Ähnlichkeiten mit dem schließlich im GKV-WSG vorgeschriebenen
Konstrukt aufweist. Überhaupt muss unterstrichen werden, dass das BMG sowohl national, als auch international, einen guten Überblick über Reformmodelle
hatte und klarere Ziele (mit weniger Widersprüchen) als die Union verfolgte.

Die Übereinstimmung des BMG mit dem Bundeskanzleramt (BK) förderte
mittelbar auch die Zustimmung aus der Unionsfraktion. Diese war in der prinzipiellen Finanzierungsfrage in dem Moment geklärt, als Mitte April 2006 der
CDU/ CSU-Fraktionsvorsitzende Volker Kauder nach einer Sitzung des Koaliti-
onsausschusses in etwas modifizierter Form den Vorschlag eines Gesundheitsfonds in die öffentliche Diskussion brachte (Interview im STERN vom 11. April
2006). Ein solcher Vorstoß des Fraktionsvorsitzenden konnte nicht ohne Abstim-

---

[2] Es handelt sich um eine auf den 8. Oktober .2005 datierte, kurze Stellungnahme (2 Seiten):
„Zur Reform der gesetzlichen Krankenversicherung: Ein Konsensmodell – Stellungnahme
des Wissenschaftlichen Beirats beim Bundesministerium der Finanzen". Etwas nähere
Erläuterungen dazu gibt der eigentliche Ideengeber des Papiers, das Beiratsmitglied Prof.
Dr. Wolfram F. Richter, Universität Dortmund in seinem Artikel „Gesundheitsprämie oder
Bürgerversicherung? Ein Kompromissvorschlag" in Wirtschaftsdienst 11/2005, S.1 ff.

mung mit der Kanzlerin und Parteivorsitzenden erfolgt sein. Die Initiative von Kauder war dabei einer der wenigen Versuche der Unions-Seite, mit eigenen Vorschlägen in die Offensive zu kommen. Obwohl man im BMG in der Sache mit dem Kauder-Vorschlag gut leben konnte, war man allerdings aus *diesem* Grunde (Öffentlichkeitswirkung) verschnupft – und weil man der eigenen Partei erklären mußte, warum man vom Konzept der Bürgerversicherung zunächst Abstand genommen hatte.

Durch das gute Einvernehmen zwischen Ulla Schmidt und Angela Merkel war nicht nur das Kanzleramt in der Artikulation spezifischer Unionsprogrammatik gehemmt und zur Loyalität gegenüber dem BMG verpflichtet. Durch die Einbeziehung des Vorsitzenden der Unionsfraktion in die Unterstützung des Fonds konnten auch die Widerstände aus der Unions-Arbeitsgruppe überspielt werden, in der eine stärkere Akzentuierung der ursprünglichen Unions-Positionen beabsichtigt war.

Das hat auch mit den Ressourcen der beteiligten Akteure zu tun. Das BK mußte sich am Beginn der Wahlperiode völlig neu organisieren. Die fachlich zuständige Abteilung und die entsprechenden Spiegelreferate galten als sozialdemokratisch und BMG-loyal besetzt. Während der gesamten GKV-WSG-Diskussion gelang es dem BK nicht – wohl auch aus den Schwierigkeiten der Ausgangssituation heraus – mit eigenen Vorschlägen oder Initiativen den Diskussionsprozess nennenswert zu beeinflussen.

Nicht unwichtig ist in diesem Zusammenhang, dass die Union auch in „ihren" B-Ländern nicht in der Lage war, eine kontinuierliche Unterstützung mit strategischer Kompetenz für ihre Verhandlergruppe zu organisieren. Dies wäre jedoch ein zwingendes Erfordernis für *den* Koalitionspartner, der nicht das federführende Ressort besetzt. In Oppositionszeiten der SPD (zu Zeiten der „alten Bundesrepublik") hatte eine solche Rolle regelmäßig das Ministerium für Arbeit und Gesundheit in NRW. Dort war einerseits das notwendige fachliche Know How, und andererseits auch das strategische Potential für die politische Unterstützung der Bundestagsfraktion vorhanden. Während des GKV-WSG gelang es der Union jedoch nicht hinreichend, aus ihren Länderministerien eine ähnlich zuverlässige und politisch-fachliche Unterstützung des Reformprozesses zu organisieren.

Dieser Mangel ist zum Teil damit zu erklären, dass die CDU/ CSU-regierten Bundesländer in dieser Reform eigene Interessen hatten, die mit den Interessen der Unions-Arbeitsgruppe und -Fraktion im Bundestag bzw. den Interessen der Kanzlerin nicht ohne weiteres übereinstimmten und auch untereinander widersprüchlich waren. Das betrifft z.B. das Ziel der Erhöhung der Umverteilung im

Rahmen der RSA-Reform, für die Fragen der Entschuldung und der Insolvenzfähigkeit der Krankenkassen, Fragen zum Niveau der ambulanten ärztlichen Vergütung etc. Neben der Sonderrolle der CSU und Bayerns gab es somit ein die
Union insgesamt bremsendes Misstrauen der Hauptakteure untereinander. Dies
verhinderte, dass die Union in wirksamer Weise das notwendige Maß an fachliche Zuarbeit zu der Koalitionsarbeitsgruppe organisieren konnte. Die Union
hatte somit kein wirkliches, die Meinungsbildung organisierendes Machtzentrum
für das Management der GKV-WSG-Reform. Bis auf die persönliche Deckung der
Kanzlerin für das Konzept des Gesundheitsfonds und wenige – allerdings sehr
wirksame – Verteidigungsmaßnahmen des BK zur Erhaltung der Privaten Krankenversicherung (PKV) konnte das BMG seine Überlegenheit bis in die Koalitionsrunden der Parteivorsitzenden hinein deutlich ausspielen.

Die Arbeitsgruppe der Unionsfraktion galt ebenfalls nicht als stark. Die beiden Führungsfiguren, Annette Widmann-Mauz (CDU) als Sprecherin der AG
und Wolfgang Zöller (CSU) als zuständiger stellvertretender Fraktionsvorsitzender waren, obwohl beide aus den in ihren Interessen eigentlich konvergenten
Ländern Baden-Württemberg und Bayern stammen, nicht ein Herz und eine
Seele. Ihr Verhältnis spiegelt in gewisser Weise das gesundheitspolitische Span-
nungsverhältnis der beiden Unionsparteien. Frau Widmann-Mauz war vor allem
der Loyalität zur Kanzlerin (und zu ihrem Fraktionsvorsitzenden und Lands-
mann Volker Kauder) verpflichtet; Herr Zöller mußte den CSU-Interessen Rechnung tragen und hatte parteipolitisch mehr auf Ministerpräsident Stoiber zu
achten. Eigene, fachliche Ressourcen – im Sinne eines Apparats – hatte die Fraktion kaum. Die Unterstützung aus den B-Ländern blieb schwach, auch weil das
BMG eine geschickte Vereinnahmungspolitik mit den maßgeblichen und fachlich
gegenüber der Kanzlerin einflussreichen Landes-Gesundheitsministern (Josef
Hecken im Saarland und Karl-Josef Laumann in NRW) betrieben hat. Hinzu
kommt, dass die zumeist dem Sozialflügel der Union angehörenden zuständigen
Landesminister ohnehin mentalitätsmäßig eine gewisse Nähe zu Ulla Schmidt
haben.

Zur Stärke des BMG hat aber auch beigetragen, dass in der Fraktion der SPD
kein größerer Widerstand artikuliert wurde. Eine wichtige Gelenkfunktion kam
dabei Elke Ferner zu. Sie hat als zuständige stellvertretende Fraktionsvorsitzende,
damals außerdem noch stellvertretende Parteivorsitzende, und als Vertreterin
des linken Flügels dem BMG und Ulla Schmidt in Richtung auf die Partei und die
Fraktionslinke den Rücken frei gehalten. Ohne ihre Vermittlung wäre der GKV-
WSG-Kompromiss nicht oder zumindest nicht so gut gelungen. Dass sie in dieser
Rolle als Gesundheitspolitikerin Anfängerin war, hat ihrem Erfolg nicht gescha-

det. Es könnte sogar zu ihrer Glaubwürdigkeit beigetragen haben, wenn eine Person in diesem Fachgebiet noch nicht „verbraucht" ist.

Auch aus der Arbeitsgruppe der SPD-Fraktion wurden keine konzeptionellen Vorschläge entwickelt, die Aussicht auf Erfolg gehabt hätten. Dabei ist zu berücksichtigen, dass die AG selbst gespalten ist. Schon zu Beginn der Wahlperiode gab es in der Fraktion die Wahl von Carola Reimann, die in der SPD dem „Netzwerk" angehört, zur gesundheitspolitischen Sprecherin. Diese Wahl war der Kontrapunkt zum Votum der Arbeitsgruppe, der sie dann vorsitzen sollte. Die Arbeitsgruppe hatte sich mehrheitlich für Karl Lauterbach ausgesprochen, entsprechend ihrer mehrheitlich „linken" Herkunft in der SPD. Die spätere Einbindung der Fraktionslinken – etwa über die Beteiligung von Karl Lauterbach an der Koalitionsarbeitsgruppe bis zu den „Eckpunkten" – gelang jedoch nur mäßig. Die Fraktions-AG beschränkte sich damit zwangsläufig für den Rest der Debatte – bis auf wenige individuelle Ausreißer – auf die loyale Unterstützung des BMG, in Person vor allem durch die mit der Fraktionsspitze loyale Carola Reimann.

Auch aus den wenigen SPD-regierten Bundesländern bekam das BMG Unterstützung. Das gilt vor allem für Brandenburg und Rheinland-Pfalz, wobei das dortige Gesundheitsministerium auf Länderebene das einzige war, das nennenswerte Kompetenzen für die Einwirkung auf die Bundespolitik mobilisieren konnte. Außerdem war Rheinland-Pfalz natürlich wichtig, um den seit Mai 2006 amtierenden neuen SPD-Vorsitzenden Kurt Beck fachlich abzusichern.

2.2 Konstellationen und persönliche Beziehungen: Personen spielen eine Rolle

Schließlich hat das BMG im Verhältnis zu den anderen – in verschiedener Weise fachlich an der Reform zu beteiligenden – Ministerien eine glückliche Situation vorgefunden. Durch die politische Nähe von Ulla Schmidt und Franz Müntefering (Bundesministerium für Arbeit und Soziales – BMAS) war sichergestellt, dass für die Gesundheitsreform aus dem zweiten „Sozialressort" der Bundesregierung kein ernsthaftes Störfeuer zu erwarten war (bis auf einige Reibungen bei der Regelung des Beitragseinzugs für die Sozialversicherung im Zusammenhang mit der Einführung des Gesundheitsfonds). Mit dem ebenfalls SPD-geführten Bundesministerium für Finanzen (BMF) war eine enge Zusammenarbeit erforderlich, weil dort die Regelungen zur PKV ressortieren. Bei den PKV-Fragen, die für die Gesundheitsreform und den Koalitionsfrieden von zentraler Bedeutung waren, kam es entscheidend auch auf verfassungsrechtliche Fragen an. Die entspre-

chende Expertise dazu mußte einerseits vom ebenfalls SPD-geführten Justizmi-
nisterium (BMJ), andererseits vom Innenministerium (BMI) kommen. Dabei war
nur vom BMI mit ernst zu nehmendem, parteipolitisch motiviertem Widerstand
im Interesse der PKV zu rechnen.

Abbildung 1:   Aushandlungsprozess Gesundheitsreform

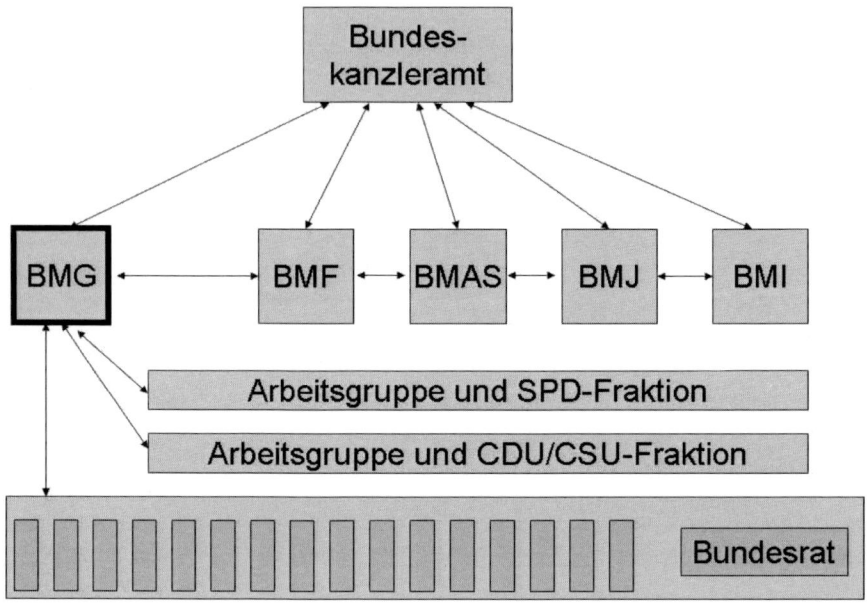

Quelle: Eigene Darstellung

Außerdem brachte innerhalb der Bundesregierung die persönliche Übereinstimmung von Ulla Schmidt mit Horst Seehofer eine wichtige Unterstützung für das
BMG. Es gab zwar keine direkten fachlichen Berührungspunkte bzw. Kooperati-
onszwänge des BMG mit dem Ministerium für Ernährung, Landwirtschaft und
Verbraucherschutz. Aber eine allgemeinpolitische Unterstützung konnte Seehofer durch seine doppelte Generalzuständigkeit als Verbraucherschutz-Minister
und als stellvertretender CSU-Vorsitzender für (fast) alle Themen dieser Welt
doch immerhin leisten. Gelegentliche Interventionen Seehofers machten zumindest immer wieder klar, dass der Arbeitnehmer-Flügel der Union relativ nahe zu

den BMG-Positionen stand, was die die Argumente des bayerischen Ministerpräsidenten Edmund Stoiber durchaus relativierte.

Nicht zuletzt muss festgestellt werden, dass das BMG fast perfekt seine regelmäßigen fachlichen Kontakte zu den verschiedenen Organisationen des Gesundheitswesens, aber auch die persönlichen Beziehungen zu einzelnen Repräsentanten dieser Betroffenen und Beteiligten genutzt hat. So wurden beispielsweise die Spitzenverbände der GKV seit einigen Jahren bei wichtigen Fragen regelmäßig dadurch düpiert, dass parallel zu ihren Stellungnahmen bzw. den Beratungen mit ihnen, vom BMG entsprechende Kontakte mit ausgewählten Einzelkassen gepflegt wurden. Die Ergebnisse solcher Gespräche wurden dann vom BMG zum Teil gezielt *vor* den Gesprächen mit den Verbänden publik gemacht und eingesetzt, um diese Verhandlungen zu präjudizieren.

Vor diesem Hintergrund ist auch zu beachten, dass das im BMG direkt für die Reform zuständige Team hochkompetent besetzt war und ist. Neben dem politischen Leitungspersonal sind auch die verantwortlichen Fachbeamten des Hauses, also letztlich alle BMG-Angehörigen, die sich in der Fachdiskussion, in den Ausschüssen und gegenüber den „stakeholdern" des Gesundheitswesens artikulieren müssen, fachlich kompetent, loyal zur Ministerin und politisch homogen aufgetreten. Dabei war für das Ministerium förderlich, dass es in diesem Team weder an gesundheitspolitischer Strategiefähigkeit, noch an der Fähigkeit mangelt, die eigenen Positionen schlagkräftig und populär zu verkaufen. Zusammenfassend kann also festgestellt werden: Das BMG hat von glücklichen Entwicklungen (z.B. der ministeriellen Ressortverteilung) profitiert, aber auch persönliche Beziehungen spielten eine wichtige Rolle im politischen Prozess.

2.3 Der Weg zur Einigung mit Hindernissen: Wie das BMG im Verlauf agiert und seine Interessen durchgesetzt hat

Im BMG war man sich bewußt, dass die zentralen Themen dieser Gesundheitsreform schwer vermittelbar sind. Fragen der Finanzverfassung der Krankenkassen und der Ausgestaltung des RSA in der GKV oder Probleme der Verbandsorganisation der Krankenversicherung und der Entscheidungsstrukturen der gemeinsamen Selbstverwaltung (Gemeinsamer Bundesausschuss etc.) sowie die Auswirkungen des Systemwettbewerbs zwischen GKV und PKV sind für den normalen Bundesbürger Dinge „hinter den sieben Bergen". Verglichen etwa mit Themen wie „Praxisgebühr" oder „Zuzahlungen bei Arzneimitteln" fühlen sich die Versicherten praktisch nicht betroffen und reagieren auf diese Themen mit stereotypen Deutungsmustern (Bürokratie, generelle Skepsis gegen Verbände und Lobbyisten etc.). Da der politische Kern der Reform die breite Öffentlichkeit nicht wirklich interessierte und folglich auch nicht erreichte, hat das BMG die entsprechenden Themen nur so weit und in einer Form angesprochen, mit der die populären Vorurteile bedient wurden. So wurde

- massive Kritik an den „vielen Lobbyisten im Gesundheitswesen" geübt, die die guten Ansätze der Politik (vor allem beim GMG) schnöde blockiert hätten,
- die differenzierte Beitragssatzpolitik und der Beitragssatzwettbewerb der Kassen als intransparent und letztlich zu Lasten der Versicherten gehend kritisiert,
- die Vielfalt der Krankenkassen als überflüssig, verwirrend und kostentreibend dargestellt,
- die Entscheidungsprozesse und -strukturen der Selbstverwaltung als ineffizient präsentiert[3],
- und der Dualismus von GKV und PKV, bzw. die Privilegien der Privatversicherten als Ursache einer Zwei-Klassen-Medizin kritisiert.

Gleichzeitig hob das BMG die positiven Seiten der Reform hervor. So wurden etwa immer wieder die vorgesehenen Leistungsverbesserungen im Bereich der Palliativmedizin herausgestellt. Die beabsichtigte Umwandlung bestimmter (bis dato noch) freiwilliger Leistungen der Kassen (sogenannte „Satzungsleistungen") in Pflichtleistungen wurde als notwendige Korrektur der Politik dargestellt: Vor dem Hintergrund des Beitragssatzwettbewerbs der Kassen sei die Gewährung dieser Leistungen immer restriktiver geworden. Daher müsse man sie jetzt zu Pflichtleistungen machen. Das betrifft insbesondere die Mutter-Vater-Kind-Kuren, die sich wegen der Popularität des Familienthemas sehr gut verkaufen ließen.

Besonders geschickt war der Umgang mit dem Thema der Nicht-Versicherten. In der Sache geht es hier sicher um ein ernst zu nehmendes Problem, aber in der Vorbereitung der Reform (also vom Koalitionsvertrag bis zu den „Eckpunkten" Mitte 2006) wurde es vom BMG und der SPD in grandioser Weise aufgebauscht. Umso besser konnte man positiv herausstellen, dass hier endlich eine überfällige Lösung angestrebt wurde. Ungeachtet dessen, dass das Problem der

---

[3] Vor allem am Beispiel der Einführung der elektronischen Gesundheitskarte, unter der sich der Normalbürger noch am ehesten etwas vorstellen kann.

Gesundheitsversorgung der Nicht-Versicherten durch das System der Sozialhilfe immer weitgehend in Schach gehalten worden war und die einzigen seriösen Daten zur Zahl der Betroffenen aus dem Mikrozensus[4] 2003 in Höhe von „nur" ca. 188.000 Personen vorlagen, wurden die Spekulationen über die Anzahl der Betroffenen immer höher geschraubt.

Die Union konnte als Koalitionspartner aus allen diesen Themen keinen Gewinn ziehen. Sie vermochte es nicht, die auch von ihr gewollten Leistungsverbesserungen als ihre politischen Anliegen öffentlichkeitswirksam darzustellen. Das BMG beherrschte in diesem Themenfeld einfach die Medien. Hinzu kam, dass die – sachlich durchaus gerechtfertigten – politischen Bedenken, etwa bei der Regelung des Problems der Nicht-Versicherten, den propagandistischen Schwung bei der Union in engen Grenzen hielten.

Wie geschickt das BMG, auch im Sinne der SPD, agiert hat, soll im Folgenden an wenigen Beispielen illustriert werden (vgl. auch die Chronik zur Gesundheitsreform im Anhang):

1. *Ausbremsen der Kritiker:* Als die Gesetzlichen Krankenkassen nach der Verkündung der „Eckpunkte" in einer gemeinsamen Informationsaktion ihre Versicherten über die kritischen Folgen der beabsichtigten Reformen unterrichten wollten, wurden die Spitzenverbände der Kassenarten vom BMG aufsichtsrechtlich ausgebremst. In einer entsprechenden förmlichen Belehrung (Anfang August 2006) wurde ihnen untersagt, Versichertengelder für eine angebliche „Kampagne" gegen die Gesundheitsreform einzusetzen[5]. Die öffentliche Stimmung wandte sich zwar nicht eindeutig zu Gunsten des BMG, die Kassenseite war jedoch nachhaltig geschwächt und eingeschüch-

---

[4] Nach der Reform und aufgrund neuerer Erhebungen stellt sich die Größenordnung des Mikrozensus auch heute noch als realistisch heraus.

[5] Aus der Sicht des BMG hat die GKV ihren Einfluß überschätzt. Charakteristisch ist die folgende Äußerung von Franz Knieps, dem zuständigen BMG-Abteilungsleiter: „Neu an der gesundheitspolitischen Debatte zum GKV-WSG war die Unverfrorenheit, mit der die mittelbare Staatsverwaltung die unmittelbare Staatsverwaltung diffamierte und die politische Legitimation von Parlament und Regierung in Frage stellte. ... Besonders geräuschvoll arbeiteten hier die Spitzenverbände der Krankenkassen, die sich mit täglich wechselnden Untergangsszenarien gegen strukturelle Veränderungen in der verknöcherten Verbandslandschaft zur Wehr setzten." S. 874 in: Knieps, Franz (2007): "Hitler, Honecker und die Gesundheitsreform - Zur Entstehungsgeschichte des GKV-Wettbewerbsstärkungsgesetzes", in: Ulrich, Volker/Ried, Walter (Hrsg.): "Effizienz, Qualität und Nachhaltigkeit im Gesundheitswesen. Theorie und Politik öffentlichen Handelns, insbesondere in der Krankenversicherung. Festschrift zum 65. Geburtstag von Eberhard Wille", Baden-Baden, S. 871-879

tert. Den Kassenverbänden und ihrer Selbstverwaltung wurde vorgeworfen, es ginge ihnen ja nur um ihre eigenen Sonderinteressen und nicht um die Versicherten. Dem BMG gelang es kurz danach, einzelne Kassenvorstände zu gewinnen, sich positiv zum Gesundheitsfonds zu äußern, der im Zentrum der Kritik der Kassenverbände stand. Damit war die Kassenfront aufgebrochen und die Kontroverse endete mit einem für die Kassenseite unerfreulichen Patt.

2. *Provokation und Ermüdung der Gegner:* Vor dem eigentlichen Referentenentwurf des GKV-WSG von Anfang Oktober 2006 gab es seit Mitte August vier so genannte „Arbeitsentwürfe" des BMG für das Gesetz. Zum Teil wurden darin erheblich Abweichungen zu den gemeinsam beschlossenen „Eckpunkten" formuliert. Jeder Arbeitsentwurf beschäftigte die Koalitionsarbeitsgruppe intensiv. Besonders die Unionsseite war dabei wegen ihrer geringeren Ressourcen in einer benachteiligten Position. Die öffentliche Auseinandersetzung konnte vom BMG immer abgewehrt bzw. gebremst werden mit dem Hinweis auf den (angeblich) vorläufigen Charakter der Entwürfe. Sie galten als „mit der Leitung des Hauses nicht abgestimmt".
Nach Vorlage des Referentenentwurfs am 12. Oktober 2006 sollte nur vier Tage später am 16. Oktober 2006 die nach der Geschäftsordnung der Bundesregierung „normale" Anhörung der Verbände stattfinden. Die Verbände der Krankenkassen und andere Spitzenverbände des Gesundheitswesens (KBV, DKG, PKV-Verband etc.) lehnten daraufhin die Beteiligung an dieser Anhörung ab. Das Ganze sei eine Farce und eine sachbezogene Detaildiskussion sei – angesichts der engen Frist – vom BMG offensichtlich nicht beabsichtigt. Im Ergebnis haben sich die Spitzenverbände dabei jedoch an der falschen Stelle provozieren lassen. In der öffentlichen Darstellung konnte das BMG stets darauf verweisen, dass durch die Arbeitsentwürfe, die von den Verbänden tatsächlich jeweils ausführlich kommentiert worden waren, die Detailkenntnis ausreichend gewesen sei, um die Anhörung fachlich zu bestreiten.

3. *Anspruch auf Soziale Gerechtigkeit – Sachliche Probleme lösen wir später:* Am 5. Oktober hat die Runde der Parteivorsitzenden nicht nur endgültig den Gesundheitsfonds, sondern auch die Begrenzung eventueller Zusatzbeiträge auf maximal ein Prozent des individuellen Haushaltseinkommens der Versicherten beschlossen. In dieser Frage hatten das BMG und die SPD kontinuierlich die Begrenzung der Belastungen gefordert. Das Verhandlungsergebnis war einerseits ein Erfolg des Parteivorsitzenden Kurt Beck, andererseits aber auch des BMG. Dort war zwar hinreichend bekannt, dass diese Begren-

zung viele Kassen schon mit dem Start des Gesundheitsfonds in existenzgefährdende Probleme treiben könnte und dass die praktischen Umsetzungsfragen alle Kassen vor massive Probleme stellen wird. Trotzdem ist man im BMG wegen der Möglichkeit einer guten Botschaft über diese Probleme hinweggegangen und hoffte darauf, dass man sie erst nach der Bundestagswahl 2009 lösen muss.

4. *Fallen stellen:* Im Rahmen der Veränderung des Risikostrukturausgleichs hat Ministerpräsident Stoiber in der Koalitionsrunde vom 5. Oktober eine Begrenzung möglicher bayerischer Mehrbelastungen auf maximal 100 Mio. Euro pro Jahr durchgesetzt. Dabei hat er einen – offenbar von seiner Staatskanzlei sehr hektisch formulierten – Entwurf mitgebracht, der wörtlich als §°272 Sozialgesetzbuch (SGB) V in das GKV-WSG Eingang gefunden hat. Dem BMG ist schon damals klar gewesen, dass diese sogenannte „Konvergenzklausel" nicht praktikabel ist. Man hat aber darüber geschwiegen, einerseits weil die nächtliche Runde irgendwie als Erfolg dargestellt werden mußte, andererseits weil sich daraus eine Chance ergab, die Initiatoren der Regelung zu einem späteren Zeitpunkt vorzuführen.

2.4 Das BMG hat den medialen Diskurs beherrscht

In der politischen Berichterstattung hat die Bundesregierung ohnehin eine dominierende Stellung. Das Thema der Gesundheitsreform wurde dabei vor allem vom BMG öffentlich transportiert. Die Union litt unter den bereits angesprochenen Positionierungs- und Darstellungsproblemen. Die Opposition war von den Standorten, von denen aus sie ihre Kritik formulierte, zu heterogen (FDP, Linkspartei und Bündnis90/ Die Grünen), insgesamt zu schwach bzw. mit ihren Positionen unpopulär. Durch die Zunahme der elektronischen Bildmedien werden die Botschaften immer weiter verdichtet, kürzer und schnellebiger. Das BMG hat sich auf diese Situation eingestellt und seine Medienarbeit konsequent darauf ausgerichtet. Hinzu kam die Gunst der Stunde, nämlich die den Sommer 2006 medial beherrschende Fußball-Weltmeisterschaft, die es erlaubte, die Reform phasenweise fast ganz aus der allgemeinen Berichterstattung verschwinden zu lassen.

Gesundheitsreformen stoßen in der Bevölkerung grundsätzlich auf Skepsis und latente Ablehnung. Das hat sicher mit den realen Erfahrungen aus vergangenen Gesundheitsreformen zu tun. Diese Stimmung wurde in der Öffentlichkeitsarbeit des BMG konsequent berücksichtigt. Man hat sich auf wenige Botschaften beschränkt und dabei versucht, immer das Positive für den Bürger herauszustellen. Auch wenn dadurch die Beliebtheitswerte der Ministerin nicht nennenswert gestiegen sind, war die PR-Arbeit des BMG dennoch so professionell wie möglich. Dazu gehört auch, dass das BMG (vor allem im ersten Halbjahr 2006) versuchte, Journalisten zu steuern, was z.b. durch gezielte Indiskretionen in der Form von Weitergabe von Papieren und Hintergrundinformationen, zum Teil auch gelang.

3 Ergebnis: Das BMG hat seine dominierende Machtposition in der Gesundheitspolitik ausgebaut

Das BMG war Motor der Reform und hat in jeder Phase die Regie geführt. Um im Bild zu bleiben: Die Union war bestenfalls Co-Produzent. Das BMG beherrschte den Diskurs und die öffentliche Thematisierung der Probleme. Auf der Seite der Union war die Kanzlerin die treibende Kraft. Die Gesundheitsreform war eines der ersten Prestigeprojekte der Großen Koalition und musste daher erfolgreich sein. Die Handlungsfähigkeit der Regierung sollte in einem schwierigen Themenfeld bewiesen werden. Da in den Augen von Kanzlerin Merkel dabei nur wenige Punkte für die Union tatsächlich bedeutsam waren, konnte sie dem BMG und namentlich der Ministerin Schmidt in allen anderen Fragen freie Hand lassen. Dahinter steht jedoch nicht nur das Einverständnis der beiden Frauen. Es wirkt auch ein grundsätzlicher Mechanismus einer Koalition – und erst recht einer Großen Koalition. Schon durch die Ressortverteilung ist weitgehend vorbestimmt, welcher Parteiprogrammatik die Ausgestaltung der entsprechenden Gesetze folgen wird und nur bei ganz wenigen Essentials gibt es den Zwang zu echten und folglich schmerzhaften Kompromissen.

Dabei spielte die Kanzlerin sicher die entscheidende Rolle. Angela Merkel wollte aber im Kern nur

- den Gesundheitsfonds, als Plattform und künftigen Ausgangspunkt für eigene, gegebenenfalls prämiengestützte, GKV-Finanzierungsmodelle,
- die Erhaltung der PKV als eigenständigen Player
- und eine Vereinfachung der Organisationsstrukturen in der Krankenversicherung bzw. im Gesundheitswesen.

Schon die Befriedung der Ärzteschaft (die der Union traditionell immer am Herzen lag) durch eine Honorarreform hatte für sie einen deutlich geringeren Stellenwert.

Weil es der Spitze der Union nur auf diese wenigen Punkte ankam, funktionierte auch das Konfliktmanagement durch die Parteispitzen. Und nur in diesen Runden hat das Bundeskanzleramt eine für die Unionsseite erkennbare, führende Rolle gespielt. Den fachlichen Diskurs unterhalb dieser Ebene und natürlich die argumentative Vorbereitung dieser Spitzengespräche beherrschte das BMG. Die Unionsseite (Arbeitsgruppe) kämpfte zum Teil sehr detailliert und ist in der Fülle der Details untergegangen. Da sie keinen nach innen hinreichend mächtigen und nach außen populären Spitzenpolitiker für die Gesundheitsthemen hatte, entstand ein gewisses machtpolitisches Vakuum, das sich für den in diesem Themenfeld schwächeren Koalitionspartner Union verhängnisvoll auswirkte. Dieses Vakuum hat das BMG voll ausgefüllt. Im Nachhinein zeigt sich, wie sehr der Union ein gleichwertiger Ersatz für den ehemaligen „Sozialexperten" Horst Seehofer und dessen Rolle beim GMG gefehlt hat[6].

Die PKV-Frage war dabei das dominierende Konfliktfeld dieser Gesundheitsreform. Es war das zentrale Anliegen der Union, die PKV nicht – wie es das BMG wollte – systematisch in einen einheitlichen Rechtsrahmen mit der GKV zu integrieren. Es ist dabei ein kleines politisches Wunder, dass die Union in der zentralen PKV-Frage beim GKV-WSG noch mit einem blauen Auge davon kam. Nur dem Einsatz verschiedener Ministerpräsidenten der Unionsseite, insbesondere von Edmund Stoiber und der CSU sowie vom Wirtschaftsministerium, ist es gelungen, die PKV als eigenständige Institution zu retten. Wegen der PKV-Frage hat die Koalition mindestens einmal auf der Kippe gestanden.

Im Ergebnis der Reform hat das BMG den eigentlichen operativen Machzuwachs. Die Politik hat sich in dieser Reform von den Institutionen der Selbstverwaltung, also aus der Sphäre des Korporatismus, Macht zurückgeholt. Sie hat zuerst, allerdings mit langer Vorlaufzeit, zur Erosion der Legitimationsbasis der Verbände beigetragen – vor allem der Verbände der Kassenarten und der Kassenärztlichen Vereinigungen – und dann in dieser Reform die Spitzenverbände der Krankenkassen faktisch aufgelöst. Der neue Spitzenverband Bund der Krankenkassen ist dem Ministerium sehr viel direkter unterstellt als die bisherigen Bundesverbände. Bei der gemeinsamen Selbstverwaltung kann festgestellt werden, dass sie nur mit knapper Not der direkten Unterordnung unter das BMG entgangen ist. Der Gemeinsame Bundesausschuss wird zwar in seiner Gestalt ab

---

6 Die fast idealtypische Besetzung dieser Rolle war – mit umgekehrten parteipolitischen Vorzeichen – der damalige stellvertretende SPD-Fraktionsvorsitzende Rudolf Dreßler. Er wirkte z.b. bei den Lahnsteiner Kompromissen (beim GSG) in analoger Weise wie Horst Seehofer beim GMG.

dem 1.Juli 2008 den steuernden Einflüssen des BMG noch stärker ausgesetzt sein als in seiner vorherigen Konstruktion, er bleibt aber immerhin noch glaubwürdig als eine Einrichtung der Selbstverwaltung.

Am *symbolträchtigsten* ist sicher in diesem Zusammenhang die ab November 2008 einsetzende Festlegung des *Allgemeinen Beitragssatzes* durch die Bundesregierung (§ 241 Abs. 2 SGB V), wobei das BMG federführend ist. Damit erhält das Ministerium eine direktere und offensichtlichere Verantwortung für die Entwicklungen im Gesundheitswesen als bisher. Das gilt natürlich vor allem für die Kostenentwicklung. Diese Verantwortung läßt sich ab 2009 nicht mehr auf die Kassen der GKV und ihre Selbstverwaltung abschieben.

Die Legitimation für diesen Machzuwachs ist im Kern unproblematisch, da die Regierung durch das Parlament legitimiert ist und das GKV-WSG trotz einiger Abweichler in den Koalitionsfraktionen eine überwältigende Mehrheit im Parlament erhielt. Die Selbstverwaltung der Sozialversicherungträger – als Körperschaften des öffentlichen Rechts mittelbare Staatsverwaltung – ist demgegenüber naturgemäß immer schwächer legitimiert.

Ob die künftige gesundheitspolitische Machtkonzentration beim BMG jedoch für das Staatswesen insgesamt und den Gesundheitssektor sachgerecht beziehungsweise nützlich sein wird, muss bezweifelt werden. Die Kleinteiligkeit der Interessen (z.B. der Ärzte, der verschiedenen Gruppen der Fachärzte und anderer Gesundheitsberufe) und die Komplexität der Regelungsgegenstände (z.B. für den G-BA) nimmt zu. Die Probleme werden durch das eingeleitete Nebeneinander von Kollektiv- und Selektivverträgen in der Versorgung weiter wachsen. Hinzu kommen die immer größeren Ansprüche an die Qualitätssicherung und Effizienz der Versorgungsleistungen etc. Die offenbar im BMG verfolgte Strategie, *alle diese Probleme von einer zentralen Kommandobrücke* aus beherrschen zu wollen[7], könnte sich schon mittelfristig als Illusion erweisen und zu massiven Protesten gegen die Politik selbst führen.

Unter den besonderen Bedingungen dieser Großen Koalition sind abschließend zwei Entwicklungen bemerkenswert. Erstens: Das entscheidende Konfliktmanagement der Gesundheitsreform fand immer wieder in den *Koalitionsrunden der Parteivorsitzenden* statt. Hier wurden die jeweils strittigen Punkte (Gesund-

---

[7] So war zum Beispiel der Gemeinsame Bundesausschuss im ersten Arbeitsentwurf als eine dem BMG untergeordnete „Regulierungsbehörde" geplant. Ohne eine intermediäre Instanz der Selbstverwaltung hätte das BMG aber die direkte politische (!) Verantwortung für alle medizinischen Detail-Entscheidungen zur GKV übernehmen müssen (Richtlinien, Rationierung, Qualität, Kosteneffizienz etc.). Damit hätte sich „die Politik" wahrscheinlich legitimatorisch überhoben.

heitsfonds, 1-Prozentgrenze für Zusatzbeiträge, die Belastungen der PKV und die Steuerzuschüsse zum Fonds für die Krankenversicherung der Kinder etc.) verhandelt und beschlossen. Das BMG war hier immer federführend bei der Vorbereitung, bei der Protokollführung und bei der Umsetzung. Ob die Delegation an die Spitze bzw. der faktische Ausfall der politischen Mittelebene für wichtige Verhandlungen eine Besonderheit dieser Gesundheitsreform und ihrer speziellen Rahmenbedingungen war oder ein allgemeines Charakteristikum Großer Koalitionen ist, müsste noch näher untersucht werden. Zweitens: Die Rolle und die *Positionen der Verbände des Gesundheitswesens* konnten von der Politik weitgehend ignoriert werden. Die Politik war einerseits sehr stark mit sich selbst beschäftigt und brauchte und wollte keine *externen* Bündnispartner. Gelegentliche Akklamationen reichten völlig aus (z.b. lobte der Hausärzteverband mehrfach die entsprechenden Vorschläge des BMG). Die Opposition kam in dieser Reform faktisch nicht vor und bot daher für die Verbände und Interessengruppen auch kaum einen öffentlichkeits- bzw. politikrelevanten Resonanzraum. Und das BGM, als federführendes Machtzentrum der Reform war gegenüber den Verbänden so stark, dass man sie häufig einfach übergehen konnte[8].

---

[8] Franz Knieps, der zuständige BMG-Abteilungsleiter schreibt zur neuen Standfestigkeit der Politik gegenüber dem Lobbyismus in der Festschrift für Wille: „Was die korporatistischen Akteure insgesamt bei den Vorarbeiten zum GKV-WSG verwirrte und verärgerte, war der Wille der politisch Verantwortlichen, in der heißen Phase der Verhandlungen lobbyistische Einflüsse zurückzudrängen und direkte Eingriffsversuche zu ignorieren." S. 874 a.a.O.

Die Bundesländer bei der Reform der GKV

Hartmut Reiners[1]

Eines sei vorab festgehalten: Die Länder spielen bei den auch „Gesundheitsreformen" genannten periodischen Reformen der Gesetzlichen Krankenversicherung (GKV) eine wichtige Rolle,[2] aber so etwas wie „die" Position oder „das" Interesse der Länder gibt es nur in Ausnahmefällen. Die Länder haben in der Gesundheitspolitik bestimmte Aufgabenschwerpunkte wie die Krankenhausplanung oder die Prävention. Aber daraus ergibt sich nicht notwendigerweise eine Interessenidentität. Das politische System der BRD weist den Ländern nicht nur spezifische Kompetenzen in der eigenen sowie der konkurrierenden Gesetzgebung nach Artikel 74 GG zu. Sie spielen auch über den Bundesrat parteipolitisch eine wichtige Rolle, wenn es darum geht, der jeweiligen Bundesregierung Steine in den Weg zu legen oder sie aus dem Weg zu räumen. Nachfolgend wird versucht, dieses Gemisch aus unterschiedlichen Interessen bzw. Aufgaben von Bund und Ländern, parteipolitischen Konstellationen und auch persönlichem Machtstreben anhand konkreter Beispiele aus der Gesundheitspolitik der letzten zwanzig Jahre zu illustrieren. Zunächst werden die gesundheitspolitischen Institutionen der Länder kurz skizziert.

1 Die gesundheitspolitischen Institutionen der Länder

Die originären gesundheitspolitischen Aufgaben der Länder betreffen den Öffentlichen Gesundheitsdienst (u. a. allgemeine Sozialhygiene, schulärztliche Un-

---

[1] Referatsleiter im Ministerium für Arbeit, Soziales, Gesundheit und Familie des Landes Brandenburg. Der Text gibt die persönlichen Auffassungen des Autors wieder.
[2] Der landläufige Begriff „Gesundheitsreformen" ist nicht nur sprachlich verunglückt; schließlich kann man die Gesundheit verbessern oder verschlechtern, aber nicht reformieren. Er geht auch inhaltlich an der Sache vorbei, weil es um Reformen im GKV-System geht, d. h. um Krankheitsbewältigung, und nicht um Gesundheitspolitik im weiteren Sinn einschließlich Prävention und Gesundheitsförderung.

tersuchungen, Impfschutz, Sucht und Drogen), den Rettungsdienst, Aufsicht von regionalen Krankenkassen und Kassenärztlichen Vereinigungen, Krankenhausplanung, psychiatrische Versorgung, das Berufsrecht für Ärzte, Apotheker und medizinische Fachberufe sowie die Aufsicht über Apotheken und Arzneimittelhersteller. Hinzu kommen noch spezifische, in den jeweiligen Landesgesundheitsdienstgesetzen festgelegte Aufgaben wie Gesundheitsberichterstattung oder gesundheitliche Frühförderung von Kindern. Die Zuständigkeitshierarchien zwischen den Regierungen und Parlamenten der Länder, den Regierungsbezirken und den Kommunen sind unterschiedlich geregelt, wobei es neben den Stadtstaaten auch Länder wie Brandenburg, Mecklenburg-Vorpommern und das Saarland gibt, die ohne Regierungsbezirke auskommen.

Im Unterschied zum Bund gibt es keine nur für Gesundheit zuständigen Ministerien. Nur in Berlin gibt es seit den letzten Abgeordnetenhauswahlen eine Senatsverwaltung für Gesundheit, Umwelt und Verbraucherschutz. Sie entstand auch nicht aus sachlichen Erwägungen, sondern verdankt sich Personalfragen innerhalb der Senatskoalition von SPD und PDS. In den meisten Ländern ist dieses Ressort in den für Arbeit und Soziales zuständigen Ministerien angesiedelt. Bis weit in die 1970er Jahre hinein war zudem eine Ansiedlung des Öffentlichen Gesundheitsdienstes (ÖGD), der u. a. für die Sozialhygiene und die Bekämpfung von Infektionskrankheiten zuständig ist, bei den Innenministerien üblich, während die GKV-Aufsicht bei den Arbeits- und Sozialministerien lag. Noch heute gehören in einigen Häusern die für letztere Aufgaben zuständigen Referate zur Arbeits- oder Sozialabteilung. In Bayern liegt nach wie vor die Kassenaufsicht nicht beim Gesundheits-, sondern beim Sozialministerium – mit der Folge, dass Bayern bei den jährlichen Gesundheitsministerkonferenzen doppelt vertreten ist. Für diese unterschiedlichen Ressortzuschnitte gibt es keinen sachlichen Grund. Es handelt sich dabei in der Regel um die Folgen von parteipolitischem Proporz innerhalb einer Koalition oder Regierungspartei. Auch das Bundesministerium für Gesundheit (BMG) verdankt seine Existenz nicht fachpolitischen Überlegungen, sondern dem Umstand, dass bei der Regierungsbildung 1991 erstens die CSU mit einem gewichtigen Ministerium bedient werden musste und zweitens eine Frau fürs Kabinett gesucht wurde. Gerda Hasselfeld konnte beide Kriterien erfüllen und bekam den Job, den sie aber ein Jahr später wegen hausinterner Pannen und persönlicher Überforderung an Horst Seehofer abgeben musste.

Die Gesundheitsminister der Länder treffen sich einmal jährlich zu einer Konferenz, kurz GMK genannt, die von den Amtschefs, d.h. zumeist den Staatssekretären[3], vorbereitet werden. Der GMK-Vorsitz wechselt jährlich (2008: Gitta Trauernicht, Schleswig-Holstein). Die eigentlich fachliche Vorarbeit für die GMK und die laufende Abstimmung unter den Ländern wird von der Arbeitsgemeinschaft der obersten Landesgesundheitsbehörden (AOLG) geleistet, die zweimal jährlich tagt. Die AOLG wiederum unterhält gegenwärtig zehn Arbeitsgruppen, die sich auf Weisung der AOLG mit spezifischen Fachthemen beschäftigt (z.B. Krankenhausplanung, Rettungswesen, Berufsrecht oder Prävention).

Der bundespolitische Einfluss der Länder läuft über den Bundesrat, der im Rahmen der konkurrierenden Gesetzgebung wichtige Vetorechte in der Gesundheitspolitik hat und darüber bestimmte Entscheidungen des Bundestages blockieren kann. Einige das Gesundheitswesen betreffende Reformen sind im Vermittlungsausschuss von Bundestag und Bundesrat gelandet, wo kaum noch nach fachlichen Gesichtspunkten entschieden wird. Da gilt nur zu oft das Motto: „Wenn Ihr unserem Gesetzentwurf zustimmt, machen wir den Weg frei für Euer Gesetz zu einer anderen Frage." Es wird dann endgültig nicht mehr nach sachlichen, sondern parteipolitischen Kriterien entschieden. Oft ist es umstritten, ob ein Gesetz oder Teile desselben der Zustimmung des Bundesrates bedürfen. Generell gilt die Regel, dass der Bundestag etwa bezüglich des Leistungen oder der Finanzierung der Krankenkassen das letzte Wort hat, während Gesetze und Verordnungen zu Fragen der Krankenhausplanung im Bundesrat zustimmungspflichtig sind. Zudem ist gesetzlich geregelt, welche Rechtsverordnungen der Bundesregierung der Zustimmung des Bundesrates bedürfen und welche nicht. In der Praxis führen die je nach Gegenstand unterschiedlichen Einwirkungsmöglichkeiten des Bundesrates zu einer Aufspaltung eines Reformprojektes in ein zustimmungspflichtiges Gesetz und ein Gesetz, das der Bundestag mit der „Kanzlermehrheit", d.h. mit den Stimmen von mehr als 50 Prozent der Abgeordneten, gegen den Bundesrat durchsetzen kann. Vor diesem Hintergrund hat der Bundesrat (nicht nur) in der Gesundheitspolitik in unserem politischen System zwei verschiedene Funktionen: Zum einen werden spezifische Länderinteressen verfolgt, zum anderen geht es um Parteipolitik.

---

[3] In Bayern und Baden-Württemberg werden die Staatssekretärsposten von Landtagsabgeordneten besetzt, die eine ähnlich bedeutungslose, weil rein repräsentative Funktion haben wie die Parlamentarischen Staatssekretäre in den Bundesministerien. Die Amtschefs sind dort Laufbahnbeamte im Rang eines Ministerialdirektors.

2 GKV-Reformen und landespolitische Interessen

Aus den oben aufgezählten gesundheitspolitischen Aufgaben der Länder ergeben sich bestimmte Interessenschwerpunkte, aus denen sich aber nicht automatisch einheitliche Interessen der Länder ergeben. Abgesehen von den gleich noch zu behandelnden parteipolitischen Konstellationen, werden die Länderinteressen von den unterschiedlichen regionalen Strukturen, der jeweiligen Wirtschaftskraft oder anderen Besonderheiten der Länder bestimmt. Es kommt eher zu Koalitionen von Ländern mit mehr oder weniger identischen Problemen, die dann wiederum Gegenkoalitionen auf den Plan rufen. So haben z.b. die Stadtstaaten Hamburg, Berlin und Bremen in der Krankenhausversorgung ganz andere Interessen als die sie umgebenden Flächenländer. Seit der Wiedervereinigung laufen die Konfliktlinien in bestimmten Fragen zwischen den ost- und westdeutschen Ländern, insbesondere in Angelegenheiten der GKV-Finanzierung.

Allerdings hat es in der Vergangenheit auch Reformen in der GKV gegeben, die aus einer von allen Ländern getragenen Initiative hervorgegangen sind. Ein herausragendes Beispiel dafür ist die Organisationsreform der GKV im Rahmen des Gesundheitsstrukturgesetzes (GSG) von 1992. Dieses Gesetz hat die bis dahin berufsständisch gegliederte GKV, in der die Versicherten je nach Stellung im Beruf und nach Arbeitgeber unterschiedliche Möglichkeiten bei der Auswahl ihrer Krankenkassen hatten, in ein wettbewerbliches System mit freier Kassenwahl für alle Versicherungsberechtigten umgewandelt. Die im traditionellen GKV-System praktizierte Ungleichbehandlung von Arbeitern, die einer „Pflichtkasse" zugewiesen wurden (AOK, BKK, IKK oder Knappschaft) und Angestellten, die zwischen Pflicht- und Ersatzkasse wählen konnten, hatte sich schon lange überlebt. In der Arbeitswelt spielte sie spätestens seit dem Lohnfortzahlungsgesetz von 1969, das die Arbeiter den Angestellten in der Zahlung von Krankengeld endgültig gleichstellte, keine Rolle mehr.

Dieser gesellschaftspolitische Aspekt war zwar insbesondere für die SPD und die DGB-Gewerkschaften ein wichtiger Punkt. Für die mittlerweile in die Gewerkschaft ver.di aufgegangene Deutsche Angestelltengewerkschaft (DAG) war es sogar der entscheidende Punkt, das GSG aufs Heftigste zu bekämpfen, verloren die Angestellten damit doch ihre Sonderstellung in der Krankenversicherung. Der Anstoß zur Organisationsreform mit freier Kassenwahl und Risikostrukturausgleich kam jedoch von den Ländern, die dem drohenden Niedergang des AOK-Systems nicht tatenlos zusehen konnten. Deren Marktanteil war von 68,5 Prozent in 1950 auf 43,5 Prozent in 1989 gesunken. Politischen Handlungsbedarf signalisierte dabei nicht nur der damit einhergehende Verlust des politischen Einflusses der Länder als Aufsichtsbehörden.[4] Viel entscheidender waren die auch zwischen den Ländern wachsenden Beitragssatzunterschiede. So schwankten die Beitragssätze 1989 zwischen acht und 16 Prozent – und das sogar an einem Ort (Dortmund), wo die AOK 16 Prozent verlangte, während eine BKK sich mit acht Prozent begnügte. Es war auch verfassungsrechtlich nicht tragbar, dass die an die AOK gebundenen Arbeiter doppelt so viel an GKV-Abgaben zu zahlen hatten wie die Beschäftigten eines Betriebes mit einer BKK.

Die für die AOK-Aufsicht zuständigen Länderminister sahen unabhängig von ihrer Parteizugehörigkeit dringenden Handlungsbedarf. Im Juli 1992 verabschiedete die Arbeits- und Sozialministerkonferenz der Länder (ASMK) einstimmig eine Entschließung, in der u. a. ein regional abgestufter kassenartenübergreifender Risikostrukturausgleich (RSA) gefordert wurde. Dieser Beschluss war vor allem für die SPD-regierten Länder hilfreich, die sich in einer heftigen Auseinandersetzung mit Rudolf Dreßler (stellvertretender Vorsitzender der SPD-Bundestagsfraktion) befanden. Dreßler lehnte den RSA ab und setzte stattdessen auf einen bundesweiten kasseninternen Finanzausgleich, der über kurz oder lang zu einer Entmachtung, wenn nicht gar dem Verschwinden der Regionalkassen geführt hätte. Damit hätten auch die Länder keinen Einfluss mehr auf die GKV gehabt. Nach dem ASMK-Beschluss war klar, dass eine Organisationsreform der GKV ohne einen RSA keine Chance im Bundesrat hatte. Das sah schließlich auch Dreßler ein und es kam zu dem mittlerweile legendären Kompromiss von Lahnstein, in dem sich im Oktober 1992 die christlich-liberale Bundesregierung und die Landesregierungen auf die freie Wahl der Krankenkasse mit einem bundesweiten RSA einigten.

Derartige Schulterschlüsse der Länder sind eher die Ausnahme als die Regel, obwohl sie zwar gemeinsame Aufgaben haben, aber innerhalb dieser Aufgabenbereiche teilweise unterschiedliche Interessen. Das macht sich vor allem bei der Reform der Krankenhausfinanzierung bemerkbar. Im Rahmen der Gesetzgebung zum GSG von 1992 wurden dazu eine Reihe von grundsätzlichen Weichenstellungen beschlossen, aber nicht wirklich angepackt. Dazu gehört die monistische Finanzierung der Krankenhäuser, die in einer Protokollnotiz als zukünftiges gesetzgeberisches Ziel postuliert wurde. Das duale System einer Trennung in eine Finanzierung der laufenden Betriebskosten über die von den Kassen zu zahlenden Pflegesätze und die der Investitionen über Landesmittel sollte durch

---

[4] Die Länder sind für die Regionalkassen (AOK, IKK, einige BKKn) zuständig während der Bund mit dem Bundesversicherungsamt die bundesweit operierenden Kassen kontrolliert. Als solche gelten alle Kassen, deren Mitglieder sich über mehr als drei Länder verteilen.

ein einheitliches Preissystem abgelöst werden. Noch mehr als 13 Jahre später, im März 2007, beschäftigte sich die Gesundheitsministerkonferenz der Länder in einer Sonderkonferenz mit diesem Thema, ohne dass es zu einem klaren Umsetzungsbeschluss mit Terminen und Inhalten kam. Stattdessen beschäftigt sich eine Arbeitsgruppe der AOLG weiterhin mit diesem Thema. Die Voraussetzungen in den Ländern waren und sind dafür zu unterschiedlich. Klar ist, dass die monistische Finanzierung kommt – unklar hingegen, wann.

3 GKV-Reformen und parteipolitische Interessen

Durch das föderale System der Bundesrepublik und die damit einhergehende konkurrierende Gesetzgebung (Art. 74 GG) ist in der Gesundheitspolitik ein ausgeprägter Kompromisszwang entstanden, der auch in politische Blockaden umschlagen kann. Der Bundesrat hat in wichtigen Bereichen der Gesundheitspolitik, insbesondere, wenn es um Fragen der medizinischen Versorgung geht, ein Mitspracherecht, das der Bundestag nicht aushebeln kann. Dieses eigentlich als Schutz von Länderinteressen gedachte Vetorecht der Länderkammer hat sich in der Gesundheits- und Sozialpolitik auch, je nach politischer Großwetterlage, immer mehr zu einem Instrument der Parteipolitik auf Bundesebene entwickelt. In der Geschichte der Bundesrepublik hat es nur kurze Zeiten gegeben, in denen die politischen Mehrheiten im Bundestag denen im Bundesrat entsprachen. Welche Partei bzw. Koalition auch immer die Bundestagswahlen gewinnt – sie muss sich darauf einstellen, bei den nachfolgenden Landtagswahlen Verluste einstecken zu müssen. Für die in die Opposition verbannten Verlierer der Wahl sind die Länder dann eine Art Rückzugsgebiet, von dem aus die Wiedergewinnung der Macht im Bund vorbereitet wird.

Dies lässt sich am Beispiel der SPD-Mehrheit im Bundesrat in den 1990er Jahren demonstrieren. Das 1992 verabschiedete GSG trug in wichtigen Punkten die Handschrift der SPD (freie Kassenwahl, RSA, Positivliste für Arzneimittel), wobei sie von Teilen der Union, insbesondere dem damaligen Gesundheitsminister Seehofer, unterstützt wurde. In diesem Gesetz konnte jedoch nur ein Teil der gesundheitspolitischen Reformagenda umgesetzt werden. Schon um die Zahl der Feinde und Verhinderer überschaubar zu halten, hatte man sich auf einen begrenzten Themenkatalog verständigt. Die Protagonisten dieser Reform, Rudolf Dreßler und Horst Seehofer,[5] gingen eigentlich davon aus, auch die nächsten

---

[5] Journalisten nannten das GSG auch die „Dreßlhofer-Reform".

Schritte in der GKV-Reform gemeinsam zu gehen. Dem stellten sich die FDP als Koalitionspartner und der Wirtschaftsflügel der Union entgegen, deren Klientel bei dem GSG hatte Federn lassen müssen. Die FDP ließ sich nach den Bundestagswahlen 1994 in der Koalitionsvereinbarung zusichern, dass eine solche Große Koalition in der Gesundheitspolitik nicht mehr über ihren Kopf hinweg zustande kommen würde. Daran scheiterten dann auch die zwischen der SPD und Seehofer geführten Gespräche über ein „GSG II", für das die SPD-regierten Länder 1995/ 96 einen Entwurf erarbeitet hatten. Die Bundesregierung selbst legte daraufhin ein zweistufiges „GKV-Neuordnungsgesetz" vor, mit einem im Bundesrat zustimmungspflichtigen und einem nicht zustimmungspflichtigen Teil. Dabei verärgerte sie die SPD nachhaltig durch das Streichen der Positivliste für Arzneimittel aus dem Sozialgesetzbuch (SGB V). Damit verließ sie zugleich den Kompromiss von Lahnstein, was in der SPD die Kräfte um Oskar Lafontaine stärkte, die die christlich-liberale Koalition über Blockaden im Bundesrat, wo die SPD-regierten Länder damals über eine Mehrheit verfügten, wenn schon nicht handlungsunfähig, so doch in bestimmten Bereichen der Innenpolitik zu einer „lame duck" machen wollten. Diese Strategie übernahm die Union später, um die rot-grüne Koalition in einen „Reformstau" zu treiben.

Auch beim Gesetz zur Stärkung des Wettbewerbs in der gesetzlichen Krankenversicherung (GKV-WSG) entpuppen sich scheinbar landespolitische Interessen bei näherem Hinsehen als parteipolitische Machtspiele – diesmal innerhalb der Union (vgl. Artikel von Neumann in diesem Band). Der im Sommer 2006 nach langem Ringen entstandene Kompromiss zum Gesundheitsfonds wurde insbesondere von Edmund Stoiber, der sich in einem CSU-internen Überlebenskampf befand, mit erratischen Manövern immer wieder in Frage gestellt und noch weiter verwässert. So wurde auf Druck von Bayern mit dem § 272 SGB V eine von allen Fachleuten übereinstimmend als unsinnig bezeichnete Regelung zum RSA eingeführt, die sicherstellen soll, dass durch den Gesundheitsfonds (und den darin enthaltenen RSA mit direktem Morbiditätsbezug) nicht mehr als zusätzlich 100 Millionen Euro aus einem Bundesland abfließen sollen. Bereits 2005 hatte das Bundesverfassungsgericht (BverfG) eine Klage Baden-Württembergs abgewiesen, die in eine ähnliche Richtung ging. Das BVerfG stellte unmissverständlich klar, dass ein Länderbezug dem RSA grundsätzlich fremd ist und er in keiner Weise mit dem Länderfinanzausgleich des Fiskalsystems gleich zu setzen sei. Aber das interessierte Stoiber in keiner Weise. Er wollte mit dieser Aktion eine deutliche politische Duftmarke hinterlassen, auch um den Preis, dass jetzt ein Paragraph im SGB V steht, der außer erhöhtem bürokratischem Aufwand im Bundesversicherungsamt keine praktische Relevanz hat.

4 Fazit

Die Rolle der Länder in der Gesundheitspolitik ist, wie gezeigt, ausgesprochen widersprüchlich. Es gibt handfeste Länderinteressen, die auch hartnäckig verfolgt werden. Allerdings sind die einzelnen Länder nicht immer gleich betroffen, was sich in unterschiedlichem Engagement äußert. So haben z.b. einige Länder mit einer Umstellung auf die monistische Finanzierung der Krankenhäuser weniger Probleme als andere. In diesen Fällen gilt mehr oder weniger, dass quasi der Langsamste im Geleitzug das Reformtempo bestimmt. Problematisch wird es vor allem dann, wenn es um die konkurrierende Gesetzgebung geht, wenn also Bund und Länder gemeinsam für gesundheitspolitische Reformen zuständig sind. Dann sind Kompromisse von der jeweiligen parteipolitischen Konstellation abhängig und weniger von Problemunterschieden bzw. Interessengegensätzen unter den Ländern. Dementsprechend widersprüchlich sind dann oft auch die Ergebnisse.

Konsens im Dissens? Konflikte in der Gesundheitsreform der Großen Koalition

Nils C. Bandelow / Mathieu Schade

1 Einleitung

Obwohl es im Vorfeld des Gesetzes zur Stärkung des Wettbewerbs in der gesetzlichen Krankenversicherung (GKV-WSG) einen öffentlich ausgetragenen und scheinbar unvereinbaren Dissens zwischen den großen Parteien über alternative Finanzierungsmodelle gab, ist es der Großen Koalition letztlich gelungen, wesentliche Strukturreformen gemeinsam zu beschließen. Vor diesem Hintergrund stellt sich die Frage, wie sich heute die parteipolitischen Positionen erklären lassen. Um diese Frage zu beantworten, werden zunächst die grundlegenden gesundheitspolitischen Zieldimensionen skizziert. Dabei wird verdeutlicht, dass die Parteien jeweils gezwungen sind, allgemeine normative Präferenzen zu formulieren, da nicht alle wünschenswerten Ziele gleichzeitig optimiert werden können. Vor dem Hintergrund dieser allgemeinen Zielproblematik steht die Frage im Mittelpunkt, ob die gleichzeitige Verfolgung des Ziels „mehr Wettbewerb" durch die Parteien Ausdruck eines Konsenses ist oder gegensätzliche Ziele verschleiert. Da Parteien als eigenständige Akteure weniger in der Implementations- als in der Politikformulierungsphase relevant sind, wird im nächsten Abschnitt der Aushandlungsprozess zum GKV-WSG dargestellt. Dabei werden die Positionen der relevanten parteipolitischen Akteure herausgearbeitet, um letztlich einen Ausblick auf die zukünftigen parteipolitischen Konstellationen geben zu können.

2 Zielkonflikte der Gesundheitspolitik

Politische Ziele von Parteien und anderen Organisationen lassen sich idealtypisch auf drei Begründungen zurückführen: Materielle Ziele, institutionelle Ziele und ideelle Ziele. Materielle Ziele von Parteien sind vor allem die Maximierung von

Wählerstimmen und Ämtern. Unterschiede zwischen Parteien finden sich immer dann, wenn Parteien grundsätzlich verschiedene Wählerklientele ansprechen wollen. Zur Erklärung von Unterschieden zwischen Volksparteien trägt die Annahme einer Maximierung von Wählerstimmen zumindest bei unimodaler Präferenzverteilung der Wählerschaft nur wenig bei. Die Maximierung von Ämtern kann vor allem dann zu unterschiedlichen Strategien führen, wenn enge Beziehungen zu Interessengruppen bestehen, die für den Machterwerb und Machterhalt notwendig sind. Dies war zwar in den 1970er und 1980er Jahren von großer Bedeutung, kann aber heute die Strategien der großen Volksparteien nur noch wenig erklären (vgl. Bandelow 2004). Institutionelle Ziele können hier vernachlässigt werden, da sie für parteipolitische Akteure eher in verfassungspolitischen Fragen als in inhaltlichen Politikfeldern bedeutsam sind. Wesentliche gesundheitspolitische Konflikte zwischen den großen Volksparteien können nur verstanden werden, wenn die in den Parteien jeweils vorherrschenden Wertekonflikte und ideellen Ziele berücksichtigt werden. Dabei lassen sich die gesundheitspolitischen Ziele jeweils unter Verweis auf ein „magisches" Viereck einordnen (vgl. Bandelow 2006).

Vor allem die Stabilisierung der Gesundheitsausgaben („Finanzierbarkeit") gerät zunehmend in Konflikt zu den Zielen einer gleichwertigen Versorgung der Bevölkerung unabhängig vom Einkommen („Solidarität") und der Sicherung von Arbeitsplätzen und Gewinnen im Gesundheitswesen („Wachstum"). Die Konflikte zum Ziel einer hochwertigen Gesundheitsversorgung („Qualität") sind dagegen umstritten. Hier gibt es einerseits die Überzeugung, dass sich durch gesteigerte Ressourcen die Qualität erhöhen ließe, bei anderen Akteuren aber auch die Vorstellung einer Unabhängigkeit zwischen dem Qualitätsziel und den übrigen Zielen des Gesundheitswesens. Diese Grundüberzeugungen korrespondieren jeweils mit einer spezifischen Gewichtung der Ziele. Akteure, die dem Qualitätsziel eine hohe Präferenz einräumen, verneinen tendenziell mögliche Konflikte zu anderen Zielen. Gerade in der rot-grünen Gesundheitspolitik herrschte die Überzeugung vor, dass durch den gezielten Einsatz marktförmiger Steuerungsmechanismen das Qualitätsziel ohne Verletzung des Solidaritätsziels erreicht werden kann. Dagegen sehen sowohl Akteure mit einer primären Präferenz für das Solidaritätsziel als auch Akteure mit einer primären Präferenz für das Wachstumsziel hier Zielkonflikte. Inhaltlich konkretisiert sich dieser Konflikt in der Frage, ob es möglich ist, mit „objektiven" wissenschaftlichen Methoden (vor allem durch experimentelle bzw. quasi experimentelle Bewertung der Wirksamkeit medizinischer Verfahren) Qualität zu erhöhen, ohne dass dadurch zusätzlich Kosten entstehen und der Zugang zu allen medizinisch notwendigen Leistungen eingeschränkt wird (vgl. Rosenbrock/ Gerlinger 2006).

Der zunehmende Konflikt zwischen der Finanzierbarkeit und anderen Zielen basiert auf dem kontinuierlichen Anstieg der Beitragssätze der GKV (Gesetzliche Krankenversicherung). Seit Mitte der 1970er Jahre ist es nicht mehr gelungen, Wachstumsziele, Solidaritätsziele und stabile Beitragssätze gleichzeitig zu gewährleisten (vgl. Bandelow 2006). Diese Entwicklung ist eine zentrale Grundlage des Konflikts zwischen den Parteien, die sich für eine Gewichtung zwischen den Zielen entscheiden müssen.

Der ursprüngliche normative Konflikt ist gleichzeitig auch eine Auseinandersetzung über die Erklärung der Ursachen der Finanzentwicklung und die Beurteilung des Wettbewerbs als möglichem Instrument zur Optimierung des Gesundheitssystems. Im Hinblick auf die Ursachen ist vor allem strittig, inwiefern die Beitragssatzentwicklung auf externe Entwicklungen zurückzuführen ist, die von der nationalen Gesundheitspolitik nicht beeinflusst werden können. Hierzu zählen vor allem die demografische Entwicklung, der medizinisch-technische Fortschritt und Auswirkungen der Globalisierung. Kritiker dieser Erklärungen verweisen darauf, dass der Anteil der Gesamtgesundheitsausgaben am BIP weitgehend stabil geblieben ist und die Kostenentwicklung der GKV daher primär ein Problem der Einnahmeentwicklung ist, die unter anderem durch politische Entscheidungen begründet wurde (vgl. Bandelow 2002).

Abbildung 1:   Wettbewerb als gesundheitspolitisches Instrument

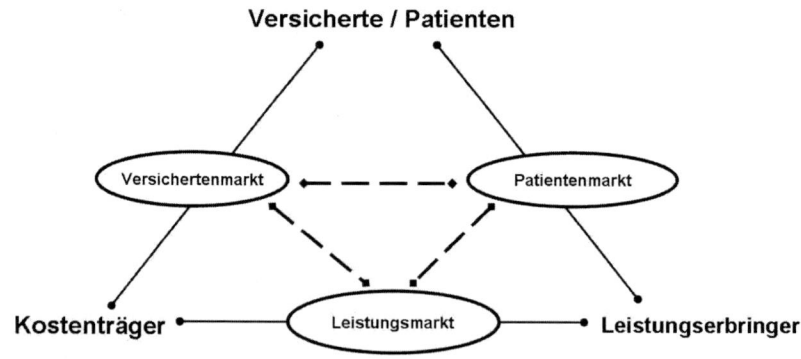

Quelle: Eigene Darstellung

Die Rolle der Parteien besteht in der Gesundheitspolitik zunehmend darin, die konkurrierenden Ziele und Problemwahrnehmungen zu formulieren. Sowohl SPD als auch Union geben dabei vor, den Wettbewerb als zentrales Instrument nutzen zu wollen (vgl. CDU/ CSU/ SPD 2005; CDU/ CSU 2005; SPD 2005). Trotz dieser scheinbar übereinstimmenden Zielsetzung zeigt gerade eine Analyse der Wettbewerbskonzepte der Koalitionspartner den grundlegenden Dissens auf.

Wettbewerb im Gesundheitswesen spielt sich auf drei Märkten ab, wobei die jeweilige politische Regulierung eine zentrale Rolle für dessen Ausprägung spielt. In der politischen Auseinandersetzung unterscheidet sich die parteipolitische Sichtweise von der Perspektive der Interessengruppen. Für die Interessengruppen ist von entscheidender Bedeutung, dass ihre Position auf dem jeweils für sie relevanten Markt gestärkt wird, und dass die vertretenen Gruppeninteressen und die Bestandinteressen der Organisationen in den bestehenden Verhandlungssystemen gegen Forderungen nach Wettbewerb im jeweils eigenen Bereich verteidigt werden. Dieser verbandliche Konflikt wird in Abbildung 1 durch das äußere Dreieck symbolisiert.

Für die großen Volksparteien spielen dagegen die verbandlichen Interessen nur noch in Einzelfällen eine zentrale Rolle bei der Formulierung ihrer Wettbewerbskonzepte (vgl. Knieps 2007). Von größerer Bedeutung sind die Gewichtung der gesundheitspolitischen Ziele und die inhaltliche Erwartung an die Leistungsfähigkeit des Wettbewerbs im Gesamtsystem. Der Versichertenmarkt ist dabei am sichtbarsten vom Solidaritätsziel betroffen. Hier sind unter anderem die Einbeziehung der PKV (Private Krankenversicherung) und die Frage der Ausgleiche zwischen den Kostenträgern zu klären. Auch für die Regulierung des Patientenmarkts ist die Gewichtung des Solidaritätsziels zentral. Hier steht etwa das Sachleistungsprinzip der GKV für eine hohe Gewichtung von Solidarität. Dem gegenüber steht oft die isolierte Forderung nach Kostenerstattung als Voraussetzung für transparenten Wettbewerb. Diese Forderung setzt kompetente und abwanderungsfähige Versicherte voraus (siehe ausführlich Braun et al. 2006). Der Markt der Gesundheitsleistungen ist isoliert betrachtet der wichtigste Bereich für Forderungen nach einer Stärkung von Finanzierbarkeit und Qualität. Hier soll Wettbewerb zusammen mit Dezentralisierung Mängel des zentralistischen Selbstverwaltungssystems insbesondere in der Versorgungsqualität aufheben (vgl. Rosenbrock/ Gerlinger 2006).

Für das Verständnis der Konflikte zwischen den Parteien ist das Zusammenspiel zwischen den drei Märkten bedeutsam, das in Abbildung 1 durch das innere Dreieck dargestellt wird. Obwohl beide Volksparteien sich für verstärkten Wettbewerb aussprechen, soll dieser nicht nur unterschiedliche Märkte betreffen, sondern auch verschiedene Ziele verfolgen. In der Union dominiert die Vorstellung, dass eine Stärkung des Ziels der Finanzierbarkeit aufgrund von externen Entwicklungen unvermeidbar ist (exemplarisch Merkel 2006). Wettbewerb dient danach dazu, eine marktgerechte Gewichtung gesundheitspolitischer Leistungen vorzunehmen und dadurch die solidarische Finanzierung von Gesundheitsleistungen so zu beschränken, wie es den tatsächlichen Präferenzen der Beteiligten entspricht. Während in der Union eine Beschränkung des Solidaritätsziels hingenommen wird, ist in der SPD weitaus stärker umstritten, dass Wettbewerb zu einer Einschränkung von Solidarität führen muss (vgl. SPD 2005; ParlL 2006; Forum DL21 2006). Die Konfliktlinie verläuft in der SPD zwischen der Exekutive und einigen Abgeordneten, die sich in der Parlamentarischen Linken organisieren. Aus der Perspektive des SPD-geführten Bundesministeriums für Gesundheit (BMG) liegt der wesentliche Nutzen des Wettbewerbs am Leistungsmarkt in einer Qualitätssicherung, die als unabhängig von Solidarität und Finanzierbarkeit wahrgenommen wird. Die Parteien treten in der Gesundheitspolitik nicht als monolithische Akteure auf. Nachfolgend wird die Analyse des Aushandlungsprozesses und der Ergebnisse des GKV-WSG belegen, dass sich bei der Gewichtung der Ziele und den Wettbewerbskonzepten auf Unions- und auf SPD-Seite jeweils zwei Akteursgruppen unterscheiden lassen.

3   Materielle und ideelle parteipolitische Ziele bei der Formulierung des GKV-WSG

Parteien werden in ihren Handlungen – so die zu Beginn postulierte These – in der Gesundheitspolitik verstärkt durch Wertekonflikte und ideelle Ziele geleitet. Im Folgenden soll anhand des Reformprozesses um das GKV-Wettbewerbsstärkungsgesetz dieser These nachgegangen werden.

Die Handlungsspielräume beider Parteien waren seit dem Bericht der Rürup-Kommission durch die öffentliche Beschränkung des Diskurses auf die alternativen Finanzierungsmodelle Bürgerversicherung und Prämie geprägt (vgl. Bandelow 2007). Die Wahlkampfstrategie der SPD stilisierte die Finanzierung des Gesundheitswesens zu einer zentralen Divergenz zwischen SPD und CDU/ CSU hoch, was die Koalitionsverhandlungen enorm erschwerte.

Auf Unionsseite kam es zudem mit dem schlechten Ergebnis der Bundestagswahl 2005 zu einer Schwächung zentraler individueller Akteure. In der Analyse des Wahlergebnisses wurde seitens vieler Kritiker argumentiert, dass der wirtschaftsliberale Kurs von Angela Merkel ursächlich für das Abschneiden der

Union war. Das Lavieren um den Wechsel des CSU-Vorsitzenden Stoibers nach Berlin und die letztendliche Entscheidung für einen Verbleib in München haben seine parteiinterne Führungsposition nachhaltig unterminiert.

Für die SPD erwiesen sich vor allem Umwälzungen im Parteiensystem als schwerwiegende Hypothek. Das Überspringen der Fünfprozent-Hürde von WASG und PDS durch die Kooperation in einem Wahlverbund bestätigte und verschärfte die Bedrohung von links. Hierdurch gewann die Orientierung an materiellen Zielen innerhalb der SPD über den Bundestagswahlkampf hinaus an Gewicht.

Bereits die Betrachtung der situativen Ausgangsbasis offenbart, dass zumindest bei der betrachteten Gesundheitsreform materielle und ideelle Ziele Hand in Hand gegangen sind. Allerdings verfolgten nicht alle Akteure gleichermaßen beide Zielparameter. Vielmehr ergibt sich ein komplexes Geflecht von Zielen, die situativ aktiviert und akteursspezifisch adressiert wurden. Den Einfluss der Zielverfolgung auf den Reformprozess gilt es im nächsten Kapitel zu analysieren.

Während Problemdefinition und Agenda Setting faktisch schon vor der Wahl erfolgt waren, startete der öffentlichkeitswirksame Prozess der Politikformulierung erst nach den Wahlen in Rheinland-Pfalz im März 2006. Seitens der Koalitionsparteien – vor allem der SPD – war es gewünscht, das hoch politisierte Thema aus den Landtagswahlkämpfen herauszuhalten. Dennoch erfolgten wichtige Festlegungen bereits in den Koalitionsverhandlungen und der Zwischenreformphase, die den Prozess nachhaltig negativ beeinflussten.

Die Kontroverse Bürgerversicherung vs. Prämie hat während der Koalitionsverhandlungen weiterhin die Gesundheitspolitik und deren Ziele überlagert (vgl. Hartmann 2006). Bei Fragen von Organisation und Struktur des Gesundheitssystems bestand eine relative Einigkeit zwischen den Koalitionspartnern, da diverse Punkte bereits beim Gesetz zur Modernisierung der gesetzlichen Krankenversicherung (GMG) verhandelt worden waren und aufgrund des Rollenwandels der Union als Regierungspartei nun konsensual lösbar erschienen (vgl. Seehofer et al. 2003). Zudem herrschte dort kein vordergründiger parteipolitischer Konflikt vor, da sich beide Seiten zumindest formal zum Ziel eines stärkeren Wettbewerbs bekannten (vgl. CDU/ CSU 2005; SPD 2005; zum langfristigen Trend siehe Gerlinger 2002).

In den Koalitionsverhandlungen konnte keine Einigung im Finanzierungsstreit erzielt werden. Entgegen dem Willen der Gesundheitsfachleute wurde in einer Nachtsitzung durch die Spitzen eine Rückführung des Steuerzuschusses in das Gesundheitssystem verhandelt. Durch diese Vorentscheidung wurde die

Kompromissfindung weiter erschwert, da die Verhandlungsmasse für die Zukunft begrenzt und der Problemdruck unnötig erhöht wurde.

Während die Koalitionsverhandlungen bereits die Kernprobleme einer Einigung über die zukünftige Gesundheitspolitik offenbart hatten, folgte der eigentliche Reformprozess erst nach den Landtagswahlen im Frühjahr 2006. In der Anfangsphase wurde der Versuch unternommen, anhand der Ausrichtung auf verbindliche Ziele den Prozess der Politikformulierung zu steuern und zu beschleunigen. Bereits hier zeigte sich, dass ein Konsens über Ziele zwar auf einer Meta-Ebene erreichbar war, aber das Herunterbrechen der Ziele auf gemeinsame Maßnahmen zu divergierenden Ergebnissen führte. Das Verständnis der Partner von den Implikationen der einzelnen Ziele widersprach sich oft, weshalb eine konsensuale Ableitung nicht möglich war. Sinnbildlich hierfür ist das bereits angesprochene Verständnis von „Wettbewerb" und die resultierenden Maßnahmen: Die Wettbewerbsvorstellungen der Spitze des BMG führen kausal zu einer Vereinheitlichung des Kassensystems und Zentralisierung der Organisationsstrukturen, um die Dominanz der Anbieter in den Verhandlungen mit den Kassen zu brechen. Hingegen erkennt die SPD am Versichertenmarkt einen dysfunktionalen Kassenwettbewerb, der zu einer Selektion guter Risiken führt. Dem soll durch einen zielgenaueren Risikostrukturausgleich begegnet werden, wie er sich im GKV-WSG als Morbi-RSA wiederfindet. Die Unionsparteien lehnen den Morbi-RSA wiederum ab, da er in ihrem Verständnis Wettbewerbsanreize für die Kassen unterminiert. Eine stärkere Konkurrenz der Kassen untereinander bedarf aus ihrer Sicht einer Einschränkung des gesetzlich vorgegebenen Pflichtleistungskataloges und einer stärkeren Gestaltungsfähigkeit der kassenspezifischen Tarife. Beide Gestaltungsoptionen wurden jeweils zuvor in Stellungnahmen von der anderen Seite abgelehnt (vgl. Tabelle 1).

Tabelle 1: Parteipolitische Positionen im Überblick

	CDU-Spitze	CDU/CSU (Lobby)	SPD/BMG	SPD-Linke	PDS/Linkspartei	FDP
Arbeitgeberanteil	Festschreibung des Arbeitgeberanteils	Fixierung des Arbeitgeberanteils; Auszahlung an den AN.	Paritätische Finanzierung zwischen AN und AG	Paritätische Finanzierung zwischen AN und AG, kein „Einfrieren" der AG-Beiträge	Wiederherstellung der Parität zwischen AN und AG	Auszahlung der AG-Beiträge als steuerpflichtige Lohnbestandteile
Finanzierungsquellen	Einheitliche Prämie pro Versicherten, Steuerfinanzierung der beitragsfreien Mitversicherung von Kindern, Steuerfinanzierter Solidarausgleich für Bedürftige	Einheitliche Prämie pro Versicherten, Prämienzuschuss aus Steuermitteln bei finanzieller Überforderung, für Privatversicherte maximal in Höhe der GKV-Prämie	Beitragserhebung auf Einkommen aus abh. Beschäftigung nach wirtschaftlicher Leistungsfähigkeit, zusätzlich Heranziehung von Kapitalerträgen, Steuerfinanzierung familienpolitischer Leistungen	Einbeziehung von Zins- und Kapitalerträgen bei Einhaltung von Freibeträgen; Einbeziehung aller Personengruppen in die Beitragsbemessung; Ergänzung durch steuerfinanzierte Säule	Erhebung von Beiträgen auf alle Einkommensarten nach wirtschaftlicher Leistungsfähigkeit, schrittweise Aufhebung der BBG, Einbeziehung aller Bevölkerungsgruppen in die Verbeitragung	Individuelle Beiträge von Versicherten bei (privaten) Kassen je nach Vertragsgestaltung
Leistungskatalog	Medizinisch Notwendiges durch GKV	Konzentration auf notwendige Grundversorgung	Erhalt des derzeitigen GKV-Leistungskataloges	Ausbau des GKV-Katalogs	Rücknahme bisheriger Leistungsausgrenzungen	Konzentration der GKV auf Kernbereich
Tarife/ Selbstbehalte	Spezifische Tarife zur Stärkung des Kassenwettbewerbs	Mehr Wahlmöglichkeiten für Versicherte	Wahltarife mit Bonus- und Hausarztregelungen	Wahlmöglichkeiten der Versicherten in GKV, keine Selbstbehalte	Keine Wahltarife, keine Zuzahlungsregelungen; kein Verschuldensprinzip	Jenseits eines Minimums: grundsätzlich freie Vereinbarkeit der Leistungen
Leistungsgewährung	Wechsel zum Kostenerstattungsprinzip	Wechsel zum Kostenerstattungsprinzip	Beibehaltung des Sachleistungsprinzips	Beibehaltung des Sachleistungsprinzips	Beibehaltung des Sachleistungsprinzips	Wechsel zum Kostenerstattungsprinzip
PKV vs. GKV	Ermöglichung eines Wechsels innerhalb der PKV über die Portabilität der Altersrückstellungen	Keine Einführung von GKV-Strukturen in der PKV; Öffnung der PKV für niedrige Einkommen	Aufhebung der Trennung zwischen GKV und PKV, Schaffung eines einheitlichen Rechtsrahmens für alle Kassen	Aufhebung der Versicherungspflichtgrenze; Integration der PKV in den Solidarausgleich; Gleichstellung von GKV und PKV	Beschränkung der PKV auf Zusatzversicherungen	Privatisierung des gesamten Krankenversicherungssystems

Staatliche Steuerungsfähigkeit	Freiheitliches Gesundheitswesen ohne staatliche Bevormundung, Verbleib des Sicherstellungsauftrages bei den KVen	Keine Beschränkung der Selbstverwaltung, kein Zentralismus und keine Stärkung der staatlichen Eingriffskompetenz	Konzentration der Verbände auf Bundesebene und Schaffung von Eingriffsoptionen bei Selbstblockaden der Selbstverwaltung; Stärkung der Kostenträger	Schwächung der Dominanz der KVen, Stärkung der Kassen, Erhalt des Interessenausgleichs sowie des Miteinanders von Staat und Selbstverwaltung	Staatliche Organisation der Kostenträger, Erhalt der Selbstverwaltungsstrukturen, kein stärkerer staatlicher Eingriff in G-BA	Begrenzung staatlicher Regulierung auf eine Rahmensetzung zur Sicherstellung einer „qualitativ guten" medizinischen Versorgung
Vertragsgestaltung	Sicherung des kollektiven Vertragssystems zwischen Kassen und KVen in der ambulanten ärztlichen Versorgung, kein Einzelvertragssystem in der fachärztlichen Versorgung, Erhalt der freien Arztwahl	Herstellung von Vertragsfreiheit zwischen Versicherten und Leistungserbringern	Ermöglichung von direkten Verträgen zwischen Kassen, Ärzten und Krankenhäusern; Ersatz des kollektiven Vertragssystems durch ein differenziertes System zwischen Einzelakteuren	Aufhebung des Vertragsmonopols der KVen für die Sicherstellung der Versorgung im ambulanten Bereich	Verringerung des Wettbewerbs zwischen den Anbietern und Kassen sowie innerhalb der Gruppen zur Sicherstellung einer optimalen Versorgung und Verhinderung einer Ausgrenzungen von Patienten	
Quellen	*CDU/ CSU 2003, 2005; Seehofer u.a. 2003*	*MIT 2006a, 2006b*	*Schmidt 2006a, 2006b, 2006c; Ferner 2007*	*Parl. Linke 2006; Rossmann et al 2006; Forum DL21 2006*	*PDS 2006, 2007*	*FDP 2003, 2004, 2005*

Bei der Entwicklung des GKV-WSG haben sich die Spitzen der Parteien bereits zu Beginn in den Prozess eingeschaltet. Vor der eigentlichen Arbeit der Fachpolitiker ab März 2006 hatten die Spitzen mit dem Gesundheitsfonds eine Kompromisslinie in der Finanzierungsfrage ausgelotet. Dies bestätigt die These, wonach Netzwerke zwischen Fachpolitikern und Interessenvertretern an Bedeutung verloren haben. Dennoch folgten die Spitzen von Regierung und Partei hierbei einem klaren materiellen Ziel, der Demonstration der regierungsseitigen Handlungsfähigkeit gegenüber Öffentlichkeit und parteiinterner Konkurrenz.

Vor den eigentlichen Verhandlungen über die Reform-Eckpunkte durch die Fachpolitiker standen somit die zentralen Vorgaben zum Finanzierungsthema fest. Für alle weiteren bedeutenden Entscheidungen der Gesundheitsreform zeichneten sich daraufhin die Spitzen von Parteien, Fraktionen und Regierung verantwortlich. Während diese bis März 2006 vor allem die Finanzierungsfrage zu lösen suchten und den Gesundheitsfonds als Kompromissmodell fixierten, war von diesem Zeitpunkt an die Arbeitsgruppe mit der Ausarbeitung von Eckpunkten für die anschließende Gesetzesformulierung befasst. Ebenso stand die Reform seit Beginn der Arbeitsgruppenphase unter starker medialer Beobachtung, woraus für die Akteure ein Zwang zu parteitaktischem und opportunistischem Verhalten erwuchs (vgl. Knieps 2007). In der Folge waren beide Seiten eher kompetitiv orientiert und darauf bedacht, dem Partner nur so viele Erfolge zuzugestehen, wie auf dem eigenen Konto zu verbuchen waren. Zudem traten durch die hohe Öffentlichkeit vor allem die Ministerpräsidenten auf den Plan. Nach Fertigstellung der Eckpunkte (vgl. CDU/ CSU/ SPD 2006) wurden die Vereinbarungen der Spitzen und der Arbeitsgruppe von einzelnen Unionsministerpräsidenten in Frage gestellt. Hier kumulierten sowohl ideologische Konflikte um Gerechtigkeitsvorstellungen und Werte sowie materielle Interessen der Ministerpräsidenten angesichts anstehender Landtagswahlen.

Während die Verbände der Kostenträger und Leistungserbringer bei vorhergehenden Reformen wesentliche Reformbestandteile mitbestimmt hatten, war deren Einflussnahme beim GKV-WSG durch die Konstellation der Großen Koalition stark begrenzt. Das Einflusspotential der Kassenverbände erwies sich als nicht ausreichend, um die Regierung von der Kompromisslinie abzubringen. Das materielle Interesse zentraler individueller Akteure an einem Zustandekommen der Reform war beim GKV-WSG übermächtig. Das BMG hat zudem eine gezielte Strategie der Abschottung gegenüber den Verbänden verfolgt, um deren Einflussnahme gegenüber den vorhergehenden Reformen zu begrenzen. Allein der Versicherungswirtschaft gelang es wiederum, ihre Forderungen im Reformprozess zu verankern. Schließlich hat die Allianz der wirtschaftsnahen MdBs, der

CSU unter Stoiber und der Verbände der Versicherungswirtschaft eine direkte
Einbeziehung der PKV in den Solidarausgleich verhindert, wenngleich das BMG
mit dem Basistarif in der PKV einen bedeutenden Raumgewinn für sich verbuchen konnte (vgl. Gerlinger et al. 2007).

3.1 Parteipolitische Akteure beim GKV-WSG

Während bei der Aushandlung des GMG im Jahr 2003 Ministerin Schmidt und
Horst Seehofer unbestrittene Führungsrollen in ihrem jeweiligen politischen
Lager inne hatten, änderte sich die Lage beim GKV-WSG fundamental. Bedingt
durch die große Bedeutung der Gesundheitsreform für das öffentliche Bild der
Kanzlerin trat das BK als aktiver kollektiver Akteur in den Verhandlungen auf.
Welche Relevanz der Gesundheitsreform seitens der Regierung und vor allem
seitens der Kanzlerin zugemessen wurde, manifestiert sich vor allem an der pro-
minenten Vertretung des Kanzleramtes in den Verhandlungen. Sowohl die
Staatsministerin Müller, eine enge Vertraute von Merkel, als auch der Chef des
Planungsstabes, Matthias Graf Kielmansegg, waren an der Ausarbeitung der
Reform in der Koalitionsarbeitsgruppe sowie der parallelen Fraktionsarbeitsgruppe beteiligt. Hingegen zog sich das Kanzleramt in der Phase der Gesetzesformulierung wieder zurück und überlies in den Detailfragen der CDU/ CSU-
Fraktion die Führung. Während die Spitzen den Prozess zu steuern versuchten,
besaß auf Seiten der Union vor allem der Wirtschaftsflügel eine wichtige Ein-
flussposition. Innerhalb der SPD besaß Ministerin Schmidt aufgrund ihrer langjährigen Erfahrung in der Gesundheitspolitik, des Wissens- und Strategievor-
sprungs ihres Führungszirkels im BMG und der Federführung ihres Ressorts in
der Regierung die Führungsposition. Im Verlauf des Prozesses avancierte aber
die Parlamentarische Linke zum zweiten entscheidenden Akteur auf SPD-Seite.
Im April 2006 fand in der SPD-Parteispitze der Führungswechsel von Matthias
Platzeck – der sich für die Gesundheitspolitik nur wenig interessierte – zu Kurt
Beck statt. Den Führungswechsel nutzte die Parlamentarische Linke, um über
den Parteirat dem BMG Vorgaben für die Verhandlungsführung aufzuoktroyie-
ren. In Becks erster Parteiratssitzung als Vorsitzendem brachte die Parlamentarische Linke einen Antrag ein, der die Verhandlungslinie der SPD für die Gesundheitsreform fixierte (vgl. ParlL 2006). Seitdem stellte sich die Parlamentarische
Linke immer wieder gegen Verhandlungsergebnisse der Spitzen, stellte Nachfor-
derungen zur Stärkung des Solidaritätsziels und versuchte den Gesundheitsfonds
als Kernstück des Kompromisses zu verhindern. Letztendlich setzte sich das

materielle Interesse von Ministerin Schmidt und dem neuen Vorsitzenden Kurt Beck an einer Verabschiedung der Reform durch. Dennoch hat die Parlamentarische Linke einen erheblichen Einfluss auf den Kompromissfindungsprozess und das Reformergebnis ausgeübt.

3.2 Parteipolitische Positionen beim GKV-WSG

Anhand der Betrachtung des Reformprozesses konnte belegt werden, dass während der Verhandlungen um das GKV-WSG für führende individuelle Akteure der Regierung materielle Ziele handlungsleitend waren. Die Aufsplitterung der beiden Parteiblöcke lässt sich hieran aber nicht erklären. Insbesondere für das Verhalten kollektiver Akteure in Parteien und Fraktionen erweisen sich ideelle Ziele als höchst erklärungsrelevant. Den nächsten Analyseschritt stellt deshalb die Analyse der Zielpräferenzen der Akteure dar: Welche der Ziele waren für die Akteure handlungsleitend, welche Gewichtung wurde zwischen diesen vorgenommen?

Während und vor dem eigentlichen Reformprozess wurden durch die Parteien teils konkrete politische Konzepte erarbeitet, wie das Gesundheitswesen im Zuge einer Reform umzugestalten ist (vgl. Tabelle 1). Auffällig ist vor allem, dass zwischen der Seite der Union und der Seite der SPD eine klare Gewichtung hinsichtlich der ideellen Ziele von Finanzierung und Solidarität vorliegt. Innerhalb der beiden parteipolitischen Pole zeigen sich aber deutliche Differenzen in der Zielhierarchie.

Das BMG hat als Teil der Exekutive an der Qualität der Leistungserbringung ein hohes Interesse, da hier seine originäre Verantwortung zu verorten ist. Mit dem starken Qualitätsinteresse des BMG korrespondiert ein hohes Interesse an einer wettbewerblichen Ausrichtung des Leistungsmarktes anhand der gezielten Stärkung zentraler Rahmensetzungskompetenzen und einer weitergehenden Ausdifferenzierung des Vertragssystems (vgl. Tabelle 1). Im Gegensatz zu anderen Akteuren sieht das BMG außerdem die Möglichkeit, durch die Stärkung der integrierten Versorgung und eine möglichst umfassende Bindung der Kassenfinanzierung an wissenschaftlich belegte Wirksamkeit der jeweiligen Verfahren die medizinische Qualität unabhängig von Finanzierungsfragen zu erhöhen. Hingegen fokussiert die Parlamentarische Linke fast ausschließlich das Solidaritätsziel. Essentielle Bestandteile der Prämie, insbesondere die Aufhebung der Bemessung des Beitrages nach der Einkommenshöhe, stellen aus Sicht der SPD, die auch diesbezüglich unter enormem Druck der Linkspartei steht, eine massive Verletzung des Solidaritätsziels dar. Sowohl ideelle als auch materielle Ziele der SPD bedingen eine Fundamentalopposition gegen jedwedes Prämienmodell. Das BMG teilte zwar grundsätzlich die Leitlinien, lehnte aber nicht mit aller Vehemenz ein eingeschränktes Prämienmodell und andere unionsseitig präferierten Elemente ab, da aus seiner Rolle heraus eine prinzipielle Kompromissfähigkeit mit der Union erhalten und ebenso das Ziel der Finanzierbarkeit berücksichtigt werden musste.

Während die SPD intern größtenteils Konsens über das Solidaritätsziel erzielen konnte, war innerhalb der Union vor allem der Konflikt zwischen dem Wachstums- und dem Finanzierungsziel von Relevanz. Für die Führung der CDU erwies sich das Finanzierungsziel als maßgebend, da hauptsächlich hieran der Erfolg einer Regierung in der Sozialpolitik beurteilt wird (vgl. Gerlinger 2002). Ein zu starkes und vermeintlich vermeidbares Ansteigen der Beiträge hätte potentiell die Handlungsfähigkeit der Regierung in Zweifel gezogen. Zudem haben sich führende individuelle Akteure der CDU mit dem Prämienmodell, dessen vordingliches Ziel in der Sicherung der Finanzierbarkeit des Systems besteht, identifiziert. Sowohl die Verhandlungsführer von Kanzlerin Merkel als auch der Fraktionsvorsitzende Kauder und mehrere Ministerpräsidenten teilten die hohe Gewichtung des Finanzierungsziels und die Präferenz für ein Prämienmodell. Hingegen war das Wachstumsinteresse der Gesundheitswirtschaft insbesondere für das Kanzleramt höchstens partiell relevant, was sich unter anderem in der Bereitschaft zur Öffnung der PKV für den internen Wettbewerb und der Zulassung einer Kosten-Nutzen-Bewertung für Arzneimittel zeigte.

Dem gegenüber stand der Druck der lobbynahen Abgeordneten aus der CDU/ CSU-Fraktion und des Bundeslandes Bayern. Diese Gruppe fokussiert stark die Wachstumsinteressen der Gesundheitswirtschaft, indem in ihren Vorschlägen vor allem Einschnitte im Leistungskatalog der GKV, ein leichterer Zugang zur PKV und eine Ausweitung von Selbstbehalten gefordert werden, die Strukturen des Systems aber unangetastet bleiben sollen (vgl. Tabelle 1). Mit dem öffentlichen Eintreten für das Wachstumsziel hat die FDP zudem den Wirtschaftsflügel der Union unter einen starken Druck gesetzt. Wenngleich hinter dem Eintreten für die PKV unter anderem materielle Interessen der individuellen Akteure zu vermuten sind, muss aber ebenso festgehalten werden, dass insbesondere die PKV als Ausdruck des in der Union hoch gewichteten Subsidiaritätsprinzips steht.

Zwischen Union und SPD bestehen schon in der Problemdefinition gravierende Unterschiede. Während die Union die Ausgabensteigerungen als unvermeidlich ansieht (vgl. Merkel 2006), da demographischer Wandel und technischer

Fortschritt diese mit sich bringen, teilt die SPD diese Sicht nur partiell. Von mindestens ebenso großer Bedeutung sind für die SPD die Erosion der Finanzierungsbasis der Sozialversicherung sowie die schlechte Ressourcenallokation durch Strukturprobleme des Gesundheitssystems (vgl. Ferner 2007). Beide Argumente sind empirisch kaum von der Hand zu weisen. Gerade in der hohen Gewichtung des demographischen Wandels liegt ein Grund für die stark divergierende Beurteilung der PKV. Während die PKV aufgrund der gebildeten Altersrückstellungen und ihrer antizipierten Demographiefestigkeit für die Union ein schützenswertes Vorbild darstellt, identifiziert die SPD in der PKV eine Ursache für die angesprochene Erosion der Finanzierungsbasis. Zudem ist die PKV gerade für die SPD ein Sinnbild für eine „Zwei-Klassen-Medizin" (vgl. SPD 2005). Gerade in diesem Konflikt zeigt sich die hohe Bedeutung der ideellen Ziele für die parteipolitische Positionierung in der Gesundheitspolitik.

Zwar haben demnach die parteipolitischen Positionen und Zielpräferenzen den Kompromissfindungsprozess deutlich beeinflusst und das Ergebnis geprägt. Dennoch kam es zu einem Abschluss der Reform, der vor allem mit der veränderten Rolle der Union als „Kanzlerpartei" zu begründen ist. Mit dem Eintritt in eine reale Große Koalition verschoben sich die Kalküle der individuellen Akteure weg von der Stimmenmaximierung hin zu einer Stabilisierung der politischen Konstellation und ergo der eigenen Machtposition. Ein Scheitern der Reform wäre vor allem Kanzlerin Merkel angelastet worden und hätte die Koalition vor eine die Existenz bedrohende Krise geführt. Trotz starker ideologischer Konflikte und intervenierender parteiinterner Gruppen wurde der Kompromiss letztendlich durch das gemeinsame materielle Interesse der Spitzen ermöglicht. Im Ergebnis lässt sich schlussfolgern, dass ideelle Interessenkonflikte einen massiven Einfluss auf die Größe des Kompromisskorridors besitzen. Bei der Existenz gleichgerichteter materieller Interessen von zentralen individuellen Regierungsakteuren kann der ideelle Konflikt aber überwunden und in einen tragfähigen Kompromiss überführt werden.

3.3 Fazit: Exekutivlastigkeit und ideologische Verhärtung parteipolitischer Konflikte

Parteien spielen als eigenständige Akteure in der deutschen Gesundheitspolitik nur eine eingeschränkte Rolle. Sie haben keine Funktion bei der direkten Steuerung des Gesundheitssystems und sind daher auch nicht direkt von den Inhalten des GKV-WSG betroffen. Dagegen spielen bei der Formulierung von Reformen und damit der langfristigen Prägung des Gesundheitswesens parteipolitische Akteure eine zentrale Rolle.

Die Komplexität des Gesundheitswesens zwingt alle Akteure dazu, spezialisierten Sachverstand unterschiedlicher Disziplinen für die Formulierung ihrer jeweiligen Positionen zu nutzen. Die Parteien verfügen selbst nur begrenzt über entsprechende Ressourcen. In den 1970er und 1980er Jahren nutzten daher die gesundheitspolitischen Experten der Parteien jeweils enge Netzwerke zu nahestehenden verbandlichen Akteuren. Da diese Netzwerke seit Anfang der 1990er Jahre erodieren, sind die Parteien auf die Unterstützung durch Regierungsapparate angewiesen. Bei der Formulierung des GKV-WSG nutzte die SPD vor allem den Apparat des BMG zur Entwicklung der eigenen Positionen. Lediglich die Parlamentarische Linke versuchte eigene Positionen dagegen zu setzen. In Zukunft wird das BMG eher an Bedeutung gewinnen, da es auch bei der Umsetzung des Gesetzes den Schritt von einer Rechtsaufsicht hin zu einer Fachaufsicht verstärkt hat. Parteien, die nicht auf das Bundesministerium zugreifen können, müssen sich dagegen in der Regel auf Landesministerien stützen. Bei der Formulierung des GKV-WSG bestand insofern eine Sondersituation, da die Union das Kanzleramt nutzen konnte. Dieses verfügt aber eher über formale Macht als über einen starken gesundheitspolitischen Fachapparat und war bei den Verhandlungen im Detail dem BMG unterlegen. Für die SPD wird im Fall eines Verlustes des BMG ein noch größeres Problem entstehen. Die Sozialdemokraten können kaum noch Kompetenz aus den Bundesländern nutzen. Bei früheren Reformen lag die gesundheitspolitische Federführung der SPD in NRW. Nach dem dortigen Machtwechsel organisiert neben dem BMG die Landesregierung Rheinland-Pfalz die A-Länder. Diese ist durch den Parteivorsitz von Beck zusätzlich gestärkt. Die Kompetenzverschiebung zugunsten des BMG wird die Asymmetrie zwischen den Parteien nicht nur bei der Formulierung künftiger Gesetze, sondern auch bei der Umsetzung des GKV-WSG weiter verstärken. FDP, Bündnis90/ Die Grünen und Linkspartei – die schon jetzt keinen relevanten Einfluss ausüben konnten – werden selbst im Fall einer Regierungsbeteiligung nur im (vorläufig unwahrscheinlichen) Fall einer Übernahme des Gesundheitsministeriums über ausreichende eigene Fachkapazität verfügen, um in der komplexen Materie eigene Strategien zur nachhaltigen Verwirklichung der jeweiligen politischen Präferenzen durchsetzen zu können.

Eine Ausnahme stellt die jüngste Gesundheitsreform im Hinblick auf das Verhältnis zwischen Fachpolitikern und Partei- bzw. Fraktionsführungen dar. Vor allem in der Finanzierungsfrage haben die Parteiführungen wesentlich stärker Einfluss auf die Aushandlung genommen als dies noch beim GMG 2003 der

Fall war. Da die Gesundheitspolitik sich aber langfristig aufgrund des weiterhin bestehenden Kostendrucks nicht dazu eignen dürfte, Wählersympathien zu gewinnen, ist eine dauerhafte Einflussnahme der Spitzen unwahrscheinlich. In Zukunft werden die Fachpolitiker und mit ihnen ideelle Ziele wieder verstärkt an Einfluss auf gesundheitspolitische Entscheidungen gewinnen. Beim GKV-WSG waren materielle Ziele inhaltlich in Einzelfragen (vor allem der Rolle der PKV) auch für die Parteien von zentraler Bedeutung. Hier kulminierten langfristige Politiküberzeugungen mit taktischen Überlegungen angesichts bevorstehender Landtagswahlen. Verbandliche Interessen mit materiellen Zielen können vor allem dann auf die Parteien Einfluss gewinnen, wenn sich ihre Ziele mit Machtkonflikten zwischen dem Führungspersonal der Parteien verbinden.

Für die langfristig zentralen Fachpolitiker der Parteien gewinnen ideelle Konflikte dagegen eine zunehmende Bedeutung. Dies ist teilweise eine notwendige Folge der fortschreitenden Komplexität der Materie: Die enge Verbindung von wissenschaftlichem Urteil und politischen Entscheidungen zwingt die Politiker zu einer Übernahme komplexitätsreduzierender Denkmuster. Gleichzeitig fehlt den Fachpolitikern die frühere Legitimation durch den parteiinternen Einfluss starker Verbände aus dem Politikfeld. Dies gilt insbesondere auch für die Akteure aus der Exekutive. Diese können sich nur dadurch legitimieren, dass sie ihre Strategien an den ideellen Grundlinien starker innerparteilicher Strömungen orientieren. Für die SPD impliziert dies eine Dominanz des Solidaritätsziels gegenüber Finanzierungs- und Wachstumsaspekten, während die Union dem Finanzierungs- und dem Wachstumsaspekt Vorrang einräumen wird. Trotz des formalen Konsenses der Großen Koalition verbleiben daher langfristig grundlegende Divergenzen zwischen den Parteien bestehen.

Literatur

Bandelow, Nils C. (2002): Ist das Gesundheitswesen noch bezahlbar? Problemstrukturen und Problemlösungen. In: Gesellschaft – Wirtschaft – Politik, 51/ 1, 109-131.

Bandelow, Nils C. (2004): Governance im Gesundheitswesen: Systemintegration zwischen Verhandlung und hierarchischer Steuerung. In: Lange, Stefan/ Schimank, Uwe (Hrsg.): Governance und gesellschaftliche Integration. Wiesbaden, S. 89-107.

Bandelow, Nils C. (2006): Gesundheitspolitik: Zielkonflikte und Politikwechsel trotz Blockaden. In: Schmidt, Manfred G./ Zohlnhöfer, Reimut (Hrsg.): Regieren in der Bundesrepublik Deutschland. Wiesbaden, S. 159-176.

Bandelow, Nils C. (2007): Health Policy: Obstacles to Policy Convergence in Britain and Germany. In: German Politics, 16/ 1, S. 150-163.

Braun, Bernhard/ Reiners, Hartmut/ Rosenwirth, Melanie/ Schlette, Sophia (2006): Anreize zur Verhaltenssteuerung im Gesundheitswesen. Effekte bei Versicherten und Leistungsanbietern, Gütersloh.

CDU/ CSU (2003): Bericht der Kommission „Soziale Sicherheit" (http://www.bdi-initiativvitalegesellschaft.de/Bericht_Herzog-Kommission.pdf; letzter Zugriff: 20.8.2007).

CDU/ CSU (2005): Deutschlands Chancen Nutzen. Regierungsprogramm 2005-2009. (http://www.regierungsprogramm.cdu.de/download/regierungsprogramm-05-09-cducsu.pdf; letzter Zugriff: 20.8.2007).

CDU/ CSU/ SPD (2005): Gemeinsam für Deutschland. Koalitionsvertrag vom 11. November 2005. (http://koalitionsvertrag.spd.de/servlet/PB/show/1645854/111105_Koalitions vertrag.pdf; letzter Zugriff: 20.8.2007).

CDU/ CSU/ SPD (2006): Eckpunkte zu einer Gesundheitsreform 2006. (http://www.aok-bv.de/imperia/md/content/aokbundesverband/dokumente/pdf/politik/eckpunkte_040 706.pdf; letzter Zugriff: 20.8.2007).

Döhler, Marian/ Manow, Philip (1997): Strukturbildung von Politikfeldern, Opladen.

Ferner, Elke (2007): Gesundheitsreform 2007. (http://www.elke-ferner.de/fileadmin/ upload/Dokumente/Gesundheit/ Reform_Folien-28082007.pdf; letzter Zugriff: 20.8.2007).

Forum Deutschland 21 (Forum DL21) (2006): Informationen zur Gesundheitsreform. (http://forum-dl21.de/fileadmin/user_upload/Verschiedenes/Gesundheitsreform/Info Geshref.pdf; letzter Zugriff: 20.8.2007).

FDP (2003): Wahlfreiheit statt Zwangskasse, privater Wettbewerb statt Staatsmedizin. Beschluss des FDP-Präsidiums vom 15. September 2003. (http://www.bdi-initiativvitalegesellschaft.de/ Parteitagsbeschluss_Gesundheit_04_FDP.pdf; letzter Zugriff: 20.8.2007).

FDP (2004): Privater Krankenversicherungsschutz mit sozialer Absicherung für alle – die auf Wettbewerb begründete liberale Alternative. Beschluss des 55. Ordentlichen Bundesparteitages der FDP vom 5./ 6. Juni (2004). (http://www.bdi-initiativvitalegesellschaft.de/Parteitagsbeschluss_Gesundheit_04_FDP.pdf; letzter: 20.8.2007).

FDP (2005): Deutschlandprogramm 2005 vom 25. Juli 2005. (http://files.liberale.de/fdp-wahlprogramm.pdf. Letzter Zugriff: 20.8.2007).

Gerlinger, Thomas (2002): Vom korporatistischen zum wettbewerblichen Ordnungsmodell? Über Kontinuität und Wandel politischer Steuerung im Gesundheitswesen. In: Gellner, Winand/ Schön, Markus (Hrsg.): Paradigmenwechsel in der Gesundheitspolitik? Baden-Baden, S. 123-151.

Gerlinger, Thomas/ Mosebach, Kai/ Schmucker, Rolf (2007): Wettbewerbssteuerung in der Gesundheitspolitik. Die Auswirkungen des GKV-WSG auf das Akteurshandeln im Gesundheitswesen. Diskussionspapier 2007-1 des Instituts für Medizinische Soziologie. (http://www.klinik.uni-frankfurt.de/zgw/medsoz/Disk-Pap/Diskussionspapier 2007-1-W.pdf; letzter: 20.8.2007).

Grabow, Karsten (2006): Reformpolitik in westeuropäischen Gesundheitssystemen. In: Zeitschrift für Politikwissenschaft 16/ 1, S. 29-65.

Hartmann, Anja (2006): Gesundheitspolitik: Mehr Probleme als Lösungen? In: Sturm, Roland/ Pehle, Heinrich (Hrsg.) (2006): Wege aus der Krise? Die Agenda der zweiten Großen Koalition. Opladen, S. 59-75.

Jacobs, Klaus (2004): Kassen-Finanzierung. Aufbau oder Abriss? In: Gesundheit und Gesellschaft 7 (10), S. 20-27.

Knieps, Franz (2007): Hitler, Honecker und die Gesundheitsreform. Zur Entstehungsgeschichte des Wettbewerbsstärkungsgesetzes. In: Volker, Ulrich/ Ried, Walter (Hrsg.): Effizienz, Qualität und Nachhaltigkeit im Gesundheitswesen: Theorie und Politik öffentlichen Handelns, insbesondere der Krankenversicherung. Festschrift zum 65. Geburtstag von Eberhard Wille, S. 871-79.

Merkel, Angela (2006): Rede bei der Haushaltsdebatte am 21. Juni 2006. (http://www.bundeskanzlerin.de/nn_5296/Content/ DE/Rede/(2006)/06/(2006)-06-21-rede-bundeskanzlerin-merkel-bei-der-haushaltsdebatte-(2006).html; letzter Zugriff: 20.8.2007).

Mittelstands- und Wirtschaftsvereinigung der CDU/ CSU (2006a): Gesundheit für Deutschland. Positionspapier der MIT. (http://jensspahn.de/gesundheit_fAr_deutschland.php; letzter Zugriff: 20.8.2007).

Mittelstands- und Wirtschaftsvereinigung der CDU/ CSU (2006b): Resolution zur Reformpolitik im Gesundheitswesen. (http://www.mittelstand-deutschland.de/DOWNLOAD /TH/(2006)-11-17-46.pdf; letzter Zugriff: 20.8.2007).

Parlamentarische Linke in der SPD (2006): Erste Einschätzung für die PL/ DL 21 zu zentralen Punkten der Gesundheitsreform. (http://www.forum-dl21.de/fileadmin/ user_upload/Verschiedenes/ Gesundheitsreform/ TABELLEGESUNDHEITPL-DL21.pdf; letzter Zugriff: 20.8.2007).

PDS (2006): Eckpunkte für eine Solidarische Bürgerinnen- und Bürgerversicherung. (http://dokumente.linksfraktion.net/pdf,content/(2006)0704_buergerinnenversicherung_eckpunkte.pdf; letzter Zugriff: 20.8.2007).

PDS (2007): Entschließungsantrag der Fraktion Die LINKE zum Entwurf eines Gesetzes zur Stärkung des Wettbewerbs in der gesetzlichen Krankenversicherung. 2. und dritte Beratung des Gesetzentwurfs der Fraktionen der CDU/ CSU und SPD. BT-Drs. 16/ 4221.

Rosenbrock, Rolf/ Gerlinger, Thomas (2006): Gesundheitspolitik. Eine systematische Einführung, Bern.

Rossmann, Ernst Dieter/ Annen, Niels/ Steppuhn, Andreas/ Volkmer, Marlies/ Mattheis, Hilde (2006): Für eine solidarische Zukunft der Krankenversicherung. Positionspapier der Parlamentarischen Linken. (http://www.forum-dl21.de/fileadmin/ user_upload/ Aktuelle_Texte/GesundheitEndV.pdf; letzter Zugriff: 20.8.2007=.

Safran, William (1967): Veto-Group Politics. The Case of Health Insurance Reform in West Germany, San Francisco.

Schmidt, Ulla (2006a): Interview mit dem Deutschlandradio vom 14. Mai 2006. (http://www.dradio.de/dlf/sendungen/idw_dlf/499809/; letzter Zugriff: 20.8.2007).

Schmidt, Ulla (2006b): Interview mit dem Deutschlandradio vom 4. Juli 2006. (http://www.dradio.de/dlf/sendungen/ interview_dlf/516435/; letzter Zugriff: 20.8.2007).

Schmidt Ulla (2006c): Interview mit dem Deutschlandfunk vom 22. Oktober 2006. (http://www.ulla-schmidt.de/node/40; letzter Zugriff: 20.8.2007).

Schmidt, Ulla (2007): Interview mit dem Tagesspiegel vom 7. Januar 2007. (http://www.die-gesundheitsreform.de/ presse/irb/interviews/2007/ 070107interview_ulla_schmidt_ tagesspiegel.html; letzter Zugriff: 20.8.2007).

Seehofer, Horst/ Storm, Andreas/ Widmann-Mauz, Annette (2003): Argumentationspapier zu den Eckpunkten der Konsensverhandlungen zur Gesundheitsreform. (http://cdu-rg.de/bund/ Gesundheit_24.07.pdf; letzter Zugriff: 20.8.2007).

SPD (2005): Vertrauen in Deutschland. Wahlmanifest der SPD vom 04. Juli 2005. (http://kampagne.spd.de/040705_ Wahlmanifest.pdf; letzter Zugriff: 20.8.2007).

Trampusch, Christine (2004): Von Verbänden zu Parteien: Elitenwechsel in der Sozialpolitik. In: Zeitschrift für Parlamentsfragen 35/ 4, S. 646-666.

Die SPD und die Gesundheitsreform 2007: Vom Gesundheitsfonds zur Bürgerversicherung?

Wolfgang Schroeder

1 Die SPD als Volkspartei mit langer sozialstaatlicher Tradition

Als Sozialstaatspartei mit über 140-jähriger Tradition hat die SPD an der Entwicklung des deutschen Sozialstaates im Allgemeinen und des Gesundheitswesens im Besonderen einen maßgeblichen Anteil. Sozialpolitik bedeutet für die SPD stets mehr als nur eine Maßnahmenpolitik zur Hilfe in individuellen Notlagen. Sozialpolitik wird in der sozialdemokratischen Deutung als ein Instrument der Gesellschaftspolitik begriffen, das der sozialen Gerechtigkeit und individuellen Emanzipation dienen soll. Dass der Gesetzlichen Krankenversicherung (GKV) dabei eine besonders prominente Rolle zukommt, ist darauf zurückzuführen, dass dort – anders als in der Renten- und Arbeitslosenversicherung, in denen das Äquivalenzprinzip dominiert – das Bedarfsdeckungsprinzip im Vordergrund steht. Damit orientiert sich die Krankenversicherung als Politik egalitärer Sozialleistungen nicht an Statusunterschieden, sondern soll die soziale Gleichstellung beim Lebensrisiko Krankheit befördern. Ein anderer wichtiger Bezugspunkt für die Sozialdemokratie liegt in den Gesetzlichen Krankenkassen selbst, die über viele Jahrzehnte quasi Vorfeldorganisationen der Sozialdemokratie waren (zuletzt wieder: Ritter 2008). Zu berücksichtigen ist auch, dass der gesellschaftliche Aufstieg vieler sozialdemokratischer Funktionäre über Karrieren in der GKV verlief. Kurzum: Das System der GKV mit seinen sozialen Selbstverwaltungsstrukturen bildet eine wichtige gesellschaftliche Basis für die SPD. Damit hängt auch zusammen, dass Veränderungen in der Gesundheitspolitik, die die „kleinen Leute" belasten und damit das Prinzip der egalitären Bedarfsorientierung in Frage stellen, die Sozialdemokratie besonders hart treffen.

Die SPD ist sowohl eine Volkspartei als auch eine partizipationsorientierte Funktionärs- und Mitgliederpartei. Diese Strukturmerkmale begrenzen die Möglichkeiten der Parteispitze bestimmte Politikmuster gegen den Willen der Mitgliedschaft durch- und umzusetzen. Im Gegenteil: Fragen, die das Selbstverständnis der Partei besonders stark tangieren, werden dort nicht selten wenig pragmatisch, sondern leidenschaftlich, kontrovers und zuweilen auch unversöhnlich geführt. Im Gegensatz zur Union, die sich erst spät als moderne Mitgliederpartei konstituierte, war die SPD immer schon eine Massenintegrationspartei. Der quantitative Aufstieg der SPD in den 1960er und 1970er Jahren – mit etwas mehr als einer Million Mitgliedern erreichte sie 1976 ihren Zenit – verlief parallel zur quantitativen Expansion des Sozialstaates. Seit diese quasi eindimensionale Expansion im Bereich der sozialstaatlichen Kosten gebremst und durch eine Politik des Ab-, Um- und partiellen Neubaus ersetzt wurde, ist die SPD mit einer stetigen Abnahme ihrer Mitgliederzahlen konfrontiert. Waren es bei Regierungsantritt 1998 noch knapp 800.000 Mitglieder, so sank diese Zahl in den vergangenen Jahren auf etwa 530.000 ab (2008). Obwohl zwischen diesen beiden Dimensionen kein einfacher Kausalzusammenhang besteht, kann davon ausgegangen werden, dass sozialstaatliche Politikmuster für die Bindungsfähigkeit der SPD von besonderer Bedeutung sind.

Der deutsche Sozialstaat ist ein heterogenes Gebilde, in dem sich vor allem christdemokratische und sozialdemokratische Ideen und Interessenlagen eingegraben und wechselseitig durchdrungen haben. Auch wenn die Union im Bund weitaus länger an der Regierung beteiligt war als die SPD (2008: 39 gegen 26 Jahre), gelang es der Sozialdemokratie trotzdem, an nahezu allen Reformen in der Gesundheitspolitik beteiligt zu sein. Sie begriff ihre Rolle auch bei restriktiven Veränderungen des Leistungskatalogs, bei steigenden Zuzahlungen und der Entwicklung hin zu mehr Wettbewerb in der GKV als Hüterin der Idee des sozialen Ausgleichs und der Fairness. Im Zentrum steht dabei die Überzeugung, dass es eines Systems öffentlicher Kassen bedarf, deren Handeln sich am individuellen gesundheitlichen Bedarf der Versicherten zu orientieren hat. Ein besonderes Ärgernis für die sozialdemokratische Gesundheitspolitik ist die Existenz privater Krankenversicherungsunternehmen, die durch bessere „Risiken", umfangreichere Ressourcen und geringere Solidaritätszumutungen begünstigt sind. Das klassische Sozialstaatsprofil der SPD orientierte sich am Wachstum öffentlicher Mittel, die als Basis wirkten, um den Markt im Sinne einer egalitär bedarfsbezogenen Politik zu korrigieren. Dass es schließlich gerade die SPD war, sich selbst als stolze, traditionsverhaftete Sozialstaatspartei begreifend, die seit 1999 wesentliche Änderungen des deutschen Sozialstaates realisierte, hat nicht nur internationale und nationale Beobachter überrascht, sondern auch Wähler und Mitglieder der SPD zum Teil tief irritiert. Vor allem die Reformen in der Renten- und Arbeitsmarktpolitik (2001 ff.) bewirkten einen Bruch mit der sozialpolitischen Tradition des statusorientierten und lebensstandardsichernden bismarckschen Sozialstaates, den auch die Sozialdemokratie stets mitgetragen hat, obwohl er keinesfalls ihr originäres Projekt war. Auf die in den Jahren 2001 bis 2004 realisierten Projekte des Ab-, Um- und Neubaus folgten inner- und außerparlamentarische Proteste, die nicht nur zu Mitgliederverlusten, sondern auch zu heftigen Konflikten mit den Gewerkschaften führten, zu Wahlniederlagen beitrugen und schließlich sogar die Gründung einer neuen Konkurrenzpartei, der gesamtdeutschen Linkspartei, beförderten.

Mit der 2003 verabschiedeten Bürgerversicherung schien die SPD ein neues egalitäres Projekt gegen einen weiteren Weg in die „Zweiklassenmedizin" gefunden zu haben. Doch mit der Großen Koalition veränderten sich für die Gesundheitspolitik die Rahmenbedingungen derart grundlegend, dass die Konzeption der Bürgerversicherung nur noch eine sehr gebrochene Orientierung für den Gesetzgebungsprozess bilden konnte. Vor diesem Hintergrund ist zu fragen: Welche Ziele verfolgte die Sozialdemokratie mit der Gesundheitsreform 2007 und inwieweit trägt das schließlich verabschiedete Gesetzeswerk ihre Handschrift? Welche Bedeutung hat die Gesundheitsreform 2007 für das Projekt der Bürgerversicherung? Wie ordnet sich die Gesundheitsreform in die sozialdemokratische Politik der letzten Jahre ein und welche Rolle spielte und spielt dieses Feld für die innerparteiliche Integration sowie für den Parteienwettbewerb?

2 Von der Bürgerversicherung zum Koalitionsvertrag

Mit der 2002/03 durchgesetzten Gesundheitsreform war einmal mehr deutlich geworden, dass trotz zusätzlicher finanzieller Belastung der Versicherten (z.B. durch die Erhöhung der Zuzahlungen) keine nachhaltige Stabilisierung der Beitragssätze zu erreichen war. Vor diesem Hintergrund suchten beide Volksparteien nach neuen Konzepten, um das Gesundheitswesen finanziell zu stabilisieren. Während sich die CDU auf ihrem Leipziger Parteitag 2003 mit der Kopfpauschale neu positionierte, bekannte sich die SPD im gleichen Jahr auf ihrem Bochumer Parteitag (17.-19.11.2003) zur Bürgerversicherung. Der zentrale Unterschied der beiden Reformansätze liegt darin, dass die CDU wesentliche Elemente der Privaten Krankenversicherung (PKV) in die GKV übertragen und sich dabei insbesondere von der einkommensproportionalen Erhebung der Beiträge verabschieden wollte, wo hingegen die SPD umgekehrt den Ansatz der GKV auf das ganze Versicherungssystem ausdehnen wollte.

Auf dem Bochumer Parteitag stellte die SPD die Weichen für einen Kurswechsel in der Gesundheitspolitik, um eine „Zwei-Klassen-Medizin" zu verhindern. Ausdrücklich abgelehnt wurde eine steuerfinanzierte Einheitsversicherung.
Auch in Zukunft sollten die auf der Basis von Erwerbsarbeit erzielten Beiträge
das Finanzierungsrückgrat der Gesundheitsversorgung bilden. Zwar sollte das
Nebeneinander von privaten und gesetzlichen Kassen beibehalten werden, aber
gleichzeitig mehr Wettbewerb zwischen den Kassen und Leistungsanbietern
einziehen. Die gleiche Beitragshöhe für alle GKV-Versicherten lehnt die SPD als
unsolidarisch ab. In dem Bewusstsein, dass der Weg in ein anderes System, das
den Namen „Bürgerversicherung" tragen sollte, mit einer Fülle von Problemen
und Schwierigkeiten behaftet ist, sprach die SPD in Bochum davon, das bestehende Krankenversicherungssystem stufenweise in eine Bürgerversicherung
umwandeln zu wollen. Angesichts der vielen ungeklärten Fragen beließ es der
Beschluss dabei, einige Prinzipien, Prüfaufträge und Diskussionsnotwendigkei-
ten zu benennen. Wichtige Eckpunkte, die die konzeptionelle Basis der soziale-
mokratischen Gesundheitspolitik seit 2003 bildeten, und damit auch gleichzeitig
die Basis für eine Bürgerversicherung bilden, sind:

- Erstens sollten alle Menschen krankenversichert sein.
- Zweitens geht es darum, alle Bürgerinnen und Bürger nach ihren Möglichkeiten – und das heißt durch einen prozentualen Einkommensanteil – an der
  solidarischen Finanzierung der Gesundheitsversorgung zu beteiligen. Dies
  bedeutet, dass künftig auch Beamte und Selbständige an der Finanzierung
  zu beteiligen seien. Darüber hinaus sollen auch alle weiteren Einkommensarten, über die abhängigen Arbeitseinkommen hinaus, beitragspflichtig
  werden. Neben der paritätischen Finanzierung über den Faktor Erwerbsarbeit sollten z.B. auch weitere Vermögenseinkommen (Zinsen, Mieteinnah-
  men etc.) herangezogen werden. Zum einen, um damit die Gesundheitskosten gesamtgesellschaftlich gerechter zu verteilen, zum anderen um so die
  Lohnnebenkosten einzudämmen.
- Drittens setzt die SPD auch auf eine Stärkung des „qualitätsorientierten
  Wettbewerbs sowohl zwischen Krankenkassen als auch zwischen den Leistungserbringern in einem solidarischen Ordnungsrahmen" (SPD 2003: 34).
- Viertens sieht die SPD ein wesentliches Ziel darin, den Beitragssatz zu stabilisieren bzw. nach Möglichkeit zu senken. Um dies zu erreichen, sollten die
  versicherungsfremden Leistungen steuerfinanziert werden.
- Fünftens sollten neue Wege eingeschlagen werden, die den effizienten Mitteleinsatz sowie die Prävention und private Vorsorge stärken könnten.

Innerparteilich galt die Bürgerversicherung als Projekt der Parteilinken und war deshalb auch nicht unumstritten, insbesondere seitens der Spitze des Gesundheitsministeriums. Gleichwohl konnte sie aber auch über diesen Flügel hinaus Akzeptanz gewinnen, weil man darin die Chance sah, die negativen Wirkungen der Agenda 2010 zu relativieren, die in Teilen der Partei zum Symbol des sozial ungerechten Umbaus des Sozialstaats geworden war. Die Details der Bürgerversicherung wurden auf Bundesebene von einer Arbeitsgruppe festgelegt, die von der Parteilinken Andrea Nahles geleitet und von dem Kölner Gesundheitswissenschaftler Karl Lauterbach beraten wurde. Bereits zu dieser Zeit wurde deutlich, dass sich Ministerin Ulla Schmidt als Mitglied des Seeheimer Kreises wenig mit der Bürgerversicherung anfreunden konnte. Auch wenn die Bürgerversicherung eher ein Projekt der innerparteilichen Funktionsträger ist, konnte damit – nicht zuletzt wegen der egalitären Ausrichtung – bei der aktiven Parteibasis großen Anklang gefunden werden. Die Bürgerversicherung eignete sich darüber hinaus als Wahlkampfthema bei der vorgezogenen Bundestagswahl 2005. Schließlich fand sie sogar den Weg auf Wahlplakate und wurde so zu einem Synonym für den Versuch der SPD, sich wieder als Hüterin eines solidarischen Sozialstaatsmodells zu präsentieren. Wie inhaltliche Wählerbefragungen bestätigten, hat die Bürgerversicherung ihren Beitrag dazu geleistet, dass die SPD bei der Bundestagswahl nicht noch tiefer abstürzte. Nicht zuletzt deshalb, weil das Konzept als originär sozialdemokratische Idee gegen die Privatisierungsrhetorik der CDU eingesetzt wurde, konnte die SPD ihre Stammwähler besser mobilisieren als zunächst befürchtet. Der Bundestagswahlkampf 2005 machte schließlich deutlich, dass für eine privatisierungsorientierte Gesundheitsreformpolitik nach dem Muster des Leipziger CDU-Parteitags derzeit keine Mehrheit in der Bevölkerung vorhanden ist. Vielmehr gibt es große Sympathien für ein Bürgerversicherungsmodell. Dennoch war sowohl den Funktionären in der SPD als auch der Basis bewusst, dass dieses Projektes angesichts der veränderten Kräfteverhältnisse nicht umsetzbar sein würde. Denn es war kaum mit einer Neuauflage von Rot-Grün zu rechnen, und selbst in diesem Fall hätte die Union im Bundesrat weiterhin eine breite Mehrheit gehabt, um dieses Projekt zu verhindern.

Obwohl mit dem Wahlergebnis feststand, dass die Bürgerversicherung in der nächsten Legislaturperiode nicht umsetzbar sein würde, verschwand das Konzept nicht in der Schublade. Die Bürgerversicherung ist ein wichtiges sozialdemokratisches Identifikationsthema geblieben (vgl. Ferner 2007b), das nicht nur in der Parteienkonkurrenz, sondern auch in deutlicher Abgrenzung zur eigenen vormals rot-grünen Regierungspolitik, insbesondere der Agenda 2010, wahrgenommen wird. Für die Krankenversicherung und die Pflegeversicherung wurde das Prinzip der Bürgerversicherung daher auch 2007 in das neue Hamburger Grundsatzprogramm der SPD aufgenommen.

Im Koalitionsvertrag 2005 wurde festgestellt: „Die „Parteien zur Weiterentwicklung der Gesundheitspolitik unterschiedliche Konzepte entwickelt, die ‚Solidarische Gesundheitsprämie' (CDU und CSU) und die ‚Bürgerversicherung' (SPD), die sich nicht ohne weiteres miteinander vereinbaren lassen" (CDU/ CSU/ SPD 2005: 103). Der Dissens bedeutete, dass man sich auf die Suche nach neuen gemeinsamen Instrumenten machen musste. Gleichwohl gelang es der SPD, mit der Forderung eines Versicherungsschutzes für alle ein zentrales Anliegen im Koalitionsvertrag festzuschreiben. Im insgesamt sehr vage gehaltenen Kapitel zur Krankenversicherung wurde vereinbart sicher zu stellen, „dass niemand ohne Versicherungsschutz bleibt und solchen Versicherten, die den Schutz verloren haben, eine Rückkehrmöglichkeit zur jeweiligen Versicherung angeboten wird." (ebd. 103 ff.)

3   Innerparteiliche Aushandlungsprozesse und Konflikte

Das gesundheitspolitische Konfliktfeld, in dem sich die sozialdemokratischen Akteure behaupten mussten, war mehrdimensional. Einerseits ging es darum, wer innerhalb der Partei den Ton vorgeben konnte; andererseits musste man die Initiativen und Veto-Akteure des Koalitionspartners, die vom Kanzleramt bis in die Bundesländer reichten, unter Kontrolle bringen. Der Aushandlungsprozess innerhalb der SPD verlief primär im Dreieck zwischen Bundesministerium für Gesundheit (BMG) (vgl. dazu den Beitrag von Paquet in diesem Band), Fraktion und Parteispitze. Der Weg hin zu einem neuen Gesetz war für die SPD zwar um einiges glatter als für die Union. Gleichwohl gab es – auch vor dem Hintergrund der innerparteilichen Unsicherheiten durch den Wechsel im Parteivorsitz von Matthias Platzeck zu Kurt Beck im Mai 2006 – auch in der SPD hinreichendes Konfliktpotential, das eingebunden oder neutralisiert werden mußte. Einerseits gab es die Spannungen zwischen sozialdemokratischen Gesundheitspolitikern und der BMG-Spitze, andererseits teilweise ungeklärte Kompetenzverhältnisse in der Fraktion. BMG- und Fraktionsspitze hatten vor allem mit zuweilen heftiger, auch öffentlicher Kritik aus den Reihen der eigenen Partei zu kämpfen. Diese Kritiker schürten zuweilen den Verdacht, dass BMG- und Fraktionsspitze sozialdemokratische Positionen nicht hart genug vertreten würden oder gar von vornherein ein anderes Ergebnis anstrebten. Vor allem zu Beginn der Verhandlungen gab es große Vorbehalte gegen die BMG-Spitze, der vorgeworfen wurde, dass sie die Eckpunkte für eine neue Gesundheitsreform als „geheime Kommandosache" behandle. Der Parteivorstand hatte zur Begleitung der Verhandlungen eine Projektgruppe eingesetzt, in der regelmäßig über den Stand der Verhandlungen berichtet und diskutiert wurde. Regierung und Fraktion wurden immer wieder aufgefordert, einer Kopfpauschale in keiner Weise zuzustimmen. Ein wichtiges Anliegen bestand darin, die PKV in ein solidarisches Gesundheitssystem einzubeziehen. Gesundheitspolitiker aus der Partei, vor allem solche, die in der – machtpolitisch nicht sehr bedeutsamen – „Arbeitsgemeinschaft von Sozialdemokraten im Gesundheitswesen" (ASG) mitwirkten, votierten schon sehr früh gegen einen Gesundheitsfonds. Die Kritik dieser Gruppe wurde vor allem vom Vorsitzenden der ASG, dem saarländischen Landtagsabgeordneten Armin Lang, formuliert[1].

Die innerparteiliche Kritik aus der SPD wurde zwar in der Presse erwähnt, sie hatte aber keinen direkten Einfluss auf den Verhandlungsprozess. Insofern war die Ausgangslage für die SPD-Spitze alles in allem vergleichsweise günstig. Nicht zuletzt, weil sie mit dem BMG das Wissens- und Kompetenzzentrum auf ihrer Seite hatte, während die Union bestenfalls auf die ungleich kleineren Gesundheitsministerien des einen oder anderen CDU-geführten Bundeslandes zurückgreifen konnte. Günstig war auch, dass das BMG im Gegensatz zu vielen anderen Ministerien nach der Neuwahl direkt handlungsfähig war, weil eben dort kein Ministerwechsel erfolgte. Die stabilen Kontakte zu Vizekanzler Franz Müntefering, der zugleich Arbeits- und Sozialminister war, wirkten sich dabei ebenfalls günstig aus. Da sich Ulla Schmidt und Müntefering über ihre Zugehörigkeit zum Seeheimer Kreis inhaltlich nahe standen, gab es auch keine zusätzlich belastende Konkurrenz zwischen den SPD-Ministerien mit Zuständigkeiten in der Sozialpolitik. Wichtig für die inhaltliche Koordinierung durch das BMG war das von Anfang an sehr gute Zusammenspiel zwischen Ulla Schmidt und der Kanzlerin (vgl. den Beitrag von Paquet zum BMG und von Neumann zur CDU/ CSU in diesem Band). Für beide stand viel auf dem Spiel. Für Angela Merkel war es die Frage, ob sich die Große Koalition in einer entscheidenden (und schwierigen) Frage der Regierungspolitik als handlungsfähig erweisen würde. Für Ulla Schmidt gab es erheblichen Einigungsdruck, um einen drohenden Imageschaden von sich abzuwenden (Neubacher 2007: 66). Zuweilen war es sicher das Bündnis dieser beiden Frauen, das nicht nur ihre Position im jeweils eigenen Lager, sondern auch den gesamten Prozess stabilisierte.

---

[1] Armin Lang ist im Hauptberuf Leiter der Landesvertretung der Ersatzkassenverbände im Saarland.

Auch die SPD-Fraktion bildete in der Gesundheitspolitik ein heterogenes Feld. Entscheidender Akteur war hier der Fraktionsvorsitzende Peter Struck. Eine wichtige Vermittlungsfunktion besaß auch die stellvertretende Fraktionsvorsitzende und sozialpolitische Sprecherin Elke Ferner. Die zum linken Flügel zählende Politikerin kommunizierte die Reformen in Fraktion und Partei hinein; zugleich half sie Ministerin Schmidt den Rücken freizuhalten. Eine ambivalente Rolle nahm die politisch gespaltene Arbeitsgruppe Gesundheit in der Fraktion ein. Dort wurden die vom Gesundheitsministerium kommenden Vorschläge eher kritisch diskutiert und kommentiert. Ein eigener konzeptioneller Beitrag zur Optimierung der Reform wurde von dort aus nicht geleistet. Die Arbeitsgruppe der SPD-Fraktion im Gesundheitsausschuss des Bundestags bestand mit ihren elf Mitgliedern aus sieben Angeordneten, die der Parteilinken und vier, die dem Seeheimer Kreis oder dem Netzwerk angehörten. Trotz dieser eindeutigen Mehrheitsverhältnisse wurde der Vorsitz für die fraktionsinterne Arbeitsgruppe nach einer Abstimmung in der Gesamt-Fraktion mit Carola Reimann, die dem Netzwerk angehört, besetzt und nicht mit der von der Mehrheit der Arbeitsgruppe nominierten Gegenkandidatin Marlies Volkmer. Diese bizarre politische Struktur – linke Mehrheit mit einer Vorsitzenden aus einem konkurrierenden Flügel – führte dazu, dass diese Arbeitsgruppe als Machtfaktor ausfiel und sie gewissermaßen neutralisiert war. Denn die Spitze der Arbeitsgruppe stützte loyal die Positionen des BMG und der Fraktionsführung, während die Mehrheit der Gruppe die von dort kommenden Reformen öffentlich kritisierte. Die Einbindung der dem Gesundheitsfonds kritisch gegenüberstehenden Fraktionslinken – etwa über die Beteiligung von Karl Lauterbach an der Koalitionsarbeitsgruppe bis zu den „Eckpunkten" im Juli 2006 – gelang nur mäßig.

Von Vorteil war für die SPD, dass sie in der Koalitionsrunde die Mehrheit der Teilnehmer stellte. Bis zum Abschluss der Verhandlungen über die Eckpunkte gehörten von den 26 Teilnehmern 16 der SPD an und nach der Verkleinerung der Runde ab August 2006 zehn von 17 Personen. Die Ministerinnen von Rheinland-Pfalz und Brandenburg waren die einzigen sozialdemokratischen Ländervertreter (A-Länder), die nach der Festlegung auf das Eckpunktepapier noch in der Koalitionsrunde beteiligt waren. Sie spielten bei den Verhandlungen eher eine (unterstützende) Nebenrolle, da die SPD, die über die Ressourcen des BMG verfügte, nicht auf die Zuarbeit aus den A-Ländern angewiesen war.

Zur Koordination zwischen Partei, Fraktion und BMG gab es eine Runde, die beim Parteivorsitzenden angesiedelt war. Diese Runde spielte insbesondere zu Beginn der Verhandlungen, also ab April 2006, eine wichtige Rolle. Um zu signalisieren, dass es eine Dominanz der Partei gegenüber der BMG-Spitze gibt, fanden in der Anfangsphase auch schon einmal Koordinierungstreffen ohne das BMG statt (Vgl. Slangen 2006). Dadurch, dass die Reform zur „Chefsache" (der Parteivorsitzenden) gemacht wurde, schien es so, dass das „mächtige" BMG einen Dämpfer erhalten habe. Doch dies blieb lediglich eine Momentaufnahme; schließlich bestand die Stärke des BMG auf der zuständigen Fachkompetenz und der engen Koordinierung mit dem Kanzleramt.

Nachdem das Projekt des Gesundheitsfonds grundsätzlich festgezurrt worden war, ging es vor allem um dessen Ausgestaltung. Entscheidend für diese Aushandlungsprozesse war letztlich das Siebener-Gremium[2]. Ein schwieriges Thema war für die SPD der sogenannte Zusatzbeitrag, den die Kassen nach der Einführung des Fonds gegebenenfalls von ihren Versicherten erheben müssen. Indem es der SPD-Spitze gelang, diesen Betrag auf maximal ein Prozent der beitragspflichtigen Einkommen zu deckeln, verschaffte dies dem SPD-Vorsitzenden insbesondere gegenüber den innerparteilichen Kritikern eine gewisse Akzeptanz: Auf diese Weise wurde erreicht, dass der Preiswettbewerb für die Versicherten, der durch Fonds und Zusatzbeitrag eingeführt und verstärkt werden sollte, jetzt doch stark begrenzt bleibt und eine deutliche soziale Komponente erhält. Eine ähnlich brisante Debatte ging für die SPD von den Problemen um den morbiditätsorientierten Risikostrukturausgleich (Morbi-RSA) und die Struktur der PKV aus.

Trotz diverser sozialer Modifikationen gelang es nicht, die innerparteilichen Kritiker des Fonds von dessen positiver Bedeutung zu überzeugen. Besonders pointiert artikulierte diese Kritik der Kölner Gesundheitsökonom Karl Lauterbach: „Das ist die erste Reform, von der die Mehrheit schon bei der Abstimmung hofft, dass sie niemals umgesetzt wird" (Neubacher 2007:66). Als die Vorabstimmung im Gesundheitsausschuss anstand, gelang es dem Fraktionsvorsitzenden Peter Struck, die Kritiker aus der Fraktionsarbeitsgruppe Wolfgang Wodarg, Eike Hovermann und Karl Lauterbach im Zaum zu halten (sie nahmen an den abschließenden Verhandlungen und Abstimmungen in diesem Ausschuss im Januar 2007 nicht teil). Peter Struck hatte Lauterbach gegenüber deutlich gemacht, er solle in dieser Woche „einfach mal die Schnauze halten" (Ebd.). Als es im Bundestag zur namentlichen Abstimmung kam, gingen 20 der insgesamt 206 Nein-Stimmen auf das Konto der SPD. Darunter waren die Voten von Angehörigen der SPD-Linken wie Niels Annen, Andrea Nahles und Hermann Scheer, Ottmar Schreiner und Rüdiger Veit, aber eben auch von Mitgliedern der fraktionsinter-

---

[2] Bestehend aus Angela Merkel, Franz Müntefering, Kurt Beck, Peter Struck, Volker Kauder, Peter Raumsauer und Edmund Stoiber.

nen Arbeitsgruppe Gesundheitspolitik, die dem Fonds während des ganzen Prozesses kritisch gegenüberstanden, wie Lauterbach, Hovermann und Wodarg. Es gab also auch ohne die Kritik aus den Reihen der sozialdemokratischen Ministerpräsidenten, die sich meist konstruktiv an der BMG-Politik orientierten, eine durchaus veritable innerparteiliche Kontroverse, die aber letztlich auf einige Punkte und Personen begrenzt werden konnte. Wie emotional die Debatten zuweilen geführt wurden, zeigte sich z.b. daran, dass Peter Struck den Kritikern Karl Lauterbach und Wolfgang Wodarg sogar damit drohte, sie aus dem Gesundheitsausschuss des Bundestags abzuberufen, weil sie sich bei der Abstimmung auf ihr Gewissen berufen hatten (Reker 2007). Als sich die Wogen wieder geglättet hatten, kam es jedoch nicht so weit; beide sind bis heute Mitglied des Ausschusses.

4 Verhandlungsergebnis mit sozialdemokratischer Handschrift

Mit dem Koalitionsvertrag entschied sich die Große Koalition für einen „dritten Weg" jenseits der beiden Großprojekte Bürgerversicherung und „solidarische Gesundheitsprämie". Aus Sicht der beiden Koalitionsparteien war diese Entscheidung ein Moratorium zugunsten der eigenen Großprojekte. Somit bestand die Herausforderung der Gesundheitsreform 2007 also auch darin, eine Reform zu kreieren, die zumindest den Weg zu den jeweils eigenen Projekten nicht versperrt. Doch wie lassen sich die konkret verabschiedeten Reformergebnisse aus einer sozialdemokratischen Perspektive bewerten? Erstens ist es der SPD gelungen, das System der PKV erstmals strukturell zu verändern und damit auch zu öffnen. Mit dem Basistarif in der PKV wurde, wie im Koalitionsvertrag vereinbart, die Möglichkeit eines Versicherungsschutzes für alle bisher nicht Versicherten geschaffen. Dabei orientiert sich der Basistarif an den Preisen und Leistungen der GKV und ist für die privaten Kassen mit einem Kontrahierungszwang und einen Finanzausgleich verbunden. Auch die damit für den Basistarif einhergehende Angleichung der ambulanten Arzt-Honorierung von der PKV an die GKV schwächt das private System. Dagegen ist es der CDU nur bei den neuen Wahltarifen für GKV-Versicherte gelungen (Selbstbehalt und Kostenerstattung), Strukturen aus der PKV auf den GKV-Bereich zu übertragen. Zweitens hat die SPD den von der Union geforderten Preiswettbewerb zwischen den Kassen durch die Ein-Prozent-Regelung beim Zusatzbetrag weitgehend eingedämmt. Drittens konnte sich die SPD auch mit der Einführung des Morbi-RSA durchsetzten. Dadurch wird ein stärkerer Ausgleich als bisher zwischen Kassen mit einkommensstarken und gesunden Versicherten und schlechter gestellten Kassen herbeigeführt. Die Zielgenauigkeit des Ausgleichs soll damit vereinfacht und verbessert werden (Deutscher Bundestag 2007). Insgesamt konnte die SPD zwar eine Versicherungspflicht für alle Bundesbürger erreichen, die solidarische Beteiligung der PKV an der Gesamtfinanzierung der Gesundheitsversorgung gelang jedoch nur sehr rudimentär. Viertens konnte die SPD die Einführung des vereinheitlichten GKV-Spitzenverbandes durchsetzen, dem die Union eher kritisch gegenüberstand.

In der abschließenden Bewertung der Reformen schrieb die stellvertretende Fraktionsvorsitzende Elke Ferner, dass die gefundenen Lösungen überwiegend die „Handschrift der SPD" (Ferner 2007a) trügen und sich die Union an vergleichsweise wenigen Punkten durchsetzen konnte. Auch wenn man von dem Aspekt absieht, dass auch für das innerparteiliche Publikum die eigenen Erfolge eher positiv werbend dargestellt werden müssen, dürfte die Einschätzung im Großen und Ganzen zutreffend sein. Sie gilt jedoch nur für die Ebene des institutionellen Aushandlungsprozesses innerhalb der Bundesregierung, im Bundestag und zwischen den Parteispitzen.

Die seither geführten Debatten über den Gesundheitsfonds und über die Tendenzen zur „Verstaatlichung" des Gesundheitswesens haben allerdings deutlich gemacht, dass die Gesundheitsreform 2007 ein Projekt ist, mit dem die SPD weder innerhalb der Partei noch bei den Wählern auf zusätzliche Anerkennung und Zuspruch hoffen kann. Es ist also davon auszugehen, dass sich die SPD im Wahlkampf 2009 wieder auf die Themen der Bürgerversicherung und des qualitativen Wettbewerbs in der Gesundheitsversorgung konzentrieren wird. Die Gesundheitsreform 2007 war für die Sozialdemokratie unter dieser Perspektive zwar ein Moratorium; gleichwohl hat sie mit einer Reihe von Strukturveränderungen dazu beigetragen, dass sich das deutsche Gesundheitssystem verändert ohne allerdings die zentralen Grundfragen, insbesondere nach einer zukunftsfähigen und nachhaltigen Finanzierung bei steigenden Leistungsanforderungen, zu lösen. Durch den steigenden, vom Staat ausgehenden Wettbewerbs- und Fusionsdruck auf die Kassen, durch die erweiterten Möglichkeiten des Vertragswettbewerbs mit den Leistungsanbietern und mit der weitgehenden Zerstörung der traditionellen verbändekorporatistischen Strukturen wurde jedoch die Akteurskonstellation für die Gesundheitspolitik erheblich geändert. Und zwar in dem Sinne, wie es den in der SPD tief verankerten Vorstellungen von einer stärkeren *politischen* Steuerung des Gesundheitswesens entspricht.

Literatur

CDU/ CSU/ SPD (2005): Gemeinsam für Deutschland. Mit Mut und Menschlichkeit, Koalitionsvertrag vom 11.11.2005.

Deutscher Bundestag (2007): Drucksache 16/4220: Entschließungsantrag der Fraktionen der CDU/ CSU und SPD zur dritten Beratung des Gesetzentwurfs zum GKV-WSG, Berlin.

Ferner, Elke (2007a): Politische Bewertung der Gesundheitsreform, Schreiben an die Mitglieder der SPD-Bundestagsfraktion vom 15.1.2007 (http://www.siegmundehrmann.de/db/docs/doc_12729_20071161008.pdf. Letzter Zugriff: 22.8.2008).

Ferner, Elke (2007b): Politische Bewertung der Gesundheitsreform (aktualisierte Fassung), Schreiben an die Mitglieder der SPD-Bundestagsfraktion vom 25.1.2007 (http://www.ute-berg.de/dateien/Politische%20Bewertung%20Gesundheitsreform%20aktualisiert-25012007.pdf. Letzter Zugriff: 22.8.2008).

Neubacher, Alexander (2007): Belogen und ausgetrickst, in: Der Spiegel vom 29.1.2007, S. 66 – 68.

Reker, Stefan (2007): SPD droht Lauterbach mit der Abberufung aus dem Gesundheitsausschuss, in: Rheinische Post online vom 31.1.2007 (http://www.rp-online.de/public/article/politik/deutschland/402418/SPD-droht-Lauterbach-mit-Abberufung.html. Letzter Zugriff: 22.8.2008).

Ritter, Gerhard A. (2008): „Geschichte und Zukunft des Sozialstaates in Deutschland", Festvortrag anlässlich der 130-Jahr-Feier der Gmünder Ersatzkasse GEK im Berliner Kleisthaus am 5. Mai 2008 (https://www.gek.de/x-medien/dateien/sonstiges/GEK-Geschichte-und-Zukunft-des-Sozialstaates-in-Deutschland.pdf. Letzter Zugriff: 22.8.2008).

Slangen, Christoph (2006): Ulla Schmidt sitzt nur am Katzentisch der Entscheider, in: Bremer Nachrichten vom 23.3.2006.

SPD (2003): Unser Weg in die Zukunft, Beschlussübersicht Nr. 35, SPD-Parteitag Bochum 17. bis 19. November 2003 (http://november2003.spd-parteitag.de/servlet/PB/show/1453346/2003-11-19-a1-perspektivantrag.pdf. Letzter Zugriff: 22.8.2008).

Die Union zwischen Gesundheitsfonds und Rettung der PKV

Arijana Neumann

Der Frage folgend, welche Rolle die Union als Partei an der Regierung und somit als bedeutender Akteur in der Gesundheitsreform 2007 gespielt hat, werden in diesem Beitrag folgende Aspekte erläutert: Zunächst wird kurz dargelegt, wie die CDU als Organisation beschaffen ist, wie stark sie im Vergleich zu ihrem Koalitionspartner SPD ist und welche grundsätzlichen Positionen sie in der Gesundheitspolitik bisher vertreten hat. Nach diesen einleitenden Vorbemerkungen wird es zweitens um die neue Positionierung der CDU im Rahmen der Leipziger Beschlüsse und um den damit verbundenen Handlungskorridor der Union in der Großen Koalition gehen. Drittens wird der Verlauf der Reform aus der Perspektive der Union nachvollzogen. Abschließend folgen eine Bilanz der Erfolge und Niederlagen, die die Union im Reformprozess für sich verbuchen kann und muss sowie eine Einschätzung der Folgen, die die Reform 2007 für die Union haben könnte.

1 Die Sozialstaatsparteien CDU und CSU

Die Union hat den deutschen Sozialstaat und damit auch das Gesundheitssystem so stark geprägt wie keine andere Partei. Ihre Regierungszeit auf Bundesebene ist mit 39 Jahren die mit Abstand längste und insbesondere während ihrer Regierungsphase in der Nachkriegszeit konnte die Union die entscheidenden Weichen für die Zukunft stellen. In der Struktur des Gesundheitswesens knüpfte die unionsgeführte Bundesregierung an die Weimarer Republik an. Beispielsweise wurde 1951 zunächst die Selbstverwaltung wiederhergestellt (Simon 2005: 26). Normalerweise sind konservative Parteien – im internationalen Vergleich – nicht dafür bekannt, sich in besonderem Maße dem Sozialstaat zu widmen, was jedoch nicht für CDU/ CSU gilt. Die Union verstand sich von Anfang an als Sozialstaatspartei und bestimmte den Aufbau und die Struktur des deutschen Sozialversicherungsstaats maßgeblich. Allerdings verbreitete sich seit den Krisen der 1970er Jahre in der Union der Gedanke, dass die Grenzen der Belastbarkeit der Sozialsysteme erreicht seien. Als Konsequenz wurde gefordert, dass die Anspruchsmentalität einem Ansatz von mehr Eigenverantwortung weichen müsse, was sich auch teilweise im Regierungshandeln widerspiegelte.

Der gesundheitspolitische Akteur CDU/ CSU lässt sich durch die folgenden Zahlen zu Wahlerfolgen und Mitgliederentwicklung kurz charakterisieren: Insgesamt ging die Union aus 14 der insgesamt 16 Bundestagswahlen als stärkste Partei hervor und ist damit die wählerstärkste deutsche Volkspartei. Die absolute Mehrheit erreichte sie allerdings nur einmal im Jahr 1957. Zwölf mal reichte es für stabile Ergebnisse über 40 Prozent. Bei den ersten und vor allem bei den letzten drei Bundtagswahlen bewegte sich die Union allerdings nur im 30-Prozent-Bereich. Union und SPD teilen auf Bundes- sowie auf Landesebene das Schicksal eines immer geringeren Konzentrationsgrads.[1]

Die Mitgliederentwicklung der CDU ist zwar durch sehr ähnliche Konjunkturen gekennzeichnet wie die der SPD; trotzdem war sie lange die deutlich mitgliederschwächere Volkspartei. Die vergleichsweise geringen Mitgliederzahlen bis Anfang der 1970er Jahre (ca. 300.000 CDU : 800.000 SPD) lassen sich dadurch erklären, dass sich die CDU in der Nachkriegszeit zunächst als Honoratiorenpartei konstituierte und erst später – aufgrund ihres Mitgliederbooms – in eine Mitgliederpartei wandelte. Zwischen 1970 und 1976 verdoppelte sich die Zahl der Mitglieder auf 600.000. Den Höhepunkt erreichte der Mitgliederstand 1982 mit über 700.000 Mitgliedern. Einen erneuten kleinen Schub bekam die CDU durch die Angliederung der Blockparteien nach der Wiedervereinigung. Nachdem der Zenit überschritten war, setzte in der Union ähnlich wie bei der SPD eine Phase des Mitgliederrückgangs ein. Heute liegen beide Parteien mit ca. 550.000 Mitgliedern gleich auf, Tendenz fallend.

Nach der ersten Regierungsphase wirkte die Union auch in der bundespolitischen Opposition über den Bundesrat in der Gesundheitspolitik mit, weil die Zustimmung der CDU-geführten Bundesländer (B-Länder) bei meist unterschiedlichen Mehrheitsverhältnissen in Bundestag und Bundesrat notwendig war. Während der Zeit der sozial-liberalen Koalition wurden zunächst Leistungsausweitungen im Konsens mit der Union auf den Weg gebracht (Bandelow 1998: 185). Beim Kostendämpfungsgesetz 1977 nahm die Union über den Bundesrat deutlich Einfluss, indem sie die von zahlreichen Interessengruppen artikulierten

---

[1] Unter dem Konzentrationsgrad versteht man den Anteil des Elektorats, den die Volksparteien bei einer Wahl auf sich vereinen können.

Widerstände in die Verhandlungen einbrachte und ihre Zustimmung an die Erfüllung der Forderungen knüpfte (Bandelow 1998: 189). Besonders hervorzuheben ist die Einigung zwischen der im Bund regierenden CDU/ CSU und der SPD, die damals im Bundesrat die Mehrheit hatte, im „Kompromiss von Lahnstein" 1992. Dort gelang es den Volksparteien in kurzer Zeit, sich auf wegweisende Veränderungen hin zu mehr Wahlmöglichkeiten und zu größerer Wirtschaftlichkeit durch stärkeren Wettbewerb zu einigen. Es ist den großen Partein in diesem Kompromiss, der im Wesentlichen von den Sozialexperten der beiden Parteien Horst Seehofer (CSU) und Rudolf Dreßler (SPD) ausgehandelt wurde, gelungen, die FDP weitgehend außen vor zu lassen – und das obwohl sie im Bund mitregierte, was dazu führte, dass die Position von Ärzten und Pharmaindustrie teilweise geschwächt wurde (Czada 2004: 141). Auch die Gesundheitsreform von 2004 wurde in einer informellen Großen Koalition ausgehandelt. Die rot-grüne Bundesregierung band dabei die CDU/ CSU, die nun im Bundesrat die Mehrheit hatte, schon von Beginn des Verfahrens an ein, damit das Gesetz nicht bei Verhandlungen im Bundesrat wieder aufgeschnürt werden musste. Gesundheitsministerin Ulla Schmidt (SPD) und Sozialexperte Horst Seehofer (Union) verhandelten relativ unanhängig von den Parteispitzen und traten meist sogar gemeinsam vor die Presse, um die erarbeiteten Vorschläge öffentlich zu machen. Dieser knappe historische Abriss zeigt, dass Gesundheitsreformen in Deutschland immer nur mit der Zustimmung beider Volksparteien möglich waren und sind. Wenn auch meist informell, sind deshalb in diesem Politikfeld Große Koalitionen eher die Regel als die Ausnahme.

2   Paradigmenwechsel in der CDU-Gesundheitspolitik und der Handlungsrahmen in der Großen Koalition

Nach der verlorenen Bundestagswahl 2002 begann in der CDU eine Neupositionierung auf vielen Feldern – besonders eindrücklich jedoch in der Gesundheitspolitik. Eingeleitet wurden die programmatischen Veränderungen durch die Vorschläge der Herzog-Kommission (2003: 16ff). Kurz nach der Veröffentlichung dieser Ergebnisse machte sich die CDU die Vorschläge auf dem Leipziger Parteitag (CDU 2003: 23ff) zu eigen und verließ mit ihrer Festlegung auf ein kapitalgedecktes, einkommensunabhängiges Prämienmodell in der Gesundheitspolitik (nach Schweizer Vorbild) den Pfad des paritätisch finanzierten Sozialversicherungsprinzips, dessen Struktur sie selbst aufgebaut und über Jahrzehnte erhalten und weiterentwickelt hatte. Die CDU änderte in dieser Frage ihre Vorstellung von Struktur und Finanzierung in der Gesundheitspolitik grundsätzlich. Mit der Idee der Entkopplung von Arbeit und sozialen Leistungen machte sie deutlich, dass sie die Gesundheitsleistungen nicht länger einem – aus ihrer Sicht – sklerotischen Versicherungssystem überlassen will. Mit diesem Paradigmenwechsel versucht die CDU eine Antwort auf die durch den demographischen Wandel sowie den medizinisch-technischen Fortschritt steigenden Gesundheitsausgaben und die damit wachsende Belastung des Faktors Arbeit durch steigende Lohnnebenkosten zu geben. Darüber hinaus schlägt die CDU einen neuen Reformpfad aus der Einsicht heraus vor, dass die Reformen der letzten zwanzig Jahre nie die erhoffte nachhaltige Wirkung hatten, was auch auf den großen Einfluss der Lobbyisten in diesem Politikfeld zurückzuführen sei.

Die Gesundheitsprämie war dabei weniger ein parteiweites Projekt, sondern wurde – wie auch die Bürgerversicherung in der SPD – nur von *einem* Parteiflügel getragen. Nach externer Beratung durch die Herzog-Kommission war die Prämie zunächst das Modell des Wirtschaftsflügels. Es regte sich jedoch wenig Widerstand dagegen, da erstens der Arbeitnehmerflügel der Union zu dieser Zeit geschwächt war, weil es ihm an exponierten Persönlichkeiten fehlte und zweitens, weil der gemeinsame Wille vorherrschte, sich deutlich von der SPD abzugrenzen. Die in Leipzig beschlossene Neupositionierung in der Sozialpolitik wirft daher die Frage auf, ob die CDU ihr bisheriges Selbstverständnis als Sozialstaatspartei, das von Konrad Adenauer bis Helmut Kohl charakteristisch für sie war, aufrechterhalten oder verlassen wird.

Der Anstoß für einen ordnungspolitischen Paradigmenwechsel in der Gesundheitspolitik ging zunächst von der CDU aus. Die CSU, vor allem Sozialexperte Horst Seehofer, lehnte das Konzept als zu bürokratisch, unsolide und sozial ungerecht ab (Focus online 12.10.2006a). Seehofer plädierte – weitgehend offen – für das sozialdemokratische Modell der Bürgerversicherung und dominierte damit zunächst die Position der CSU. Im anschließenden Streit um die Ausrichtung im Wahlkampf 2005 zwischen Angela Merkel, Horst Seehofer und Edmund Stoiber, setzte sich jedoch die CDU gegen die CSU weitgehend durch. Dass der Konflikt zwischen den Unionsparteien in dieser Frage aber weiterhin schwelte, zeigte sich in den Auseinandersetzungen zwischen Kanzlerin Merkel und der CSU während dem Reformprozess im Jahr 2006. In das gemeinsame Wahlprogramm von CDU und CSU wurde schließlich die „Solidarische Gesundheitsprämie" aufgenommen. Die Kassen sollen demnach von jedem Versicherten eine festgesetzte Gesundheitsprämie als kostendeckenden Beitrag einziehen. Auch die Arbeitgeber sollen einen festgeschriebenen Anteil einzahlen. Für Versicherte mit niedrigerem Einkommen soll ein sozialer Ausgleich geschaffen werden. Im Hinblick auf die Steigerung des Wettbewerbs zwischen den Kassen kündigte die CDU/ CSU auch in der Privaten Krankenversicherung (PKV) eine Wechselmöglichkeit zwischen den Kassen durch Portabilität von Altersrückstellungen an. Mit diesem Prämienmodell, das für die deutsche Gesundheitspolitik einen Paradigmenwechsel bedeuten würde, unterschied sich die Union erstmals grundsätzlich vom Ansatz der SPD, die mit ihrem Modell der Bürgerversicherung in den Bundestagswahlkampf 2005 zog (vgl. dazu den Beitrag von Schroeder in diesem Band). Gemeinsam waren beiden Ansätzen die Ziele der Finanzierung der Leistungsausgaben von Kindern aus Steuermitteln und die Senkung der Lohnzusatzkosten, die aus Sicht von CDU und SPD entscheidend für die Schaffung neuer Arbeitsplätze sind.

Dieser gegensätzlichen Positionierung der beiden Volksparteien folgte eine ebenso harte verbale Auseinandersetzung. Im Wahlkampf 2005 geißelte die SPD das Pauschalenmodell der CDU/ CSU als „radikal unsozial" weil „Chef und Chauffeur" dieselbe Prämie zahlen sollten. Die Union stellte die Bürgerversicherung hingegen unter „Sozialismusverdacht", weil sie in eine Einheitskasse führen würde (Rosenkranz 2006: 196). Doch nach der Wahl rückte die Union sehr schnell von ihren Plänen für Steuern (Kirchhof-Modell), Arbeit und Soziales ab. CDU und CSU mussten erkennen, dass ihre extrem wirtschaftsfreundliche Positionierung im Wahlkampf nicht mehrheitsfähig gewesen war und teilweise abschreckend auf die Wähler gewirkt hatte (Neubacher/ Sauga 2006: 22).

Der grundsätzliche gesundheitspolitische Dissens von CDU/ CSU und SPD wurde auch im Koalitionsvertrag 2005 festgehalten (CDU/ CSU/ SPD 2005: 103). Folglich konnte man sich nur auf wenig konkrete Vorgaben einigen. Es lassen sich allerdings einige Tendenzen ablesen: Festgeschrieben wurde die Stärkung des Wettbewerbs in der Gesetzlichen Krankenversicherung (GKV) und PKV sowie die Gewährleistung eines Versicherungsschutzes für alle Bürger und die Weiterentwicklung des Risikostrukturausgleichs (RSA).

Wenn SPD und CDU/ CSU von „Wettbewerb" im Gesundheitssystem sprechen, verwenden sie zwar denselben Begriff, meinen aber Unterschiedliches. Während es der SPD bei Wettbewerb in erster Linie um einen Wettbewerb um Qualität bei gleichen Kosten für die Versicherten geht, geht es der Union auch um Preiswettbewerb, der für die Versicherten spürbar sein soll. Trotz dieser großen Unterschiede wurde die Gesundheitsreform zum zentralen Anliegen der Legislaturperiode erklärt. Die Erwartungen auf den erhofften gesundheitspolitischen „Urknall" zur Lösung der grundlegenden Finanzierungsprobleme mussten allerdings schnell beerdigt werden.

Fragt man schließlich zusammenfassend nach den derzeitigen grundsätzlichen Interessen der Union in der Gesundheitspolitik, sind Wettbewerb und ein stabiler Erhalt der PKV die zentralen handlungsleitenden Ziele. Wettbewerb schließt für die Union auch ein, die Versicherten im Rahmen von Eigenleistungen stärker in die Finanzierung einzubeziehen, da sie in der bisherigen paritätischen Finanzierung keinen erhalternswerten Baustein des Gesundheitssystems mehr sieht. Im Vergleich zur SPD nimmt die Union mehr Rücksicht auf die klassische Klientel der Leistungserbringer, auch wenn sie teilweise bereit ist deren Einfluss zu beschneiden. Der stabile Erhalt der PKV als vollwertiges, von der GKV getrenntes System ist für die Union allerdings der zentrale Punkt. Sie verteidigt dieses System erstens ideologisch, weil sie kapitalgestützte Systeme den Umlagesystemen vorzieht und zweitens politisch, weil der überwiegende Teil der acht Millionen PKV-Versicherten zum Wählerklientel der Union gehört und darüber hinaus die Verbindungen zur Versicherungswirtschaft in der Union stärker sind als in anderen Parteien. Vor diesem Hintergrund war beispielsweise auch die damalige Forderung zu verstehen, die GKV in ein kapitalgedecktes System mit Altersrückstellungen zu transformieren (Herzog-Kommission 2003: 22f), von der die CDU jedoch allmählich wieder abzurücken versucht.

3   Gesundheitsreform 2007 aus der Perspektive der CDU/ CSU

3.1 *Akteurskonstellation: Die Reform zwischen Kanzleramt, Fraktion und B-Ländern*

Aus sozialpolitischer Perspektive sind CDU/ CSU in dieser Legislaturperiode in personeller Hinsicht im Vergleich zu ihrer Zeit in der Opposition nicht stark aufgestellt. Die SPD verfügt über die beiden sozialpolitischen Ministerien für Arbeit und Soziales (BMAS) und für Gesundheit (BMG), die von Anfang an voll arbeitsfähig waren, weil nach der Neuwahl kein Ministerwechsel stattgefunden hatte. Diese Ressourcen kann die Union durch das Bundeskanzleramt (BK) nicht aufwiegen. Generell hat das BK wenig eigene Ressourcen, um konzeptionell tätig zu werden. Die Spiegelreferate im BK sind nur in der Lage, über die laufende Arbeit der Ministerien „nach oben" zu berichten. Nach der Regierungsübernahme von Kanzlerin Merkel musste zudem das BK nach neun Jahren Regierungszeit von gerhard Schröder komplett neu organisiert werden, da viele Schlüsselpositionen sozialdemokratisch besetzt waren. Im Fall des gesundheitspolitischen

Spiegelreferats war der Referatsleiter nach dem Wechsel im BK zum BMG versetzt worden und das Referat blieb bis Oktober 2006, also in der entscheidenden Phase der Reform, ohne Leitung. Dies war eine der Ursachen, warum das Bundeskanzleramt die Reform kaum im eigenen Interesse steuern konnte.

Jenseits des inhaltlichen Dissenses und der asymmetrischen Ressourcenverteilung zwischen den Koalitionspartnern bildete sich in diesem Reformprozess sehr früh eine Art Schicksalsgemeinschaft und Frauenfreundschaft zwischen Kanzlerin Angela Merkel und Gesundheitsministerin Ulla Schmidt, deren Anerkennung und politische Zukunft (insbesondere bei Schmidt) von dieser Reform abhingen, heraus. Da die Gesundheitsreform, trotz der Differenzen zwischen den Parteien, zum Herzstück und wichtigsten Projekt der Legislaturperiode erklärt wurde (vgl. Neubacher 2007: 66), waren Merkel und Schmidt aufeinander angewiesen.

Auf den sozialpolitischen Sachverstand der Landesebene konnte die Union, trotz ihrer Dominanz im Bundesrat, nicht zurückgreifen. Während ihrer Oppositionszeit im Bund hatte das Sozialministerium in Nordrein-Westfalen die SPD fachlich unterstützt. Diese Option fiel für die CDU aber aus, da der nordrhein-westfälische christdemokratische Sozialminister Karl-Josef Laumann, ein Vertreter des Arbeitnehmerflügels der CDU, zur Regierungszeit Schröders die Agenda 2010 von links kritisiert hatte und nun eher dem BMG nahe stand als dem eigenen Prämienmodell. Ebenfalls schied Bayern aus dem Kreis der potenziellen Helfer aus, da man sich nicht sicher sein konnte, ob Bayern tatsächlich die Interessen der Union oder doch eher CSU-Eigeninteressen verfolgte. Dies schwächte auch die Position Wolfgang Zöllers als dem führenden Sozialpolitiker der Bundestagsfraktion in diesem Prozess. Auch Baden-Württemberg und Hessen waren nicht hilfreich, da die Ministerinnen dort nicht über ausreichend Reputation für eine grundsätzliche Auseinandersetzung mit dem Koalitionspartner verfügten. Der aber durchaus vorhandene Beratungsbedarf zeigte sich beispielsweise an der Bitte der Kanzlerin an die B-Länder um Formulierungen zur Neuregelung bei der PKV (dpa 2006). Aber anstatt Angela Merkel den Rücken zu stärken, präsentierten sich die B-Länder immer mehr als Veto-Spieler und drohten verschiedentlich mit dem Scheitern der Reform im Bundesrat.

Insgesamt blieb der Einfluss der Fraktionsarbeitsgruppe der Union ebenfalls eher schwach. Die beiden Führungsfiguren, Annette Widmann-Mauz (CDU) als gesundheitspolitische Sprecherin der Fraktion und Wolfgang Zöller (CSU) als fachlich zuständiger stellvertretender Fraktionsvorsitzender waren – trotz ihrer Herkunft aus den Ländern Baden-Württemberg und Bayern, die oft ähnliche Interessen vertreten – nicht immer einer Meinung. Während Annette Widmann-

Mauz loyal gegenüber der Kanzlerin und dem Fraktionsvorsitzenden Kauder war, musste Wolfgang Zöller auch den abweichenden Interessen der CSU Rechnung tragen. Das Schicksal einer wirkungslosen Fraktionsarbeitsgruppe teilte die Union allerdings mit der SPD (s. dazu den Beitrag von Schroeder zur SPD in diese Band). Die Anzahl der Teilnehmer an den Verhandlungsrunden zwischen den Koalitionspartnern zeigt, dass die Reform von viel weniger Schultern getragen wurde als beispielsweise der Kompromiss von Lahnstein, an dem ca. 50 Politiker beteiligt waren. Während die Koalitionsrunde vor der Festlegung auf die Eckpunkte noch aus 27 Mitglieder bestand (11 Union : 16 SPD, inkl. BMG), waren es danach ab August 2006 nur noch 17 Personen (7 Union : 10 SPD, inkl. BMG).

Auch über die Arbeitsgruppen hinaus besitzen die beiden führenden Sozialpolitiker der Fraktionen, Wolfgang Zöller und Elke Ferner (SPD), die ebenfalls stellvertretende Fraktionsvorsitzende ist, in der Öffentlichkeit nur wenig Ausstrahlungskraft und verfügen über keine medial vermittelnde Präsenz. Zöller versuchte zwar in diesem Reformprozess das Erbe Seehofers anzutreten, der 2004 nach dem Streit zwischen CDU und CSU über das Prämienmodell als Fraktionsvize zurückgetreten war. Die Lücke, die Seehofer in der Sozialpolitik der Union hinterließ, vermochte der bis dahin wenig unbekannte Bayer nicht zu füllen (vgl. Focus online 2006b). Die Akteurskonstellation in sozialpolitischer Hinsicht hat sich insgesamt geändert. „Sozialexperten" spielten in keiner der beiden Fraktionen mehr eine zentrale Rolle im Reformprozess. Diese Lücke wurde in der Union teilweise durch die starke Stellung des Fraktionsvorsitzenden Volker Kauder kompensiert, der der Kanzlerin den Rücken stärkte.

Um in diesem Kampf David gegen Goliath zwischen BK und BMG das Kräfteverhältnis wenigsten ein Stück weit zu verbessern, verlagerte die CDU/ CSU das Konfliktmanagement auf die Parteispitzen. In diesen kleinen Runden im BK konnte die Union eine führende Rolle spielen und eine Begegnung auf Augenhöhe organisieren. Dies genügte Kanzlerin Merkel, um die für sie entscheidenden Punkte durchzusetzen. Dazu gehörten erstens der Gesundheitsfonds, der, aus Sicht der Union, als erster Schritt für ein späteres Prämienmodell betrachtet werden kann, zweitens der Erhalt der Eigenständigkeit der PKV und drittens die Reform der Organisationsstrukturen des Gesundheitswesens. Dass die Parteispitzen für die unteren Ebenen (BMG, Fraktionen und Arbeitsgruppen) so deutliche Vorgaben gemacht haben, ist eine weitere Neuerung im Reformprozess. Bisher hatten sich Parteivorsitzende wie auch die Bundeskanzler kaum in gesundheitspolitische Reformen eingemischt.

Zusammenfassend wird deutlich, dass die Union während der Gesundheitsreform kein eigenes Machtzentrum besaß, das die Willensbildung organisierte.

Sie musste sich wegen dieser ungünstigen Akteurskonstellation mit der Durchsetzung des Gesundheitsfonds und der Verteidigung der Eigenständigkeit der PKV begnügen.

3.2 Der Aushandlungsprozess

Ungewöhnlich war für die Gesundheitspolitiker der CDU/ CSU, dass die Reform mit einem zehnmonatigen Verhandlungsprozess und der Anzahl von vier Arbeitsentwürfen, die dem Kabinettsbeschluss vorangingen, extrem lange dauerte (s. dazu den Beitrag von Paquet zum BMG in diesem Band). Bis zum Kompromiss von Lahnstein hatte es nur sechs Wochen gedauert. Gründe hierfür waren nicht nur die verschiedenen Konzepte Prämienmodell vs. Bürgerversicherung und die Erwartungen an den „großen Wurf", sondern auch die zahlreichen Attacken der SPD auf die PKV, die für die Union nicht verhandelbar war. Die Union musste auf die Taktik der SPD reagieren, die das Nein der Union in PKV-Fragen nicht akzeptierte, sondern dieses Thema immer wieder in den Verhandlungen neu aufrollte.

Zunächst wurden bis zur Sommerpause 2006 die ersten Schritte im „Siebener Gremium", bestehend aus Kanzlerin Merkel, Vizekanzler Franz Müntefering, den Fraktionsvorsitzenden von SPD und Union, Peter Struck und Volker Kauder, CSU-Chef Edmund Stoiber, SPD-Chef Matthias Platzeck sowie CSU-Landesgruppenchef Peter Ramsauer und zunächst ohne Ministerin Ulla Schmidt, verhandelt (Frankfurter Allgemeine Zeitung 2006). Fachpolitiker sollten erst mitreden, wenn die Leitlinien festgelegt waren. Obwohl zunächst strengste Verschwiegenheit verabredet wurde, war es Volker Kauder, der das Versprechen brach und im April mit Details an die Presse ging. Auch wenn am Ende nicht ganz klar sein mag, warum Kauder dies getan hat, war die Folge, dass danach an eine Gesetzgebungsarbeit, die unbelastet von öffentlichen Diskussionen hinter verschlossener Tür stattfinden konnte, nicht mehr zu denken war (GID 2006). Zuvor hatte Kauder in der Presse bereits deutlich gemacht, dass er die Teilhabe aller Menschen am medizinisch-technischen Fortschritt und die solidarische Finanzierung des Gesundheitssystems als Ziel der Reform sehe. Die Senkung der Lohnnebenkosten, das bisherige Hauptziel, erwähnte er hingegen nicht mehr (Lipicki u.a. 2006: 6).

Ab dem Sommer 2006, als die Verhandlungen über die Gesundheitsreform wieder aus dem Schatten der Fußballweltmeisterschaft traten, entwickelte sich die Landesebene der CDU/ CSU immer mehr zum Veto-Akteur im eigenen Lager.

Im August kritisierte Brandenburgs Innenminister und CDU-Vorsitzender Jörg Schönbohm die Reform im Hinblick auf den Wählermarkt der Union. Aus der landespolitischen Opposition heraus meldete sich der rheinland-pfälzische CDU-Vorsitzende Christian Baldauf: „Die CDU muss in der Großen Koalition das eigene Profil deutlicher machen. Das Land braucht eine echte Gesundheitsreform, die langfristig tragfähig ist". Noch grundlegendere Kritik kam vom nordrhein-westfälischen Ministerpräsident Jürgen Rüttgers, der angesichts der schlechten Umfragewerte der CDU eine neue Standortdebatte forderte, in der klar werden müsse, dass sich die CDU von der Lebenslüge, dass niedrige Steuern zu mehr Investitionen und Arbeitsplätzen führen würden, verabschieden müsse (alle Zitate nach Rammelsberger 2006: 1). Auch im weiteren Verlauf der Verhandlungen entstand der Eindruck, dass sich die Kanzlerin mehr auf die SPD als auf ihr eigenes Lager verlassen konnte. Nach der Einigung zwischen ihr und dem SPD-Vorsitzenden Kurt Beck auf die Ein-Prozent-Regelung bei den Zuzahlungen, stellte der sächsische Ministerpräsident Georg Milbradt den Kompromiss wieder in Frage (Bannas 2006: 3). Auch die Ministerpräsidenten Dieter Althaus (Thüringen), Peter Müller (Saarland) und Günther Oettinger (Baden-Württemberg) reihten sich in die öffentliche Kritik an der Überforderungsklausel ein. Eher seltene Worte kamen von Ministerpräsident Wolfgang Böhmer (Sachsen-Anhalt), der die Sozialklausel als beschlossene Sache betrachtete und sagte: „Wer sie jetzt in Frage stellt, hat vorher nicht aufgepasst" (Hoffmann 2006: 6). Den Streit auf die Spitze trieb aber der bayerische Ministerpräsident Edmund Stoiber mit der Auseinandersetzung über die Belastungen der Bundesländer mit vielen gut verdienenden Kassenmitgliedern durch die so genannte Konvergenzklausel. Nach einem Gutachten, das die CSU bei dem Rheinisch-Westfälischen Institut für Wirtschaftsforschung in Auftrag gegeben hatte, sollten den Ländern Bayern, Baden-Württemberg und Nordrhein-Westfalen Nachteile von bis zu 142 Mio. Euro entstehen, wenn der Fond 2009 käme (Focus online 2006c). Ministerin Schmidt bezeichnete das Gutachten zwar als „für die Ermittlung der ökonomischen Auswirkungen der Einführung eines Gesundheitsfonds auf die Bundesländer vollständig unbrauchbar" (Spiegel online 2006); schließlich wurde jedoch die „Bayern-Klausel" in das Gesetz eingefügt, die regelt, dass der Finanzausgleich einzelne Länder pro Jahr nicht mit mehr als 100 Mio. Euro zusätzlich belasten darf (Die Zeit online 2008). Insgesamt wurden von den Ländern nach der Beteiligung des Bundesrats an der Reform ca. 200 Änderungsanträge eingebracht, was die kritische bis kontraproduktive Haltung der Landesebene nochmals unterstreicht. An der Positionierung der B-Länder wurde deutlich, dass sich landespolitische Interessen schnell als parteipolitische und persönliche Machtspiele in der Union entpuppten (vgl. Beitrag von Reiners in diesem Band).

Im November 2006 schaltete sich das BK nochmals aktiv in die Reform ein, indem Kanzleramts Chef Thomas de Maiziére die Verbände des Gesundheitswesens zu Spitzengesprächen einlud und versuchte sie von den Vorteilen der Reform zu überzeugen, nachdem sich einige Spitzenorganisationen bemüht hatten, einen direkten Termin mit der Kanzlerin zu bekommen. Dieses Vorgehen stieß allerdings bei den Bundestagsfraktionen von SPD und CDU/ CSU nicht auf ungeteilte Zustimmung, weil die Verbände bereits im Gesundheitsausschuss angehört worden waren. „Ich fühle mich vom Kanzleramt ziemlich veräppelt", hieß es in Unionskreisen (Hoffmann 2006: 6). Für innerparteiliche Spannungen sorgte auch Friedrich Merz, der aus dem Rechtsauschuss auf die Gesundheitsreform schoss und die Frage stellte, ob sie verfassungsgemäß sei. Er machte seine Kritik vor allem am Basistarif in der PKV fest, weil dieser seiner Meinung nach gegen die grundgesetzlich garantierte Vertragsfreiheit verstoße.

Als sich das Datum der Abstimmung über die Reform im Bundestag näherte, wurde deutlich, dass die Fraktion, trotz aller Bemühungen des Fraktionsvorsitzenden Volker Kauder, nicht so geschlossen war, wie es zunächst schien. Unter den 23 Nein-Stimmen, die nach der namentlichen Abstimmung auf das Konto der CDU/ CSU-Fraktion gingen, waren neben Friedrich Merz, der seine Ablehnung lange angekündigt hatte, der Vorsitzende der Jungen Union Philipp Missfelder und eine Gruppe junger Abgeordneter um Julia Klöckner und Marco Wanderwitz. Damit war die Zahl der Nein-Stimmen bei der Union sogar höher als in den Reihen der SPD-Abgeordneten, von denen 20 Abgeordnete die Reform ablehnten.

4 Ergebnisse, Folgen und mögliche Weiterentwicklung des GKV-Wettbewerbsstärkungsgesetzes

Zum Schluss bleibt die Frage nach der Bilanz, die die Union aus der Gesundheitsreform 2007 ziehen kann. Im Hinblick auf den Fonds ist der Union die Umsetzung gelungen. Sie konnte damit eine Ausgangsbasis für eine mögliche Weiterentwicklung zum präferierten Prämienmodell schaffen. Die von ihr erwünschte Wettbewerbswirkung des Fonds über den Zusatzbeitrag wurde aber von der SPD durch die Deckelung der Zuzahlung mit Hilfe der Ein-Prozent-Regelung weitgehend limitiert. Durchsetzen konnte sich die Union auch mit ihrer zentralen Forderung nach dem eigenständigen Erhalt der PKV. Allerdings musste sie gleichzeitig eine erhebliche Schwächung der PKV hinnehmen, da die SPD hier bei vielen Einzelregelungen erfolgreich war. Das wichtigste Beispiel ist der Basistarif, der in der PKV eingeführt wird, und dessen vorrangiges Ziel es ist, allen Nichtversicherten einen Versicherungsschutz zu ermöglichen. Mit dem Kontrahierungszwang und dem Finanzausgleich, die im Basistarif gelten, werden dabei zahlreiche Strukturelemente der GKV auf die PKV übertragen; gleiches gilt für die Versicherungspflicht. Gerade dies wollte die Union aber im Grunde verhindern. Es ist ihr umgekehrt nur an zwei Stellen gelungen, Elemente der PKV auf die GKV zu übertragen. Hierzu gehören Selbstbehalt- und Kostenerstattungstarife, die in der GKV jetzt verstärkt eingeführt werden können. Mit den Vorschlägen für weitere Wahltarife konnte sich die Union jedoch nicht durchsetzen. Den Erhalt der PKV konnte sie am Ende nur sicherstellen, weil sie der SPD den morbiditätsorientierten Risikostrukturausgleich (Morbi-RSA) zugestand, der zu einem erweiterten finanziellen Ausgleich zwischen den Kassen führt, was die Union ursprünglich abgelehnt hatte. Ein weiteres Zugeständnis an die SPD war auch die Einrichtung des GKV-Spitzenverbandes (SpiBu), den die Union ursprünglich abgelehnt hatte, weil dadurch die Zugriffsmöglichkeiten der Regierung auf das Gesundheitssystem ausgeweitet werden.

Auf die Initiative der Union ist die Einführung von Wechselmöglichkeiten in der PKV mit Portabilität der Altersrückstellungen zurückzuführen. Sie stellt dabei den populären Aspekt des Verbraucherschutzes bei ihrer Klientel in den Vordergrund, da nun auch die PKV-Unternehmen ständig um Kunden mit laufenden Verträgen konkurrieren müssen. Versicherungstechnisch ist dies allerdings problematisch, weil die PKV nach dem Prinzip der Lebensversicherung funktioniert, was Wettbewerb und damit verbundene Wechsel während der Versicherungslaufzeit im Grunde ausschließt.

Fest steht nach der Gesundheitsreform 2007, dass zwischen SPD und CDU weiterhin ein Konsens im Dissens besteht. Demnach ist auch das Gesetz zur Stärkung des Wettbewerbs in der gesetzlichen Krankenversicherung (GKV-WSG) keine Jahrhundertreform, sondern – wie ihre Vorgängerinnen – ein Zwischenschritt bis zur nächsten Reform. Festzustellen ist, dass das Ziel der Abkopplung der Gesundheitskosten von den Arbeitskosten, das im Pauschalmodell und zum Teil auch in der Bürgerversicherung angelegt ist, nicht erreicht wurde (vgl. Neubacher 2007: 66).

Ein großer Vorteil der Reform war allerdings, dass eine Beteiligung der FDP an den Verhandlungen nicht notwendig war. So konnte die Große Koalition Vieles ohne Rücksicht auf zahlreiche Lobbyisten erreichen. Das gilt z.B. für den Arzneimittelbereich, wo die FDP als Fürsprecher fehlte. Zu einer ähnlich erleichterten Verhandlungssituation war es bereits 2003 gekommen, als die FDP auch nicht mehr in die abschließenden Verhandlungen einbezogen werden musste, weil nach der Wahl in Rheinland-Pfalz ihre Sperrminorität im Bundesrat weggefallen war. Mit der FDP am Verhandlungstisch hätten sicher einige Neuregelungen bei der PKV nicht erreicht werden können.

Trotz der konkurrierenden Konzepte haben CDU/ CSU und SPD zwei ihrer Ziele, nämlich einen künftig höheren Steueranteil bei der Finanzierung der Gesundheitsausgaben und einen größeren staatlichen Einflusses zu Lasten der Verbände, erreicht. Ob die Reform dagegen das Ziel der spürbaren Beitragssatzsenkung und damit einer Reduzierung der als drückende Last angesehenen Lohnnebenkosten erreichen kann, ist eher unwahrscheinlich. Es wird sich in Zukunft erweisen, ob es sich für CDU und CSU als Parteien im Wettbewerb auf dem Wählermarkt politisch gelohnt hat, die Verfügungsmacht über die Beitragshöhe von den Kassen zur Regierung zu verlagern. Sicher wachsen so deren Einflussmöglichkeiten, aber auch die zuschreibbare politische Verantwortung nimmt zu. Durch den direkten Einfluss der Bundesregierung auf den allgemeinen Beitragssatz wird dieser nun ähnlich wie die Arbeitslosenquote zu einem wichtigen Einflussfaktor für die Stimmung vor Bundestagswahlen.

Literatur

Bandelow, Nils (1998): Gesundheitspolitik. Der Staat in der Hand einzelner Interessengruppen?, Opladen.

Bannas, Günter (2006): Vorwürfe, Verdächtigungen und Vermutungen. In: Frankfurter Allgemeine Zeitung vom 20.9.2006, S. 3.

CDU (2003): Beschluss des 17. Parteitags der CDU Deutschlands 2003 „Deutschland fair ändern"

CDU/ CSU/ SPD (2005): Gemeinsam für Deutschland. Mit Mut und Menschlichkeit. Koalitionsvertrag vom 11.11.2005.

Czada, Roland (2004): Die neue deutsche Wohlfahrtswelt. In: Lütz, Susanne/ Czada, Roland (Hrsg.): Wohlfahrtstaat – Transformation und Perspektiven, Wiesbaden, S. 127 – 154.

Die Zeit online (8.4.2008): Gesundheitsreform: „Bayern-Klausel" im Gesundheitsfonds funktioniert nicht (http://www.zeit.de/news/artikel/2008/04/08/2509138.xml. Letzter Zugriff: 8.7.2008).

DPA (2006): Stoiber warnt vor Ende der Reform – Reformstreit wird schärfer, DPA Meldung vom 29.9.2006.

Frankfurter Allgemeine Zeitung (2006): Sieben Chefs suchen eine Gesundheitsreform. In: Frankfurter Allgemeine Zeitung vom 26.3.2006, S.42.

Focus online (2006a): Horst Seehofer. Politik ist eine Sucht. In: Focus online vom 12.10.2006 (http://www.focus.de/politik/deutschland/gesundheitspolitik/horst-seehofer_aid_116757.html. Letzter Zugriff: 8.7.2008).

Focus online (2006b): Wolfgang Zöller. Seehofers Erbe. In: Focus online vom 12.10.2006 (http://www.focus.de/politik/deutschland/gesundheitspolitik/wolfgang-zoeller_aid_117198.html. Letzter Zugriff: 8.7.2008).

Focus online (29.12.2006c): Gesundheitsreform. Zeitplan der Umsetzung gefährdet. In: Focus online vom 29.12.2006 (http://www.focus.de/politik/deutschland/gesundheits politik/ gesundheitsreform_aid_121752.html. Letzter Zugriff: 8.7.2008).

Gesundheitspolitischer Informationsdienst (2006): Gezielte Indiskretion? Volker Kauder plaudert öffentlich über seine Reformvorstellungen. Meldung vom 24.4.2006.

Herzog-Komission (Kommission „Soziale Sicherheit") (2003): Bericht zur Reform der sozialen Sicherungssysteme.

Hoffmann, Andreas (2006): Wachsende Kritik am Gesundheitsfond. In: Süddeutsche Zeitung vom 25.9.2006, S.6.

Hoffmann, Andreas (2006): Kanzleramt schaltet sich in Reform ein. In: Süddeutsche Zeitung vom 15.11.2006, S.6.

Lipicki, Christian u.a. (2006): Auch Union will Krankenversicherung für alle. Privatkassen sollen zur Wiederaufnahme von gekündigten Mitgliedern verpflichtet werden. In: Berliner Zeitung vom 4.4.2006, S. 6.

Neubacher, Alexander/ Sauga, Michael (2006): Die zweite Stunde Null. In: Der Spiegel vom 27.3.2006, S.22.

Neubacher, Alexander (2007): Belogen und ausgetrickst. In: Der Spiegel vom 29.1.2007, S. 66-68.

Rosenkranz, Jan (2006): Doktor Merkels verordnetes Schweigen. In: Der Stern vom 16.3.2006, S. 196-198.

Ramelsberger, Annette (2006): Union streitet offen über den richtigen Kurs. In: Süddeutsche Zeitung vom 7.8.2006, S. 1.

Simon, Michael (2005): Das Gesundheitssystem in Deutschland. Eine Einführung in Struktur und Funktionsweise, Bern.

Spiegel online (2006): Schmidt hält Länder-Gutachten für unbrauchbar. In: Spiegel online vom 20.12.2006 (http://www.spiegel.de/politik/deutschland/0,1518,455723,00.html. Letzter Zugriff: 8.7.2008).

Bündnis 90/ Die Grünen und die Gesundheitsreform 2007: Das harte Brot der Opposition[1]

Andreas Brandhorst

Große Aufmerksamkeit innerhalb der grünen Partei finden seit jeher solche Gesundheitsthemen, die in engem Zusammenhang mit Fragen der Lebensweise und ökologischen Problemen stehen. Prävention, Gesundheitsförderung, natürliche Therapieformen und Verbraucherschutz sowie Maßnahmen gegen die gesundheitlichen Auswirkungen von Umweltbelastungen werden in der Partei häufig und mit viel Sachverstand diskutiert. Und auch hinsichtlich der Partizipation von Patienten, der Gewährleistung von Patientenrechten und der Aufwertung von nicht-ärztlichen Gesundheitsberufen haben Bündnis 90/ Die Grünen wichtige Anstöße gegeben. Die Partei hat einen nicht unerheblichen Beitrag dazu geleistet, dass Themen, die früher ausschließlich der alternativen Gesundheitsbewegung vorbehalten waren, sich heute auch im offiziellen gesundheitspolitischen Diskurs wiederfinden. Dass zum Beispiel die Beteiligung von Patientenvertreterinnen und -vertretern an den Steuerungsgremien der gesetzlichen Krankenversicherung heute von allen Parteien unterstützt wird, ist ein Ausdruck dieser Diffusion ehedem randständiger Themen in die etablierte Politik, an der die Grünen nicht unbeteiligt waren.

Darüber hinaus hat für die Grünen die kommunale Gesundheitspolitik eine nicht unerhebliche Bedeutung. Das liegt zum einen daran, dass sich hier die eigentliche Bühne für die lebensweltorientierten Gesundheitsthemen der Grünen befindet. Die Durchführung von Präventionsmaßnahmen oder auch der gesundheitsbezogene Umweltschutz findet wesentlich vor Ort statt. Darüber hinaus sind mittlerweile etliche Grüne in kommunale Ämter aufgerückt, in denen sie als Verwaltungsleiter die Verantwortung für den öffentlichen Gesundheitsdienst oder auch die örtliche Krankenhausversorgung tragen.

---

[1] Der Aufsatz gibt ausschließlich die Auffassungen des Verfassers wieder. Diese stimmen nicht zwingend mit den Positionen der grünen Partei oder Bundestagsfraktion überein.

Im Gegensatz dazu hat Krankenversicherungspolitik innerhalb der grünen Partei über die meiste Zeit nur eine untergeordnete Rolle gespielt. Fragen der Finanzierung, des Aufbaus und der Organisation der Krankenversicherung werden im Regelfall nur von einem kleinen Kreis von Fachpolitikerinnen und -politikern erörtert. Diese Distanz zu Krankenversicherungsthemen ist sicher einer der Gründe, weshalb die von Ende 1998 bis Anfang 2001 amtierende grüne Bundesgesundheitsministerin Andrea Fischer – trotz ihrer persönlichen Popularität unter den Grünen – nicht den Rückhalt innerhalb der Partei gefunden hat, der notwendig gewesen wäre, um im „Haifischbecken Gesundheitswesen" politisch zu überleben.

1   Positionen von Bündnis 90/ Die Grünen zur Gesundheitspolitik

Der hohe Stellenwert, den die Grünen der Förderung der Prävention, der Stärkung der Selbsthilfe und der Weiterentwicklung des Verbraucherschutzes beimessen, hat sich auch in ihrem Regierungshandeln niedergeschlagen. Dass mit der GKV-Gesundheitsreform 2000 die Förderung der Primärprävention wieder ins SGB V aufgenommen wurde und die Krankenkassen zur Förderung von Selbsthilfezusammenschlüssen und Patientenberatungsstellen verpflichtet wurden, ging maßgeblich auf ihre Intervention zurück. Große Bedeutung bemessen die Grünen darüber hinaus der Verbesserung der Zusammenarbeit zwischen den Leistungserbringern bei. Die für das deutsche Gesundheitswesen typische Abschottung zwischen den verschiedenen Leistungsbereichen widerspricht dem ganzheitlichen – von der Ökologiebewegung geprägten – Gesundheitsverständnis, das unter den Grünen vorherrscht. Die mit der GKV-Gesundheitsreform 2000 in das Krankenversicherungsrecht aufgenommene und mit der Gesundheitsreform 2004 weiterentwickelte Integrationsversorgung findet unter den Grünen deshalb auch viel Zuspruch. In den letzten Jahren in der Partei stark an Bedeutung gewonnen hat die Forderung nach mehr Wettbewerb auch auf der Anbieterseite des Gesundheitswesens. Das ist eine Kurskorrektur gegenüber den Positionen, die die Partei in den 1990er Jahren vertreten hat, in denen die damals eher „links" geprägten Gesundheitspolitikerinnen und -politiker für eine stärkere staatliche Steuerung der Gesetzlichen Krankenversicherung mit dezentralen Komponenten (regionale Gesundheitskonferenzen) eintraten. Dieser Kurswechsel reiht sich ein in die „marktwirtschaftliche Wende", die die Partei auch in anderen Politikfeldern vorgenommen hat. Die Verfolgung ökologischer und sozialer Ziele durch das Setzen wirtschaftlicher Anreize ist in der Partei mittlerweile weit akzeptiert. Schrittmacherdienste hierfür hat das in der zweiten Hälfte der 1990er Jahre entwickelte Ökosteuer-Konzept geleistet. Anschlussfähig an grüne Diskurse ist die Forderung nach mehr Wettbewerb im Rahmen des Solidarsystems auch deshalb, weil mit ihr die Vorstellung einer Pluralität von Versorgungsformen verbunden ist. Diese Idee passt zu dem grünen Anspruch, das Gesundheitssystem stärker aus der Patienten- und weniger – wie traditionell in Deutschland üblich – aus der Ärzteperspektive wahrzunehmen.

Auf der Finanzierungsseite des Krankenversicherungssystems fordern Bündnis 90/ Die Grünen eine Bürgerversicherung. Dabei verdeutlicht ein Blick in ältere Wahlprogramme, dass die Integration von Gesetzlicher und Privater Krankenversicherung schon seit den 1980er Jahren zum festen Programmbestand der Partei gehört. Das Bürgerversicherungsmodell schließt an Solidarnormen an, die bei der Partei und ihrer Wählerschaft nach wie vor eine erhebliche Bedeutung haben. Zudem schlägt es eine Brücke zu dem den Grünen sehr wichtigen Nachhaltigkeitsdiskurs. Durch die im Bürgerversicherungsmodell vorgesehene Verbreiterung der Beitragsbemessungsgrundlagen der Krankenversicherung auf alle Einkunftsarten soll ihre Finanzierung dauerhaft stabiler – und damit eben auch nachhaltiger – werden.

2 Anforderungen von Bündnis 90/ Die Grünen an die Gesundheitsreform 2007

Die Sicherung einer nachhaltigen Finanzierung des Gesundheitswesens und die Weiterentwicklung der solidarischen Wettbewerbsordnung waren für Bündnis 90/ Die Grünen die zentralen Anforderungen an die Gesundheitsreform 2006/ 2007. Die Grünen wollten desshalb die Bürgerversicherung einführen. Durch die Aufhebung der Versicherungspflichtgrenze, die Ausweitung des Versichertenkreises auf alle Bürgerinnen und Bürger und die Ausweitung der Beitragspflicht auch auf Kapitaleinkommen sollten Gerechtigkeitslücken geschlossen und die Finanzierung des Systems auf eine nachhaltige Grundlage gestellt werden. Außerdem wollte man mit der Zusammenführung von Gesetzlicher (GKV) und Privater Krankenversicherung (PKV) eine gemeinsame Wettbewerbsordnung für gesetzliche und private Krankenversicherer schaffen. Allerdings war schon frühzeitig absehbar, dass die Differenzen in der Koalition zu groß sein würden, um eine umfassende Finanz- und Strukturreform zustande zu bringen. Im Frühjahr 2006 brachten die Grünen deshalb einen Antrag in den Bundestag ein, in dem

Mindestanforderungen an die Reform gestellt wurden. Gefordert wurden unter anderem die Beitragspflicht auch auf Vermögenseinkommen und die finanzielle Beteiligung der Privatversicherten am Solidarausgleich in der GKV. Diese Forderungen tauchten auch wieder in dem Entschließungsantrag auf, den die Fraktion im Januar 2007 anlässlich der abschließenden Debatte über das GKV-Wettbewerbsstärkungsgesetz (GKV-WSG) stellte. Darüber hinaus wurde die Bundesregierung aufgefordert, in allen Leistungsbereichen die Rahmenbedingungen für einen an Qualität und Wirtschaftlichkeit ausgerichteten Wettbewerb zu schaffen. Zu diesem Zweck sollten Kollektivverträge und Kontrahierungspflichten weitgehend durch Einzelverträge und Preisverhandlungen ersetzt werden. Die Regelungen des Wettbewerbs- und Kartellrechts sollten auch auf Krankenkassen und Anbieter von Gesundheitsleistungen angewendet werden. Darüber hinaus forderte man die Zulassung von Gruppenverträgen zwischen Selbsthilfeorganisationen und Krankenkassen und die Beteiligung nicht-ärztlicher Gesundheitsberufe an der Arbeit des Gemeinsamen Bundesausschusses.

3 Bewertung des GKV-WSG durch Bündnis 90/ Die Grünen

Angesichts des umrissenen grünen Rasters gesundheitspolitischer Ziele und Anforderungen ist es nicht verwunderlich, dass Bündnis 90/ Die Grünen die Gesundheitsreform heftig kritisiert haben. Dabei war ein immer wieder thematisierter Kritikpunkt, dass die Koalition keine gemeinsame gesundheitspolitische Leitidee habe. Dieser Orientierungslosigkeit und Zerrissenheit seien auch das Scheitern der Finanzreform und die Inkonsistenzen in vielen Regelungsbereichen geschuldet. Und auch das „Einknicken" der Koalition vor diversen Lobbyinteressen (PKV, Apotheker, Vertragsärzte) in der Schlussphase der Reformverhandlungen habe hier ihre Ursache. Letztlich sei das Zustandekommen der Reform eher dem Machterhalt der Großen Koalition als der Lösung realer Probleme geschuldet gewesen. Daneben hat sich die grüne Kritik selbstverständlich auch konkret auf die einzelnen Reformmaßnahmen bezogen. Dabei ist die Kritik in den verschiedenen Reformbereichen unterschiedlich stark ausgefallen.

Besonders kritisiert wurde, dass die Reform zu keiner nachhaltigeren Finanzierung des Gesundheitswesens führen wird. Die Einrichtung eines Gesundheitsfonds sei ausschließlich aus den Widersprüchen in der Koalition zu erklären. Zu einer nachhaltigeren und gerechteren Finanzierung trage diese „Reform-Attrappe" nichts bei. Die jährliche Festsetzung des Krankenversicherungsbeitrags durch die Bundesregierung würde den Beitragswettbewerb zwischen den Kassen auf den vorgesehenen Zusatzbeitrag verlagern. Dieser würde aber, da ohne Arbeitgeberbeteiligung, einseitig die Versicherten belasten. Zudem sei er so konstruiert, dass Krankenkassen mit einer schlechten Risikostruktur benachteiligt würden. Damit würde die Jagd auf gesunde und besser verdienende Mitglieder weiter angeheizt. Das noch kurz vor Abschluss der Reformverhandlungen beschlossene Aufwachsen des Steuerzuschusses an die Krankenversicherung sei unseriös, da man keinerlei Festlegungen zur Gegenfinanzierung getroffen habe („Operieren mit ungedeckten Schecks"). Deutlich kritisiert wurde auch, dass es weiterhin bei einer Zweiteilung des Krankenversicherungssystems in einen gesetzlichen und privaten Zweig bleibt. Kein anders Land der Europäischen Union würde den Besserverdienenden gestatten, sich derart weit der solidarischen Finanzierung der Krankenbehandlungskosten zu entziehen. Die beschlossenen Solidarauflagen an die Private Krankenversicherung – die Wiederaufnahme von Privatversicherten, die ihren Versicherungsschutz verloren haben und das Angebot eines Basistarifs für einkommensschwache Versicherte – seien unzureichend.

Als halbherzig wurde auch die Weiterentwicklung des Vertragsrechts bewertet. Vernünftig sei die Einführung des Vertragsprinzips im Hilfsmittelbereich. Dagegen würde in der ambulanten ärztlichen Versorgung der Regelfall auch weiterhin so aussehen, dass Krankenkassen und Kassenärztliche Vereinigungen wettbewerbsfeindliche Kollektivverträge miteinander abschließen. Individualverträge zwischen Kassen und Ärzten würden die Ausnahme bleiben. Auf dem Apothekenmarkt würden die zunftähnlichen Strukturen erhalten bleiben. Den ursprünglichen Plan, den Preiswettbewerb zwischen den Apotheken zu beleben, habe man unter dem Druck der Apotheken-Lobby wieder zurückgezogen.

Begrüßt wurden Leistungsverbesserungen, wie die Aufwertung von Rehabilitationsleistungen oder auch der Rechtsanspruch auf eine Palliativversorgung. Differenziert bewertet wurden die Änderungen im Organisationsrecht der Gesetzlichen Krankenkassen. Die Weiterentwicklung der bisherigen Spitzenverbände der Krankenkassen sei grundsätzlich geboten. In einem wettbewerblich ausgerichteten Kassensystem hätten berufsständisch geprägte Verbändestrukturen nichts mehr zu suchen. Allerdings sei nicht nachvollziehbar, welchen Nutzen ein Einheitsverband haben solle. Das von der Bundesregierung genannte Argument, damit Entscheidungsprozesse straffen und bisherige Handlungsblockaden auflösen zu können, würde sich als frommer Wunsch erweisen. Im Wettbewerb stehende Krankenkassen hätten selbstverständlich unterschiedliche Interessen. Diese Interessengegensätze würden auch unter einem gemeinsamen Dach nicht verschwinden. Viel wichtiger sei es deshalb, die Kassen nicht weiter dazu zu zwingen, ständig im Geleitzug zu agieren und „gemeinsam und einheitlich" Kollektivverträge mit den Leistungserbringern abzuschließen.

4   Arbeit von Bündnis 90/ Die Grünen während des Reformprozesses

Die langwierigen Reformverhandlungen und das anschließende Gesetzgebungsverfahren wurden von Bündnis 90/ Die Grünen ständig kommentiert. Angefangen von den Koalitionsverhandlungen, in denen sich die Union und die SPD nicht auf ein gemeinsames Reformkonzept einigen konnten, über die diversen Stationen des Verhandlungsprozesses, in denen sich die Verkündung vermeintlicher Durchbrüche und das Aufbrechen immer neuer Konflikte rasch abwechselten, bis hin zum letztendlichen Reformbeschluss, haben Bündnis 90/ Die Grünen ihre Kritik an den Beschlüssen der Koalition immer wieder an die Öffentlichkeit getragen – allerdings mit nur geringer Resonanz. Die grüne Kritik wurde in der Berichterstattung in der Regel nur am Rande erwähnt und auch ihr inhaltlicher Einfluss auf das schließlich beschlossene Reformgesetz war gering.

Das war auch nicht anders zu erwarten. In Zeiten einer Großen Koalition ist die Zustimmung der Oppositionsparteien weder zur Mehrheitsbildung noch zur Schaffung gesellschaftlicher Akzeptanz zwingend erforderlich. Da überdies die Grünen zum Zeitpunkt der Reformverhandlungen an keiner Landesregierung beteiligt waren, kam auch der Bundesrat nicht als Einflusskanal in Frage. Angesichts der klaren Mehrheitsverhältnisse im Bundestag und im Bundesrat waren für die Medien die Auseinandersetzungen in der Großen Koalition naturgemäß interessanter als die Wortmeldungen der kleinsten Oppositionspartei. Dieses Schicksal teilten die Grünen mit den anderen beiden Oppositionsparteien. Dazu kam, dass die meisten Akteure im Gesundheitswesen über eine hohe Organisationskraft und Artikulationsfähigkeit verfügen. Auch die traditionell den Grünen nahestehenden Verbraucherschutz- und Patientenorganisationen sowie Berufsgruppen, wie zum Beispiel Psychotherapeuten oder Pflegekräfte, sind mittlerweile gut organisiert und haben eigene Ansprechpartner in den Koalitionsparteien und der Bundesregierung gefunden. Sie sind deshalb nicht mehr zwingend auf die Grünen als Aktionsplattform und Sprachrohr angewiesen. Das mag man aus grüner Sicht bedauerlich finden, ist aber auch Ausdruck politischen Erfolgs. Früher eher randständige Themen und Organisationen haben sich mittlerweile etabliert. Damit haben sie eine ähnliche Karriere hinter sich, wie die Grünen.

Angesichts der geringen Einflussmöglichkeiten auf Bundesebene einerseits und der großen öffentlichen Aufmerksamkeit für das Thema andererseits, haben Bündnis 90/ Die Grünen während des Reformprozesses auf eine dezentrale Öffentlichkeitsstrategie gesetzt. Die Kritik an den Reformplänen der Großen Koalition und die grünen Alternativvorstellungen wurden von den Bundestagsabgeordneten in einer Vielzahl von Veranstaltungen in ihren Wahlkreisen und Landesverbänden vertreten. Dabei wurden sie von den Fachleuten in der Bundestagsfraktion laufend mit Argumentationshilfen unterstützt. Parallel wurden im Parlament kontinuierlich Presseerklärungen abgesetzt und Anträge zur Reform eingebracht, die von den Abgeordneten dann wieder in der Öffentlichkeitsarbeit vor Ort verwendet werden konnten.

5 Auswirkungen des GKV-WSG auf die künftige Gesundheitspolitik

Bei allen Defiziten und unerfüllten Ankündigungen wird die Gesundheitsreform das Krankenversicherungssystem verändern. Damit verändern sich aber auch die Geschäftsgrundlagen für die künftige Gesundheitspolitik. Eine Entscheidung über die künftige Struktur und Finanzierung der Krankenversicherung hat die Koalition nicht getroffen. Der Gesundheitsfonds lässt sowohl Bürgerversicherungs- als auch Kopfpauschalenmodelle zu. Trotzdem werden aber mit der Reform einige wichtige Pflöcke eingeschlagen, die auch die Gesundheitspolitik zukünftiger Bundesregierungen beeinflussen werden. Dazu gehören die Verstaatlichung der Finanzierung, die Zielgröße einer stärkeren Steuerfinanzierung, das Anwachsen des privaten Finanzierungsanteils durch die Zusatzbeiträge, die stärkere Rolle des Staats bei der Steuerung der Krankenversicherung, die – wenn auch zögerliche – Weiterentwicklung wettbewerblicher Strukturen (Einführung des Vertragsprinzips im Hilfsmittelbereich, einzelvertragliche Ausgestaltung der hausarztzentrierten Versorgung, Ausweitung von Rabattverhandlungen zwischen Krankenkassen und Pharmaunternehmen). An diesen Eckpunkten werden auch künftige Bundesregierungen – auch bei grüner Beteiligung – nicht einfach vorbeikommen. Dafür gibt es vor allem drei Gründe:

- In einem derart komplexen und von vielen Interessen durchzogenen System wie dem der GKV sind schnelle Richtungswechsel schwer vorzunehmen.

- Auch wenn die Große Koalition das Jahr 2009 nicht überdauern sollte, wird auf jeden Fall eine der beiden für die Reform verantwortlichen Parteien auch an der nächsten Bundesregierung beteiligt sein.

- Die Gesundheitsreform 2007 schließt an Diskurse an, die seit Beginn der 1990er Jahre die deutsche Gesundheitspolitik bestimmen und mittlerweile von allen Parteien im Bundestag – mit Ausnahme der Linken – vertreten werden. Weder die Beitragssatzstabilität als zentraler Bezugspunkt der Gesundheitspolitik, noch die stärkere Steuerfinanzierung der GKV, noch das Anwachsen des privaten Finanzierungsanteils oder die Stärkung des Wettbewerbs sind im Grundsatz zwischen den fünf Parteien umstritten, die derzeit für eine Regierungsbeteiligung infrage kommen. Und auch eine der am heftigsten kritisierten Reformmaßnahmen, die Stärkung des Staatseinflusses auf Kosten der Selbstverwaltung, liegt durchaus im Trend der Gesundheitspolitik der letzten 15 Jahre. Dies schließt nicht aus, dass man die nun beschlossenen Reformmaßnahmen an einigen Stellen verändert bzw. neu justiert. So ist z.B. die „kleine Kopfpauschale" so falsch konstruiert, dass spätestens die nächste Bundesregierung Änderungen wird vornehmen müssen. Und auch wie sich die Gewichte im neuen Finanzierungsmix der GKV aus einkommensabhängigen Beiträgen, Steuermitteln, Selbstbeteiligungen und Zusatzbeiträgen mittelfristig verteilen werden, wird von politischen Mehrheiten abhängen. Sehr unwahrscheinlich ist aber eine grundsätzliche Korrektur.

6 Perspektiven grüner Gesundheitspolitik

Bündnis 90/ Die Grünen werden in der Debatte um die Zukunft des Krankenversicherungssystems auch künftig keine Hauptrolle spielen. Krankenversicherungspolitik wird absehbar eine Domäne der beiden großen Parteien bleiben. Trotzdem werden die Grünen auch weiterhin eine eigenständige Position zu den Perspektiven von PKV und GKV vertreten müssen. Dies ist auch eine Frage der Regierungsfähigkeit. Kurzfristig stellt sich für Bündnis 90/ Die Grünen die Aufgabe, die mit der Gesundheitsreform einhergehenden Änderungen zu analysieren und in ihren Auswirkungen auf die grünen Reformkonzepte zu bewerten. Interessant dürften insbesondere die Reformmaßnahmen sein, die – wie der Ausbau von Wahltarifen in der GKV und das Angebot eines Basistarifs in der PKV – eine erste Annäherung von GKV und PKV versprechen. Die große konzeptionelle Aufgabe, vor denen Bündnis 90/ Die Grünen stehen, ist die Ausarbeitung eines

Umsetzungskonzepts für ihr Bürgerversicherungsmodell. Die Diskussion der letzten Jahre hat gezeigt, dass eine kurzfristige Systemumstellung weder verfassungsrechtlich noch politisch machbar ist. Die Grünen werden deshalb eine inhaltlich stimmige und politisch überzeugende Konvergenzstrategie entwickeln müssen. In diesem Zusammenhang könnte auch der Gesundheitsfonds, der unter den geltenden Rahmenbedingungen völlig überflüssig ist, eine Neubewertung erfahren. So könnte durch ihn die Beteiligung von PKV-Versicherten am Solidarausgleich und auch die Ausweitung der Beitragspflicht auf alle Einkommensarten erleichtert werden. Damit könnte er zu einem wesentlichen Baustein innerhalb einer Konversionsstrategie werden.

Darüber hinaus aber sollte die Partei ein besonderes Augenmerk auf ihre Kompetenzthemen legen. Dazu gehören die Stärkung der Gesundheitsförderung und der Prävention und selbstverständlich auch der Verbraucherschutz und die Verbraucherinformation. Dabei würde man mit den Verbraucherthemen fraglos auch Krankenversicherungspolitik machen. Denn die für das Krankenversicherungssystem angestrebte Stärkung des Wettbewerbs muss mit dem Aufbau leistungsfähiger Strukturen der Nutzerinformation und -beratung verbunden werden. Ansonsten würde die Stärkung der Nachfrageseite ausschließlich auf die Krankenkassen beschränkt bleiben. Das aber wäre weder gut für die Wettbewerbsintensität noch für die Versichertenautonomie noch für die Qualität der Versorgungsangebote.

Zur Verfasstheit gesetzlicher und privater Krankenversicherungsunternehmen nach der Gesundheitsreform 2007

Andreas Hänlein

1 Einleitung

Wenn Robert Paquet in seinem nachfolgenden Beitrag wiederholt die unternehmerische Qualität der Gesetzlichen Krankenkassen nach dem GKV-Wettbewerbsstärkungsgesetz (GKV-WSG) betont, spricht er damit eine sich seit langem abzeichnende Entwicklung an, die die Reform erneut ein deutliches Stück vorangetrieben hat: Die Krankenkassen werden unternehmerisch, unternehmensähnlich, und verstehen sich offenbar auch so – einerseits. Andererseits gibt es mit der Stärkung der Stellung des Staates im Krankenversicherungswesen eine scheinbar gegenläufige Entwicklung. Für die Private Krankenversicherung zeigt Timm Genett, dass das Reformgesetz deren Unternehmen Elemente von Zwangsversicherung und Solidarausgleich verordnet, wenn auch nicht so weitgehend, wie ursprünglich geplant.

Die angedeuteten Entwicklungen sollen hier nicht in allen rechtlichen Einzelheiten nachgezeichnet werden. Das rechtswissenschaftliche Interesse gilt vielmehr den wechselseitigen Bezügen zwischen dem neuen Gesetzesrecht und dem rechtlichen Rahmen, in den es eingebettet ist: dem deutschen Verfassungs- und dem europäischen Wirtschaftsrecht.

2 Die Krankenkassen im Staatsgefüge

Krankenkassen sind Selbstverwaltungskörperschaften; sie zählen zur mittelbaren Staatsverwaltung. Über den Krankenkassen hat sich im Lauf einer jahrzehntelangen Entwicklung eine komplexe Verbandsstruktur aufgebaut. Da gibt es Landes- und vor allem Bundesverbände und andere Spitzenverbände der verschiedenen

Kassenarten. Neben diesem Verbandssystem existierten Verbandssysteme der Leistungserbringer, insbesondere der Ärzteschaft und im Krankenhauswesen. Die Verbandsstrukturen von Kassen und medizinischen Dienstleistern sind in Form der sogenannten „gemeinsamen Selbstverwaltung" zusammengekoppelt; diese erfüllt zahlreiche Aufgaben der Konkretisierung gesetzlicher Vorgaben. Den Schlussstein dieser Architektur bildet der Gemeinsame Bundesausschuss, in dem Vertreter aus den verschiedenen Säulen der gemeinsamen Selbstverwaltung über grundlegende Fragen der medizinischen Versorgung entscheiden. Der Umfang der Entscheidungsbefugnisse, die der Gesetzgeber hier aus der Hand gegeben hat, ist bemerkenswert und seit längerem Gegenstand verfassungsrechtlicher Kontroversen. Die mächtigen Verbandsspitzen haben sich im Übrigen zu lautstarken Akteuren im gesundheitspolitischen Diskurs entwickelt, die ihre Interessen selbstbewusst zu artikulieren verstehen.

Die Politik hat sich nun bemüht, den eigenen Einfluss, den Einfluss des Staates deutlich zu stärken und zugleich die bisherigen Kassenverbände partiell zu entmachten. So soll mit dem neuen „Spitzenverband Bund" die Kooperation der verschiedenen Kassenarten auf Bundesebene „deutlich gestrafft" und „Handlungsblockaden vermieden werden" (s. BT-Drs. 16/3100, S. 90). Änderungen an der Konstruktion des Gemeinsamen Bundesausschusses verfolgen das Ziel, die Akteure von „den Interessenlagen der ‚Bänke'" zu lösen und „sachbezogenere und weniger interessengeleitete Entscheidungen" zu unterstützen (ebd. S. 179).

Zu einer Stärkung des staatlichen Einflusses führt ferner auch die Errichtung des Gesundheitsfonds und die Verlagerung der Beitragsfestsetzung auf die Bundesregierung ab dem 1.1.2009. In die gleiche Richtung weist die Erhöhung des Bundeszuschusses zur Gesetzlichen Krankenversicherung, der nach und nach auf 14 Milliarden Euro anwachsen wird. Die Beteiligung des Bundes an der Finanzierung der Gesetzlichen Krankenversicherung zieht Kontrollrechte des Bundesrechnungshofs nach sich (§ 274 Abs. 5 n.F.).

Die Reformelemente, die auf eine Stärkung des staatlichen Einflusses abzielen, sind aus verfassungsrechtlicher Sicht von hohem Interesse. Insbesondere erscheint möglicherweise die vom Bundesverfassungsgericht bisher ausdrücklich offen gelassene Frage in einem neuen Licht, ob die untergesetzlichen gesundheitspolitischen Regelungskompetenzen der gemeinsamen Selbstverwaltung, in erster Linie des Gemeinsamen Bundesausschusses, in einem demokratischen Staatswesen überhaupt akzeptiert werden können. Diese Frage wird etwa von dem Verfassungsrechtler Kingreen verneint: Auch oder erst recht nach der Reform von 2007 sieht er den Gemeinsamen Bundesausschuss „endgültig im Niemandsland zwischen unmittelbarer und mittelbarer Staatsverwaltung verschwinden" (s. Kingreen 2007a). Man kann dies freilich auch anders sehen: Wächst der Einfluss der Ministerin oder des Ministers im Zusammenhang mit Regelungsbefugnissen des Kassensystems, lassen sich Entscheidungen einem persönlich verantwortlichen und demokratisch legitimierten Amtsträger zurechnen, der – anders als ein Verbandsvertreter – die nächste Bundestagswahl fürchten muss (vgl. Hänlein 2007).

3 Unternehmen der Krankenversicherung

Die Gesetzlichen Krankenkassen werden mehr und mehr zu Unternehmen. Diese Entwicklung, die das Gesundheitsstrukturgesetz 1992 angestoßen hatte, wird durch das aktuelle Reformgesetz erneut vorangetrieben. So können Krankenkassen jetzt leichter fusionieren, weil Zusammenschlüsse von Krankenkassen nun nicht mehr nur innerhalb einer Kassenart möglich sind. Das Gesetz fasst für die Zukunft ausdrücklich die Insolvenzfähigkeit der Krankenkassen ins Auge. Den Kassen werden mit den Instrumenten des Selbstbehalts und der Beitragsrückerstattung (genannt „Prämienzahlungen") Geschäftsmodelle ermöglicht, wie sie aus der Privaten Krankenversicherung bekannt sind und die nach traditionellem Verständnis in ein solidaritätsgeprägtes System nicht hineinpassen[1]. Und im Verhältnis zu den Leistungserbringern, insbesondere zu den Ärzten, genießen die Krankenkassen ebenfalls zunehmend unternehmerische Freiheiten. So können sie zur Sicherstellung der hausarztzentrierten Versorgung selektiv Verträge mit Ärzten ihrer Wahl abschließen.

Je mehr die Krankenkassen sich von Behörden zum Unternehmen wandeln, desto schärfer stellt sich die Frage, ob für sie auch die Regularien gelten, die auch sonst von Unternehmen am Markt zu beachten sind. Brisant ist insbesondere das Problem, ob das Marktgebaren der Krankenkassen wettbewerbsrechtlichen Regeln unterliegt. Haben sie das UWG zu beachten? Wie verhält es sich mit den Regeln des nationalen oder des europäischen Kartellrechts?

In den 1990er Jahren hatten die Kartellgerichte dazu tendiert, die Krankenkassen dem Kartellrecht zu unterwerfen (vgl. Kruse/ Hänlein 2000). Der Gesetzgeber hat dann versucht, dem einen Riegel vorzuschieben: Seit dem 1.1.2000 durften auf die Beziehungen der Krankenkassen zu den Leistungserbringern ausschließlich die Vorschriften des SGB V angewendet werden (§ 69 SGB V i.d.F.

---

[1] Zu einem früheren Versuch, derartige Instrumente einzuführen, siehe: Kommentierung der §§ 53 u. 54 a.F. (Kruse 1999).

des GKV-Gesundheitsreformgesetzes 2000 vom 22.12.1999, BGBL. I, S. 2626).
Zugleich wurde damals den Kartellgerichten die Zuständigkeit für dieses Feld
entzogen. Später hat auch der Europäische Gerichtshof (EuGH) in der Tendenz
ähnlich entschieden: In seinem „Festbetragsurteil" hat er die Auffassung vertreten, die Ortskrankenkassen seien von vornherein nicht als Unternehmen im Sinne
des europäischen Kartellrechts anzusehen, weil sie eine rein soziale Aufgabe
wahrnähmen, die auf dem Grundsatz der Solidarität beruhe und ohne Gewin-
nerzielungsabsicht ausgeübt werde (EuGH, Urteil v. 16.3.2004 – Rs. C-264, 306,
354 und 355/01 – Slg. I 2004, S. 2493).

Vor diesem Hintergrund ist es nachgerade spektakulär, dass der Reformge-
setzgeber nunmehr ausdrücklich Teile des nationalen Kartellrechts für anwendbar erklärt hat[2]. Es ließ sich schlicht nicht länger durchhalten, den Krankenkassen
etwa gegenüber den Apotheken zu erlauben, ihre Nachfragemacht in einer Weise
auszuspielen, wie man es bei privaten Unternehmen niemals hinnehmen würde.
Vermutlich ist es nur eine Frage der Zeit, bis der EuGH aus dem Wandel der
deutschen Krankenkassen den Schluss ziehen wird, sie seien auch im Sinne des
europäischen Kartellrechts doch als Unternehmen zu behandeln[3]. Und es ist nur
konsequent, dass sich das Bundeskartellamt zur Fusionskontrolle nach dem GWB
befugt sieht, wenn Krankenkassen fusionieren (vgl. Gaßner/ Ahrens 2007).

Während die Krankenkassen nach und nach immer unternehmensähnlicher
werden, lässt sich im Bereich der Privaten Krankenversicherung eine gegenläufige Entwicklung verzeichnen: Hier hat das Reformgesetz Elemente einer solidarischen Versicherung eingeführt, insbesondere in Form des Basistarifs, den die
Versicherer von Gesetzes wegen gewissen Personengruppen anzubieten haben.
Zugleich verpflichtet das Gesetz die Versicherungsunternehmen auf einen Ausgleich der Versicherungsrisiken im Basistarif. Über die rechtlichen Konsequenzen
der verordneten Konvergenz gesetzlicher und privater Krankenversicherer wird
noch näher nachzudenken sein. Was folgt daraus, dass – durch die immense
Erhöhung des Bundeszuschusses in der Gesetzlichen Krankenversicherung – die
Solidarität innerhalb des GKV-Systems abgeschwächt wird, während zugleich

---

[2] § 69 Abs. 1 S. 2 HS 1 SGB V n.F.: „Die §§ 19 bis 21 des Gesetzes gegen Wettbewerbsbeschränkungen gelten entsprechend"; § 19 GWB: Verbot missbräuchlicher Ausnutzung einer
marktbeherrschenden Stellung; § 20 GWB: Diskriminierungsverbot und Verbot unbilliger
Behinderung durch marktbeherrschende Unternehmen; § 21 GWB: Boykottverbot und
Verbot sonstigen wettbewerbsbeschränkenden Verhaltens; zu § 69 SGB V n.F. auch Möschel
2007.
[3] So auch Kingreen: „Wer Wettbewerb sät, wird eben irgendwann Wettbewerbsrecht ern-
ten"(s. Kingreen 2007b; ähnlich Schlegel 2006).

die Private Krankenversicherung intern auf Solidarität verpflichtet wird? Diese Entwicklung wird den Diskussionen über den Wettbewerb in der Krankenversicherung ganz neue Dimensionen verleihen. Ging es bisher meist um die Frage, ob Krankenkassen als Nachfrager medizinischer Leistungen Wettbewerbsregeln zu beachten haben, wird künftig der Wettbewerb zwischen den Anbietern des Produkts „Sicherung im Krankheitsfall" in den Blick geraten, die Frage also, ob und in welchem Umfang es Wettbewerb zwischen gesetzlichen und privaten Versicherern geben kann, soll oder muss. Genau gesehen hat die Diskussion schon begonnen: Für Kingreen folgt aus der Entsolidarisierung innerhalb des GKV-Systems infolge des hohen Bundeszuschusses, dass die Rechtfertigung des Monopols der Krankenkassen für den Schutz der Pflichtversicherten aus europarechtlicher Sicht brüchig wird; eine Öffnung des Systems für private Anbieter würde diesen dann auch Zugang zum steuerfinanzierten Solidarausgleich eröffnen, von dem sie gegenwärtig noch ausgeschlossen sind (vgl. Kingreen 2007b).

4 Fazit

Festzuhalten bleibt: Das GKV-Wettbewerbsstärkungsgesetz stärkt zunächst einmal den Staat, eine Entwicklung, die auch von verfassungsrechtlicher Relevanz ist, weil sie zu transparenteren Entscheidungsstrukturen führen kann. Den Krankenkassen verschafft das Reformgesetz weitere unternehmerische Freiheiten, so dass die Frage nach der Anwendung wirtschaftsrechtlicher Grundsätze aktueller denn je geworden ist. Partielle Entsolidarisierung in der Gesetzlichen Krankenversicherung und solidarische Strukturelemente in der Privaten Krankenversicherung könnten überdies das Versicherungsmonopol der Gesetzlichen Krankenversicherung auf den Prüfstand stellen. Die aus der Frühzeit der Gesetzlichen Krankenversicherung bekannte Debatte zum Thema „Zwangskasse oder Kassenzwang" (s. Tennstedt/ Lohmann) könnte so in neuem Gewand eine Neuauflage erleben.

Literatur

Gaßner, Maximilian/ Ahrens, Hans Jürgen (2007): Anwendbarkeit der Regeln der Fusionskontrolle des GWB bei der Vereinigung gesetzlicher Krankenkassen, SGb, S. 528 ff.
Hänlein, Andreas (2007): Anmerkung zum Urteil des BSG v. 4.4.2006 – B 1 KR 12/04 R – (D-Ribose), SGb, S. 169, 172 f.

Hänlein, Andreas/ Kruse Jürgen (2000): Einflüsse des Europäischen Wettbewerbsrechts auf die Leistungserbringung in der gesetzlichen Krankenversicherung, NZS 2000, S. 165 ff.

Kingreen, Thorsten (2007a): Legitimation und Partizipation im Gesundheitswesen, NZS, S. 113, 120.

Kingreen, Thorsten (2007b): Soziale und private Krankenversicherung: Gemeinschaftsrechtliche Implikationen eines Annäherungsprozesses, ZESAR 2007, S. 139, 149.

Kruse, Jürgen (1999) In: Kruse, J./ Hänlein, A.: LPK-SGB V, 1. Aufl., 1999.

Möschel, Wernhard (2007): Gesetzliche Krankenversicherung und das Kartellrecht, JZ, S. 601 ff.

Schlegel, Rainer (2006): GKV-Wettbewerbsstärkungsgesetz und Selbstverwaltung aus sozialrechtlicher Sicht, Soziale Sicherheit, S. 378, 382.

Tennstedt, Florian/ Lohmann, Theodor: Gesetzgebungskunst im politischen Prozess, Wissenschaftliche Reihe der Otto-von-Bismarck-Stiftung, Manuskript S. 23.

Krankenversicherung im Umbruch

Robert Paquet

Das Gesetz zur Stärkung des Wettbewerbs in der Gesetzlichen Krankenversicherung (GKV-WSG) verändert die Rolle der Krankenkassen und der Privaten Krankenversicherungen (PKV) so stark wie kein anderes Gesundheits-Reformgesetz zuvor. Dabei haben die Veränderungen allerdings eine Vorgeschichte. In den jüngeren Gesundheitsreformen sind bereits einige Züge angelegt, die mit dem GKV-WSG stärker ausgezeichnet bzw. in größerer Konsequenz vollzogen worden sind.

1 Selbstverwaltung setzt gesetzliche Aufträge um

Ausgangspunkt für derartige Vergleichsüberlegungen ist dabei eine bis Anfang der neunziger Jahre im Wesentlichen unveränderte Konstellation: Der Staat überläßt den Selbstverwaltungs-Akteuren die Umsetzung der insgesamt eher spröden gesetzlichen Vorgaben des GKV-Rechts (ursprünglich der Reichsversicherungsordnung (RVO) und dann ab 1989 des Sozialgesetzbuchs (SGB V)). Im Rahmen des Sachleistungsprinzips schließen die beiden öffentlich-rechtlich verfaßten Vertragspartner, d.h. die Krankenkassen einerseits und die Leistungsanbieter-Organisationen andererseits, Verträge, in denen die gesetzlichen Vorgaben umgesetzt bzw. berücksichtigt werden. Dabei standen die Krankenkassen bzw. ihre für die Vertragspolitik zuständigen (und nach Kassenarten gegliederten) Verbände im Bereich der ambulanten medizinischen Versorgung den Kassenärztlichen Vereinigungen (KV), im Bereich der stationären Versorgung den Krankenhäusern, gegenüber. Außerhalb dieser Konstellationen gab es praktisch nur in Ausnahmefällen Vertragsbeziehungen (etwa im Rahmen von Modellversuchen). Die Einzelkassen traten als gestaltende Vertragsakteure wenn überhaupt nur in Randbereichen der Versorgung in Erscheinung, zum Beispiel bei Rehabilitationskliniken.

Gegenüber den KVen, die die gesamte ambulante ärztliche Versorgung monopolisierten, traten die Verbände der Kassenarten als Vertragspartner auf. Die Inhalte der Verträge waren und sind bis heute weitgehend gleich (entsprechend dem einheitlichen Leistungsanspruch der Versicherten nach dem SGB V). Variationen ergaben sich bei den vereinbarten Punktwerten, d.h. der Vergütungshöhe und marginal bei der Vereinbarung von Sondervergütungen für spezielle (zum Beispiel innovative) Leistungen oder zum Beispiel ambulante Operationen. Gegenüber den Krankenhäusern sind zwar alle einzelnen Krankenkassen mit einer Mindestbelegungsquote Vertragspartner; sie mußten jedoch bis zur gesetzlichen Einführung der einheitlichen krankheitsbezogenen Fallpauschalen Zug um Zug seit 2000 zu einheitlichen Budgets bzw. Tagessätzen kommen. Auswahlmöglichkeiten bei den Vertragspartnern gab es weder bei den niedergelassenen Ärzten – wer eine KV-Zulassung hatte, war automatisch im System beteiligt – noch bei den Krankenhäusern, die aufgrund der Krankenhauspläne der Bundesländer als Vertragspartner der Kassen verpflichtend gesetzt waren und noch heute gesetzt sind.

2 Von der Kostendämpfung durch gesetzliche Budgetierung zum Wettbewerbsparadigma

Seit Ende der siebziger Jahre wurde Kostendämpfung zum zentralen Thema der Gesundheitspolitik. Vor dem Hintergrund der zunehmenden Arbeitsmarktprobleme wurde die Senkung der Lohnnebenkosten (Abgabelast vor allem der Arbeitgeberseite) zu einem vorrangigen Ziel der Politik. Die entsprechenden „K-Gesetze"[1] (bis zum Gesundheitsstrukturgesetz 1992) konnten in der skizzierten Akteurskonstellation ohne wesentliche Friktionen und Legitimationsprobleme umgesetzt werden. Die zugrundeliegenden Gesetzesinhalte betrafen vorwiegend Leistungskürzungen oder die Einführung von Selbstbehalten, die die Vertragskonstruktionen im Kern unberührt ließen. Zentrale staatliche Vorgabe war aber die Begrenzung der Kostenentwicklung auf die Steigerung der Grundlohnsumme, zunächst im Sinne einer „Globalsteuerung" der GKV-Finanzen durch die Konzertierte Aktion im Gesundheitswesen, später, d.h. seit Beginn der neunziger Jahre, durch eine striktere Budgetierung der Kostenentwicklung in den jeweiligen Leistungsbereichen für die einzelnen Kassen.

---

[1] „K" steht für Kostendämpfung.

Hier soll nicht der Frage nachgegangen werden, wieweit und ggf. warum diese Maßnahmen Erfolg hatten oder nicht; hier reicht die Feststellung, dass das bis dahin gültige Steuerungsparadigma des Staates ohne eine Erschütterung der Akteurskonstellation umgesetzt werden konnte. Das gilt sogar für die Arzneimittelbudgets, die wohl in der Öffentlichkeit die größte kritische Aufmerksamkeit erfahren hatten (vgl. dazu Einleitung zum nächsten Kapitel).

Die Krankenkassen als Gruppe insgesamt konnten mit dieser Situation weitgehend zufrieden sein, denn der Staat spielte auf ihrer Seite - mit gebührender Rücksicht auf die berechtigten Interessen der Leistungserbringer. Allerdings führte die Entwicklung der Mitgliederzahlen bzw. die Mitgliederverschiebung zwischen den Kassenarten und Kassen zu zunehmenden Konflikten innerhalb des Kassenlagers. Sie resultierten im Gesundheitsstrukturgesetz (GSG), das den Wettbewerb zwischen den Krankenkassen auf eine neue Grundlage gestellt hat.

Auch schon vor dem GSG bestand Wettbewerb zwischen den Krankenkassen, denn das berufsständische Zuweisungssystem der Pflichtmitgliedschaft ließ Wahlmöglichkeiten zu, die zu einer sich selbst verstärkenden Verzerrung der Wettbewerbsbedingungen zwischen den Kassen führte. Dabei spielten die kollektiven Wahlrechte im Sinne der Gründung von BKK und IKK keine wesentliche Rolle. Der maßgebliche Prozess war der allmähliche Aufstieg der Ersatzkassen zu Lasten der Ortskrankenkassen. Das Zuweisungssystem war nämlich nicht vollständig: Die Angestellten hatten ein individuelles Wahlrecht zu den Ersatzkassen! Insoweit war der Wettbewerb schlecht geordnet. Durch den beschleunigten Strukturwandel der Wirtschaft konnten immer mehr Angestellte die AOK verlassen bzw. für Ersatzkassen optieren. Hinzu kam, dass die Finanzierung der einzelnen Kassen völlig unabhängig voneinander erfolgte: Krankenkassen, die Mitgliederkollektive mit geringerem Krankheitsrisiko, einer geringeren Anzahl mitversicherter Familienangehöriger und einem höheren Grundlohn hatten, konnten mit einem günstigeren Beitragssatz auskommen als Kassen mit schlechteren Ausgangsbedingungen in diesen Bereichen. Es gab noch keinen Risiko-Strukturausgleich. Die Politik hatte zwar auf diese Situation reagiert und bereits 1977 einen Ausgabenausgleich für die Krankenversicherung der Rentner eingeführt. Er brachte jedoch keine grundsätzliche Lösung des Problems, sondern führte seinerseits zu falschen, d.h. kostentreibenden Anreizen für die Kassen.

Das Ergebnis war, dass die Mitgliederzahlen der AOKen sanken und parallel dazu ihre Beitragssätze stiegen. Umgekehrt wuchsen die Ersatzkassen bei unterdurchschnittlichen Beitragssätzen. Die extremen Beitragssatzentwicklungen bei einigen AOKen erhöhten schließlich den Druck, die Finanzierungsverhältnisse zwischen den Kassen der GKV neu zu ordnen. Das GSG trug dem 1993 mit der Einführung des Risikostrukturausgleichs (RSA) zwischen den Kassen Rechnung.[2] Dabei war die Entscheidung für mehr Wettbewerb und Wahlfreiheit der Kassenmitglieder im Vorfeld keineswegs angelegt und politisch kaum vorbereitet. Allerdings wäre es umgekehrt kaum möglich gewesen, den Ersatzkassenmitgliedern bzw. den Angestellten die Wahlfreiheit zu nehmen und sie wieder einem Zuweisungssystem zu unterwerfen. Insoweit folgten die Gesundheitspolitiker im Kompromiss von Lahnstein[3] mehr einer politischen Logik als ihrer grundlegenden Überzeugung. Die Konsequenz war die Einführung der Wahlfreiheit für alle GKV-Mitglieder und die Öffnungsmöglichkeit für BKK und IKK, die ab 1996 wirksam wurden.

3 Zunehmende Konflikte zwischen den Kassenarten und Kassen

Schon im Zuge der Wiedervereinigung eskalierten die Interessengegensätze der Kassenarten. Zwar war die Umwandlung der einheitlichen, spartenübergreifenden Sozialversicherung der DDR in das spartengetrennte Sozialversicherungssystem der Bundesrepublik unstrittig. Die Wiederherstellung bzw. Einführung des Systems der Kassenarten im Beitrittsgebiet war jedoch eine höchst umstrittene Frage. Im Ergebnis wurde zwar das westdeutsche System vollständig übernommen, aber die Auseinandersetzung darum hinterließ tiefe Spuren und förderte die Erosion des Gemeinschaftsgefühls der Funktionäre in der GKV. Hinzu kam, dass für das erste Geschäftsjahr der GKV in den neuen Ländern die AOK jeweils als Einheitsversicherungsträger fungierte, bevor sich die anderen Gesetzlichen Krankenkassen am Markt betätigen durften. Außerdem wurden die AOKen in mehreren der Neuen Länder von vornherein als Landes-AOKen konzipiert bzw. großflächiger angelegt. Diese Erfahrungen wirkten sich bei der Vorbereitung des GSG weiter aus.

Der RSA und die damit bewirkten Beitragssatzveränderungen bzw. -angleichungen lösten massive Konflikte zwischen den Krankenkassen und eine Intensivierung ihres Wettbewerbs aus. Außerdem wirkte die 1996 einsetzende

---

[2] Zur Vorgeschichte des RSA vgl. Hartmut Reiners (2006): „Der ,Lahnstein-Mythos': Die schwere Geburt des RSA", in: Göpffarth, Dirk u.a. (Hrsg.): Jahrbuch Risikostrukturausgleich 2006, St. Augustin.

[3] Dort fanden im Spätsommer 1992 die entscheidenden Verhandlungen zum GSG statt.

Wahlfreiheit der Versicherten in die gleiche Richtung und stürzte die Kassen in einen scharfen Beitragssatz- und Service-Wettbewerb. Das Bewusstsein wurde immer mehr sensibilisiert für die möglichen Gründe von Beitragssatzunterschieden bzw. von Wahlentscheidungen der Versicherten. Im Ergebnis entwickelte sich zunächst bei der GKV die Erkenntnis, dass der Wettbewerb leer liefe, wenn die Kassen nicht kassenindividuelle Gestaltungsmöglichkeiten für die Versorgung bzw. ihre Kosten erhielten. Konsequent war darauf die Forderung nach der Einführung des Wettbewerbs auch auf Seiten der Leistungserbringer und die Ermöglichung von differenzierten Bedingungen des „Einkaufs" durch die Kassen. Seitdem ging es um die Forderung der Kassen nach Möglichkeiten zum Vertragswettbewerb.

Damit war die Diskussionslage für die Gesundheitspolitik nach dem GSG neu konfiguriert. Die Krankenkassen waren in verschärftem Wettbewerb, der sich auch nicht mehr an den sektoralen Grenzen der Kassenarten orientierte;[4] die Leistungserbringer wurden in ihren öffentlich-rechtlichen Kartellen angegriffen. Die Politik, die sich nur nolens-volens auf das Wettbewerbs-Experiment eingelassen hatte, sah sich nunmehr sukzessive gezwungen, mit dem Wettbewerb auch auf der „anderen Seite", d.h. bei den Leistungsanbietern ernst zu machen. Mit dem Wechsel zur rot-grünen Koalition wurde dieser Bewusstseinswandel nach und nach zur Grundlage praktischer Politik.

Ohne Anspruch auf Vollständigkeit sollen dazu nur wenige Stichworte gegeben werden: Durch die Einführung der Disease-Management-Projekte (DMP), in Verbindung mit massiven finanziellen Anreizen aus dem RSA, wurden die Kassen zum ersten Mal in großem Stile zu eigenständigen Vertragsinitiativen (vorzugsweise noch vermittelt über die Kassenverbände und in Vertragspartnerschaft mit den KVen) veranlasst. Durch das GKV-Modernisierungsgesetz (GMG) wurden die Einzelvertragsrechte der Kassen weiter gestärkt (Integrierte Versorgung etc.). Durch die Einführung der Fallpauschalen für die Vergütung der Krankenhausleistungen wurden die prinzipiellen Voraussetzungen für einen künftigen Preiswettbewerb im stationären Sektor geschaffen. Mit den Arzneimittel-Rabattverträgen durch das Arzneimittelversorgungs-Wirtschaftlichkeitsgesetz (AVWG) wurde 2006 der Wettbewerb auf einen wichtigen Leistungssektor ausgedehnt, in dem bislang für die gesamte GKV völlig einheitliche Konditionen

---

[4] Aus der Perspektive der wahlberechtigten Versicherten hatten die „Kassenarten" ohnehin schon ihre Plausibilität verloren. Bei der Wahl zwischen einer AOK, einer Ersatzkasse oder einer geöffneten BKK bzw. IKK spielte nicht die Kassenart eine Rolle, sondern der Beitragssatz, der Service und die Zusatzleistungen der jeweiligen einzelnen Kasse und generell ihr werbliches Image.

galten etc. Dieser Prozess findet mit dem GKV-WSG seinen vorläufigen Höhepunkt.

Der Wettbewerb, der ein Wettbewerb der einzelnen Kassen ist, löst zwangsläufig die Kassenarten – als bislang strukturierendes Gliederungsprinzip in der GKV – auf. Der Vertragswettbewerb, in dem die einzelnen Kassen wirtschaftliche Erfolge erringen müssen, erfordert in der Konsequenz auch die Lockerung, wenn nicht die Auflösung der einheitlichen, korporativen Strukturen auf der Seite der Leistungsanbieter, d.h. der künftigen Vertragspartner. Das GKV-WSG nimmt den Vertragswettbewerb so ernst wie es noch nie ein Gesetz getan hat. Die *gemeinsamen* Interessen der GKV können daher auch logischerweise nicht mehr von Teilverbänden, schon gar nicht mehr gegliedert nach Kassenarten wahrgenommen und vertreten werden.

Die ursprünglich von der Politik nur widerwillig aufgegriffene Logik des Wettbewerbs, d.h. ein neues Paradigma der Gesundheitspolitik zur Herstellung von Effizienz, hat in seiner Eigengesetzlichkeit dazu geführt, dass die seit der Nachkriegszeit stabilen Akteurskonstellationen bei Kassen und Leistungsanbietern seit Mitte der neunziger Jahre massiv in Bewegung geraten sind. Die mit dem GKV-WSG vorgenommenen Organisations- und Strukturreformen folgen somit – im Großen und Ganzen – nur diesen immanenten Zwängen.

4   PKV und Konkurrenz zu GKV

Die GKV – wie die Sozialversicherung überhaupt – ist in Deutschland nicht als Volksversicherung ausgestaltet. Es existierte bis zum GKV-WSG im Bereich der Krankenversicherung noch nicht einmal Versicherungspflicht. Man mag das bewerten wie man will – die Existenz eines privaten Krankenversicherungs-Sektors mit grundständiger Versicherungsmöglichkeit neben der GKV kann jedenfalls ökonomisch und (verfassungs-)rechtlich nur schwer in Frage gestellt werden. Zwar wurden immer wieder Legitimationsprobleme dieses „Doppelstandards" artikuliert: Die Privaten Krankenversicherungen bzw. die (PKV)-Mitglieder nehmen am solidarischen Belastungsausgleich in der GKV nicht teil; sie gelten als privilegierte Gruppe, die sich eine bessere Versorgung leistet und leisten kann etc.[5] Trotzdem hat die jahrzehntelange Existenz der PKV wirtschaft-

---

[5] Dass es zu diesen Punkten auch eine „andere Seite" gibt, d.h. dass die PKV-Mitglieder keineswegs alle privilegiert sind und dass die PKV auch ihre eigenen Finanzierungs- und Steuerungsprobleme hat, wird bei Genett im Folgenden dargestellt.

liche und rechtliche Konsequenzen mit Langzeitwirkung und führt millionenfach zu Tatbeständen des Vertrauensschutzes.

Bis zur Großen Koalition 2005 waren dementsprechend auch bei den PKV-kritisch eingestellten Politikern die Bedenken gegen eine massive Einschränkung der PKV zu groß. Man arrangierte sich faktisch mit einem Zustand der „resignativen Koexistenz" beider Systeme. Der Stein des Anstoßes war allerdings immer wieder die Wechselmöglichkeit der freiwillig Versicherten aus der GKV in die PKV, von der Jahr für Jahr Hunderttausende gut verdienende und relativ gesunde Menschen Gebrauch machten. Die Debatte beschränkte sich danach jedoch meist auf die Frage einer massiven Erhöhung der Versicherungspflichtgrenze in der GKV bzw. ihrer gänzlichen Abschaffung.

Bis Ende der neunziger Jahre begnügt sich der Gesetzgeber damit, die Rückkehrmöglichkeiten von PKV-Versicherten in die GKV-Solidarität immer weiter zu begrenzen, mit dem Ziel, die GKV nach dem Prinzip „einmal PKV – immer PKV" gegen ökonomische System-Hopper abzudichten. Gleichzeitig wurden in die GKV mit der Wahlmöglichkeit von Kostenerstattung und anderen Wahltarifen (Beitragsrückzahlung etc.) Elemente von PKV-Tarifen aufgenommen, die für die freiwillig Versicherten die Attraktivität des Verbleibs in der GKV erhöhen sollten.

Auf der Grundlage dieser sehr verhaltenen Strategien gab es bis vor einigen Jahren ein weitgehend stagnierendes Verhältnis zwischen GKV und PKV (euphemistisch als „Systemkonkurrenz" bezeichnet) mit leichten Terraingewinnen auf Seiten der PKV. Hinzu kam, dass – nach dem Ausscheiden der FDP aus der Bundesregierung – der politische Flankenschutz für die PKV von der Opposition der CDU/ CSU (allerdings abgeschwächt) mit ihrer Mehrheit im Bundesrat übernommen wurde. Die vor der Bundestagswahl 2005 von der Union entwickelten gesundheitspolitischen Konzepte („Solidarische Gesundheitsprämie") wurden bei der PKV als ernsthafte Unterstützung ihres Geschäftsmodells wahrgenommen und dabei wahrscheinlich überschätzt. Bekanntlich schwanden diese Vorstellungen nach der Wahl wie Schnee an der Sonne.

Eine Wende bekam die Diskussion um die Rolle der PKV durch die programmatische Forderung von SPD und Grünen nach einer Bürgerversicherung, obwohl jedenfalls die Position der SPD zur PKV in den einschlägigen Beschlüssen (absichtsvoll) höchst diffus blieb. Dabei klingt die Forderung nach einer „Versicherungspflicht für alle" unüberhörbar mit. Auf diese Weise wurde ein neues Argument in die Auseinandersetzung um die PKV eingeführt: Das soziale Problem der Nicht-Versicherten aus gekündigten PKV-Verträgen, aber auch mit Herkunft aus der GKV. Dieses politische Problem wurde von SPD und dem BMG im

Vorfeld des GKV-WSG – wie die aktuellen Nach-WSG-Zahlen zeigen, erheblich – aufgebauscht und konnte als Treibsatz für die Forderung nach einem PKV-Basistarif (mit vielen Analogien zur GKV) genutzt werden. Dabei gingen die Konsequenzen dieser Konzepte tatsächlich weit über die Lösung des Rückkehrer-Problems ehemaliger PKV-Versicherter in geeignete PKV-Tarife hinaus.

Das GKV-WSG hat so stark in die Verhältnisse der PKV eingegriffen wie kein anderes Gesetz seit Gründung der Bundesrepublik – und zwar explizit mit dem Ziel ihrer Disziplinierung und Beschränkung. Die Positionsverluste der PKV sind groß genug; umso verständlicher die Freude des PKV-Verbandes, noch Schlimmeres abgewendet zu haben. Dabei muss jedoch festgestellt werden, dass die PKV einerseits durch einige Binnenprobleme bei der Politik Sympathien eingebüßt hatte: Zweifel an der ausreichenden Höhe der Altersrückstellungen, relativ zur GKV höhere Prämiensteigerungen, keine Einflussmöglichkeiten der PKV-Unternehmen auf die Qualität und Koordination der medizinischen Versorgung, PKV als Trittbrettfahrer der Kostendämpfung etc. Andererseits haben einige Unternehmen, zum Teil im Gegensatz zu ihrem Verband und der damit repräsentierten Mehrheit der PKV-Institutionen, mit eigenen Vorschlägen die Debatte zum „Basistarif" und zur „Portabilität der Alterungsrückstellungen" selbst angeheizt und damit offenkundig gemacht, dass die Ausgangsbedingungen und Geschäftsstrategien der verschiedenen PKV-Unternehmen durchaus nicht homogen sind. Die Politik hat mit dem GKV-WSG die dadurch für sie gegebene Chance genutzt.

Gesundheitsreform 2007: Die Kassen unter Druck

Robert Paquet

Vorbemerkung

Wer als Vertreter der Gesetzlichen Krankenversicherung (GKV) spricht, hat (bisher) regelmäßig das Problem, mehrere Rollen zu spielen: Er spricht als Vertreter einer Kassenart, als Vertreter einer einzelnen Kasse, als Repräsentant eines Landes- oder Bundesverbandes und gegebenenfalls als hauptamtlicher Mitarbeiter, als Vorstand oder als Selbstverwalter und dort wiederum als Arbeitgeber- oder als Versichertenvertreter. In vielen Fragen mag das zu recht unterschiedlichen Antworten und Positionen führen. Einige dieser Rollen können intellektuell relativiert bzw. auf einer höheren Ebene „aufgehoben" werden. Man kommt jedoch niemals darum herum, zu den Rollen „Kassenart" und „Kasse oder Verband" Stellung zu beziehen.

Und nun schafft das Gesetz zur Stärkung des Wettbewerbs in der gesetzlichen Krankenversicherung (GKV-WSG) die Kassenarten (noch nicht ganz) ab und es versucht, die bisherige vielfältige Verbändegliederung in eine vereinfachte Dichotomie Kassen - Spitzenverband Bund der Krankenkassen (SpiBu) zu überführen. Diese Dichotomie verweist direkt auf die erste der Probleme, die hier erörtert werden sollen.

1 Die Rolle der Krankenkassen

Die Gesetzlichen Krankenkassen haben sich mit einigem Recht als die zentralen Einrichtungen bzw. Akteure im System der GKV-geregelten Gesundheitsversorgung verstanden. Sie sahen sich in der Rolle und Verantwortung als die umfassende Steuerungsinstanz für die Gesundheitsversorgung, wenn nicht gar für das

Gesundheitswesen insgesamt.[1] Sie hatten dabei jeweils als einzelne Institutionen den Charakter selbständiger Unternehmen, die für ihre Mitglieder (auf Basis weitgehend freier Kassenwahl) Leistungen gewährten, die Bereitstellung der Leistungen durch Verträge (zum Teil durch ihre Verbände) sicherten („Einkaufsmodell") und auf dieser Grundlage berechtigt waren, entsprechende Beiträge einzuziehen. Im Rahmen des Sachleistungsprinzips waren und sind die Kassen verpflichtet, die Qualität, die Menge und die Preise der Leistungen einerseits entsprechend dem Anspruch des Sozialgesetzbuchs (SGB) und andererseits entsprechend dem tatsächlichen Bedarf der Versicherten (Nachfrage) mit den Finanzierungspotentialen in der Balance zu halten. Zielvorstellung war, die Krankenversorgung auf möglichst hohem qualitativem Niveau zu möglichst günstigen Beitragssätzen sicherzustellen. Ein Teil der entsprechenden Verträge war den Kassenverbänden (auf Bundes- bzw. Landesebene) durch gesetzliche Vorschriften zugeordnet, einen anderen Teil der Regelungen konnten die Kassen jeweils in eigener Verantwortung treffen. Bei einigen Gegenständen waren und sind die Kassen bzw. ihre Verbände zu gemeinsamen und einheitlichen Vereinbarungen für die GKV insgesamt verpflichtet.

Ursprünglich war die einzelne Kasse der „Ort" der Solidarität, d.h. des sozialen Ausgleichs. Mit der allmählichen Aufweichung des für die Kassenarten konstitutiven berufsständischen Zuweisungssystems der Mitglieder und seiner schrittweisen Ablösung durch weitgehend freie Kassenwahlentscheidungen musste zur Vorbeugung (absichtlicher und unabsichtlicher) Risikoselektion ein kassenübergreifender Solidarausgleich hergestellt werden (Risikostrukturausgleich (RSA)). Ministerin Ulla Schmidt postuliert daher – in Überinterpretation des § 1 SGB V und als unhistorischen Euphemismus – dass die GKV seitdem (als ganze) eine Solidargemeinschaft sei.

Die Kassen vertreten ihre Interessen vor allem vermittels ihrer Verbände (Bundes- und Landesverbände).[2] Die Spitzenverbände der Kassenarten haben bis

---

[1] Die Private Krankenversicherung (PKV) konnte man ignorieren, da ihre Versorgungsstrukturen nicht gesondert existieren, sondern auf dem GKV-Versorgungssystem (und dann mit mancherlei Privilegien) aufsetzen. Da die GKV mit einem Umsatz von fast 150 Milliarden Euro über die Hälfte des Gesamtumsatzes der Gesundheitsbranche von ca. 240 Milliarden Euro bestimmt, war diese Auffassung auch zum Teil berechtigt.

[2] Auf die Besonderheiten dieser Verbändelandschaft soll hier nicht näher eingegangen werden. Nur so viel sei gesagt: Entscheidend waren die Bundesverbände der Krankenkassen. Sie haben jedoch jeweils unterschiedliche „Unterbauten", die die Interessenvertretung der jeweiligen Kassen (und die Delegation von Verwaltungsräten) unterschiedlich bestimmten. Im AOK-System wird der Bundesverband aus 16 Landesverbänden gebildet, die je-

heute die gemeinsamen Aufgaben der GKV höchst erfolgreich und arbeitsteilig („Fachfederführung") erledigt. Eines Dachverbandes bzw. Gemeinschaftsverbandes bedurfte es nicht. Die Koordination der Gemeinschaftsaufgaben erfolgte durch eine rotierende Gesamtfederführung unter den Bundesverbänden der Krankenkassenarten. Die Krankenkassen und ihre Verbände haben diese Rollen in den letzten Jahrzehnten mit zunehmendem Selbstbewußtsein, zum Teil auch mit wachsender Lust an ihrer gestiegenen Macht gespielt. Wegen der durch die Selbstverwaltung legitimierten Finanzautonomie fühlten sich die Kassen stark, durch ihre solidarische Umverteilungsfunktion moralisch legitimiert und durch den gesetzlich zunehmend ausdifferenzierten Auftrag im Vertragsbereich, die Balance zwischen den Leistungsansprüchen der Versicherten und deren Finanzierbarkeit durch Beiträge zu wahren, in einer unternehmerischen Rolle bestärkt. Die Kassen verstanden sich demnach als Garanten der Solidarität, als Sachwalter der Versicherten in ihren dualen Rollen als Beitragszahler und als potentielle Patienten, als Unternehmer und Qualitätsanwälte, die ihren Mitgliedern durch Verträge ein angemessenes Leistungsportefeuille zur Verfügung stellen.

Einerseits wegen der sozialen Ausgleichsfunktionen zwischen den Versichertengruppen, andererseits wegen der gesamtwirtschaftlichen Vertragsverantwortung und Katalysatorfunktionen hat die GKV einen quasi überparteilichen Neutralitätsanspruch entwickelt, der einige der direkten Akteure partiell vergessen ließ, dass die Sozialversicherung als mittelbare Staatsverwaltung nur „geliehene" (abgeleitete) Macht besitzt.[3]

Insoweit wurden die spezifischen Interessen der GKV zum Teil verabsolutiert und für die Gesundheitspolitik ausgeblendet, dass sie aus der Perspektive anderer wichtiger Akteursgruppen doch wieder partialen Charakter haben. Die

---

weils mit einer Kasse identisch sind. Ähnlich ist das beim IKK-Verband. Andere „Kassenarten", wie die Knappschaft oder die Seekasse, bestehen nur aus einer Krankenkasse. Die Verbände der Ersatzkassen haben nur eine überschaubare Anzahl von Mitgliedern bundesweit tätiger Kassen und haben daher keine Landesverbandsstrukturen (sie haben nur gemeinsame Agenturen für das Vertragsgeschäft auf der Ebene der Bundesländer.) Nur bei den BKKen existieren noch „echte" Landesverbände, die jeweils eine größere Anzahl (kleinerer und mittlerer) Betriebskrankenkassen als Mitglieder haben. Ein Verwaltungsratsmitglied des BKK-Bundesverbandes hat daher regelmäßig „drei Hüte auf", in der Regel als Verwaltungsratsvorsitzender seiner Herkunftskasse, seines Landesverbandes und als Mitglied des Bundesgremiums.
[3] Die GKV-Funktionäre haben die von Minister Seehofer in den 1990er Jahren nie ganz ernst gemeinte Parole „Vorfahrt für die Selbstverwaltung!" nur zu gerne geglaubt und nicht hinreichend erkannt, dass damit eigentlich eine Bewährungsprobe für sie gemeint war.

tatsächliche Schlüsselrolle der GKV (vor allem in ihrer komplexen und für „Betriebsfremde" schwer durchschaubaren Struktur der GKV-Spitzenverbände) wurde überzogen und damit in gewisser Weise gegenüber der Politik selbst in Frage gestellt. Man hatte sich in der Illusion gewiegt, der Mechanismus, der seit 1982 funktionierte (Wechselspiel mit der jeweiligen Opposition gegen die Bundesregierung), ginge auch unter den Bedingungen einer Großen Koalition so weiter. Damit haben sich die Akteure der GKV jedoch grundlegend getäuscht. Man konnte zwar so weitermachen wie bisher. Das hatte aber fatale Wirkungen.

Dabei zeigte sich zumindest aus der Perspektive der Politik, dass das Merkmal der Kassenarten als Konstituens der Verbände zunehmend seine Plausibilität verloren hat. Deutlich wurde das zum Beispiel an der – von der Politik mit ausgelösten – Verschuldungskrise der Kassen 2003 und den Versuchen ihrer Bewältigung. Die Verbände hatten in der Folge viel damit zu tun, mit sich selbst zurechtzukommen. Sie waren durch die entsprechenden Satzungsregelungen (und die daraus resultierende Lastenverteilung innerhalb ihrer jeweiligen Kassengruppe) völlig okkupiert. Aus ihrer Rolle als Haftungsverbünde erwuchs für die Landes- und Bundesverbände eine massive Destabilisierung und eine Herausforderung für die innerverbandliche Integrationsfähigkeit. Die Überlebtheit der Kassenartengliederung trat immer klarer zu Tage.

Gleichzeitig fanden weitere Erosionsprozesse in den Verbänden statt. Dabei wurden die Einzelkassen durch ihre zunehmenden einzelvertraglichen Kompetenzen stärker (zum Beispiel durch DMP Disease-Management-Programm-Abschlüsse und Hausarztverträge). Auch im AOK-System zeigten sich hier ganz unterschiedliche unternehmenspolitische Zielsetzungen und Strategien. Das führte wiederum dazu, dass sich die einzelnen Kassen auch sichtbarer im politischen Raum und in den Medien artikulierten. Innerhalb der Ersatzkassen wurde die Unterschiedlichkeit der Gruppierung TK/ GEK versus Barmer/ DAK immer offensichtlicher. Im BKK-System haben sich explizite Untergruppierungen gegenüber der Politik artikuliert und zum Beispiel die Ermöglichung kassenartenübergreifender Fusionen gefordert. Und die Politik hat die ihr damit gebotene Chance genutzt und diese Entwicklung nach Kräften gefördert. So hat das Bundesministerium für Gesundheit (BMG) zum Beispiel vor Anhörungen der GKV-Spitzenverbände immer öfter Gesprächskreise mit ausgewählten Einzelkassenvertretern durchgeführt und dabei die jeweiligen verbandskritischen Stimmen besonders gefördert.

Schließlich war an der Kritik an bestimmten Verkrustungserscheinungen der Selbstverwaltung in der GKV auch etwas Wahres dran. Jedenfalls haben sich Krankenkassen und ihre Verbände in den letzten Jahren in der Öffentlichkeit und gegenüber der Politik nicht gut verkauft, sondern regelmäßig – zum großen Teil mit guten Gründen – als Störfaktor[4] dargestellt. Das hat der Politik die Gelegenheit gegeben, zurückzuschlagen: Das Gerede der Politik von der zu hohen Kassenzahl, den überproportional wachsenden Verwaltungskosten, den zu hohen Gehältern der Funktionäre, etc. haben dazu beigetragen, die Legitimationsbasis der Kassen nachhaltig zu unterminieren. Und die Medien haben das natürlich gerne aufgegriffen.

2 Die Wirkungen der Gesundheitsreform auf die Krankenkassen und ihre Verbände

Die Krankenkassen sind die klaren Verlierer der Reform.[5] Das betrifft alle Kassen und alle Kassenarten insbesondere deshalb, weil die Kassen ihre Finanzautonomie durch den Gesundheitsfonds und den allgemeinen, staatlich festgesetzten Beitragssatz einbüßen werden. Weil die Kassenarten erneut und diesmal fundamental geschwächt werden (sie sind künftig de facto nur noch subalterne Haftungsgemeinschaften innerhalb des SpiBu), verliert das bisherige Verbändesystem seine zentrale Bedeutung. Es spricht einiges dafür, dass das Kalkül der Bundesregierung in Bezug auf das neue, „vereinfachte" Verbandssystem aufgeht. Die bisherigen Bundesverbände verlieren ihren Körperschaftsstatus, ihre über die Kassenarten hinausgehenden, öffentlichkeitswirksamen Federführungsfunktionen und ihre gesetzlichen und für die Kassen ihrer Kassenart verbindlichen Aufgaben in der Vertragspolitik. Sie wandeln sich zu Dienstleistungsunternehmen privaten Rechts, die den Kassen (und im Sonderfall des BKK Bundesverbandes, den BKK-Landesverbänden) gehören. Sie können nicht mehr aus eigenem Recht, sondern nur noch im explizit vertraglich vergebenen Auftrag für die Kassen tätig werden.

   Zwar waren die Kassenarten – jedenfalls aus der Perspektive der Versicherten – nach Einführung der weitgehenden Wahlfreiheit durch das Gesundheitsstrukturgesetz (GSG) ab 1996 schon weitgehend nivelliert. Trotzdem blieben die

---

[4] Hier könnte man die Rolle der Kassen beim Arzneimittelversorgungs-Wirtschaftlichkeitsgesetz (AVWG) als weiteren Anlass für den Unmut der Politik noch ausführen.
[5] Wie zum Hohn erklärte die Ministerin Ulla Schmidt bei der Gründungsversammlung des – als Disziplinierungsmittel für die Kassen eingeführten – neuen Spitzenverbandes (SpiBu) am 21. Mai 2007, die Kassen bekämen „nun endlich einen einheitlichen Verband", als hätten alle Krankenkassen schon lange darauf gewartet.

Verbände mit wichtigen Funktionen für die jeweiligen Mitgliedskassen relevant.[6] Durch die allmähliche Ablösung des korporativen Kollektivvertragssystems durch zunehmende Einzelverträge – wir befinden uns in einer längeren Übergangszeit mit weitgehend parallelen und sich widersprechenden Strukturen – werden die Verbände weiter geschwächt, wenn nicht tendenziell überflüssig. Jedenfalls die stärkeren Einzelkassen sehen das als ihre Chance an und suchen nach neuen, von den bisherigen Kassenarten und Verbänden unabhängigen Bündniskonstellationen.

Die Nachfolgeorganisationen der bisherigen Bundesverbände werden in unterschiedlicher Rechtsform weitergeführt. Sie verlieren nicht nur den Körperschaftsstatus, sondern auch die Zwangsmitgliedschaft. Das bedeutet, dass einzelne Mitglieder austreten können, dass diese Organisationen nur noch im Auftrag tätig werden dürfen und jenseits der freiwillig in der Satzung vereinbarten Regelungen keine Disziplinierungswirkungen mehr für ihre Mitglieder entfalten werden. Sie treten damit in Konkurrenz zu privaten Dienstleistungsunternehmen, Unternehmensberatungen und Einrichtungen, die insbesondere im IT-Sektor bereits für Kassen arbeiten und sich dort inzwischen ganz selbstverständlich von kassenartbezogenen Bindungen freigeschwommen haben. Eine gewisse Bindungswirkung wird allerdings weiterhin von den Markenrechten im AOK-, BKK- und IKK-System ausgehen. Da allerdings nur die AOKen nicht in Konkurrenz zueinander stehen – und sogar bruchlos eine Bundes-AOK bilden könnten – ist selbst diese Bindungswirkung bei den anderen Kassenarten auf mittlere Sicht gefährdet.

Der Macht- und Funktionsverlust betrifft vor allem die Kassenverbände. Die einzelnen Krankenkassen haben zum Teil sogar das Gefühl, Gewinner zu sein. Dabei haben sie auch tatsächlich – wenn sie entsprechende Fähigkeiten entwickeln – Vertragsspielräume gewonnen, die bisher durch die Verbände (tatsächlich oder vermeintlich) blockiert waren. Der Wettbewerb der Einzelkassen wird zwar durch das System von Gesundheitsfonds, allgemeinem Beitragssatz und Zusatzbeitrag massiv verschärft. Er wird sich jedoch noch unabhängiger von den bisherigen Kassenartenbindungen abspielen. Dabei werden auch Fusionen wieder wahrscheinlicher; in den letzten Jahren hatte sich die Bewegung hier eher etwas beruhigt. Allerdings werden nur in Ausnahmefällen kassenartenübergreifende Fusionen stattfinden, da es die damit verbundenen Regelungen zur Selbstverwal-

---

[6] Vgl. Paquet, Robert (2002): Mit beabsichtigten Nebenwirkungen? – AOK fordert die Ermöglichung kassenartenübergreifender Fusionen. In: Gesellschaftspolitische Kommentare (9/2002), S. 23ff.

tung für Ersatzkassen im Allgemeinen unattraktiv machen, mit Kassen anderer Kassenarten zu fusionieren. Der generelle Fusionsdruck wird jedoch allein schon aus ökonomischen Gründen, etwa zur Herstellung von Einkaufsmacht, zunehmen.

3 Ressourcen und Möglichkeiten zur Beeinflussung der Gesundheitspolitik

Der neuen SpiBu ist noch im Entstehen. Er ist zwar formal eine Gründung der einzelnen Kassen, aber faktisch und personell (auf der Ebene der Selbstverwaltung und bei den Hauptamtlichen) eine Nachfolgeorganisation der bisherigen Spitzenverbände. Das eröffnet prinzipiell zwei Möglichkeiten. Er kann gegenüber dem Ministerium eine starke Vertretung der Krankenkassen werden. Er könnte jedoch auch zum Beispiel durch pro forma aufsichtsrechtliche Maßnahmen so eng an das BMG angebunden werden, dass er sich zum Disziplinierungsinstrument der Politik gegenüber den Kassen entwickeln würde. Letzteres erscheint im Moment eher unwahrscheinlich. Die Entwicklung bleibt aber abzuwarten. Im Verhältnis zu den bisherigen Spitzenverbänden bzw. ihren Nachfolgeorganisationen wird sich der SpiBu für eine längere Zeit auf eine Koexistenz einrichten. Es spricht vieles dafür, dass nicht sieben Organisationen abgeschafft und eine neue zusammenfassende Institution geschaffen wurde, sondern dass zunächst einmal eine weitere Organisation für die GKV sprechen wird.

Die politische Artikulation und Willensbildung der Nachfolgeorganisationen wird jedoch nach und nach abnehmen und ihr Binnenleben wird allmählich „betriebswirtschaftlich" und profanisiert werden. Dementsprechend steigt der SpiBu langfristig in seiner politischen Bedeutung. Das zeigt sich auch in der Auseinandersetzung um die Satzung des SpiBU, in der nur für die erste Wahl der Selbstverwaltung eine Quotierung nach Kassenarten vorgesehen ist. Die Politik rechnet also mit der Auflösung dieser Grenzen. Daher hat auch das BMG eine Satzungsregelung nicht genehmigt, die beim SpiBu einen Fachbeirat – bestehend aus den Vorständen der bisherigen Bundesverbände – dauerhaft etablieren sollte. Damit würden die bisherigen kassenartbezogenen Bundesverbände konserviert und prolongiert und das stünde im Widerspruch zur Intention des Gesetzes. Jetzt ist die Lösung, dass der Vorstand des SpiBu – nach freiem Ermessen – den Fachbeirat (als sein Beratungsgremium und als „Brückenschlag" zu den Kassen) besetzen und dabei in Zukunft auch allmählich von den bisherigen Verbandsvertretern abrücken kann. Die Einzelkassen werden ohnehin bald kritisch auf diese

Regelung einsteigen. Es dürfte nur eine Frage der Zeit sein, wann die Selbstverwalter und hauptamtlichen Vorstände der großen Einzelkassen eine Vertretung in Abstimmungsgremien mit dem Vorstand des SpiBu fordern werden. Der SpiBu wird als neue Körperschaft kein Problem der Ressourcenbeschaffung haben. Er kann Zwangsbeiträge erheben. Allerdings wird das Budget am Anfang nicht zu üppig sein, da die bisherigen Organisationen eifersüchtig darauf achten werden, dass die neue Organisation nicht zu schnell aufsteigt. Politik und Medien werden diesen Aufstieg zwar massiv unterstützen; die Bremswirkung der alten Strukturen für den neuen Verband sollte jedoch nicht unterschätzt werden.

Die Nachfolgeorganisationen der bisherigen Bundesverbände werden nur noch durch Dienstleistungen Geld verdienen können. Es wird zunehmend schwieriger werden, dort im Sinne von Umlagen bzw. freiwilligen Verbandsbeiträgen nicht-leistungsbezogene Mittel zu schöpfen. Außerdem haben die Kassen selbst jetzt zusätzlich den SpiBu zu finanzieren und werden – trotz der Aufhebung der Budgetierung der Verwaltungskosten ab 2008 – auf knappe Mittel achten. Daher wird es bei den neuen und alten Verbänden für Politik-Aktionen, Kampagnen etc. nur noch mit großer Mühe Gelder geben.[7] Allerdings werden es sich die Einzelkassen nicht nehmen lassen, ihre neue Macht gegen die bisherigen Bundesverbände bzw. deren Nachfolgeorganisationen auszuspielen. Die großen Kassen werden sich häufiger und lauter in der Politik artikulieren und können für – mehr vom Marketing gesteuerte – Aktionen auch die nötigen Mittel in ihren Haushalten bereitstellen bzw. beschaffen.

Da der SpiBu durch seine Mehrheitsregeln die Kassenpositionen – in einer tatsächlich doch recht vielfältigen Landschaft – nivellieren und abschleifen wird (Regelungen zum Schutz von Minderheiten bzw. zu deren Artikulation gibt es dort nicht), ist es hoch wahrscheinlich, dass sich mittelfristig neue Gruppierungen von Kassen organisieren werden, die sich – weitgehend unabhängig von den bisherigen Kassenarten – nach unternehmenspolitischen Motiven und Bedürfnissen (möglicherweise auch unterschiedlich nach Teilinteressen) zusammenschließen. Wie diese Gruppen aussehen und welche Form sie bekommen werden, ist heute allerdings noch völlig offen.

Ein ernsthaftes Problem wird sein, wie der SpiBu sein Verhältnis zu den Mitgliedskassen organisiert. Der Verwaltungsrat reicht hier als Mittel der Willensbildung nicht aus und für den Transfer vom SpiBu zu „seinen" Kassen müs-

---

[7] Wobei zu konzedieren ist, dass politischer Einfluss mehr von anderen Ressourcen und Bedingungen abhängt.

sen ohnehin völlig neue Mechanismen gefunden werden. Wie dieses Verhältnis mit Leben, Regeln und Inhalten gefüllt wird, wird spannend zu beobachten sein. Offen ist dabei auch, welche Rolle und Integrationskraft die alten Verbände behalten werden. Die Beharrungskräfte sind nie zu unterschätzen. Die bisherigen Arbeitskreise der Selbstverwalter und Vorstände der Bundesverbände sind zum Beispiel gewillt – unabhängig von der Neugründung des SpiBu – ihre Arbeit bis auf weiteres fortzusetzen und auf diese Weise den SpiBu zu steuern bzw. zu präjudizien. Die Phänomene von „Doppelherrschaft" in politischen Übergangsperioden können hier beobachtet werden.

Dabei ist auch zu berücksichtigen, dass der SpiBu praktisch kaum Regelungen treffen und Verträge schließen kann, ohne sich mit vielen anderen Beteiligten abzustimmen bzw. ohne mit dem BMG eng zusammenzuarbeiten. Das gilt zum Beispiel exemplarisch für die Fragen der elektronischen Gesundheitskarte (gematik) oder der Reform der ambulanten ärztlichen Vergütung (etwa im Institut des Bewertungsausschusses mit der KBV) und auch der Weiterentwicklung der Fallpauschalen im Krankenhausbereich (Diagnosis-Related-Groups (DRGs)) durch das InEK (Institut für das Entgeltsystem im Krankenhaus GmbH). Er ist also von anderen Machtpositionen sehr stark „eingehegt" und steht stets unter der Drohung ministerieller Ersatzvornahme. Insoweit muss er sich, um überhaupt im Sinne der GKV wirksam zu werden, eng mit den mächtigen Gruppierungen im Kassenlager (bzw. den starken Kassen) ins Benehmen setzen

4 Ausblick

Grundsätzlich dürfte die politische Bedeutung der GKV – auch als Wirkung dieser Reform – insgesamt abnehmen. Dass Kassen Unternehmen sind, wird durch ihre Ausrichtung auf betriebswirtschaftliches Handeln immer klarer. Das „politische", d.h. auf Gesetzgebung ausgerichtete Handeln wird sich mittelfristig beim SpiBu konzentrieren und nur noch große Einzelkassen werden in diesen Fragen bei der Politik Gehör finden. Die GKV insgesamt wird tendenziell entpolitisiert – wobei allerdings das Ministerium eine größere und politisch unmittelbarer wirksame Rolle spielen wird. Der Stellenwert der GKV-Verbände – einschließlich des SpiBu – wird jedenfalls in politischer Hinsicht abnehmen. Das muss für die GKV insgesamt nicht von Nachteil sein, denn die zum Teil ideologische Überpolitisierung dieses Feldes hat in den letzten Jahren eher geschadet. Das Vertrauen der Versicherten in die Leistungsfähigkeit der GKV hat dabei viel mehr gelitten, als es durch die tatsächlichen Gesetzesänderungen gerechtfertigt gewesen ist.

Schließlich muss festgestellt werden, dass die Sozialversicherung als spezifische Organisationsform für soziale Sicherung ihre Überlegenheit gegenüber direkter staatlicher Leistungsbereitstellung in den Augen der Politik (und vor allem für die SPD) nicht (mehr) überzeugend nachweisen konnte. Die schärfste Kritik zum Beispiel an der Pflegeversicherung kam aus linken SPD- und AWO-Kreisen mit der Forderung nach einem „Bundesleistungsgesetz". Insoweit tendiert das GKV-WSG für den Bereich der Krankenversicherung zu dem, was in den anderen Sozialversicherungszweigen (Rente und Arbeitslosenversicherung) schon durch die Agenda 2010 umgesetzt wurde, nämlich zum langsamen Abschied des Sozialstaats von der Sozialversicherung.

PKV und die Gesundheitsreform 2007: Verhinderung eines „schleichenden Todes"

Timm Genett

1 Historische Wurzeln und Entwicklung der Privaten Krankenversicherung

Die Existenz von zwei Krankenvollversicherungsystemen ist eine Besonderheit der deutschen Sozialgeschichte. Dabei reichen die historischen Wurzeln der Privaten Krankenversicherung (PKV) weiter als die ihrer gesetzlichen Alternative. Denn zumindest idealtypisch lässt sich die Idee des Versicherungsvereins auf Gegenseitigkeit bis ins Mittelalter zurückverfolgen, bis zu den in frühbürgerlicher Selbstorganisation betriebenen berufsständischen Versorgungswerken der Handwerkszünfte (vgl. PKV 1997).

Begrifflich kann von einer PKV freilich erst seit 1883 die Rede sein, nämlich in Abgrenzung zu Bismarcks Sozialgesetzgebung und der Einführung der Gesetzlichen Krankenversicherung (GKV) als Pflichtversicherung für einen vom Gesetzgeber als schutzbedürftig definierten Personenkreis. Mit anderen Worten: Der deutsche Sozialstaat ist nicht als staatliche Volksversicherung gegründet worden, sondern hat von vornherein einen begrenzten Personenkreis in das Sozialversicherungssystem einbezogen, der dort im Gegenzug zur Zahlung von Zwangsbeiträgen das Recht auf einkommensabhängigen Subventionsanspruch erhielt. Allen nicht einbezogenen Bevölkerungsteilen blieb es dagegen überlassen, sich selbst gegen die Risiken des Lebens privat abzusichern und Eigenvorsorge zu betreiben. Soziologisch war die PKV von Anfang an stark vom Mittelstand geprägt, handelte es sich bei den ersten Einrichtungen doch um Gründungen von Handwerkern, Kaufleuten und Beamten. Waren die ersten PKVen noch allesamt nach dem Genossenschaftsprinzip organisierte Versicherungsvereine auf Gegenseitigkeit (VVaG), so gründete sich 1913 erstmals auch eine PKV in der Rechtsform einer Aktiengesellschaft. Nach 1945 wurde die PKV in Ostdeutschland durch die sowjetische Besatzungsmacht verboten. In Westdeutschland dagegen kam es – nachdem auch über eine Einheitsversicherung diskutiert worden war – erneut zu einer dualen Systementscheidung.

Heute ist die PKV mit 47 Mitgliedsunternehmen (20 Versicherungsvereine auf Gegenseitigkeit und 27 Aktiengesellschaften) (vgl. PKV 2007) sowie rund 8,53 Millionen Vollversicherten und 19 Millionen Zusatzversicherungen ein fester Bestandteil der sozialen Sicherung in der Bundesrepublik Deutschland. Dieser Erfolg darf allerdings nicht darüber hinwegtäuschen, dass der ordnungspolitische Sinn der ursprünglichen Entscheidung für zwei Systeme in der sozialstaatlichen Praxis immer mehr verzerrt worden ist. Das grundgesetzlich verankerte Subsidiaritätsprinzip, wonach der Staat erst dann zur Unterstützung aufgerufen ist, wenn die Fähigkeit zur Selbsthilfe an ihre Grenzen stößt, ist in der Realität kaum wiederzuerkennen. Denn die gesetzliche Krankenversicherungspflicht wurde in den vergangenen Jahrzehnten schrittweise auf immer neue und immer größere Personenkreise ausgedehnt – mit der Folge, dass es um den größten Teil der Bevölkerung zwischen PKV und GKV keinen Wettbewerb gibt, weil ihm gesetzlich das Recht verwehrt ist, sich alternativ in der PKV zu versichern. Im Angestelltenbereich ist die Hürde – die Versicherungspflichtgrenze – mit 4012 Euro Bruttoeinkommen im Monat (2008) so hoch, dass die GKV ihre originäre ordnungspolitische Legitimation einer Pflichtversicherung für Schutzbedürftige lange überschritten hat.

2 Funktionsprinzipien der PKV

Vertragsfreiheit

Während die Träger der Gesetzlichen Krankenversicherung ausschließlich Körperschaften des öffentlichen Rechts sind, wird die PKV von privatrechtlichen Unternehmen in Gestalt von Aktiengesellschaften (AG) oder Versicherungsvereinen auf Gegenseitigkeit (VVaG) betrieben. Deren Rechtsgrundlage bilden das Versicherungsvertragsrecht, das Aufsichtsrecht und das Handelsrecht[1]. Auf dieser Basis wird in der PKV zwischen Versichertem und Unternehmen ein privatrechtlicher Vertrag geschlossen, der – so die positive Folge für die Privatversicherten – das einmal vereinbarte Leistungsversprechen lebenslang garantiert. Anders in der GKV: Dort gibt es keine vertragliche Leistungsgarantie, sondern

---

[1] So verpflichtet das Handelsgesetzbuch die Versicherungsunternehmen zur Bildung von Rückstellungen (vgl. § 341 e und f HGB).

der Leistungskatalog unterliegt jederzeit der politischen Entscheidung des Gesetzgebers. Alle Reformmaßnahmen der vergangenen zwei Jahrzehnte enthielten sogenannte Kostendämpfungsmaßnahmen in Form expliziter oder impliziter Rationierung.

Äquivalenzprinzip und Beitragskalkulation

In der GKV wird der Krankenkassenbeitrag in Abhängigkeit vom Einkommen bis zur Beitragsbemessungsgrenze erhoben. In der PKV dagegen hängt die Beitragshöhe vom gewählten Versicherungsschutz und vom individuellen Risiko ab. Das ist das Äquivalenzprinzip der PKV. Je mehr Leistungen versichert sind und je mehr Inanspruchnahme von Leistungen aufgrund bereits bekannter Risiken des Versicherten zu erwarten ist, desto höher ist der Beitrag. Auf die Beitragshöhe hat dabei insbesondere das Lebensalter zu Versicherungsbeginn Einfluss, weil das Krankheitsrisiko mit dem Lebensalter steigt. Außerdem spielt der Gesundheitszustand bei Versicherungsbeginn eine Rolle, weil bereits vorhandene Erkrankungen ein zusätzliches Risiko sind, für das auch zusätzliche Beiträge – Risikozuschläge – bezahlt werden müssen. Schließlich beeinflusst neben Alter und Vorerkrankungen auch das Geschlecht die Inanspruchnahme von Gesundheitsleistungen, unter anderem weil Frauen statistisch länger leben als Männer.

Prinzip der Kapitaldeckung

Da die Krankheitskosten mit zunehmendem Alter exponentiell steigen, ist eine entsprechende Vorsorge für das Alter schon frühzeitig notwendig. Dies geschieht in der PKV durch das Kapitaldeckungsverfahren, in dem jede Generation ihre zukünftig erwartbaren altersbedingten Mehrkosten durch Alterungsrückstellungen vorfinanziert.

In der GKV werden dagegen alle laufenden Kosten im Umlageverfahren finanziert. Das erfordert schon heute eine Subventionierung der Über-65-jährigen durch die Jüngeren in Höhe von ca. 36 Milliarden Euro jährlich. Angesichts der demographischen Entwicklung ticken in der Gesetzlichen Kranken- und Pflegeversicherung somit gewaltige Zeitbomben. Die in der PKV systemisch verankerte Demographievorsorge prädestiniert sie dagegen zum Garanten von mehr Generationengerechtigkeit in der sozialen Sicherung.

3 Weitgehend unbekannt: Die soziale Struktur der Privatversicherten

Vier Gruppen von Vollversicherten lassen sich unterscheiden:

a) Arbeiter und Angestellte mit einem Einkommen oberhalb der Jahresentgeltgrenze: Für die meisten gilt dabei noch die inzwischen auf 43.200 Euro/Jahr (2008) gestiegene Grenze nach altem Recht vor der außerordentlichen Anhebung von 2003. Nur für das Neugeschäft nach dem 1.1.2003 gilt die nach neuem Recht berechnete und inzwischen auf 48.150 Euro/Jahr (2008) angehobene Versicherungspflichtgrenze. Die von diesen Einkommensgrenzen betroffenen Angestellten werden oft als Beispiel für die „typischen", nämlich „besserverdienenden" PKV-Versicherten zitiert. Dabei stellen sie gerade einmal ein Achtel (= ca. 1 Million) der PKV-Vollversicherten.

b) Beihilfeberechtigte: Von den am 31.12.2005 8,37 Millionen Privatversicherten waren 4,09 Millionen Beamte und ihre Angehörigen, die von ihrer Behörde eine Beihilfe zu ihren Krankheitskosten erhalten. Ihnen bietet die PKV auf die Beihilfe abgestimmte Prozenttarife an.

c) Selbständige: Von den am 31.12.2005 insgesamt 4,28 Millionen PKV-Versicherten ohne Beihilfe waren 1,43 Millionen als Selbständige berufstätig.

d) Neben den Angehörigen sind in der PKV auch weitere in der Regel nicht erwerbstätige Gruppen wie Rentner, Pensionäre und Studenten versichert.

Die heterogenen Einkommensverhältnisse im Selbständigen- und Beamtenbereich, aber auch die Privatversicherten ohne Einkommen wie zum Beispiel Kinder und Partner, für die – auch dies ist Subsidiarität – die Familie den monatlichen Beitrag übernimmt, relativieren erheblich die These vom „privat versicherten Besserverdiener". Gut die Hälfte der Privatversicherten verdient unterhalb/bis zum Durchschnittseinkommen (ca. 2500 Euro/Monat), siebzig Prozent unterhalb/bis zur Beitragsbemessungsgrenze der Krankenversicherung (2007: 3563 Euro/monatlich) (vgl. Drabinski 2006[2]).

---

[2] Die dortige Tabelle 34 listet auf der Basis der EVS 2003 die Zahl der PKV-Versicherten, die in der GKV freiwillige Versicherte wären. Zu diesen sind die Angehörigen, die in der GKV beitragsfrei mitversichert wären, noch hinzuzuzählen.

4   Die Gesundheitsreform und der PKV-Verband

Mit der Bildung der Großen Koalition im November 2005 schien jede größere Strukturreform des Gesundheitswesens eigentlich blockiert zu sein. Zu unterschiedlich waren die Partner: Die SPD stand für die Bürgerversicherung und Abschaffung der PKV, die CDU/ CSU für die Gesundheitsprämie und für den Erhalt der PKV als demographiefestes und generationengerechteres System. Da jedoch alle für die PKV zuständigen Ministerien (Bundesministerium der Finanzen, Bundesministerium der Justiz, Bundesministerium für Gesundheit) in SPD-Hand waren, avancierte die SPD zur „Herrin des Verfahrens" bei der PKV-Reform: Die Tinte unter dem Koalitionsvertrag war noch nicht trocken, da lag die Forderung nach einem Finanzausgleich zwischen Privater und Gesetzlicher Krankenversicherung auf dem Tisch – medial begleitet von einer Kampagne gegen die angebliche „Zwei-Klassen-Medizin". Über Wochen bekam man den Eindruck, die Qualität der medizinischen Versorgung in Deutschland befände sich für die große Bevölkerung auf dem Niveau von echten Zwei-Klassen-Systemen (zum Beispiel Großbritannien), obwohl alle international vergleichenden Studien für Deutschland ein auffallend hohes Versorgungsniveau bestätigen. Gleichzeitig nahm die Debatte über eine PKV-Reform Züge einer symbolischen Politik an, welche das Defizit an Problemlösungen im GKV-Bereich verdeckte. Dieses Kennzeichen prägte die Gesundheitsreform bis zuletzt.

Allerdings hat der PKV-Verband sowohl den Vorwurf der Zwei-Klassen-Medizin als auch den des Solidaritätsdefizits an der Grenze zwischen PKV und GKV durchaus erfolgreich parieren können. Angefangen beim überproportionalen Finanzierungsbeitrag Privatversicherter zu einer innovativen medizinischen Versorgung für alle[3] bis hin zur größeren Generationengerechtigkeit des PKV-Systems hat sich die Branche jederzeit selbstbewusst der Debatte stellen können und fanden diese Argumente ein positives Echo in der gesundheitspolitischen Diskussion.

Nachdem die Einbeziehung der PKV in den Risikostrukturausgleich (RSA) der GKV gescheitert war, wiederholte sich ab Mitte April 2006 im Prinzip dieselbe Diskussion noch einmal mit Blick auf das Konsensmodell der Großen Koalition: den Gesundheitsfonds. Eine Einbeziehung der PKV in den Fond hätte fak-

---

[3] Zur wissenschaftlichen Basis vgl. Niehaus und Weber (2003); Zur Umsetzung der wissenschaftlichen Erkenntnis in eine erfolgreiche Image-Kampagne, vgl. www.fuer-eine-gesunde-zukunft.de.

tisch ebenfalls einen Finanzausgleich mit der GKV und damit das Ende der PKV bedeutet.

Exkurs: Finanzausgleich zwischen GKV und PKV ist systemwidrig

Alle Varianten einer Einbeziehung der PKV in einen Finanzausgleich mit der GKV sind mit der PKV nicht kompatibel und würden sie zerstören, weil sie ein System der Eigenverantwortung zusätzlich mit sozialstaatlichen Transferaufgaben belasteten. Konkret: Der Privatversicherte zahlt eine alters- und risikoadäquate Prämie, er hat keinen Subventionsanspruch im Alter. Hat er Kinder und Angehörige, zahlt er auch für sie einen vollen Beitrag (einen Beitrag, der zudem die reale Kostenentwicklung im Gesundheitswesen ohne Budgets und zu nicht rabattierten Preisen abbilden muss). Zwingt man ihn gleichzeitig zu einem Finanzausgleich mit Versicherten in einem Umlagesystem, müsste er immer doppelt zahlen: für sein Alter und den Altersausgleich der anderen; für sein Risiko und das Risiko der anderen; für seine Kinder und die Kinder der anderen. Gewiss: Befürworter des systemübergreifenden Finanzausgleichs weisen darauf hin, dass in diesem Szenario auch der Privatversicherte mit einkommensabhängigen Beiträgen Transferansprüche erwerben würde. Das mag im Einzelfall interessant sein. Das Prinzip der Eigenverantwortung wäre dann aber genauso zerstört wie die Generationengerechtigkeit. Denn warum sollte man einerseits über Jahrzehnte einen Einkommensausgleich mitfinanzieren und darüber einen Anspruch auf Subventionierung im Alter durch die jüngeren Generationen erwerben und andererseits gleichzeitig auch noch Eigenvorsorge in Form von Alterungsrückstellungen zur Entlastung der nachwachsenden Generationen betreiben?

Strategiewechsel des BMG

Mit den Eckpunkten der Koalition Anfang Juli 2006 war die Gefahr einer Einbeziehung in den Gesundheitsfonds weitgehend gebannt. Zu diesem Zeitpunkt hatte das BMG aber längst einen Strategiewechsel vollzogen: Nachdem ein Finanzausgleich zwischen den beiden Systemen in der gegebenen politischen Konstellation nicht zu realisieren war, versuchte man, einen umfassenden Finanzausgleich innerhalb der PKV zu installieren. Der in den Eckpunkten noch relativ unverdächtig erscheinende Basistarif – dem Begriff nach sogar ein Angebot der PKV aus dem Jahr 2004 – entwickelte sich nach der Sommerpause zum Instrument einer umfassenden Mutation der PKV in eine zweite GKV. Diese Zielsetzung des federführenden Ministeriums muss im Kontext der Gesamtreform betrachtet werden: So zeichnete sich schon zur parlamentarischen Sommerpause 2006 ab, dass die Große Koalition ausgerechnet unter dem Etikett der „Wettbewerbsstärkung" einen Paradigmenwechsel zu „mehr Staat" im Gesundheitswesen einleiten würde. Dabei ist es auch geblieben: Mit dem Gesundheitsfonds verlieren die Gesetzlichen Krankenkassen ihre Beitragssatzautonomie zugunsten eines politisch festgesetzten Einheitssatzes, ohne dass die kasseneigene Prämie den Verlust des bisherigen Wettbewerbsparameters kompensieren könnte. Mit dem Spitzenverband Bund und der Beschleunigung von Kassenfusionen sowie den Strukturveränderungen im Gemeinsamen Bundesausschuss wird die Selbstverwaltung geschwächt und werden die Weichen in Richtung Zentralisierung gestellt. Staatliche Bevormundung einerseits und Ermächtigung der Kassen zu eigenen Versorgungsmodellen und Rabattverhandlungen unter dem Deckel eines politisch festgelegten Beitragssatzes andererseits stehen nicht im Widerspruch, sondern sind die zwei Seiten ein und derselben Medaille, der in Zukunft noch größeren Tendenz in der GKV zur expliziten und impliziten Rationierung von Leistungen.

Wie weit dieser Paradigmenwechsel am Ende Realität wird, hängt auch von der Zukunft der Privaten Krankenversicherung als eigenständiger Vollversicherung ab. Bislang hat sich die PKV immer auch als Korrektiv bewährt und die Politik von vielen möglichen Einschnitten in die Versorgung der gesetzlich Versicherten Abstand nehmen lassen. Gerade vor diesem Hintergrund wird plausibel, warum alle Gesetzentwürfe aus dem BMG ab August 2006 auf ein faktisches Ende der PKV zielten. Offensichtlich glaubte man, dass man sich bei den geplanten staatsdirigistischen Weichenstellungen für die GKV ein freiheitliches System daneben nicht länger werde leisten können.

Da die PKV unter rechtsstaatlichen Bedingungen grundgesetzlich geschützt ist, versuchen die meisten Bürgerversicherungsstrategien, die PKV nicht de jure, sondern de facto abzuschaffen, indem sie ihr per gesetzlichem Reglement eine Angleichung an die GKV verordnen. So auch in diesem Fall: Zentraler Transmissionsriemen dieser Umgestaltung qua Angleichung war in der Gesundheitsreform der Basistarif, dessen defizitäre Konstruktion auf einen umfassenden Finanztransfer seitens der Bestandsversicherten angewiesen gewesen wäre. Auf diese Weise wäre in die PKV nachträglich doch noch jene „gesellschaftliche Ordnung" implementiert worden, „in der jeder seine Hand in der Tasche des anderen hat" (Ludwig Erhard), d.h. ein systeminkompatibles Einkommensumverteilungsinstrument. Anfangs sollte der Basistarif sogar an die Stelle der gesamten PKV-Tarifwelt treten. Aber auch nach der Einigung von SPD und Union, dass er nur neben die klassischen Tarife als zusätzliches Angebot treten dürfe, definierte der Basistarif für derart viele soziale Gruppen Querfinanzierungsansprüche, dass er eine Subventionsspirale in Gang gesetzt hätte. Innerhalb von zehn Jahren, so die Prognose des Wissenschaftlichen Institutes der PKV (WIP) vom Dezember 2006, wären achtzig Prozent der Bestandsversicherten in den Basistarif gewechselt – schon um der Rolle des Transferzahlers zu entgehen und in die des Transferempfängers zu wechseln. Die Tage der PKV wären gezählt gewesen. Der Bund der Versicherten interpretierte das GKV-WSG noch am 8.11.2006 bei der Anhörung im Gesundheitsausschuss des Deutschen Bundestages als „schleichenden Tod der PKV" (s. Lilo Blunck in der Anhörung am 8.11.2006 - Protokoll 16/32, S. 16). Erst in der Schlussphase der GKV-WSG-Beratungen konnte die defizitäre Konstruktion des Basistarifs korrigiert werden, unter anderem indem die ursprünglich vorgesehenen Finanzströme ausgerechnet zugunsten besserverdienender Ehepaare im Basistarif getilgt, indem der fatale Anreiz, sich nur bei krankheitsbedingtem Bedarf zu versichern, reduziert und indem die zunächst jederzeitige Portabilität der Alterungsrückstellungen im Bestand für diesen auf ein zeitliches Fenster im ersten Halbjahr 2009 begrenzt wurde.

Die staatlichen Eingriffe der Reform in die PKV

Dennoch greift die im Februar 2007 schließlich beschlossene Gesundheitsreform massiv in das Vertragsrecht und in die grundgesetzlich geschützten Eigentumsrechte der Privatversicherten ein. Theoretisch hat sie auch nach wie vor das Potential, die PKV-Tarifwelt erodieren zu lassen und eine subventionsspiralenbedingte Wanderung in den Basistarif auszulösen. So wird die Branche einerseits gegen die Eingriffe in ihre Grundrechte Verfassungsbeschwerde einlegen; sie wird aber auch pragmatisch im Rahmen der gesetzlichen Möglichkeiten den Basistarif mitzugestalten versuchen, um seinen Subventionsbedarf abzumildern und so das Erosionspotential für die klassische Vollversicherung zu verringern. Eins aber ist selbst bei optimaler Ausnutzung der Spielräume sicher: Die Reform verschlechtert die Wettbewerbsbedingungen für die PKV. Das lässt sich schon an den drei folgenden Gründen exemplifizieren:

1. Da im Basistarif nicht nur Annahmezwang besteht und Risikozuschläge verboten sind, sondern gleichzeitig auch die Beiträge auf den jeweiligen GKV-Höchstbeitrag begrenzt sind, ja sogar bei Hilfsbedürftigkeit ein Anspruch auf Prämienreduktion besteht, wird sich der Basistarif nicht aus sich selbst finanzieren. Die PKV-Unternehmen werden also gezwungen, etwas

anzubieten, was ihnen in der klassischen Tarifwelt strikt verboten ist: einen nicht kostendeckenden Tarif, dessen Lücken von den Versicherten anderer Tarife geschlossen werden müssen.

2. Das GKV-WSG sieht des Weiteren vor, dass alle Neuversicherten die in der PKV gebildeten Alterungsrückstellungen bei einem Versicherungswechsel entsprechend dem Umfang des Basistarifs mitnehmen können müssen. Das verteuert die Neuverträge insofern, als bislang bei Tod oder Kündigung die Alterungsrückstellungen dem Versichertenkollektiv vererbt wurden. Dieser statistisch kalkulierbare „Stornoeffekt" senkt in der alten PKV-Welt die Prämien für alle. In Zukunft werden die Neu-Policen um diesen Stornoeffekt teurer, auch für diejenigen, die diese Versicherungsleistung gar nicht wünschen.

    Während im Neugeschäft der Preis der Portabilität wenigstens noch kalkuliert werden kann, führt die Portabilisierung der Alterungsrückstellungen im Bestand notwendigerweise zu Deckungslücken, weil sie dort nie in die Prämien eingepreist worden ist. Sozialpolitisch besonders fragwürdig ist, dass dabei Alte und Kranke die Zeche zahlen werden. Denn tendenziell werden vor allem Junge und Gesunde das Übertragungsrecht in Anspruch nehmen. Die durch den Kapitalabfluss entstehende Deckungslücke müssten die zurückbleibenden, tendenziell schlechteren Risiken nachfinanzieren und dürften anschließend auch noch Prämiensteigerungen infolge der Neukalkulation des durch die Abgänge meist guter Risiken verschlechterten kollektiven Durchschnittsrisikos bezahlen.

3. Geschwächt wird das Geschäftsmodell der PKV auch durch das dreijährige Moratorium, wonach Angestellte erst nach dreimaligem Überschreiten der Versicherungspflichtgrenze zur PKV wechseln dürfen. Je später aber der Eintritt in die PKV erfolgt, desto teurer und unattraktiver wird die altersadäquat kalkulierte Police. Angesichts der ohnehin überhöhten Versicherungspflichtgrenze hat die Reform mit diesem Schritt die „Angestellten-Bürgerversicherung" weitgehend realisiert.

Das ordnungspolitisch und verfassungs- wie europarechtlich äußerst fragwürdige, durch das GKV-WSG indes erweiterte Angebot von Wahltarifen durch die GKV befördert in diesem Kontext der faktisch immer weiter eingeschränkten Wechseloption zwischen den Systemen nicht die Wahlfreiheit, sondern ist ein Instrument der Kundenbindung ohne jegliche auch nur mittelfristig zuverlässige Kalkulationsgrundlage.

5 Perspektiven für die PKV

Die Belastungen der Privatversicherten durch die Reform und die Eingriffe in die Unternehmensfreiheit werden Gegenstand von Verfassungsbeschwerden von Versicherten und Unternehmen sein. Die PKV kann sich aber nicht auf einen juristischen Abwehrkampf beschränken, sondern muss sich auch unter den verschlechterten Rahmenbedingungen dem Systemwettbewerb mit der GKV stellen. Und bei allen Gefahren darf sie dabei selbstbewusst in die Zukunft blicken. Wenn es richtig ist, dass die PKV im Wettbewerb mit der GKV aufgrund der gesetzlichen Eingriffe auf einen Preisvorteil kaum noch setzen kann, dann wird sie in Zukunft sich gerade auf die Qualitätsvorteile konzentrieren und diese weiter ausbauen müssen. Gute Gründe für die PKV sind insbesondere:

- Der private Krankenversicherungsvertrag beinhaltet einen unkündbaren Leistungskatalog, dessen Umfang nicht von der Politik eingeschränkt oder verändert werden kann und dessen Inhalt sich stetig um den medizinischen Fortschritt erweitert.
- Aufgrund der Alterungsrückstellungen ist die PKV der ideale Partner für alle, die nicht nur mit Blick aufs Klima von Nachhaltigkeit reden wollen.
- Ihren Versicherten gewährt die PKV einen ungehinderten Zugang zu Ärzten und Krankenhäusern ihrer Wahl sowie zu Arzneien und Behandlungsmethoden ohne Reglementierung.
- Die PKV ist eine budgetfreie Zone. Sie ist und bleibt damit Träger von Innovationen und Motor für Qualität und Wachstum im Gesundheitswesen.

Diese Vorteile werden durch die Gesundheitsreform schon deshalb an Attraktivität gewinnen, weil das GKV-WSG keinen Lösungsansatz für die demographischen Probleme der umlagefinanzierten GKV bietet, ja, mit dem zentralen Beitragssatz sogar die Voraussetzung für eine politische Verknappung der Finanzmittel und daraus resultierende Einschränkung des Leistungsangebots schafft. Der wesentliche Sinn einer Krankenversicherung, die langfristig verlässliche Absicherung des Krankheitsrisikos, ist unter diesen Bedingungen weitgehend ausgeschlossen.

Vor diesem Hintergrund sind die Chancen gar nicht schlecht, dass die Versicherten selbst eine neue, demographiesichere Balance von Umlagefinanzierung und Kapitaldeckung, von GKV und PKV einfordern werden und in Zukunft weitaus mehr Leistungen und Menschen in der PKV abgesichert werden können, als dies heute erlaubt bzw. möglich ist. Dazu bedarf es kluger, vorausschauender

Politik. Dazu bedarf es aber auch einer PKV, die sich nicht auf die Wahrung ihrer Vorzüge beschränkt, sondern auch neue Wege geht. Will die PKV nämlich im Qualitätswettbewerb bestehen und ihre Kunden über das bessere Produkt gewinnen, dann wird sie noch stärker als bislang zu einem Partner der Gestaltung von Gesundheitsprozessen werden und sich vom „Payer" zum „Player" entwickeln müssen. Die Private Krankenversicherung muss auf Menge, Preis und Qualität von Gesundheitsleistungen mehr Einfluss nehmen. Inwieweit ihr dies gelingt, wird auch darüber mitentscheiden, ob die Entwicklung der PKV in Richtung Konvergenz oder Exzellenz geht.

Literatur

Drabinski, Thomas (2006): Sozioökonomische Struktur des Krankenversicherungsschutzes in Deutschland 2003. In: Schriftenreihe Institut für Mikrodaten-Analyse (6).

Niehaus, Frank/ Weber, Christian (2005): Der überproportionale Finanzierungsbeitrag privat versicherter Patienten zum Gesundheitswesen, Köln.

PKV (1997): Herausforderungen. Entwicklungslinien eines Versicherungszweiges von den Anfängen bis zur Gegenwart. Festschrift zum 50jährigen Bestehen des Verbandes der Privaten Krankenversicherung e.V. (PKV-Dokumentation 20), Köln.

PKV (2007): Zahlenbericht der Privaten Krankenversicherung.

Herausforderungen für die Leistungserbringer: Von Kollektiv- zu Einzelverträgen

Robert Paquet

Das Gesetz zur Stärkung des Wettbewerbs in der gesetzlichen Krankenversicherung (GKV-WSG) verändert die Handlungsmöglichkeiten und Machtpositionen der Leistungserbringer insgesamt erheblich und bestimmt das Verhältnis zwischen den Krankenkassen und ihren Vertragspartnern neu (vgl. auch Einleitung zum Kapitel „Kassen"). Das gilt jedoch für die verschiedenen Leistungserbringergruppen in unterschiedlichem Ausmaß und muß daher differenziert betrachtet werden. Grundsätzlich wurden zwar die Vertragsrechte der einzelnen Krankenkassen gestärkt (wodurch zugleich die Rolle der Kassenverbände geschwächt wurde). Dabei wurde jedoch der gesamte stationäre Sektor im GKV-WSG überhaupt nicht berührt. Die zentralen Regelungen bzw. Veränderungen betreffen die niedergelassenen Ärzte. Die einzelvertraglichen Rabattverträge im Bereich der Arzneimittel wurden von der Großen Koalition allerdings schon vor dem GKV-WSG im Rahmen des Arzneimittelversorgungs-Wirtschaftlichkeitsgesetz (AVWG) eingeführt, entsprechen aber der konzeptionellen Weichenstellung des GKV-WSG, die dort z.B. durch die Einführung einzelvertraglicher Ausschreibungen bei den Hilfsmitteln (§ 127 Sozialgesetzbuch (SGB V)) eine weitere Bestätigung erfahren hat.

1 Niedergelassene Ärzte – Vertragssituation im Umbruch

Durch das GKV-WSG wird der einzelvertragliche Wettbewerb in den Kernbereich der ambulanten medizinischen Versorgung hineingetragen. Zwar gab es bis dahin schon durch die Möglichkeiten der Disease-Management-Projekte (DMP), der Integrationsversorgung und früher bereits der so genannten „Strukturverträge" einzelvertragliche Möglichkeiten, die jedoch immer nur eine Nebenrolle gespielt haben und zum größten Teil auch von den etablierten Organisationen, den Kassenärztlichen Vereinigungen (KVen), umgesetzt worden sind. Der qualitativ neue Schritt des GKV-WSG liegt in der Verpflichtung für alle Kassen, ihren Versicherten (einzelvertraglich vereinbarte) Hausarztmodelle anzubieten (§ 73 b SGB V) und in der generellen Möglichkeit, die ambulante ärztliche Versorgung, unabhängig von den KVen, in freien Verträgen mit Ärzten und ihren Gruppierungen zu vereinbaren (§ 73 c SGB V).

Durch diese Regelungen haben einerseits die (einzelnen) Krankenkassen, unabhängig von ihren bisherigen (kassenartenbezogenen) Verbänden, Macht und Handlungsmöglichkeiten gewonnen. Welche (gegebenenfalls neuen) Gruppierungen und Koalitionen sich dabei auf dieser Seite der Vertragspartner entwickeln werden, bleibt abzuwarten. Einfluß und Handlungsmacht gewonnen haben aber auch die einzelnen Ärzte bzw. ihre Gruppierungen, so weit sie konzeptionell und organisatorisch – unabhängig von den KVen – handlungsfähig sind. Das gilt zur Zeit insbesondere für die Hausarztverbände und die so genannten „MEDI-Verbünde". Andere Gruppierungen müssen sich erst noch so weit institutionalisieren, dass sie Vertragskonzepte vorlegen und als Vertragspartner glaubwürdig und abschlußfähig sind. Eindeutige Verlierer der aktuellen Reform sind die KVen, an denen außerdem das unangenehme „Geschäft" hängenbleibt, die Finanzierung der mit anderen Vertragspartnern geschlossenen Einzelverträge aus dem System der kassenärztlichen Gesamtvergütung herauszurechnen. Das Vertragsmonopol der KVen ist damit gebrochen; der „Sicherstellungsauftrag" für die flächendeckende ambulante ärztliche Versorgung hat einen wesentlichen Schock erlitten. Was jahrzehntelang völlig unumstritten war, ist nun offen in Frage gestellt.

Obwohl der Unmut über die KVen, auch bei ihren eigenen Mitgliedern, in den letzten Jahren deutlich gewachsen ist, konnte sich doch niemand so richtig vorstellen, wie man ohne diese Organisationen auskommen könnte. Seit dem GKV-WSG wird – gerade bei den niedergelassenen Ärzten – darüber offen diskutiert. Dass die CDU/ CSU im GKV-WSG noch verankert hat, dass auch die KVen nach § 73 b Abs. 4 als Vertragspartner für die „hausarztzentrierte Versorgung" auftreten dürfen, hat dabei nur den Stellenwert eines Rückzugsgefechts.

Begleitend und unterstützend zu dieser Weichenstellung des GKV-WSG wirken die berufsrechtlichen und niederlassungsrechtlichen Regelungen des Vertragsarztrechts-Änderungsgesetzes (VÄndG), die zu einer Liberalisierung der Vertragsbeziehungen beitragen. Wichtig ist in diesem Zusammenhang auch, dass durch die Einzelverträge die „freie Arztwahl" der Versicherten unter (bisher) allen bei der KV zugelassenen Ärzten allmählich eingeschränkt wird. Das findet zwar auf freiwilliger Basis statt und wird zunächst nur mit relativ bescheidenen finanziellen Anreizen motiviert. Die ersten Schritte sind jedoch eingeleitet.

Das GKV-WSG führt daher vor allem für die „verfasste Ärzteschaft" im Bereich der KVen zu einem fundamentalen Bruch und leitet über zu einer noch unbekannten, neuen „Vertragskultur". Zwar waren die niedergelassenen Ärzte die Gruppe, bei deren eigener Honorarentwicklung die Budgetbremsen in den letzten Jahrzehnten am besten funktionierten – und das trotz der kontinuierlich steigenden Zahl der Ärzte mit KV-Zulassung.[1] Allerdings wurde den Ärzten stets vorgehalten, dass sie bei den veranlassten Leistungen (Stichwort: Arzneimittelbudgets) nicht in der Lage (und ausreichend bereit) waren, auf Kostendämpfung hinzuwirken. Neben diesen Diskussionen führten auch die Ungerechtigkeiten der KV-internen Honorarverteilung (unter den verschiedenen Facharztgruppen bzw. Ärzten) zu immer größeren Spannungen innerhalb der Ärzteschaft. Vor allem die (von Seiten des Bundesministeriums für Gesundheit (BMG) in den letzten Jahren auch immer stärker angefachte) Auseinandersetzung zwischen den Hausärzten und den niedergelassenen Fachärzten eskalierte immer weiter. Die politische Drohung einer (weiteren) Öffnung der Krankenhäuser für die ambulante fachärztliche Versorgung tat ein Übriges. Der Zusammenhalt der niedergelassenen Ärzte erodierte somit schon seit langem. Die Legitimation des Kollektivvertragssystems wurde nicht mehr nur von den Krankenkassen in Frage gestellt. Auch die Unzufriedenheit der daran teilnehmenden Ärzte wuchs, offenbar bis zu einem Punkt, der der Politik mit dem GKV-WSG erlaubte, den entscheidenden Schritt zu seiner Umgestaltung zu tun.

2 Krankenhäuser in der Zwischenphase

Die „gute alte Zeit" war für die Krankenhäuser bei der Einführung des GKV-WSG schon lange vorbei. Sie waren beim GKV-WSG unmittelbar „nur" von nicht allzu drastischen Budgetkürzungen (nach der Manier der traditionellen Kostendämpfungsgesetze) betroffen und hegten andererseits die Hoffnung, durch gesetzliche Änderungen verbesserte Chancen zu bekommen, in den Markt der ambulanten ärztlichen Versorgung einzudringen. Da die einzelnen Krankenhäuser bereits vor dem GKV-WSG schon die Möglichkeit zu Einzelverträgen mit Krankenkassen im Rahmen der integrierten Versorgung hatten, bedeutete die Richtungsentscheidung des GKV-WSG für sie keine fundamentale Änderung ihrer Vertragsverhältnisse.

---

[1] Die niedergelassenen Ärzte litten zwar auch unter den Kostendämpfungsgesetzen, haben aber sogar zum Teil Einkommenseinbußen relativ gut „wegstecken" können.

Die Krankenhäuser befinden sich insgesamt in einer Zwischenphase: Mit der Einführung der krankheitsbezogenen Fallpauschalen seit dem Jahr 2000 wurde ein wichtiger Schritt zur Leistungs- und Kostentransparenz im stationären Sektor vollzogen. Damit wurden auch die grundsätzlichen Voraussetzungen für ein Preissystem der Vergütung und damit für Vertragswettbewerb zwischen den Krankenhäusern geschaffen. Dieser letzte, aber konsequente Schritt ist vom Gesetzgeber noch nicht getan, steht aber zur Diskussion. Die Bundesländer können die Krankenhäuser langfristig kaum noch davor „schützen". Die aktiveren und effizienteren Häuser drängen bereits auf mehr Wettbewerb und würden sich auf Einzelverträge mit einzelnen Kassen einlassen, nicht zuletzt aus dem Grund, weil dann die (viel beklagte) sektorale Barriere zwischen ambulanter und stationärer Versorgung zugunsten der Krankenhäuser aufgelöst werden könnte.

In dieser Übergangssituation zeigt sich immer deutlicher, dass sich die Interessen der Krankenhäuser schon seit längerem ausdifferenziert haben. Hintergründe dafür sind z.b. die Zunahme des Marktanteils privater Krankenhausunternehmen, die fundamentale Investitionsschwäche für den Krankenhausbereich in einigen Bundesländern und die unterschiedliche Entwicklung der Krankenhäuser in den alten und neuen Ländern.

3 Arzneimittel schon immer im Zentrum der Konflikte

Fast alle Gesundheitsreformen seit den siebziger Jahren hatten die Arzneimittelkosten im Fokus. Insoweit ist die Pharmaindustrie in Deutschland „Kummer gewöhnt". Schon seit Einführung des Systems der „Festbeträge" mit dem Gesundheitsreformgesetz (GRG) 1989 konzentrierte sich die Politik dabei überwiegend auf die Beeinflussung der Arzneimittelpreise. Das AVWG mit seinen neuartigen Rabattverträgen war daher nur die logische Fortsetzung einer ganzen Reihe von (jedoch nicht immer widerspruchsfreien) Maßnahmen. Das GKV-WSG selbst hat dort einige weitere Facetten hinzugefügt, ohne jedoch eine wesentliche Richtungsänderung vorzunehmen. Die Zielorientierung auf die Ausweitung der Vertragsrechte der einzelnen Krankenkassen (verkürzt also auf das so genannte „Einkaufsmodell") wurde vielmehr nachdrücklich bestätigt. Dass dabei die Pharmaindustrie keineswegs gleichmäßig betroffen ist, liegt auf der Hand. Die Hersteller von Originalpräparaten haben z.B. tendenziell andere Interessen als die Generika-Industrie.[2] Das schlägt sich u.a. in der Ausdifferenzierung der Verbändelandschaft zur Interessenvertretung der Arzneimittelhersteller seit den neunziger Jahren nieder.

---

[2] Das gilt unabhängig davon, dass es zwischen diesen Unternehmen Kapitalverflechtungen gibt.

Die Krankenhäuser und die Gesundheitsreform 2007

Detlev Heins

1 Organisation der deutschen Krankenhäuser und Status in der Gesundheitspolitik

Die Interessenvertretung der über 2.100 deutschen Krankenhäuser ist zweidimensional organisiert. Zum einen sind die Krankenhäuser Mitglied in einer der 16 Landeskrankenhausgesellschaften (LKG), die die Interessenvertretung der Mitglieder auf Landesebene übernehmen. Zu den Aufgaben der LKG zählen insbesondere die Mitwirkung bei der Krankenhausplanung. Zum anderen sind die Krankenhäuser trägerspezifisch organisiert. Als Träger kommen in Deutschland kommunale Gebietskörperschaften, ein Bundesland, die Bundesrepublik Deutschland oder sonstige Körperschaften des öffentlichen Rechts sowie religiöse, kirchliche, humanitäre oder soziale Einrichtungen, aber auch Träger in privater Rechtsform, die nach erwerbswirtschaftlichen Grundsätzen betrieben werden, in Frage. Beispielhaft sind hier zu nennen Caritas (frei gemeinnützig), Verband der Universitätsklinika Deutschlands (öffentlich), Bundesverband der Privatkliniken (privat) sowie der Deutsche Städtetag (öffentlich). Zur Vertretung ihrer gemeinsamen Interessen haben die Landeskrankenhausgesellschaften und die Spitzenverbände der Krankenhausträger die Deutsche Krankenhausgesellschaft als eingetragenen Verein im Jahr 1949 gegründet. Im Gegensatz zu den Krankenkassen und ihren Verbänden sowie den Verbänden der niedergelassenen Ärzte ist die Deutsche Krankenhausgesellschaft – obwohl sie gesetzliche Aufgaben übernimmt – nicht körperschaftlich organisiert. Die Mitgliedschaft ist für die Landeskrankenhausgesellschaften und die Spitzenverbände der Krankenhausträger frei.

Die Deutsche Krankenhaus Gesellschaft (DKG) ist neben den Spitzenverbänden der Gesetzlichen Krankenkassen, der Kassenärztlichen sowie der Kassenzahnärztlichen Bundesvereinigung Partner in der gemeinsamen Selbstverwaltung im Gesundheitswesen auf Bundesebene. Die Selbstverwaltung ist eine deutsche Besonderheit. Sie übernimmt in dem stark regulierten Markt Ordnungs- und Steuerungsfunktionen, die in anderen Bereichen von Markt und Planung beherrscht sind. Während die Gesetzlichen Krankenkassen überwiegend von Versicherten und Arbeitgebern, also den Beitragszahlern, verwaltet werden, werden die (Spitzen-) Verbände der Leistungserbringer überwiegend von den jeweiligen Beteiligten (Ärzten, Krankenhäusern) eigenverantwortlich gesteuert.

Die Deutsche Krankenhausgesellschaft e.V. vertritt die Interessen ihrer Mitglieder national und international, insbesondere durch ihre Mitgliedschaft und ihre Mitwirkung in Institutionen wie dem Gemeinsamen Bundesausschuss (G-BA), dem Institut für Qualität und Wirtschaftlichkeit im Gesundheitswesen (IQWiG), dem Institut für das Entgeltsystem im Krankenhaus (InEK gGmbH), der European Hospital and Healthcare Federation (HOPE) und der International Hospital Federation (IHF).

2 Die Auswirkungen des GKV-Wettbewerbsstärkungsgesetzes auf die Krankenhäuser

Ausgesprochen positiv zu bewerten ist der Wille des Gesetzgebers, mit der aktuellen Reform den Zugang der Versicherten zur ambulanten Versorgung im Krankenhaus zu erleichtern. Die Krankenhäuser werden demnach im Rahmen der Krankenhausplanung von der zuständigen Landesbehörde zur ambulanten ärztlichen Versorgung mit hochspezialisierten Leistungen zugelassen. Da der Gesetzgeber keine Details geregelt hat, liegt es nun an den Planungsbehörden und der Selbstverwaltung im Gemeinsamen Bundesausschuss (G-BA) diese Vorgaben funktional in die Praxis umzusetzen. Da die ambulante Behandlung in Krankenhäusern nur bei seltenen Erkrankungen und bei Erkrankungen mit besonderen Krankheitsverläufen möglich sein soll, hat sich der G-BA zwischenzeitlich auf die vier wichtigsten Diagnosen Krebs, HIV/ Aids sowie Rheuma und Herzinsuffizienz verständigt.

Ebenfalls positiv aus Sicht der Krankenhäuser zu werten, ist der Auftrag des Gesetzgebers an die gemeinsame Selbstverwaltung, für eine angemessene Bewertung belegärztlicher Leistungen zu sorgen. Dieses ist dringend geboten, um dem bedrohlichen Verfall der belegärztlichen Honorare entgegenwirken zu können und den Bestand von Belegabteilungen sowie die Existenz von Belegkliniken zu sichern. Eine entsprechende Bewertung wurde zwischenzeitlich durch den auf Bundesebene zuständigen Bewertungsausschuss, der sich aus Vertretern der

Gesetzlichen Krankenkassen und der Kassenärztlichen Bundesvereinigung (KBV) zusammensetzt, vorgenommen. Die Bewertung allein reicht jedoch nicht aus, um eine angemessene Vergütung zu realisieren. Hierzu bedarf es noch Punktwert-Vereinbarungen der Vertragspartner auf Landesebene, die allerdings bislang noch nicht umgesetzt wurden. Die massiven, unmittelbar finanzwirksamen Auswirkungen des GKV-Wettbewerbsstärkungsgesetzes (GKV-WSG) werden im Folgenden beschrieben.

3 Veränderungen der Ressourcen aus Sicht der Krankenhäuser

Im Zuge der jüngsten Reform wurde bereits Mitte des Jahres 2006 mit dem Haushaltsbegleitgesetz eine Kürzung des Bundeszuschusses für die Gesetzliche Krankenversicherung beschlossen. Der erst im Jahr 2004 mit dem GKV-Modernisierungsgesetz (GMG) eingeführte Bundeszuschuss für versicherungs-fremde Leistungen wurde damit von 4,2 auf 1,5 Milliarden Euro im Jahr 2007 herabgesetzt. Diese ausschließlich auf eine Konsolidierung des Bundeshaushaltes abzielende Maßnahme führte zu einer völlig unnötigen und für die GKV überra-schenden Belastung von 2,7 Milliarden Euro und damit zu einem zusätzlichen Beitragssatzdruck von knapp 0,3 Beitragssatzpunkten.

Aufgrund der prekären Finanzsituation der Gesetzlichen Krankenversiche-rung wurden die Krankenhäuser im Zuge des GKV-WSG verpflichtet, sich an der Sanierung der Gesetzlichen Krankenversicherung durch verschiedene Beiträge zu beteiligen. Zum einen wurde ein Sanierungsbeitrag in Form einer auf zwei Jahre befristeten Rechnungskürzung um 0,5 Prozent bis einschließlich 2008 eingeführt. Zum anderen wurde der Mindererlösausgleich dauerhaft von 40 Prozent auf 20 Prozent abgesenkt. Zudem wurde ein Rückerstattungsanspruch aus der Beteili-gung der Krankenhäuser an der Anschubfinanzierung für die Integrationsver-sorgung gemäß § 140 d SGB V aberkannt. Insgesamt beteiligen sich die Kranken-häuser nunmehr an der Sanierung der Gesetzlichen Krankenversicherung mit 380 Millionen Euro pro Jahr.

Die aktuelle Regierungskoalition, aus SPD und CDU/ CSU, war im Jahr 2005 angetreten, die Finanzierungsgrundlagen der Gesetzlichen Krankenversicherung (GKV) neu zu ordnen. Die Vorstellungen über eine zukunftsfähige Finanzierung der Gesetzlichen Krankenversicherung konnten unterschiedlicher nicht sein. Der nun gefundene Kompromiss des Gesundheitsfonds wird den Kostendruck aus Sicht der DKG nochmals verstärken. Zum einen wird die Bundesregierung direkt für die Festsetzung des einheitlichen Beitragssatzes verantwortlich sein, zum anderen ist ein verschärfter Preiswettbewerb durch die Zusatzprämien zu erwarten. Insofern haben die Bundesregierung und die Krankenkassen ein politisch wie auch wettbewerblich hohes Interesse, die Ausgaben für die Gesundheitsversorgung so gering wie möglich zu halten. Aufgrund des medizinisch-technischen Fortschritts und der demokraphischen Entwicklung in Deutschland, die zwangsläufig zu Kostensteigerungen und zu einer Erhöhung der Nachfrage nach Gesundheitsdienstleistungen führen, trägt der Fonds sogar noch zur Verschärfung der Finanzsituation bei. Das ursprüngliche Ziel des Gesetzgebers, die Finanzierungsbasis der GKV nachhaltig zu stärken, wurde damit klar verfehlt.

Eine Gefahr geht auch von den mit dem GKV-WSG eingeführten Wahltarifen der Gesetzlichen Krankenkassen aus. Mit Erstattungen von bis zu 600 Euro im Jahr können die Gesetzlichen Krankenkassen Selbstbehalttarife und Tarife zur Beitragsrückgewähr anbieten. Da sich aufgrund der ökonomischen Rationalität ausschließlich gesunde Versicherte für entsprechende Tarife entscheiden werden, wird dies bei nahezu identischer Leistungsinanspruchnahme zu hohen Mitnahmeeffekten führen. Je nach Inanspruchnahme wird es daher zu einem mehr oder weniger beitragssatzrelevanten Verlust an Solidarbeiträgen kommen, die entweder von den übrigen Versicherten in Form höherer Beiträge oder von den Leistungserbringern in Form von Sanierungsbeiträgen oder Ähnlichem aufzubringen sind. Beitragssatzdruck und vermutete Effizienzreserven bei den Leistungserbringern haben die Politik in der Vergangenheit immer wieder zu Kostendämpfungsmaßnahmen verleiten lassen, die bereits zu erheblichen Rationalisierungsmaßnahmen im Gesundheitswesen insbesondere bei den Krankenhäusern geführt haben. Die deutschen Kliniken nehmen im internationalen Vergleich bereits eine Spitzenposition bei der Personalproduktivität ein und weisen äußerst niedrige Fallkosten auf. Dennoch wird mit den vorhandenen Ressourcen ein hohes Qualitätsniveau gehalten.

Es bleibt zu konstatieren, dass die Reform die drängenden Probleme hinsichtlich einer ausreichenden Finanzausstattung der Krankenhäuser nicht aufgegriffen hat. Weder die äußerst restriktive Begrenzung der Preiserhöhungsmöglichkeit von Krankenhausleistungen noch die seit Jahren rückläufigen Investitionsmittel der Länder wurden einer Lösung zugeführt. Ganz im Gegenteil wurden den Krankenhäusern zusätzlich noch Rechnungsabschläge in mehrstelliger Millionenhöhe zugemutet. Die nicht ausreichende Finanzausstattung stellt die Krankenhäuser vor zunehmend unlösbare Aufgaben. Entlassungen und Notlagentarifverträge sind bereits an der Tagesordnung.

4   Änderungen bei der Strategie und den Allianzen

Das zentrale Organ der Selbstverwaltung, der Gemeinsame Bundesausschuss, ist ebenfalls von der aktuellen Gesundheitsreform betroffen. Wurden die Entscheidungen bisher noch innerhalb separierter Beschlussgrenzen getroffen, sind seit dem 1. Juli 2008 alle Entscheidungen Sektoren übergreifend zu fassen. Eine Spruchkammer besetzt mit Vertretern der ambulanten Ärzte und Zahnärzte sowie Vertretern der Krankenhäuser werden dann gemeinsam mit den Vertretern der Krankenkassen über die Versorgung der Versicherten in Deutschland entscheiden. Mit nur zwei von 13 Stimmen sind die Krankenhäuser insbesondere bei Entscheidungen über Krankenhausfragen nicht ausreichend repräsentiert. Ähnliches gilt für die niedergelassenen Ärzte und Zahnärzte, die bei Entscheidungen in ihren Angelegenheiten mit nur zwei Vertretern bzw. einem Vertreter nicht hinreichend repräsentiert sind. Der neue Spitzenverband Bund der Krankenkassen wird insgesamt sechs Stimmen auf sich vereinen. Unabhängig von der Stimme des unparteiischen Vorsitzenden ergeben sich Mehrheiten nur mit der Bank der Krankenkassen. Bei dieser Stimmverteilung bietet sich eine Sektoren übergreifende Koalition der Leistungsanbieter geradezu an. Anderenfalls laufen die Beteiligten Gefahr, jeweils mit den Stimmen der Krankenkassen und einem anderen Leistungsanbieter überstimmt zu werden. Ob sich eine entsprechende Koalition der Leistungserbringer etabliert, ist jedoch schwer einschätzbar.

5   Aus dem GKV-WSG resultierende Legitimations- und Steuerungsprobleme

Legitimations- und Steuerungsprobleme gegenüber der Öffentlichkeit und dem politischen System sind nicht ersichtlich. Die Deutsche Krankenhausgesellschaft gewinnt sogar in Teilen noch an Bedeutung und Gewicht. Im Gemeinsamen Bundesausschuss wird sie künftig die Entscheidungen für den niedergelassenen und für den zahnärztlichen Bereich inhaltlich mittragen.

Ob dem damit nicht unerheblichen zusätzlichen Aufwand auch ein entsprechender Nutzen gegenüber steht, ist eine wichtige Frage, die von den Mitgliedern der Deutschen Krankenhausgesellschaft noch bewertet werden muss. Die Mitarbeit im Gemeinsamen Bundesausschuss erfordert bereits heute einen erheblichen Ressourceneinsatz. Der zusätzliche Nutzen eines erweiterten Engagements wäre durchaus in Frage zu stellen, wenn Sektoren übergreifende Entscheidungen, wie sie zukünftig im G-BA ausschließlich vorgesehen sind, ständig zu Lasten der Krankenhäuser ausfallen sollten.

6 Chancen der Krankenhäuser für künftiges Agendasetting in der Gesundheitspolitik

Die Chancen der Krankenhäuser für künftiges Agendasetting in der Gesundheitspolitik sind positiv zu bewerten, da den Krankenhäusern sowohl politisch als auch wirtschaftlich eine hohe Bedeutung zu kommt.

Bei einem Umsatzvolumen von rund 61 Milliarden Euro sind die aktuell 2.104 Krankenhäuser mit ihren rund 1 Million Beschäftigten ein maßgeblicher Wirtschaftsfaktor. Vom Krankenhaussektor werden angesichts der wachsenden Nachfrage nach gesundheitlichen Dienstleistungen auch in Zukunft erhebliche beschäftigungswirksame Effekte ausgehen. In vielen Städten und Gemeinden sind Krankenhäuser die wichtigsten Arbeitgeber sowie Abnehmer für Zulieferer und Dienstleistungsunternehmen. Damit haben die Krankenhäuser ein hohes regionalpolitisches Gewicht hinsichtlich ihrer Wirtschaftskraft und ihrer Bedeutung am Arbeitsmarkt.

Zudem nehmen die Krankenhäuser eine zentrale Rolle in der Gesundheitsversorgung ein. Neben der Grund- und Regelversorgung übernehmen die Krankenhäuser in der Maximalversorgung schwerste und aufwendigste Fälle. Zudem stellen die Krankenhäuser die Notfallversorgung, zum Teil auch für den ambulanten ärztlichen Bereich, sicher. Die interdisziplinäre Zusammenarbeit der Gesundheits- und Wirtschaftsberufe wird in den Krankenhäusern bereits praktiziert. Sie sind damit ein Vorbild für die neuen Versorgungsformen, die eine hohe Abstimmung und Kommunikation der Beteiligten untereinander erfordern. Der medizinische Fortschritt ist ganz wesentlich mit der Forschung im Krankenhaus verbunden. Hier werden Behandlungen erstmals vorgenommen, erprobt und in die Regelversorgung übernommen.

Krankenhäuser sind mehr als medizinische Leistungen mit Unterbringung und Verpflegung. Sie sind Hilfe in Krankheit und Not. Sie bieten Versorgungssicherheit auf qualitativ höchstem Niveau. Sie sind ein wesentlicher Bestandteil des Wachstumsmarktes Gesundheit und damit ein maßgeblicher Bestandteil der Gesundheits- und Wirtschaftspolitik auf Bundes- sowie Landesebene.

Die DKG setzt sich für die Weiterentwicklung des im Jahre 2003 eingeführten leistungsorientierten Finanzierungssystems und für eine ausreichende Finanzausstattung der Krankenhäuser ein. Die DKG spricht sich für einen Wettbewerb um die beste Qualität der Versorgung und für eine Stärkung der Patientensouveränität aus. Hierfür bedarf es einiger Anstrengungen sowohl auf Seiten des Bundes und der Länder als auch auf Seiten der Selbstverwaltungspartner.

Die Kassenärztliche Bundesvereinigung und die Gesundheitsreform 2007

Dominik von Stillfried / Stefan Gräf

1 Der besondere Status und die Interessenorganisation der KBV in der Gesundheitspolitik

Der besondere Status der Kassenärztlichen Bundesvereinigung (KBV) in der Gesundheitspolitik leitet sich anteilig aus vier Faktoren ab:

1. Gesetzliche Aufgaben in der Organisation der Versorgung,
2. Funktion als Interessenvertretung,
3. Art und Weise, wie die KBV diese Funktion zuletzt wahrgenommen hat,
4. Fehlen belastbarer Alternativen.

Diese werden im Folgenden einzeln analysiert.

1.1 Gesetzliche Aufgaben in der Organisation der Versorgung

Die Kassenärztlichen Vereinigungen (KVen) und die KBV haben flächendeckend eine wohnortnahe und qualitätsgesicherte ambulante ärztliche Behandlung für die rund 72 Millionen gesetzlich Versicherten sicherzustellen. Sie nehmen diese Aufgabe im Rahmen des Kollektivvertragssystems als Vertragspartner der Landes- bzw. Spitzenverbände der rund 250 Gesetzlichen Krankenkassen wahr. KBV und KVen leisten den Krankenkassen die Gewähr, dass die vertragsärztliche Versorgung den gesetzlichen und vertraglichen Erfordernissen entspricht; sie führen die Abrechnung der Leistungen der Vertragsärzte sowie deren Qualitätssicherung durch. Ebenso übernehmen sie Aufgaben der Leistungssteuerung auch im Bereich verordneter Leistungen durch die die Leistungspflicht der Krankenkassen konkretisiert wird, zum Beispiel zur Implementierung von Beschlüssen und Richtlinien des Gemeinsamen Bundesausschusses (G-BA), bis hin zur Implementierung gesetzlicher Vorgaben zur Begrenzung der Leistungsausgaben. Die zur Durchführung ihrer gesetzlichen Aufgaben notwendige Disziplinargewalt basiert auf der Pflichtmitgliedschaft der Vertragsärzte und Vertragspsychotherapeuten in der KV, bzw. der KVen in der KBV, und macht es erforderlich, dass die KVen und die KBV als Körperschaften des öffentlichen Rechts organisiert sind.

Die KBV ist die Vereinigung der 17 Länder-KVen (NRW verfügt über zwei KVen). Die mit den Spitzenverbänden der Krankenkassen getroffenen Rahmenvereinbarungen des Bundesmantelvertrags sowie die Beschlüsse des Bewertungsausschusses (auch der Bundesausschuss ist originär ein Vertragsausschuss des Bundesmantelvertrags) sind für KVen und deren Vertragspartner auf Landesebene sowie für Vertragsärzte und Krankenkassen bindend. Die Bundesmantelvertragspartner ihrerseits, aber auch die Kollektivvertragspartner auf Landesebene, werden durch Vorgaben des Bundesgesetzgebers sehr weitgehend zur Umsetzung sozial- und wirtschaftpolitischer Ziele instrumentalisiert. Das Kollektivvertragssystem liefert zum Beispiel die Mechanik, um den sozialpolitischen Grundsatz der Solidarität in die Praxis umzusetzen. Es verschafft jedem gesetzlich Versicherten unabhängig von seiner Beitragsleistung oder seinem Einkommen nahezu uneingeschränkten und gleichartigen Zugang zum vollen Leistungsspektrum der ambulanten medizinischen Betreuung.

Keinesfalls wäre diese Niedrigschwelligkeit zum Beispiel durch ein System selektiver Verträge gewährleistet. Jeder Versicherte müsste zunächst die für ihn zugelassenen Ärzte und Leistungsanbieter identifizieren, gegebenenfalls mit der Nutzung des Angebots verbundene Zuzahlungsunterschiede ermitteln oder sich im Laufe der Behandlung anderen zeitraubenden Überprüfungen und Entscheidungsvorbehalten des Kostenträgers stellen. Man darf zudem davon ausgehen, dass die Erreichbarkeit der Versorgungsstrukturen in Fläche und in Abhängigkeit vom Marktanteil der jeweiligen Krankenkassen in Umfang und Qualität sehr unterschiedlich ausfallen dürfte und deren Bereitstellung für Krankenkassen mit geringeren Marktanteilen mit hohen Risikozuschlägen behaftet wäre.

Die besondere Stellung der KBV – wie auch der einzelnen KVen auf Landesebene – erklärt sich deshalb zum Teil aus ihrer Position als Techniker aus dem „Maschinenraum" des GKV-Systems, deren praktischer Rat durchaus gefragt ist, wenn seitens der Politik top-down Veränderungen, Weiterentwicklungen oder Eingriffe in das System der ambulanten Versorgung geplant sind – sei es um die vertragsärztliche Versorgung selbst zu verändern oder um mittels der Vertragsärzte, Einfluss auf andere Beteiligte des Versorgungssystems der GKV auszuüben.

1.2 Funktion der Interessenvertretung

Zu den gesetzlichen Aufgaben der KVen und der KBV gehört die Wahrnehmung der Rechte der Vertragsärzte gegenüber den Krankenkassen sowie die Vertretung der vertragsärztlichen Interessen in der Gesundheitspolitik auf Landes- und Bundesebene. Die KBV vertritt insoweit rund 145.000 Vertragsärzte und – psychotherapeuten. Die Möglichkeiten und Instrumente der Interessenvertretung werden durch den Körperschaftsstatus der KBV und der KVen allerdings eingeschränkt. Zwar liegen die Wurzeln des KV-Systems historisch in der gewerkschaftsähnlichen Interessenvertretung durch den Hartmannbund. Dessen Gründung erfolgte in Reaktion auf die mit der Sozialversicherung entstandene „Einkaufsmacht" der Krankenkassen und der damit einhergehenden Kontrolle über Vergütung und therapeutische Entscheidungen. Die straffe Organisation des Hartmannbunds ermöglichte wirksame Boykottaufrufe und Streiks gegenüber einzelnen Krankenkassen und erzwang so die Entstehung eines Kollektivvertragssystems mit den Verbänden der Krankenkassen. Der Erfolg des Hartmannbundes in der ersten Hälfte des letzten Jahrhunderts erfüllt bis heute Leitbildfunktion und liefert einigen ärztlichen Berufs- bzw. Interessenverbänden ein Rollenmodell zur Wahrung und Förderung der freiberuflichen Existenz. Infolge der „Verkörperschaftung" wurde die KV jedoch mindestens gleichgewichtig auch zum Agenten des Gesetzlichen Krankenversicherungs (GKV)-Systems und Instrument des Gesetzgebers. Mit Einrichtung der KVen „tauschten" die Vertragsärzte (damals: Kassenärzte) die Möglichkeiten von Streiks und Boykott als letztes Mittel kollektiver Interessenvertretung gegen die Verleihung des öffentlichrechtlich fundierten Alleinstellungsmerkmals des Sicherstellungsauftrags für die ambulante Versorgung. Kundgebungen von Vertragsärzten und Informationsveranstaltungen, zum Beispiel in der Auseinandersetzung mit gesundheitspolitischen Reformvorhaben, sind jedoch nach wie vor möglich, sofern die notwendige Versorgung weiterhin sichergestellt ist.

Wegen ihrer gesetzlichen Aufgaben werden KBV und KVen von bestimmten Arztgruppen und -gruppierungen allerdings häufig selbst zum Gegenstand der Kritik erhoben. Ihnen wird – teilweise zu Recht – aus Sicht einzelner Interessengruppen innerhalb der Vertragsärzteschaft die Fähigkeit wirksamer Interessenvertretung abgesprochen. Die Kritik ist immer dann berechtigt, wenn die Gruppeninteressen über das Maß hinaus vertreten werden sollen, das mit dem notwendigen Interessenausgleich zwischen allen an der vertragsärztlichen Versorgung beteiligten Berufsgruppen nicht mehr vereinbar ist. Häufig muss jedoch auch der Vertretungsanspruch der einzelnen Interessengruppen hinterfragt werden, der sich nicht selten in einer Art Aufmerksamkeitswettbewerb auf dem Niveau der durch das KV-System erreichten Vertretung entfaltet. So zeigte sich die Funktionsfähigkeit der Interessenvertretung durch das KV-System letztlich auch während der Ärzteproteste im Jahr 2006 sehr wohl vereinbar mit den Grundanliegen der Demonstranten. Aufgrund ihrer gesetzlichen Aufgaben verfügen die KVen generell über den notwendigen Apparat zur Information ihrer Mitglieder und zur Organisation berufspolitischer Interessen und somit über ein zum Teil erhebliches und medienwirksames Mobilisierungspotenzial. Stimmen sich KBV und KVen dabei strategisch ab, bestehen wirksame Möglichkeiten legitimer Interessenvertretung auf allen Ebenen der parlamentarischen und föderalen Demokratie.

1.3 Neuausrichtung der Funktion der Interessenvertretung

Unter den vom Gesetzgeber in den Reformen seit 1997 schrittweise veränderten Rahmenbedingungen besteht jedoch die Notwendigkeit, Interessenvertretung durch KBV und KVen neu zu definieren. Verfolgt man den Entwicklungspfad der Reformgesetzgebung der letzten zehn Jahre bis zum Gesetz zur Stärkung des Wettbewerbs in der Gesetzlichen Krankenversicherung (GKV-WSG), so zeichnet sich darin ein unaufhaltsamer Paradigmenwechsel ab. Ausgehend von zaghaften Versuchen, das in der sektoralen Abgrenzung nahezu vollständig vereinheitlichte Kollektivvertragssystem durch Modellvorhaben und Elemente der Vertragsfreiheit in Randbereichen wieder dem Vertragswettbewerb zu öffnen, wird nunmehr scheinbar unbegrenztes Vertrauen in den Wettbewerb der Krankenkassen untereinander gesetzt. Ebenso großes Vertrauen besteht folglich in die vertragliche Gestaltungsfreiheit der Krankenkassen gegenüber den sogenannten Leistungserbringern als Instrument einer effizienzsteigernden Weiterentwicklung der Versorgungsstrukturen. Auf Basis dieser Wettbewerbsorientierung ist der Gesetzgeber offenbar bereit, das über 70 Jahre gewachsene komplexe Regelungsgefüge sehr weitgehend in Frage zu stellen, obwohl dieses Gefüge nicht zuletzt deshalb so komplex geworden ist, weil das GKV-System von einem ursprünglich sehr begrenzten Instrument elementarer Daseinsvorsorge schrittweise zu einem nahezu bevölkerungsumfassenden Vollversorgungssystem ausgebaut wurde, welches allen Versicherten unabhängig von deren Zahlungsfähigkeit möglichst weitreichende Inanspruchnahmerechte sichern sollte. Zwar ist diese Bewegung immer noch kraftvoll, wie das Konzept der Bürgerversicherung belegt. In der aktuellen Gesetzgebung befördern aber selbst die Protagonisten der Bürgerversicherung die Wettbewerbsorientierung in erheblichem Umfang, denn der von ihnen unterstützte Trend zur Schaffung zentraler Organisationseinheiten in der GKV schafft Einrichtungen, die geeignet sind, staatlich gesetzte Mindeststandards in einem weit geöffneten Vertragswettbewerb zu setzen. Insofern wird auch dadurch das Moment der Wettbewerbsorientierung eher verstärkt.

Wenn diese Einschätzung der Gewichtsverschiebung in der Politik zutrifft, stößt eine gewerkschaftsähnliche Interessenvertretung künftig nicht nur an kartellrechtliche Grenzen. Ganz pragmatisch gesehen reduziert sich auch der Organisationsgrad ärztlicher Interessenvertretung durch die Vielfalt der nunmehr – tatsächlich oder potentiell – an der ambulanten Versorgung beteiligten Institutionen und Personen und durch deren Wettbewerbsbeziehungen untereinander. Das Rollenmodell der Zukunft dürfte daher nicht die Gewerkschaft, sondern eine Dienstleistungs-, Management- oder Beteiligungsgesellschaft (auch Genossenschaft) sein. Der „Agent" der Interessenvertretung ist in diesem Modell nicht durch Verhinderung des Wettbewerbs (gleichgerichtetes Handeln der Gewerkschaftsmitglieder), sondern durch wettbewerbskonformen Auftritt (Marktführerschaft durch bessere Produkte) erfolgreich. Seine Marktmacht entsteht durch Markenbildung.

Im Jahre 2005 hat die KBV mit den KVen einen Strategieprozess eingeleitet, der das KV-System als einen von Ärzten, Patienten und Kostenträgern bevorzugten Dienstleister in einem Wettbewerbsumfeld platzieren soll. Nach dieser Vision soll die Organisationsleistung des KV-Systems für alle Nutzergruppen Komplexität reduzieren. Vertragsärzte und –psychotherapeuten sollen sich für die Teilnahme an den von der KV vermittelten Versorgungsaufträgen entscheiden, weil sie dadurch bessere Arbeitsbedingungen, attraktive Vergütung und größere wirtschaftliche Sicherheit erhalten. Patienten wählen diese Versorgungsangebote, weil sie durch Qualität und Service überzeugen. Krankenkassen schließen Versorgungsverträge mit KVen, weil sie es sich gegenüber ihren Versicherten nicht leisten können, dieses Produkt nicht anzubieten und weil die KVen den Krankenkassen die überaus aufwändige Organisation kostengünstig abnehmen. Dieses Leitbild fordert von KBV und KVen unternehmerisches Verhalten. Seit Mitte 2005 ist die Strategie der KBV folglich nicht mehr primär durch Forderungen an die Politik definiert, sondern strebt eine interne Organisationsentwicklung an, durch die das KV-System als Unternehmensverbund und Anbieter im Wettbewerb auch dann überleben können soll, wenn ihm seine sozialpolitischen Aufgaben als Körperschaft entzogen wären. Insofern positioniert sich das KV-System bereits heute als Wettbewerber: Es ist nicht bereit, die Rolle des Dienstleisters kampflos an Berufsverbände oder andere Vermittler selektiver Verträge abzugeben.

Diese Neuorientierung der Interessenvertretung erfordert ein hohes Maß an Kundenorientierung und Glaubwürdigkeit. Um den Strategieprozess zu fördern, nutzt die KBV Befragungen der KV-Vorstände, der KV-Mitglieder und der Patienten. In einer so komplexen Organisation wie dem KV-System dauert die Verinnerlichung des Leitbilds und die entsprechende Kommunikation an die Nutzergruppen eine lange Zeit. Weniger beschwerlich war allerdings die Perzeption der Veränderung durch die Politik. In der Politik wurde die Neuorientierung begrüßt und Veränderungsbestrebungen anerkannt; die KBV wurde nach Jahren der Marginalisierung (zum Beispiel Forderungen nach Abschaffung des KV-Systems in den Jahren 1999 bis 2003) wieder zu einem geschätzten Gesprächspartner der Politik.

1.4 Fehlen belastbarer Alternativen zum KV-System

Die besondere Position der KBV als politische Spitze des KV-Systems liegt auch darin begründet, dass die Krankenkassen die Politik als Bündnispartner auf dem Weg in den sozialpolitischen Paradigmenwechsel enttäuscht haben. Die bisherigen Versuche des Gesetzgebers, zu Lasten des Kollektivvertragssystems verstärkt selektive Vertragssysteme zu fördern, wurden von den Krankenkassen nicht im gewünschten Maße genutzt. Während der Reformberatungen in 2006 lagen keine Belege dafür vor, dass die Krankenkassen in naher Zukunft in der Lage wären, selektive Verträge zur Gestaltung und Sicherung der Versorgung auf breiter Basis einzusetzen. Vielfach enttäuschten die, durch die Anschubfinanzierung aus den sektorspezifischen Budgets subventionierten, Integrationsverträge der Krankenkassen durch das nur all zu offensichtliche Leitmotiv, einen möglichst großen Anteil Anschubfinanzierung sicherzustellen.

Da es nicht zuletzt an der Vertragspolitik der Krankenkassen liegt, in welchem Umfang und mit welcher Dynamik sich ein Markt für selektive Vertragspartnerschaften entwickelt, ist es nicht verwunderlich, dass auch auf Anbieterseite die Einrichtungen an zwei Händen abgezählt werden können, denen man das Potenzial zuschreibt, einmal an die Stelle der KVen zu treten, um ambulante oder sektorenübergreifende Versorgung zu organisieren. Diese Organisationen sind im Vergleich zum bestehenden System aber noch in Embryonalstadien. Ein glaubwürdiges KV-System, vertreten durch eine reformbereite KBV, bietet sich in dieser Situation durchaus als ein möglicher Partner für die Weiterentwicklung des Gesamtsystems an.

2 Wie beeinflusst die Gesundheitsreform 2007 die KBV?

Die Reform 2007 ist nur ein Schritt auf einem längerfristig geplanten Weg; sie dient im Wesentlichen dazu, Voraussetzungen für nächste Schritte zu schaffen. Dies gilt nicht nur für die offengebliebene Frage der GKV-Finanzierungsreform, für die der Gesundheitsfonds allenfalls eine Vorstufe sein kann. Es gilt insbesondere für die vertragsärztliche Vergütungsreform, welche das sektorale Budget beseitigen soll und damit nicht nur die Honorierung der Vertragsärzte verbessert, sondern auch das Feld für einen deutlich erweiterten Vertragswettbewerb bereitet. Die Vergütungsreform erreicht beide Ziele durch die Einführung einer Euro-Gebührenordnung und einer Steuerungssystematik für Vergütungsvereinbarungen nach morbiditätsorientierten Risikoindikatoren. Letztere haben den Effekt, dass die Vertragspartner in der Versorgung dem Versicherten im Falle seiner Wahlentscheidung für oder gegen ein bestimmtes Versorgungsangebot jeweils einen kalkulatorischen Geldbetrag zuweisen können, der statistisch zur Finanzierung seiner Inanspruchnahme ausreicht. Das Geld kann also dem Versicherten folgen; es ist nicht mehr länger in historischen Budgets „eingefroren". Hinzu kommt die (derzeit noch geplante) Weiterentwicklung des Vergütungssystems im Krankenhaus. Krankenhäuser würden demnach nahezu vollends auf bundeseinheitliche Diagnosis-Related-Groups (DRGs) umgestellt, soweit sie nicht gesonderte Volumenverträge mit Krankenkassen abschließen, die diese Verträge ihrerseits nutzen würden, um Versicherte in kostengünstige Häuser zu steuern. Die hier im Bundesministerium für Gesundheit (BMG) formulierte Entwicklungsrichtung ist so bereits im ambulanten Bereich angelegt. Das gesamte Vertragsrecht könnte dann durchgehend von einzelnen Krankenkassen genutzt werden, um eigene Wahltarife auszugestalten, ohne zugleich (wie bisher) andere Krankenkassen über pauschale Beiträge zu Vergütungsbudgets mit subventionieren zu müssen. Vor dem Hintergrund eines einheitlichen Beitragssatzes sowie einer weitgehenden Vereinheitlichung des Kollektivvertragssystems in der Zuständigkeit des neuen Spitzenverbands Bund der Krankenkassen (SpiBu) wird die Gestaltung selektiver Verträge zunehmend Bedeutung als Wettbewerbsparameter der Krankenkassen erlangen. Dies gilt umso mehr, als das GKV-WSG selbst besondere Kostenrisiken für Kassen mit ungünstiger Mitgliederstruktur schafft, unter anderem durch:

1. Die Verbesserung und die risikogerechte Zurechnung der vertragsärztlichen Vergütung.

2. Die Abwanderungsmöglichkeit von Versicherten mit guter Risikostruktur zu Krankenkassen mit attraktiven Wahltarifen (zum Beispiel Rückerstattungen für Nicht-Inanspruchnehmer).

3. Die Auswirkungen von Wahltarifen auf die kasseninterne Risikostruktur: durch das Verbot der Quersubventionierung nehmen Versicherte mit günstiger Risikostruktur beim Wechsel in einen Wahltarif ihren Deckungsbeitrag dorthin mit, im „Normaltarif" hingegen sammeln sich Personen mit überwiegend schlechterer Risikostruktur.

4. Regionalen Finanzkraftentzug, da sich sowohl der Risikostrukturausgleich als auch die vertragsärztliche Vergütungsreform auf bundesdurchschnittliche Normkosten beziehen und somit Finanzmittel vom Südwesten in den Nordosten verschieben.

Soweit nicht eine kassenspezifische Entlastung durch den morbiditätsadjustierten Risikostrukturausgleich erfolgt, müssen die einzelnen Krankenkassen die Risiken durch selektive Verträge, Ausschreibungen bei Heilberufen und Hilfsmitteln sowie durch Arzneimittelrabattverträge ausgleichen. Die Ernsthaftigkeit des angestrebten Vertragswettbewerbs offenbart sich mit Blick auf die vom Gesetzgeber vorbereitete Insolvenzfähigkeit der Krankenkassen, die in einem noch geplanten Gesetzesvorhaben weiter voran getrieben werden soll. Insolvenzgründe können sich in dem neuen System insbesondere für Kassen mit niedrigem Einkommensniveau ihrer Mitglieder ergeben, wenn nämlich der vom Gesundheitsfonds zugewiesene Betrag zuzüglich des von der Kasse maximal zu erhebenden Zusatzbeitrags (gedeckelt bei einem Prozentpunkt der beitragspflichtigen Einnahmen der Mitglieder) nicht ausreicht, die Kosten der Leistungsinanspruchnahme der Versicherten insbesondere im „Normaltarif" zu decken.

Bleibt die Stoßrichtung der Reformen erhalten – und vieles spricht unter den Auspizien demografiebedingter Finanzierungsengpässe und Ausgabenanstiege eher dafür – muss also insgesamt davon ausgegangen werden, dass der Wettbewerb immer mehr zum maßgeblichen Gestaltungsinstrument wird. Die Zukunft des Kollektivvertragssystems und mithin der KBV und der KVen als Körperschaften des öffentlichen Rechts ist daneben eher ungewiss. Es sind hierfür mehrere Szenarien denkbar. Sie variieren zwischen einem System weniger bundesweiter Kassen jeweils mit einem eigenen System bundesweiter Kollektivverträge über ein System, in welchem der Kollektivvertrag nur eine Art Grundsicherung verwaltet, bis hin zur völligen Abschaffung kollektivvertraglicher Regelungen. Ob die KBV durch die Reform auf- oder absteigend beeinflusst wird, kann daher nicht einfach beantwortet werden. Zunächst einmal wird die KBV im Rahmen der Vergütungsreform gegenüber den KVen gestärkt. Deren diskretionärer Verhandlungsspielraum bei der Vereinbarung der Vergütung wird durch bundeseinheitliche Vorgaben stark geschmälert, welche die KBV mit den Spitzenverbänden der Krankenkassen im Bewertungsausschuss zu vereinbaren hat. Die Stärkung der KBV ist hierbei jedoch nur die notwendige Folge einer einheitlichen Gebührenordnung. Die Machtverschiebung findet spiegelbildlich auf Seiten der Krankenkassen in der Entwertung der Landesverbände durch den SpiBu statt. Da die aktuelle Reform ein Übergangsstadium und keinen Endzustand beschreibt, wird die Antwort auch davon abhängen, welche Rolle die KBV und die KVen im künftigen GKVSystem für sich selbst definieren und welches Bild sie dem künftigen Gesetzgeber von sich vermitteln. Aus den vielen möglichen Antworten werden drei, in ihrer Grundtendenz zugespitzt formulierte Perspektiven ausgewählt:

1. Zunächst einmal erweist sich die in 2005 eingeschlagene strategische Ausrichtung als richtig. Die KBV wird in ihrer Funktion als Steuerungszentrale der vertragsärztlichen Gebührenordnung und des mit der Vergütung verbundenen Vertrags- und Versorgungsmanagements gestärkt. Die KBV und die KVen rücken stärker zusammen und bilden gemeinsame Kompetenzzentren, zum Beispiel zur Abrechnung und zur überregionalen Datenanalyse, zur Entwicklung gemeinsamer Vertragsstrategien, für das Benchmarking von Qualitätsindikatoren und zur Steuerung der Versorgung. Damit würde das KV-System insgesamt in seinen Fähigkeiten gestärkt, als kompetenter Dienstleister aufzutreten. Dies könnte den Gesetzgeber veranlassen, diesen leistungsfähigen Partner der Krankenkassen auch künftig zu erhalten oder ihm zumindest angemessene Entwicklungsmöglichkeiten zu geben. Intern wird die KBV dabei aber mit der Frage konfrontiert, ob nicht die einzelnen KVen in Wettbewerb miteinander geraten. Hierzu mehr unter Punkt 3.

2. Die Realität im Jahr 2007 belegt, dass der Wettbewerb auch Begehrlichkeiten und Möglichkeiten der Organisationsentwicklung neben dem KV-System weckt. So stellen sich einzelne vertragsärztliche Berufsverbände gezielt als Wettbewerber des KV-Systems auf. Krankenhäuser und Krankenhausketten wollen die neu eingeräumten Möglichkeiten der ambulanten Leistungserbringung und der Bildung medizinischer Versorgungszentren nutzen. Unternehmer mit und ohne ärztlichen Hintergrund entwickeln Konzepte für ambulante Versorgungseinrichtungen, die mit Markenimage auftreten und die Expansion anstreben. Das KV-System und die von ihm vertretenen Ärzte sehen sich zunehmend einem veritablen Wettbewerb ausgesetzt. Insbesondere einige ärztliche Verbände würden sich wünschen, dass das KV-System

auf ein Aufgabenspektrum einer reinen Regulierungsbehörde zurückge-stutzt wird, und ihm die Aufgaben der Interessenvertretung entzogen wer-den. Eine Entwicklung in diese Richtung würde die KBV und die KVen schrittweise auf den absteigenden Ast führen, denn wer wollte eine berufs-ständische Organisation als Interessenvertretung? Richtig durchdacht, kann die Regulierung des Vertragswettbewerbs, zum Beispiel zur Sicherung von Mindeststandards bei der Leistungsgewährung und in der Qualität der me-dizinischen Versorgung, eigentlich nur durch eine den Aufsichtsbehörden angegliederte und auf diesem Wege legitimierte Organisation durchgeführt werden.

3. Der Wettbewerb bleibt auch künftig das maßgebliche Gestaltungsinstru-ment. Gleichwohl wird ihm gerade in den heute schon tendenziell unterver-sorgten ländlichen Regionen und in den Abwanderungsgebieten, insbeson-dere in den neuen Bundesländern, nicht die „heilende Kraft" zugetraut, die man ihm in den Ballungsräumen zuzuschreiben bereit ist. KBV und KVen werden daher schrittweise zu einem Genossenschaftsmodell weiterentwi-ckelt, welches im Rahmen entsprechender Versorgungsverträge mit den Krankenkassen zunehmend „eigene" Versorgungsstrukturen zur Sicherstel-lung der Versorgung einsetzt.

Viele weitere Szenarien sind möglich. Eines ist jedoch klar. Der Gesetzgeber ent-fernt sich mit Vertragswettbewerb und Wahltarifen vom klassischen Leitbild der sozialen Krankenversicherung. Wenn dies die gesellschaftspolitisch gewünschte Entwicklungsrichtung bleibt, dann wird in wenigen Jahren die Frage schwer zu beantworten sein, auf welches konkrete Leistungsangebot sich ein öffentlich-rechtlich legitimierter Sicherstellungsauftrag eigentlich beziehen sollte. Auf dem Weg dahin wird die Sicherstellungsaufgabe durch Verträge definiert. Welche Rolle die KBV und die KVen dabei einnehmen sollen, scheint auch der Politik nicht ganz klar zu sein, wenn man die Entstehungsgeschichte des GKV-WSG als Akt der politischen Willensbildung heranzieht. Umso wichtiger wird daher die Rolle sein, die die KBV auf der Basis des begonnenen Strategieprozesses als ver-lässlicher Partner und Ideengeber für die Politik übernehmen kann.

3 Wie verändern sich die vorhandenen Ressourcen?

Die KVen sind als Mitglieder der KBV zum Beispiel bei Beschlüssen des Bewer-tungsausschusses, Richtlinien des Bundesausschusses und anderen Bundesvorgaben Weisungsempfänger. Durch die zum 1. Januar 2005 wirksam gewordene Organisationsreform bilden sie aber zugleich das Aufsichtsgremium über den Vorstand und sie beschließen den Haushalt der KBV.

Führt der Wettbewerb der Selektivverträge zum Beispiel über einen Vertrag zur hausarztzentrierten Versorgung gemäß § 73b SGB V mit einer nennenswerten Beteiligung von Hausärzten und deren Patienten (bei gleichzeitiger Einschreibung in einen Wahltarif) zu einer Bereinigung der Gesamtvergütung für die teilnehmenden Versicherten, reduziert sich die Refinanzierungsmöglichkeit der betroffenen KV. Sie kann für diesen Teil der Vergütung keine Verwaltungskostenumlage erheben; vielmehr wird der Selektivvertragspartner aus dem separat abgerechneten Leistungsvolumen seine eigene Organisationseinheit finanzieren. Zugleich muss sich aber die Umlage prozentual für die verbleibenden, über die KV abgerechneten Leistungen erhöhen oder die KV baut Personalkapazitäten und andere Fixkosten ab, damit die Vertragsärzte keinen zusätzlichen Anreiz erhalten, in Selektivverträge zu wechseln. Das Selektivvertragssystem reduziert folglich die Ressourcen des KV-Systems. Dafür reicht bereits die potenzielle Gefahr selektiver Verträge, zumal diese durch den § 73b SGB V und die Politik des Hausärzteverbandes sehr real und zum Teil bereits eingetreten ist. Allerdings fördert diese Entwicklung auch den Wettbewerb der KVen untereinander. Wenn darüber nachgedacht wird, Ressourcen abzubauen, dann bietet dies derjenigen Institution Vorteile, die einer anderen die eigenen Kapazitäten zu einem günstigeren Preis anbieten kann, als diese selbst die Leistung erstellen kann. Die Nachfrage, wie viele Rechnungszentren das KV-System benötigt, steht also aus mehr als einem Grund im Raum. Sie kann auf alle Leistungen des KV-Systems erweitert werden. Ein geordneter Übergang in gemeinsam genutzte Kompetenzzentren könnte das Problem entschärfen – wenn über die Verteilung der Kompetenzzentren und die Beteiligung an den notwendigen Investitionen hierfür Einigkeit erreicht werden kann.

Das KV-System bietet im Vergleich zu kleineren „Insellösungen" bereits eine sehr effiziente Infrastruktur. Grundlage hierfür ist aber die Einheitlichkeit des Kollektivvertrags. Selektive Verträge erhöhen diesen Aufwand, bieten aber auch neue „Geschäftsfelder", denn deren Abwicklung bedarf einer eigenen Infrastruktur. Das KV-System berät derzeit, auf welche Weise die notwendigen Ressourcen geschaffen werden können, um diese „Geschäftsfelder" als Serviceleistung für die Mitglieder effizient zu erschließen.

4   Wie verändern sich Strategien und Allianzen aufgrund der Reform?

Die KBV setzt den in 2005 begonnenen Strategieprozess fort. Sie muss dazu ihr Verhältnis zu den Berufsverbänden klären. In einer Welt des Wettbewerbs verträgt sich die Aufgabe des Vorstands nicht mehr mit der gleichzeitigen Führungsrolle in einem Berufsverband oder einem -verbund, wenn dieser als Konkurrent um Verträge oder Dienstleistungen auftritt oder auftreten kann. Solche Doppelfunktionen waren in der Periode ehrenamtlicher Vorstände einer Standesorganisation nicht nur möglich, sondern zur Legitimation unerlässlich. Die Wettbewerbssituation verwandelt die KBV und die KVen in dieser Hinsicht, denn in Zeiten der weitgehenden Wahlfreiheit des Arztes, welchen Anteil seines Leistungsspektrums er auf der Grundlage der von der KV geschlossenen Verträge erbringt und abrechnet, erhalten die KVen ihre Legitimation – soweit nicht durch öffentlich-rechtliche Aufgabenübertragung zwingend anders vorgegeben – und ihre Identität durch ihr Preis-/ Leistungsverhältnis. Sie sind in dieser Hinsicht auf dem gleichen Veränderungspfad wie ihn die Krankenkassen seit Einführung der allgemeinen Wahlfreiheit 1996 beschreiten, deren Identität sich von berufsständischen Solidargemeinschaften zu wettbewerborientierten Unternehmen wandelt.

Die Frage der Organisationsentwicklung erhält Nachdruck. Was 2005 noch als Gedankenspiel anmutete, ist seit April 2007 für viele KV-Mitarbeiter bitterer Ernst. Die Strategiefähigkeit des KV-System wird unter anderem maßgeblich davon abhängen, ob und in welchem Ausmaß sich die Organisationen weiterhin eine Mehrfachvorhaltung von „Back-Office"-Kapazitäten gönnen. Aber stumpfer Kapazitätsabbau steht nicht im Vordergrund. Vielmehr lassen sich drei vorrangige Gesichtspunkte nennen:

- Mit dem Abbau der berufsverbandlichen Bindung an die KV-Spitze muss die KV im Bereich der Mitglieder kundenorientierter werden. Die Entwicklung eines „Außendienstes" ermöglicht Mitgliederbindung und ein Qualitätsmanagement des eigenen Auftritts und der Leistungsfähigkeit. Diese zusätzlichen Ressourcen können nur durch Einsparungen an anderer Stelle finanziert werden.

- Kundenorientierung in Richtung der Patienten muss gestärkt werden, um einen „Markenauftritt" und das dazugehörige Qualitätsmanagement zu erreichen. Patientenbindung wird zu einer elementaren Fähigkeit in der Welt von Wahlmöglichkeiten und Versorgungsalternativen. Hierfür müssen neue „Front-Office"-Kapazitäten geschaffen werden. Nukleus dessen kann die

Leitstelle einer zentralen Bereitschaftsdienstnummer sein, denkbar sind aber auch Hotlines zur Vermittlung von Versorgungsangeboten oder sogar für medizinische Beratung.

- Ergänzend wird der Aufbau eigener Einrichtungen des Versorgungsmanagements notwendig. Als Anbieter selektiver Vertragsangebote muss die KV über eine Infrastruktur verfügen, die viele verschiedene Vertragspartner sinnvoll zu einem koordinierten Versorgungsangebot verknüpfen kann. Anders als bei der „behördlichen" ex-post Prüfung bereits eingetretener Sachverhalte muss diese Infrastruktur geeignet sein, vorausschauend in Versorgungsabläufe eingreifen zu können. Grundlage könnte zum Beispiel ein mit angestellten Pflegekräften unter ärztlicher Aufsicht agierendes Betreuungszentrum sein, welches auf Basis einer EDV-Vernetzung mit beteiligten Praxen und/ oder Telemonitoring der Patienten Betreuungsangebote in Ergänzung zum „klassischen" Arztbesuch anbieten kann. Ein Teil dieser Kapazitäten und Fähigkeiten wäre auch über strategische Allianzen zu erwerben.

Die KBV hat bereits Gehversuche in diese Richtung unternommen. Ergebnis ist die Kooperationsvereinbarung mit der Sana GmbH & Co. KGaA, Deutschlands viertgrößter Krankenhauskette. Weitere Kooperationsvereinbarungen zum Beispiel im Pflegebereich speziell für die neuen Bundesländer wären möglich. Jede Kooperation braucht aber ihre eigenen Ressourcen, die in der KBV derzeit weniger breit vorhanden sind.

Die Knappheit der Ressourcen ist nicht nur eine Frage bestehender Haushalte. Sie ist vor allem eine Frage der Möglichkeiten. Die Strategie der KBV hat so viele Möglichkeiten eröffnet und die Reformen des Jahres 2006/07 (GVK-WSG und VÄndG) haben der KBV ein enormes Aufgabenpaket mit engen Zeitzielen übertragen, dass auch zur Nutzung der Ressourcen eine Strategie erforderlich ist. Zunächst hat die Durchsetzung der Vergütungsreform Priorität. Parallel dazu kann aber die Antwort nicht anders lauten, als Kompetenzzentren zu schaffen und damit das KV-System wirklich zum Handeln im Unternehmensverbund hin zu entwickeln.

5 Legitimations- und Steuerungsprobleme durch die Reform

Legitimations- und Steuerungsprobleme sind die Folge der wettbewerblichen Ausrichtung des Gesamtsystems. Hierzu ist auf die oben erfolgten Ausführungen zur Strategie und Ressourcenverfügbarkeit zu verweisen, da hiermit untrennbar verbunden. Legitimations- und Steuerungsprobleme ergeben sich aber auch durch die bewusste Infragestellung des Sozialversicherungsmodells durch die Stärkung des staatlichen Einflusses und die Beschneidung der Selbstverwaltungsfunktionen. So wird aus dem Prinzip der Finanzautonomie der Krankenkassen und der Beitragsfinanzierung eine staatliche Steuerung der Finanzierungsgrundlagen durch die staatliche Festsetzung des allgemeinen Beitragssatzes – verbunden mit einem wachsenden Finanzierungsanteil, der aus dem allgemeinen Steueraufkommen gespeist werden soll. Das Prinzip der Selbstverwaltung wird durch ein neues System der staatlich kontrollierten Steuerungsentscheidungen hinsichtlich des Leistungsanspruchs des Versicherten sowie die Gestaltung des Versorgungsgeschehens im Einzelnen durch Zentralisierung der Kassenverbände, Umbau des Organisationsgefüges der Krankenkassen und stärkere staatliche Kontrolle des Gemeinsamen Bundesausschusses ersetzt. Das Mitgliedschaftsprinzip in der GKV wird weiter durch einen allgemeinen Leistungsanspruch verwässert und die sozialversicherungstypischen Prinzipien der Umlagefinanzierung, der beitragsunabhängigen Inanspruchnahme und der Sicherstellungspflicht der KVen im Rahmen des Basistarifs werden in die PKV übertragen.

Soweit die KBV hier eingebunden ist, wird der Selbstverwaltungscharakter der KBV und der von ihr mitgetragenen Institutionen abgebaut. Wer erkennt heute noch den Bundesausschuss als Ausschuss zur Klärung des Vertragsinhalts bundesmantelvertraglicher Rahmenregelungen? Wer wird in zehn Jahren das Institut des Bewertungsausschusses noch als eine von KBV und Spitzenverbänden zur Unterstützung der Geschäftsführung des Bewertungsausschusses gegründete Einrichtung erkennen? Die eigentlich spannende Frage, ob die von der Politik festgestellten wirklichen oder angeblichen Defizite der GKV auch systemimmanent, also ohne die Abschwächung der eine Sozialversicherung prägenden Prinzipien, hätten angegangen werden können, stellt sich angesichts der großkoalitionären Beschlusslage nicht mehr.

Allerdings wird die Frage von den die KBV finanzierenden Mitgliedern der KVen zu Recht sehr kritisch gestellt werden, warum diese neben ihren Steuern Abgaben an eine zunehmend enteignete Selbstverwaltungseinrichtung zu zahlen haben. Diese Frage wird nur vermieden werden, wenn der Dienstleistungscharakter des KV-Systems verbessert werden kann. Die Finanzierung des Bundesausschusses und des Instituts des Bewertungsausschusses geht ja bereits einen anderen Weg. Sie zeigt, dass die Selbstverwaltung – soweit sie nicht wettbewerbskonform reorganisiert wird – sich auf bestem Wege befindet, als Annex der Ministerialbürokratie Legitimation zu finden. Letzteres erscheint gegenüber der

Öffentlichkeit auch zunehmend angebracht. Denn je mehr Selbstverwaltungsfunktionen „verstaatlicht" werden, desto fragwürdiger ist ihre vermeintliche „Delegation" an nicht-staatliche Organisationen, deren Wurzeln in der Interessenvertretung liegen.

6 Chancen der KBV für zukünftiges Agenda-Setting in der Gesundheitspolitik

Die Chancen der KBV in dieser Hinsicht werden davon abhängen, mit welchem Resultat die Vergütungsreform abgeschlossen wird. Die Einführung der Morbiditätsorientierung schafft eine Form der Transparenz über die Verwendung der Vergütung, durch die eine neue Stufe öffentlicher Diskussionen erreicht werden kann. Für welche Altersgruppe oder Patientengruppe steigen die Ausgaben am stärksten? Welche Ursachen liegen dem zugrunde? Ist diese Ressourcenverwendung gerechtfertigt? Welche Ausgabenunterschiede bestehen zwischen den Krankenkassen für vergleichbare Patientengruppen? Welche Gründe existieren hierfür? Können Krankenkassen Effizienzunterschiede nachweisen? Welches Leistungsangebot ist für mich als Patient (unter Berücksichtigung meiner Risikokonstellation) empfehlenswert oder sollte vermieden werden? Die Analysen werden aufgrund der veränderten Analysemöglichkeiten deutlich zunehmen.

Der Meinungs- und Analysemarkt dürfte erheblich beeinflusst werden, wenn es gelingt, die Erweiterung von Vergütungspauschalen durch Zuschläge für den Nachweis nachvollziehbarer und patientenrelevanter Indikatoren der Versorgungsqualität schnell einzuführen. Dies dürfte die Fähigkeit des Agenda-Settings für die KBV erhöhen. Denn es liegt im Interesse der KBV, selbst ein „Branding" durchzuführen (vgl. oben Strategie).

Die Chancen für Agenda-Setting durch die KBV dürften um so höher sein, je besser sie in der Lage ist, das Konzentrat des ohnehin hohen Ansehens der Ärzteschaft durch transparente Qualitätspolitik bei der KBV bzw. im KV-System zu bündeln. Auf diesem Weg befindet sich die KBV derzeit mit zahlreichen Initiativen zum Qualitätsmanagement, der Qualitätssicherung und der Qualitätsberichterstattung.

Begrenzt werden die Chancen durch den Wettbewerb der Vertretungsansprüche auf Seiten der Berufsverbände und durch die Neigung der Politik, durch Teilung zu herrschen. Gleichwohl gilt auch hier: Durchsetzen dürfte sich die Organisation, deren konsequente Kundenorientierung ihr eine ausreichend breite Zustimmungsbasis verleiht, um in der Politik Gehör zu finden. Die KBV hat ihre

Mittel hier bei Weitem noch nicht ausgeschöpft. Ihre Chance ist, dass die Wettbewerbsorientierung es auf Dauer nicht erlauben wird, Partikularinteressen einer Berufsgruppe ausschließlich mit Blick auf die partikularen Mitglieder zu realisieren. In der schönen neuen Welt der Sozialversicherung geht es nicht mehr um countervailing power, sondern um Marktauftritt und Versichertenbindung.

Die pharmazeutische Industrie und die Gesundheitsreform 2007

Thomas Brauner

1 Einige Hinweise zur Interessenvertretung der pharmazeutischen Industrie

Der Regelungsrahmen für die pharmazeutische Industrie ist in erster Linie durch das Arzneimittelrecht und korrespondierende Verordnungen beschrieben. Das Arzneimittelrecht seinerseits stellt die Umsetzung europäischen Rechts in nationale Regulierungen dar, soweit es sich um die Vorgaben durch EU-Richtlinien handelt. Verordnungen der EU gelten unmittelbar für alle Mitgliedstaaten und bedürfen keines gesonderten nationalstaatlichen gesetzgeberischen Nachvollzugs. In nationaler Kompetenz werden im Wesentlichen der Zugang zum nationalen Markt, die Preisbildung inklusive der Regelungen zu Margen der Handelsstufen und Mehrwertsteuersätzen sowie die Erstattung von Arzneimitteln geregelt.

Die politische Vertretung der pharmazeutischen Industrie ist also – anders als die der übrigen Teilnehmer an der Gesundheitsversorgung in Deutschland – in mindestens zwei politische und administrative Aushandlungsprozesse involviert. Soweit pharmazeutische Unternehmen – und dies betrifft die Mehrzahl der pharmazeutischen Unternehmen in Deutschland – in mehreren oder allen Mitgliedstaaten der EU bzw. in transatlantischen Märkten tätig sind, sind sie entsprechend in eine Vielzahl von Regulierungskreisläufen involviert, die eine hohe Fragmentierung aufweisen.

1.1 Die pharmazeutische Industrie und ihre organisierte Interessenvertretung

National wie auch international werden die pharmazeutischen Unternehmen in diesen Aushandlungsprozessen durch Verbände unterstützt. Weltweit einmalig dürfte in diesem Zusammenhang die Konstellation in Deutschland sein: Allein sieben Verbände teilen sich die Vertretung der Interessen der in Deutschland aufgestellten Pharmaunternehmen gegenüber der nationalen Politik sowie – ihrerseits wieder als Mitglieder europäischer Dachverbände – gegenüber dem europäischen Parlament und der Europäischen Kommission.

Neben dem Bundesverband der Pharmazeutischen Industrie (BPI e.V.), der in seiner Mitgliederstruktur aus 85 Prozent mittelständischen und 15 Prozent großen sowie einem Mix aus unterschiedlichen Therapiemethoden, forschenden sowie generisch produzierenden Unternehmen die Branche recht genau spiegelt, sind dies der Bundesverband der Arzneimittelhersteller (BAH), der Verband Forschender Arzneimittelhersteller (VFA) – 1992 gegründet als Ergebnis verbandspolitischer Differenzen innerhalb des BPI –, zwei Verbände der Hersteller generischer Arzneimittel (Deutscher Generikaverband und Pro Generika – letzterer ist der jüngste Zusammenschluss, dominiert durch die so genannten „Big Player" im Generikamarkt) sowie zwei Verbände, die die Interessen der Arzneimittelimporteure vertreten (BAI – Bundesverband der Arzneimittelimporteure und VAD – Verband der Arzneimittelimporteure Deutschlands).

Diese fragmentierte Aufstellung, für die sich schwerlich eine rationale Begründung finden lässt, konnte erstmals im Zuge der politischen Kontroverse um das Gesetzgebungsverfahren zum GKV-Wettbewerbsstärkungsgesetz überwunden werden: Insbesondere zu den Fragen der generellen Zielrichtung eines wettbewerblich organisierten Versorgungssystems, der Notwendigkeit der Reduzierung staatlichen Einflusses auf das System bei gleichzeitiger Förderung der Autonomie der Versicherten wie auch zu pharma-spezifischen Regelungen wie Höchstpreisen, Zweitmeinungen, Kosten-Nutzen-Analysen für Arzneimittel und Einführung des Wettbewerbsrechts im GKV-Markt vertraten die Verbände einheitliche Positionen und traten auch „corporate" gegenüber der Politik auf.

Die Grundlage für diese gemeinsame Interessenvertretung hatten insbesondere BPI und VFA mit ihrem Positionspapier „Die Gesundheitsstrukturreform als Chance nutzen" (August 2006) gelegt. Nach Überzeugung der Verbände sollte das Ziel einer echten Strukturreform demnach sein, die Beiträge zur Krankenversicherung vom Lohnbezug zu entkoppeln und das Versicherungsangebot zu differenzieren. Der Versicherte sollte als Kunde gestärkt werden und die Möglichkeit erhalten, neben einem Standardleistungspaket seine individuell gewünschte Vorsorgeleistung durch Zuwahlen zu komplettieren. Dem sollten die Organisations- und die Rechtsform der Krankenversicherer Rechnung tragen. Als essentiell wurden und werden neben der Neuordnung der Einnahmeseite der GKV insbesondere strukturelle Maßnahmen auf der Leistungsseite gesehen.

Die Stärkung der finanziellen Eigenverantwortung bei zunehmender Wahlfreiheit des Versicherten, die Steuerfinanzierung versicherungsfremder Leistungen, die Pluralität der Absicherung im Krankheitsfall durch Erhalt und Stärkung der Privaten Krankenversicherung, die Förderung von Innovationen und Therapievielfalt sowie die Erweiterung der Möglichkeiten der Patienteninformation waren neben der zentralen Frage wettbewerblicher Rahmenbedingungen im Gesundheitswesen die wesentlichen Forderungen der Verbände.

Perspektivisch ist es ein „Muss", die Zersplitterung der Interessenvertretung mindestens zu reduzieren. Nur eine starke nationale Aufstellung wird die Politik dahin bewegen, die Arzneimittelindustrie in ihrer volkswirtschaftlichen Bedeutung zu respektieren. Auch im europäischen Kontext sollte eine größere Aufmerksamkeit, die die nationale Politik der Produktivkraft Pharma entgegenbringt, zu einer engagierteren Unterstützung der jeweiligen Bundesregierung für die Belange der nationalen Player gegenüber der Europäischen Kommission führen. Die Erfahrungen mit der G10-Initiative der EU wie auch aktuell mit dem „Pharmaceutical Forum" zeigen, dass die Vertreter der nationalen Politik hier noch erheblichen Nachholbedarf haben.

1.2 G10 und Pharmaceutical Forum – missglückter Interessenausgleich

Die „G10-High Level Group on Innovation and Provision of Medicines" hatte im Fokus ihrer Arbeit die Frage zu klären, wie die EU das Interesse der Mitgliedstaaten an Kostendämpfung im Gesundheitswesen und das Interesse, die Rahmenbedingungen für Forschung, Entwicklung und Vermarktung, zum Beispiel von Arzneimitteln in Richtung höherer Wettbewerbsfähigkeit insbesondere gegenüber den USA zu verbessern, ausbalancieren könnte. Dabei spielten die Fragen der verstärkten Förderung von Forschung und Innovation ebenso eine gewichtige Rolle wie zum Beispiel die Aufhebung von Preisregulierungen in bestimmten Arzneimittelteilmärkten. Aus heutiger Sicht war G10 zu diesem Themenkomplex erfolglos. So resümierte etwa der damalige Parlamentarische Staatssekretär im Bundeswirtschaftsministerium, Dr. Dietmar Staffelt, anlässlich der Tagung „Globale Medizin – Gemeinsamer Gesundheitsmarkt in Europa" enttäuscht: „Bei allen Bemühungen zur Lösung der Probleme im Gesundheitswesen ist es [...] ein gemeinsames „Muss" aller Beteiligten, auch die Rahmenbedingungen der Wettbewerbsfähigkeit der pharmazeutischen Industrie in Deutschland und in Europa zu verbessern."

Dem Pharmazeutischen Forum, gemeinsam initiiert von den EU-Kommissaren Verheugen (DG Enterprise) und Kyprianou (DG SANCO) scheint das gleiche Schicksal beschieden. Obwohl stärker auf die spezifischen Fragen der Patienteninformation, der Kosten-Nutzen-Bewertung sowie die Preissetzung und Erstattung von Arzneimitteln fokussiert, die auch in Deutschland seit Jahren im Zentrum der politischen Auseinandersetzung von Parteien, Krankenkassen, Verbraucher- und Patientenverbänden sowie Industrie stehen, zeichnet sich ab, dass der kleinste gemeinsame Nenner das Kostendämpfungsinteresse ist und eine eher analytische Herangehensweise im wohlverstandenen Interessensausgleich wieder nicht durchsetzbar scheint.

In beiden Fällen ist evident, dass der Part Deutschlands allein durch das Bundesministerium für Gesundheit übernommen wurde, während die Bereiche Wirtschaft und Forschung nur „Zaungäste" waren. Im Kabinett wurde lediglich berichtet, gemeinsame Positionen wurden nicht entwickelt. Sollte sich die Verbändelandschaft nicht konsolidieren, wird sich an dieser Situation nichts ändern. Es scheint aber Bewegung in die Interessenverbände der Pharmaindustrie zu kommen. Eine stärker abgestimmte politische Vertretung ist ein erstes Etappenziel. Ein organisatorisches und politisches Dach zur Bündelung der Interessen scheint langfristig nicht ganz abwegig. Es hat allerdings den Anschein, dass es dazu einer neuen, pragmatischen Generation von Akteuren bedarf.

2 Die besondere Rolle der Industrie im deutschen Gesundheitsmarkt

Die Umsätze und die Beschäftigungseffekte des deutschen Gesundheitsmarktes werden von den Fachkreisen weitgehend einheitlich beschrieben. Demnach repräsentiert der Gesamtmarkt Gesundheit Produkt- und Dienstleistungsumsätze in einer Größenordnung von 230 bis 250 Milliarden Euro pro Jahr und beschäftigt rund 4,2 Millionen Menschen. Rund zwei Drittel dieses Volumens, nämlich 160 Milliarden Euro, repräsentieren die Systeme der Gesetzlichen (145 Milliarden Euro) und der Privaten Krankenversicherung (15 Milliarden Euro). Die Gesetzliche Krankenversicherung ist damit die dominante „Käuferin" von Dienstleistungen und Produkten, die sie ihren Versicherten in der Regel als Sachleistung zur Verfügung stellt. Zwischen 16 und 17 Prozent dieses „Einkaufsvolumens" werden für medikamentöse Therapien eingesetzt. Grundlage der Bereitstellung der Leistungen für den Versicherten ist es, dass das System diese Dienstleistungen und Produkte als medizinisch notwendig, dem Stand der wissenschaftlichen Erkenntnis entsprechend und wirtschaftlich anerkennt und damit in den Katalog der erstattungsfähigen Leistungen aufnimmt. Zwar werden neue, innovative

Arzneimittel nach Erteilung der Zulassung unmittelbar national erstattungsfähig und damit für die Patienten zugänglich; allerdings gehen auch hier gesetzgeberische Interventionen (zum Beispiel Zweitmeinung) wie auch die politischen Aktivitäten der Kassen seit langem in die Richtung des Aufbaus einer „vierten Hürde". Es liegt auf der Hand, dass Industrie und Dienstleister im Gesundheitswesen ein massives Interesse daran haben (müssen), ihre Angebote in diesem Markt zu platzieren.

Mit dem Inkrafttreten des GKV-Modernisierungsgesetzes (GMG) zum 1. Januar 2004 hat der Gesetzgeber die Gesamtaufgabe der Gestaltung des Leistungskatalogs der so genannten Selbstverwaltung in der Gesetzlichen Krankenversicherung, vertreten durch das Gremium „Gemeinsamer Bundesausschuss" (G-BA), übertragen und sich damit aus der Einflussnahme und Verantwortung für den GKV-Leistungskatalog weitgehend verabschiedet. Damit entscheidet ein Gremium, in dem die Industrie (Pharma und deren Handelsstufen, Medizinprodukte etc.) nicht vertreten ist.

2.1 Politik als Marktteilnehmer?

Mit dem GKV-WSG wurde dem im Gemeinsamen Bundesausschuss repräsentierten Korporatismus (also der „Versammlung" der die GKV administrierenden Körperschaften des öffentlichen Rechts) noch einmal ein Mehr an Aufgaben übertragen; gleichzeitig wurden aber auch Grundlagen für eine starke Zentralisierung und für die Option eines verstärkten staatlichen Durchgriffs geschaffen. Insbesondere die vom Gesetzgeber beschlossene zentrale Festsetzung eines einheitlichen Beitragssatzes, erstmals zum 1. November 2008 mit Geltung ab 1. Januar 2009, ist geeignet, den Gesundheitsmarkt – soweit er GKV-Markt ist – noch stärker zu Lasten der Leistungserbringer und der Industrie zu beeinflussen. Denn die Regelung in § 241 (2) SGB V, nach der „die Bundesregierung [...] nach Auswertung der Ergebnisse eines beim Bundesversicherungsamt zu bildenden Schätzerkreises durch Rechtsverordnung ohne Zustimmung des Bundesrates [...] den allgemeinen Beitragssatz [...]" festlegt, beinhaltet mindestens die Option für einen politischen Beitragssatz. Damit aber ist der Weg für sachfremde Erwägungen bei der Festsetzung – zum Beispiel die Rücksichtnahme auf ein Wahljahr – offen. Ein zu niedrig angesetzter Beitragssatz würde wohl durch Markteingriffe flankiert werden (müssen).

Spätestens seit der Strukturreform 2000 hat der Gesetzgeber im Gegensatz zur früher üblichen Formulierung von Rahmenbedingungen eine traurige Tradition direkter Markteingriffe begründet, die mit der Suspendierung der Anwendung des Kartell- und Wettbewerbsrechts im GKV-Bereich begann und in der der Finanzlage des GKV-Systems geschuldeten Festlegung konkreter Preisabschläge auf Arzneimittel oder konkreten Vorgaben von so genannten „Wettbewerbsparametern" (zum Beispiel 30-Prozent-Klausel zur Zuzahlungsbefreiung nach § 31 (3) SGB V) seine Fortsetzung fand. Bereits diese Interventionen waren zu einem guten Anteil politischen Beitragssätzen geschuldet, die Ergebnis der bekannten „Verschiebebahnhöfe" im gesamten System der sozialen Sicherung waren. Die hier gezeigten Szenarien zu den Folgen eines politischen Beitragssatzes sind also nicht aus der Luft gegriffen – sie gründen auf der Erfahrung der letzten anderthalb Legislaturperioden.

2.2 Berechenbarkeit der Politik – eine Grundforderung

Es ist von daher nicht verwunderlich, dass die Industrie immer wieder die Berechenbarkeit und Durchgängigkeit der Politik sowie die Schaffung wettbewerbsfördernder Rahmenbedingungen zu zentralen Forderungen erhoben hat, die eigentlich eine Selbstverständlichkeit sein sollten. Es mag die diesen Forderungen zugrunde liegende Dramatik kennzeichnen, wenn der BPI diesem Thema im März 2006 ein eigenständiges Positionspapier unter dem Titel „Die Politik muss wieder berechenbar werden – Erwartungen des Bundesverbandes der Pharmazeutischen Industrie an die Bundesregierung" widmet und darin ausführt:

> „Der BPI fordert von der Bundesregierung Kontinuität und Durchgängigkeit der Politik. Die politischen Rahmenbedingungen müssen so gestaltet werden, dass die pharmazeutischen Unternehmen in der Lage sind, langfristig zu planen. Allein die Tatsache, dass die Entwicklung oder Weiterentwicklung eines Arzneimittels bis zu 12 Jahre dauern kann, macht deutlich, dass kurzatmige politische Entscheidungen – vor allem im Bereich des Gesundheitswesens – vermieden werden müssen. Nur dadurch werden die Unternehmen in die Lage versetzt, Unternehmensstrategien zu entwickeln und diese dann auch umzusetzen. Eine unternehmensfreundliche Politik muss berechenbar sowie konsequent sein und vor allem durch alle Ressorts hindurch durchgängig praktiziert werden. Es muss vermieden werden, dass unternehmensfördernde und mittelstandsfreundliche Grundsatzentscheidungen durch die Teilregelungen aus den Fachressorts konterkariert werden."

2.3 Ungleichheit der Marktbeteiligten

Gleichzeitig geht es zentral darum, der Industrie gegenüber der Selbstverwaltung in der GKV, der die Gestaltungs- und Interpretationsmacht über den Leistungskatalog des SGB V weitgehend übertragen wurde und gegenüber den Gesetzlichen Krankenkassen, denen – wie später noch ausgeführt wird – durch gesetzgeberische Maßnahmen erhebliche Positionsvorteile im Gesundheitsmarkt eingeräumt werden, Möglichkeiten zu eröffnen, als gleichberechtigter Marktteilnehmer zu agieren. Von daher standen während des Gesetzgebungsverfahrens zum GKV-WSG alle geplanten Regelungen im Fokus, die diese Positionsvorteile noch erweitern bzw. die Rolle der Industrie noch abhängiger von Entscheidungen der Selbstverwaltung machen sollten. Konkret ging es also darum, zum Beispiel einseitige Preissetzungen (Höchsterstattungsbeträge nach § 31 (2a) SGB V), die obligatorische Einbindung ärztlicher Zweitgutachten in besonders aufwendige medikamentöse Therapien (§ 73d SGB V), das bis dato manipulationsanfällige Verfahren der Nutzenbewertung von Arzneimitteln durch das Institut für Qualität und Wirtschaftlichkeit im Gesundheitswesen (§ 35b SGB V), die geplanten Restriktionen zur Erhebung von Marktdaten (§ 305a SGB V) und natürlich weiterhin die wettbewerbsverzerrenden Regelungen des § 69 SGB V, durch die das Wettbewerbs- und Kartellrecht im GKV-Gesundheitsmarkt suspendiert wird, gegenüber der Politik zu problematisieren und Änderungen vorzuschlagen. Es ist auch in vielen Fällen gelungen, die politischen Entscheider von Änderungsnotwendigkeiten zu überzeugen. Dies wohl auch insbesondere deshalb, weil der Pharmabereich innerhalb des GKV-WSG keine zentrale Rolle spielte. In Bezug auf das Gesamtziel – Gleichheit der Marktbeteiligten – ist das Ergebnis allerdings unbefriedigend, da der Rechtsrahmen weiterhin wettbewerbsverzerrend ausgestaltet bleibt.

3 Gesundheitsversorgung ohne systematische Erfolgskontrolle

Das SGB V als rechtliche Basis der gesundheitlichen Versorgung durch die Gesetzliche Krankenversicherung benennt als übergeordnetes Ziel „die Gesundheit der Versicherten zu erhalten, wieder herzustellen oder ihren Gesundheitszustand zu bessern" (§ 1 SGB V). Als Grundlage der Leistungserbringung werden Qualität und Wirksamkeit, die Beachtung des allgemein anerkannten Standes medizinischer Erkenntnisse sowie die Berücksichtigung des medizinischen Fortschritts festgelegt (§ 2 (1) SGB V). Gleichzeitig werden Kassen, Leistungserbringer und Versicherte auf wirksame und wirtschaftliche Leistungserbringung und Begrenzung der in Anspruchnahme auf den notwendigen Umfang verpflichtet (§ 2 (4) SGB V).

Der G-BA und seine Vorgängerorganisation haben mit einer Vielzahl von Richtlinien versucht, entsprechende Handlungs- und Behandlungsstandards zu beschreiben. Für die entsprechende Bewertung der medikamentösen Therapien wurde mit dem GKV-Modernisierungsgesetz die Nutzenbewertung von Arzneimitteln, mit dem GKV-WSG die optionale Kosten-Nutzen-Bewertung von Arzneimitteln in das SGB V eingeführt. Seit der Eröffnung dieser Option und der Einsetzung des Instituts für Qualität und Wirtschaftlichkeit im Gesundheitswesen (IQWiG) für die Durchführung solcher Bewertungen streiten allerdings Wissenschaft, Industrie und Politik über die Form der Umsetzung, im Wesentlichen bestimmt durch den Umstand, dass die Beteiligten sich bisher weder auf die anzulegenden Kriterien, die heranzuziehenden Studien und Studiendesigns noch auf das Verfahren hatten verständigen können. Der Bewertungsprozess war von G-BA und IQWiG administrativ und top down ohne wesentliche Industrie- und Patientenbeteiligung gestaltet worden. Erst das GKV-WSG macht nun klarere Vorgaben, um deren Ausdeutung nun aber neuerlicher Streit entbrannt ist.

Der Aushandlungsprozess – auf politischer wie auf wissenschaftlicher Ebene – leidet darunter, dass Deutschland es sich trotz der oben genannten eingesetzten Beträge für die Versorgungssysteme leistet, weder eine systematische epidemiologische Forschung noch eine Versorgungsforschung als multidisziplinäres, anwendungsorientiertes Forschungsfeld zu entwickeln. Die Gesundheitsversorgung findet ohne systematische Erfolgskontrolle statt, die über das Behandlungsende eines Patienten und damit über die Leistungspflicht der Krankenkasse zeitlich hinausgeht!

So fordern renommierte Wissenschaftler in den „Zehn Hannoveraner Thesen zum Beitrag der Versorgungsforschung zur Kosten-Nutzen-Bewertung von Arzneimitteln für den GKV-Arzneimittelmarkt": „Für eine Bestandsaufnahme und realistische Bewertung der Patientenversorgung ist Versorgungsforschung als multidisziplinäres, anwendungsorientiertes Forschungsfeld unerlässlich. Hierbei stehen die Rahmenbedingungen, die Versorgungsstruktur und die realen Prozesse/ Abläufe und Ergebnisse der Kranken- und Gesundheitsversorgung im Mittelpunkt. Die Kenntnis der Versorgungssituation sollte Grundlage für versorgungsrelevante Entscheidungen zur Verwirklichung des vom Gesetzgeber gesteckten Versorgungszieles sein. Versorgungsforschung bietet die rationale Grundlage für eine zielgerichtete Fortentwicklung des Versorgungssystems und muss in ihrer beschreibenden und erklärenden Funktion verstärkt werden." Diese Forderung wurde am 5. Juni 2007 (!) erhoben. Ihre Erfüllung erfordert die Zusammenarbeit aller Beteiligten, also auch Kassen und Industrie sowie unterstützenden staatlichen Mitteleinsatz.

4 Gesundheitsmarkt ohne Wettbewerbsrecht – ein deutsches Spezifikum: Wettbewerbsstärkung ohne marktwirtschaftliche Regeln ?

Beginnend mit der Strukturreform 2000 ist in der Gesundheitspolitik ein interessanter Trend zu beobachten. Erstmals wurden in dieser Reform durch die Einführung der Integrierten Versorgung und damit verbunden einer Öffnung in der Frage des Kontrahierungszwangs im ambulanten Bereich Möglichkeiten für die Kassen eröffnet, durch gezielte selektive Vertragsabschlüsse mit Leistungserbringern in begrenztem Rahmen eigene Profile zu entwickeln und sich damit auch untereinander zu differenzieren. Dieser zarte Ansatz wettbewerblicher Momente wurde allerdings begleitet von der Änderung von § 69 SGB V: Streitigkeiten in den Beziehungen von Kassen und Leistungserbringern wurden nunmehr abschließend dem Rechtsweg zu den Sozialgerichten zugewiesen und somit das Gesundheitswesen, soweit die Gesetzliche Krankenversicherung involviert ist, vom Unternehmens- und Wettbewerbsrecht explizit ausgenommen.

Nach diesem Auftakt ist in der Frage der vielfältigen Reformen diese merkwürdige Ambivalenz verstärkt zu beobachten. Dem politischen Ziel des Aufbaus wettbewerblicher Strukturen in der GKV, das durch Maßnahmen gekennzeichnet ist, die dem „Payer" GKV die Optionen eines marktteilnehmenden „Players" ermöglichen sollen, stehen zunehmend und in rascher Folge gesetzliche Regelungen entgegen, die direkt in den Markt eingreifen und privatwirtschaftliche Geschäftstätigkeit behindern. Zu nennen wären hier direkte Preisinterventionen zugunsten der Versicherer (BSSichG, GMG, AVWG, GKV-WSG), die Bevorzugung der Rolle der Kassen bei den Regelungen zu den Rabattverträgen insbesondere nach dem „Rabattvertragsförderprogramm" im GKV-Wettbewerbsstärkungsgesetz bei gleichzeitig nur marginaler Einbeziehung marktwirtschaftlicher Spielregeln, über deren Anwendung weiterhin die Sozialgerichte entscheiden sollen. Die Aufzählung ist nicht abschließend.

Berücksichtigt man weiterhin, dass gesetzliche Krankenversicherer durch die begrüßenswerte Option des Anbietens von Wahltarifen nun auch in einer bisherigen Domäne der privaten Krankenversicherer tätig werden oder für ihre Versicherten besondere ambulante ärztliche Versorgungsprogramme auflegen können, dann zeichnet sich immer deutlicher ab, dass Gesetzliche Krankenkassen den Leistungserbringern im Gesundheitswesen in nicht mehr auszublendenden Teilbereichen als Unternehmen gegenübertreten.

Politik der Schutzzäune im Gesundheitsmarkt

Es scheint vor diesem Hintergrund politisch nicht mehr begründbar, warum – bezogen auf die Vertragsbeziehungen zwischen Kassen und Anbietern – weiterhin die Anwendbarkeit des Wettbewerbsrechts ausgeschlossen bleiben soll. Nach den Einlassungen des Bundeskartellamtes zum Komplex der Rabattverträge zwischen Kassen und pharmazeutischen Unternehmen, die den § 69 SGB V faktisch geschaffenen rechtsfreien Raum für Nachfragekartelle – in diesem Fall das AOK-System – im Fokus hat, sollte das Verständnis der politisch Verantwortlichen für die Problematik ausgesetzter marktwirtschaftlicher Strukturen und Spielregeln wachsen.

Wie gewichtig die Frage ist, zeigt die Auseinandersetzung um die „Ausdeutung" der mit dem GKV-WSG vorgenommenen Änderungen von § 69 SGB V. Zwar wurden §§ 19-21 des Gesetzes gegen Behinderung des Wettbewerbs (GWB), in denen schwerpunktmäßig die missbräuchliche Nutzung einer marktbeherrschenden Stellung als wettbewerbswidrig klassifiziert und entsprechende Sanktionen ermöglicht werden, auf den GKV-Markt für anwendbar erklärt. Gleichzeitig wird jedoch der zentralen Behörde zur Durchführung des Gesetzes, dem Bundeskartellamt, eine Eingriffsmöglichkeit (hier: gegenüber der AOK) bestritten. Stattdessen soll weiterhin der Weg in die Unendlichkeit sozialgerichtlicher Verfahren gegangen werden. Das Tauziehen um die notwendigen Rahmenbedingungen für marktwirtschaftliche Strukturen in der Gesundheitsversorgung dürfte noch eine Weile anhalten. Es ist allerdings kaum vorstellbar, dass die EU noch langfristig einen derartigen Schutzzaun um zumindest unternehmensnahe Strukturen akzeptieren wird.

Tatsächlich wäre es an der Zeit, die Energie der Beteiligten auf die Konsequenzen des Tatbestandes „Krankenkassen als Unternehmen" zu konzentrieren. Dieses Szenario ist meines Wissens noch nicht einmal ernsthaft durchgespielt worden, obwohl sich die Verhältnisse im System nach dem EuGH-Festbetragsurteil von 2003, auf dem sich Korporatismus und Politik auszuruhen scheinen, wie oben beschrieben, erheblich verändert haben. Die Zeit ist mehr als reif, vor diesem Thema den Kopf nicht mehr in den Sand zu stecken.

5 Angebots- und Abnehmerstrukturen im Arzneimittelmarkt

Spätestens mit der Eröffnung der Integrierten Versorgung (IV) für eine Vielfalt von Vertragsbeziehungen im Rahmen des GKV-Modernisierungsgesetzes mussten sich pharmazeutische Unternehmen auf hiermit mögliche Abnehmersysteme für ihre Produkte einstellen. In Szenarien zu den möglichen IV-Modellen wurden diejenigen als die potentiell effizientesten identifiziert, in denen unter dem O-verhead (privater) Krankenhausbetreiber stationäre, ambulante und komplementäre Dienste die abgestufte Behandlung spezieller Krankheitsbilder übernehmen. Die Integrierte Versorgung bietet sich zudem überwiegend als regionales Netz an. Auf diese Überlegungen hat der Gesetzgeber, der ursprünglich die weitere Anschubförderung der Integrierten Versorgung durch neue Finanzierungsregelungen im GKV-WSG von der Erfassung der gesamten Indikationsbreite und flächendeckendem Angebot abhängig machen wollte, letztlich reagiert.

Es liegt auf der Hand, dass solche Systeme eine abgestimmte, ggf. zentralisierte Einkaufspolitik auch im Arzneimittelbereich betreiben. Bei einer Vielzahl von pharmazeutischen Unternehmen war diese Erkenntnis, es zukünftig mit „gebündelten Abnehmern" zu tun zu haben, lange nicht angekommen. Dies auch deshalb, weil die Krankenkassen Strukturoptionen noch immer ausgesessen haben, also wenige Integrierte Versorgungssysteme geschaffen haben, die diesen Namen auch verdienen. „Gebündelte Abnehmer" wurden so letztlich von den Unternehmen immer als Rabattnachfrager, nicht als Nachfrager strukturierter Angebote eingeordnet.

In den letzten Jahren haben die Unternehmen auf die Thematik besser reagiert. Abnehmersysteme erwarten gebündelte Angebote. Eine Bewegung, die seit wenigen Jahren zu beobachten ist, ist die Vervollständigung breiter Portfolios insbesondere bei Unternehmen, die hierzu „generische Töchter" wieder entdeckt haben. Sie sind in der Lage, Abnehmersystemen ein breites Angebot aus einer Hand zu machen. Eine zweite Bewegung ist seit Jahren im „Managed Care" für zum Beispiel onkologische oder Dialyse-Patienten im Gange. Diese Bewegung wird nach meiner Überzeugung durch die Eingliederung der Palliativmedizin in den GKV-Pflichtleistungskatalog noch Schub erhalten.

Der Abnehmermarkt zeigt also eine zunehmende Konzentration. Für pharmazeutische Unternehmen stellt sich mit Dringlichkeit die Frage, wie vernetzte Strukturen zu schaffen sind, um dieser Konzentration auf Augenhöhe und mit wettbewerbsfähigen Angeboten begegnen zu können. Die (schnelle) Beantwortung dieser Frage ist überlebenswichtig. Übrigens: „Gebündelte Abnehmer" brauchen auch konzentrierte Kundenbetreuung, neudeutsch: key-account. Der arme Pharmareferent, um den im letzten Jahr Gefechte mit geradezu hysterischen Zügen ausgetragen wurden, wird schon mittelfristig eine eher nachrangige Bedeutung haben.

6   Die Zukunft der Handelsstufen im Arzneimittelsektor

Das GKV-WSG ist ein wunderbares Beispiel dafür, wie sich im Gesundheitsmarkt Veränderungen trotz einer strukturkonservativen Gesetzgebung durchsetzen. Eigentlich konnte der Deutsche Apothekerverband mit der Ausgestaltung der ihn betreffenden Regelungen halbwegs leben. Die Politik konnte überzeugt werden, auch ursprünglich beabsichtigte Regelungen zur Option auf individuelle Beteiligung der Apotheker an Rabattverträgen sowie eine damit verbundene Haftung für einen zu erzielenden Einsparbetrag von 500 Millionen Euro zugunsten eines Margenabschlages zu verzichten. Zugleich war es gelungen, die Aut-idem-Regelung über den Weg der Option auf Einführung eines Durchschnittspreismodells mit den Kassen weiter zu öffnen. Aus der Kombination mit den Rabattverträgen zwischen pharmazeutischen Unternehmen und Kassen ergeben sich ein paar kleine Wermutstropfen. Das System der bewährten Offizin-Apotheke schien aber ein weiteres Mal gerettet.

Bis dann eine Marktbewegung das Bild erschütterte: Ein international tätiges Handelsunternehmen, Eigentümer von Apothekenketten im europäischen Ausland und Gesellschafter eines der größten deutschen Pharmagroßhändler, übernimmt 90 Prozent der Anteile am Versandhändler DocMorris, und damit im Gefolge unzähliger Rechtsstreite eben zwischen DocMorris und der deutschen Apothekerschaft die eindeutig bekannteste Apothekenmarke. Da ist es unerheblich, dass dieser Versandhändler ein vernachlässigbares Geschäft mit deutschen Kunden gemacht hat. Unter der Dachmarke DocMorris geht es nun um den Aufbau eines Apotheken-Franchise-Systems, in dem sich selbständige Apotheker, ausgestattet mit dem Label und günstigen Einkaufskonditionen, auf ausgewählte Sortimente – vorerst im Selbstmedikationsbereich – konzentrieren. Experten sind sich einig, dass mit solchen Sortimentsstrategien politische oder rechtliche Entscheidungen zum erweiterten Mehr- oder zum Fremdbesitz faktisch obsolet werden. Die Marktentwicklung überholt die Auseinandersetzungen im politischen Raum. Die Apotheker müssen – über die bisherigen Einkaufsgemeinschaften hinaus – ihre „Aufstellung" überdenken und vor allem klären, von welchem Apothekenkonzept der Zukunft sie die Politik überzeugen wollen. Das Bewahren des heutigen Status scheint keine Alternative.

7 Fazit

Die Beispiele zeigen: Das Spannungsfeld zwischen dem Versuch, Gesundheitsversorgung wie bisher zu administrieren und den realen Entwicklungen im Gesundheitsmarkt wächst immer schneller. Das GKV-WSG hat (wie seine Vorgängerreformen) das Ziel, mehr Wettbewerb in das System zu bringen, verfehlt. Wenn es denn überhaupt das Ziel war, denn viele der Regelungen konterkarieren den Wettbewerbsgedanken: Gesundheitsfonds und die Vereinigung der GKV-Spitzenverbände bei gleichzeitig erweiterten ministeriellen Durchgriffsrechten setzen auf Zentralisierung und Vereinheitlichung. Wettbewerb aber verlangt nach Differenzierung. Tatsache bleibt zudem, dass im gesamten Gesundheitswesen mit GKV-Bezug der Rahmen eines funktionierenden Marktes, die „Spielregeln", weiterhin außer Kraft gesetzt ist. Stattdessen bleiben wesentliche Marktteilnehmer vom Kartell- und Wettbewerbsrecht, wie es im Gesetz gegen Wettbewerbsbeschränkungen (GWB) und dem Gesetz gegen unlauteren Wettbewerb (UWG) geregelt ist und damit von der Sanktionsmacht der Kartell- und Wettbewerbsbehörden verschont. Sie behalten eine „Sondergerichtsbarkeit", die der Sozialgerichte. Dies bringt die Industrie, die dieser Ausnahmestellung nichts entgegenzusetzen hat, in eine schwierige Lage mit sich schon jetzt abzeichnenden erheblichen Kollateralschäden: Gesetzlich erlaubte Nachfragekartelle gefährden den pharmazeutischen Mittelstand und absehbar die Gemeinschaften der Leistungsanbieter. Wettbewerb aber braucht einen funktionierenden Markt mit rechtlich gleichen Positionen der Teilnehmer. Die Politik wird sich unter diesen Fragen nicht wegducken können.

Soziale Selbstverwaltung: Von der klassischen Beteiligungs- zur professionalisierten Effizienzinstitution?

Wolfgang Schroeder

Mit dem Gesundheitsfonds und dem Spitzenverband der Gesetzlichen Kranken-versicherungen sind zwei wesentliche Veränderungen durch die Gesundheitsre-form 2007 erfolgt, die unmittelbare Auswirkungen auf die Strukturen und Akteu-re der sozialen Selbstverwaltung haben. Seit über hundert Jahren sind vor allem die Gewerkschaften und Arbeitgeberverbände in diesen Gremien mit ihren Ver-tretern aktiv. Seit einigen Jahren drängen aber auch andere Gruppen wie die Patientenverbände in dieses Feld. Es gibt jedoch nicht nur Veränderungen bei den aktuellen und potentiellen Trägerorganisationen, sondern wir erleben auch hinsichtlich des Charakters der sozialen Selbstverwaltung einen Umbau: Sie wandelt sich von einer Institution, die durch Beteiligung Legitimation stiftet, zu einer Institution, die in elastischen Aushandlungsprozessen direkte Verantwor-tung für die Effizienz der Gesundheitsversorgung übernehmen soll. Die Leis-tungsanforderungen an die Selbstverwaltung steigen dadurch deutlich an.

In der Vergangenheit bildeten die Strukturen, Akteure und Ziele des Selbstverwaltungskorporatismus vor allem ein identitätsstiftendes Element des beteiligungsorientierten deutschen Sozialstaates (vgl. Tennstedt 1977; Klenk 2008). Einerseits ist das Institut der Selbstverwaltung bei den großen kollektiven Versicherungssystemen ein historisches Resultat obrigkeitsstaatlicher Integrati-onspolitik, die auf diese Weise zu einer friedlichen Regulierung des Großkonflik-tes zwischen Arbeit und Kapital beitragen wollte. Andererseits drückt sich darin die mitbestimmungs-, also beteiligungsorientierte Dimension des deutschen Modells der „Sozialen Marktwirtschaft" aus. Letzteres wurde bislang als Garant für sozialen Ausgleich und Interessenpartizipation verstanden. In diesem Sinne deutet auch Matthias von Wulffen, der ehemalige Präsident des Bundessozialge-richtes, die Funktion der Selbstverwaltung in der Gesetzlichen Krankenversiche-rung (GKV): „In der sozialen Selbstverwaltung dokumentiert sich handgreiflich das den sozialen Sicherungssystemen in Deutschland zu Grunde liegende Prinzip des solidarischen Ausgleichs. Soziale Selbstverwaltung ist gleichsam gelebte Sozialpartnerschaft. Die durch sie ermöglichte Partizipation der Betroffenen dient der Legitimation ihrer zwangsweisen Einbeziehung in ein System des solidarischen Ausgleichs und führt zu einer verstärkten Form ihrer Integration und Identifikation." (zit. nach: Schroeder 2006)

Seit einiger Zeit nimmt die Kritik an den Selbstverwaltungen zu. Sie werden als Teil des überkommenen und starren industriekapitalistischen Arrangements begriffen, weil sie nicht in der Lage seien, angemessene Antworten auf die veränderten ökonomischen und sozialen Verhältnisse zu geben. Regelmäßig wird im Vorfeld von Sozialwahlen in der Öffentlichkeit heftige Kritik am Institut der Selbstverwaltung geübt. Kritisiert werden die angeblich ineffizienten, undemokratischen, teuren und somit letztlich als klientelistisch identifizierten Gremien, die primär an sich selbst interessiert seien. So wurde die 2005 erneut gesunkene Wahlbeteiligung als Beleg dafür gewertet, dass auch die Mehrheit der Bevölkerung dieser Kritik folgt und die Selbstverwaltung als gewissermaßen überflüssig betrachtet. Dabei haben sich die rechtlichen und politischen Bedingungen für diese Institutionen in den letzten Jahren, von der Öffentlichkeit kaum beachtet, bereits stark verändert. Generell wurde der Einfluss des Gesetzgebers gegenüber allen Selbstverwaltungen erhöht.

Die deutschen Sozialversicherungen sind historisch betrachtet weder staatliche noch unternehmerische Einheiten. Sie waren ursprünglich eher genossenschaftlich ausgerichtet. Im Gegensatz zu reinen Versicherungen erschöpft sich ihr Zweck jedoch nicht in einer äquivalenten Risikoabsicherung. Einerseits führen die Sozialversicherungen zwischen verschiedenen Risikogruppen einen solidarischen Ausgleich herbei, ohne deren Risiken zu individualisieren (wie dies bei den privaten Versicherungen der Fall ist). Andererseits sind sie über die Selbstverwaltung für gesellschaftliche Interessen und Impulse, primär der Beitragszahler[1], offen, um die eingesetzten Mittel optimal zu verwenden, Bedarf im Sinne der Betroffenen zu definieren und somit auch zur Legitimation der sozialen Sicherungssysteme beizutragen.

Das deutsche Gesundheitssystem kennt seit jeher einen Steuerungsmix, der aus staatlicher Regulierung, korporatistischer Steuerung durch Verbände und Selbstverwaltungen sowie wettbewerblicher Lenkung durch den Markt besteht. Entscheidend ist also die Frage: Wie verändert sich dieses spezifische Mi-

---

[1] Die männliche Form schließt im Folgenden auch die weibliche mit ein.

schungsverhältnis im Hinblick auf Wandel und Bedeutung der Selbstverwaltung im Gesundheitswesen durch die Gesundheitsreform 2007?

1 Selbstverwaltungskorporatismus und Modell Deutschland

In der Bundesrepublik Deutschland sind gegenwärtig über 5.000 Menschen ehrenamtlich in den Organen der Selbstverwaltung der Sozialversicherungen tätig. Die Selbstverwaltung ist die eigenverantwortliche Verwaltung bestimmter öffentlicher Angelegenheiten durch selbständige öffentlich-rechtliche Organisationseinheiten mit Beteiligung der Betroffenen unter Rechtsaufsicht des Staates. Diese Selbstverwaltung der „Betroffenen" lässt sich dabei durch zwei Merkmale charakterisieren: Sie ist eine öffentlich-rechtliche Körperschaft, gekennzeichnet durch Staatsdistanz sowie Partizipationsorientierung. Den eigentlichen Kern der Selbstverwaltung macht dabei die unmittelbare Beteiligung der Betroffenen durch gewählte Selbstverwaltungsorgane aus.

Bei jedem Versicherungträger sind in der Regel ein ehrenamtlicher Verwaltungsrat (Mitgliederzahl abhängig von der Größe des Trägers) und ein hauptamtlicher Vorstand zu bilden. Grundsätzlich sind Versicherten- und Arbeitgebervertreter in den primären Kassen (AOK, BKK und IKK) paritätisch vertreten; in den Ersatzkassen bestreiten die Versichertenvertreter das Feld alleine. Die Spielräume der Selbstverwaltung wurden in den letzten Jahren durch kontinuierlich erweiterte gesetzliche Vorgaben im Leistungsbereich der Sozialversicherungen eingeschränkt; zugleich wurde stärker gefordert, sich um die wettbewerbliche Seite der Gesundheitssicherung zu kümmern. Durch den Gemeinsamen Bundesausschuss (G-BA) wurde 2004 ein Gremium der sogenannten „gemeinsamen Selbstverwaltung" von Ärzten, Krankenkassen und Krankenhäusern errichtet. Dort, wo dieser Ausschuss eigenständiger agierte, stieß er jedoch oft auf den heftigen Widerstand des (die Aufsicht führenden) Bundesministeriums für Gesundheit (BMG). Dies ist einerseits ein Beleg für die eingeschränkten Handlungsspielräume der Selbstverwaltung; andererseits kann man darin aber auch einen Hinweis auf seine Wirksamkeit sehen.

Die Gesetzlichen Krankenkassen waren bisher – in ihrer Gliederung nach Kassenarten – auf gesetzlicher Grundlage in ein föderalistisch aufgebautes Verbändesystem eingebunden. Sie bildeten Landesverbände, die bei den landesweiten AOKen mit den Kassen zusammenfielen. Die Landesverbände bildeten wiederum die Bundesverbände der Kassenarten, die den Status öffentlich-rechtlicher Körperschaften hatten. Abweichend davon hatten die Ersatzkassen nur einen einheitlichen Bundesverband und mussten ihre Landesvertretungen auf andere Weise organisieren. Diese Verbände übernahmen nicht nur Koordinations- und Steuerungsfunktionen für ihre Zwangsmitglieder und waren die gesetzlichen Vertragspartner der Kollektivverträge mit den Leistungserbringern (mit verpflichtender Wirkung für ihre Mitgliedskassen). Sie übernahmen auch die Interessenvertretung im politischen Raum, und die Bundesverbände (bisherige „Spitzenverbände der GKV") koordinierten die Gesamtinteressen der GKV. Gerade diese Bundesverbände wurden mit dem GKV-WSG ihrer politischen und öffentlich-rechtlichen Funktionen beraubt und de facto entmachtet. An ihre Stelle tritt nun der neue GKV-Spitzenverband, der durch die Selbstverwaltungen der einzelnen Kassen konstituiert wurde. Er hat keinen föderalen Unterbau auf Landesebene, und ihm fehlt außerdem die Kommunikationslinie mit den relevanten Vorständen der einzelnen Kassen. Es besteht die Befürchtung, dass er weniger als Interessenvertretung der Kassen gegenüber der Politik agieren kann, sondern eher als Disziplinierungsinstrument des Gesundheitsministeriums gegenüber den Krankenkassen wirken wird. Die entsprechende Entwicklung bleibt abzuwarten. Viele Beteiligte kritisieren jedoch die Vereinheitlichung und Zentralisierung der Selbstverwaltung durch den GKV-Spitzenverband, die sie als Verlust von Demokratie und Basisverankerung verstehen. Die bisherigen Bundesverbände werden voraussichtlich in Zukunft – gegebenenfalls in gewandelter Organisation und Rechtsform – als Dienstleistungsorganisationen für Krankenkassen weiterexistieren. Die Landesverbände haben zwar noch (mit dem GKV-WSG bereits reduzierte) öffentlich-rechtliche Funktionen im Vertragsbereich, sehen aber angesichts der zunehmenden Bedeutung der von den Einzelkassen abzuschließenden Versorgungsverträge einem ungewissen Schicksal entgegen.

Auf der Ebene der Einzelkassen übt die soziale Selbstverwaltung ihren wichtigsten Einfluss heute vor allem im Innenverhältnis aus, also bei den grundlegenden Personalentscheidungen und der Legitimation der Einnahmen- und Ausgabenpolitik. Mit dem Wegfall der Beitragsgestaltung, konzentriert sich dieses Engagement zukünftig verstärkt auf die Gestaltung der marktlichen Leistungsangebote, wie neue zusätzliche Produkte, Selektivverträge mit Leistungserbringern, Bonus- und Anreizregelungen, um besonders leistungsstarke Gruppen als Mitglieder zu binden, sowie auf Kooperationen und Fusionen zwischen den Kassen.

2 Aufgabe und Funktion der Selbstverwaltung

Den eigentlichen Kern der Selbstverwaltung macht die Beteiligung von Versicherten- und Arbeitgebervertretern aus, die in den Organen der Selbstverwaltung an der Willensbildung und Aufgabenerfüllung der Versicherungsträger mitwirken. Durch diese Beteiligung sollen sachgerechte, lebensnahe und solidarische Lösungen realisiert werden, die den Zielen, Ansprüchen und Finanzlagen der Kassen entsprechen. Selbstverwaltung meint die Befugnis der dort handelnden Akteure, die innere Ordnung der Versichertengemeinschaft und die Rechte und Pflichten ihrer Mitglieder im Rahmen der Gesetze in eigener Verantwortung zu regeln. Dadurch kann die Sozialversicherung auf veränderte Bedürfnisse und Rahmenbedingungen schnell und flexibel unter Mitwirkung aller Beteiligten reagieren. Sie kann aber auch vorausschauend tätig werden, so etwa auf den Feldern der Gesundheitsvorsorge, der Unfallverhütung und der Rehabilitation.

Wichtigstes Instrument der eigenverantwortlichen Rechtssetzung ist die Befugnis zur Satzungsgestaltung. Die Satzung regelt in erster Linie den rechtlichen und organisatorischen Aufbau der Selbstverwaltung und ist in dieser Hinsicht für alle Zweige der Sozialversicherung gesetzlich vorgeschrieben. In der Krankenversicherung oblag bis zur Einführung des Gesundheitsfonds der Selbstverwaltung aber auch die Festsetzung der Beiträge. Weitere, unterschiedliche Regelungsbefugnisse existieren in den verschiedenen Zweigen der Sozialversicherung. Die Mitglieder der Selbstverwaltungsorgane werden alle sechs Jahre durch freie und geheime Wahlen, die sogenannten „Sozialwahlen", ermittelt.

3 Effizienzpolitik tritt in den Vordergrund

Seit den 1990er Jahren rückten Fragen nach mehr Effizienz und Wettbewerb ins Zentrum der Debatten – und zwar so, dass unter den Bedingungen einer einnahmeorientierten Ausgabenpolitik auch die Selbstverwaltungen darauf festgelegt wurden, sich stärker denn je auf das Kostenmanagement einzulassen. Besonders pointiert war dabei die Entwicklung im Bereich der Gesetzlichen Krankenkassen, wo im Nachgang zum Lahnsteiner Kompromiss von 1992 ein neues Mischungsverhältnis der Steuerung zwischen Staat, Markt und Selbstverwaltung entwickelt wurde. Im Zuge dieses Wandels kamen Steuerungsinstrumente zum Einsatz, die für die GKV entweder neu waren oder so ausgebaut wurden, dass sie die Anreizstrukturen für die Akteure nachhaltig veränderten (z.B. Einführung der freien Kassenwahl für alle GKV-Mitglieder, Honorarbudgetierung der Leistungserbringer etc.).

Ein weiterer wichtiger Diskussionsstrang, der schließlich auch zu gesetzlichen Regelungen führte, betraf die „Professionalisierung der Selbstverwaltung" der Krankenkassen: Mit dem 1992 verabschiedeten Gesundheitsstrukturgesetz (GSG) wurden neue Wege beschritten. Ab 1996 hat der „Verwaltungsrat" bei den Krankenkassen die Vertreterversammlung und den ehrenamtlichen Vorstand abgelöst. Seitdem gibt es bei den Krankenkassen nur noch eine einstufige Selbstverwaltung und einen hauptamtlichen Vorstand. Ähnlich verlief auch die Entwicklung bei den Kassenärztlichen Vereinigungen (KVen). Infolge des GKV-Modernisierungsgesetzes (GMG), das in wesentlichen Teilen am 1. Januar 2004 in Kraft getreten ist, wirken die Vorstände der KVen und der Kassenärztlichen Bundesvereinigung (KBV) seit 2005 hauptamtlich.

4 Wandel des staatlichen Einflusses auf die Selbstverwaltungen

Zwischen 1977 und Mitte 2008 wurden etwa 37 größere Gesetze zur Änderung der rechtlichen Grundlagen der Krankenversicherung in Deutschland verabschiedet. Damit sind die GKV und mit ihr auch die Organe der Selbstverwaltung einem ständigen Wandlungsprozess unterworfen, der sie vor große Herausforderungen stellt. Dabei rückte das Paradigma der Kostensenkung immer mehr in den Mittelpunkt, was zu Restriktionen im Leistungsbereich führt und Fusionen zwischen Krankenkassen auf Grund von Kosten- und Strukturproblemen vorantreibt. Zwischen den verschiedenen Anbietergruppen haben sich durch die Sparmaßnahmen Verteilungskonflikte entwickelt, die sich immer weniger im Rahmen der Selbstverwaltung durch Verhandlungen lösen lassen. Auch die Konflikte zwischen den Leistungsanbietern und Krankenkassen sowie zwischen den Tarifparteien innerhalb der Kassenselbstverwaltung haben sich verschärft. Neben materiellen Interessenkonflikten prägen dabei auch gegensätzliche ideologische Vorstellungen die Gesundheitspolitik. In den 1980er und 1990er Jahren waren das vor allem Konflikte um das Verständnis und die jeweils konkrete Ausgestaltung von Wettbewerb, Solidarität, Subsidiarität und Eigenverantwortung.

Eine der wichtigsten Veränderungen betrifft die Reform der „Bundesausschüsse der Ärzte und Krankenkassen", der „Bundesausschüsse der Zahnärzte und Krankenkassen" und des „Koordinierungsausschusses Krankenhaus". An die Stelle dieser Ausschüsse ist im Januar 2004 der sogenannte „Gemeinsame

Bundesausschuss" (G-BA) getreten, der alle Leistungsbereiche umfasst. Mit diesem Schritt wurde die Ausweitung der Selbstverwaltung auf den stationären Bereich und die Qualitätssicherung sowie die verstärkte Koordination zwischen den Selbstverwaltungsorganen der einzelnen Leistungssektoren weitergeführt. Eine qualitative Veränderung ergab sich sodann mit der Einbindung von (nicht stimmberechtigten) Vertretern von Behinderten-, Patienten- und Verbraucherverbänden in diesem Ausschuss. Entscheidungen müssen ab 2008 nicht mehr konsensorientiert, sondern können mit einfacher Mehrheit getroffen werden. Die Kompetenzen des Bundesausschusses wurden sogar weiter ausgebaut. So wurde ihm bereits 2004 die Rechtsfähigkeit verliehen, was dem zuständigen Ministerium stets ein Dorn im Auge war. Außerdem ist der Bundesausschuss Träger des unabhängigen „Instituts für Qualität und Wirtschaftlichkeit im Gesundheitswesen". Dieses Institut soll vor allem Bewertungen des Nutzens und der Kosten von Arzneimitteln vornehmen und Leitlinien für die Behandlung bestimmter Krankheiten vorschlagen, die der Bundesausschuss in seinen Entscheidungen berücksichtigt soll.

Die Bedeutung der Selbstverwaltung in der GKV ist in Folge des Lahnsteiner Kompromisses Anfang der 1990er Jahre deutlich verändert worden. Während die Selbstverwaltung vorher in halb-öffentlichen, vom Charakter her eher genossenschaftlich organisierten Verwaltungen agierte, muss sie nun – öffentlich transparent – in effizient handelnden, auf Wettbewerb ausgerichteten Unternehmen agieren. Bei den Reformen im Gesundheitsbereich ging es vor allem darum, den Umbau der Sozialversicherungen zu marktfähigen Unternehmen, die im Wettbewerb mit anderen stehen, zu beschleunigen. Daraus resultierte eine gesetzliche Vorgabe, die aus den ehrenamtlichen nunmehr hauptamtliche Vorstände machte, womit sich die Einflussmöglichkeiten des (ehrenamtlichen) Verwaltungsrates weitgehend auf Grundsatzfragen beschränkte. Professionalisierungs- und stärkerer Wettbewerbsdruck unter den Bedingungen struktureller Unterfinanzierung der Kassen bilden seither den Rahmen der Selbstverwaltungsarbeit.

5   Welche Rolle hat der Selbstverwaltungskorporatismus noch für das Modell Deutschland?

Mit der Gesundheitsreform 2007 sind die Gestaltungsmöglichkeiten der Selbstverwaltung geschwächt worden. Vor allem durch den Gesundheitsfonds, den Spitzenverband Bund – vermutlich aber auch durch weitere wettbewerbliche Elemente. Zugleich ist sowohl der Einfluss des Staates als auch des Marktes gewachsen. Letzterer ist dabei als direkter Steuerungsimpuls aufgewertet worden, während verfahrensorientierte sozialpartnerschaftliche Arrangements und deren symbolische Dimension geringer bewertet werden. Die Akteure der Selbstverwaltung sind „gezwungen"[2], sich auf Markt und Wettbewerb einzulassen, um überhaupt die Chance zu haben, nicht-marktliche Interessen und gesellschaftliche Steuerungsimpulse zur Geltung zu bringen. Zusammenfassend lassen sich folgende Überlegungen fokussieren:

1. So lange Sozialversicherungen sich von staatlichen und unternehmerischen Einheiten unterscheiden, werden sie auch spezifische Steuerungsmodi benötigen, um diese exklusive Stellung als eher „genossenschaftliche Unternehmen" im Markt (mit politischem und gesellschaftlichem Auftrag) ausfüllen zu können. Aus dieser Perspektive kann die Selbstverwaltung ein zusätzlicher Steuerungsmodus sein, der dieser Spezifik entspricht, indem er gesellschaftliche Beteiligung und Legitimation, wie auch Effizienz und Kontrolle verbessert.

2. Die symbolischen und demokratietheoretischen Aspekte der Sozialpartnerschaft haben im Laufe der Jahre an Bedeutung verloren. In dem Maße, wie der Klassenkonflikt zwischen Arbeit und Kapital als gesellschaftlichem Strukturierungsmodus an Relevanz verloren hat, erodieren auch diejenigen Institutionen, die diesem Konfliktmuster ihre Existenz verdanken. Sollte die paritätisch beitragsbezogene Finanzierung zurückgehen und die steuerfinanzierte Basis der Sozialversicherungen an Bedeutung gewinnen, wofür im GKV-WSG die Weichen gestellt sind, so kann dies auch nachhaltige Auswirkungen auf die Legitimation und Handlungsfähigkeit der Selbstverwaltung nach sich ziehen. Vor diesem Hintergrund ist es notwendig und gleichwohl möglich, neue normative und funktionale Begründungen sowie Ziele für die Institution der Selbstverwaltung unter veränderten Bedingungen zu finden. Denkbar ist auch, dass mit der gesellschaftlichen Revitalisierung des Themas „Soziale Sicherheit" und der Zunahme von Verteilungskonflikten die friedenspolitische Begründung wieder eine größere Bedeutung erlangen kann, um Friktionen abzubauen und Legitimation zu stiften.

3. Mit dem Gesundheitsfonds sind staatliche Vorgaben und wettbewerbliche Parameter aufgewertet worden. Die gestiegene staatliche Einflussnahme soll einerseits die Steuerungsfähigkeit verbessern; andererseits sollten damit die

---

[2] Das wird naturgemäß von den Versichertenvertretern eher als bedrückend empfunden als von den Arbeitgebervertretern.

Imperative des Marktes verstärkt werden. Somit können diese beiden scheinbar gegensätzlichen Entwicklungstrends durchaus als sich wechselseitig bedingende Prozesse von De- und Re-Regulierung begriffen werden. Im Ergebnis verändern sich Bedeutung und Funktionen der Selbstverwaltung in den Sozialversicherungen deutlich, wobei diese Entwicklung ambivalente Auswirkungen auf die Handlungskorridore der Selbstverwaltung hat. Einerseits werden die marktbezogenen Mitentscheidungsmöglichkeiten der Selbstverwalter im Sinne effizienzbezogener Haushaltsstrategien der Kassen gestärkt. Andererseits sind politische Ziele im Sinne einer bedarfsbezogenen Agenda schwerer realisierbar, es sei denn, dass sie mit den Zielen des Wettbewerbs vereinbar sind.

4. Seit Jahren wird ein Bedeutungsverlust der klassischen, semiprofessionellen Selbstverwaltung festgestellt. Zugleich nähert sich die Arbeit der Selbstverwaltungen dem Funktionsmodell des Aufsichtsrats an. Ob dies jedoch zwangsläufig eine weitere Professionalisierung der Arbeit in der Selbstverwaltung nach sich zieht, ist noch offen. Selbst der drastische Rückgang der Anzahl der Kassen von etwa 1.200 Anfang der 1990er Jahre auf 230 im Jahre 2008, hat bislang nicht dazu beigetragen, dass es unter den Bedingungen von weniger Selbstverwaltungen und einer weit aus geringeren Zahl von Selbstverwaltern einfacher geworden ist, die dafür notwendigen Personen zu finden. Flankiert wird dies auch davon, dass der Stellenwert dieser ehrenamtlichen Arbeit in den Gewerkschaften und Arbeitgeberverbänden nachgelassen hat. Um diesen negativen Entwicklungen für die klassische Selbstverwaltungsarbeit der Versicherten zu begegnen, werden verschiedene Verbesserungen für das Verfahren der Sozialwahlen, für die Öffentlichkeitsarbeit und für die Rekrutierung, Qualifikation und Vernetzung der Mitglieder von Selbstverwaltungsorganen diskutiert (Braun u.a. 2008; Schroeder 2008).

5. Da sich neben den Vertretern der Beschäftigten und der Arbeitgeber auch Leistungsempfänger und Betroffenengruppen (Selbsthilfe- und Patientengruppen) stärker um Einfluss im Bereich der Selbstverwaltung bemühen, können auch die Friktionen zwischen diesen Gruppen zunehmen.

Als Fazit bleibt festzuhalten: Das GKV-WSG wird vermutlich dazu beitragen, dass sich der deutsche Selbstverwaltungskorporatismus weiter wandelt. Eingebunden ist dieser Prozess in ein Abschmelzen von bedarfsorientierter, politisch begründeter und verbändegetragener Selbstregulation. Demgegenüber sind marktliche und staatliche Steuerungsmodi aufgewertet worden. Die staatlichen

Aktivitäten treten sowohl im Gewande der De- wie auch Re-Regulierung auf. Deregulierung findet häufig dort statt, wo unmittelbar der Wettbewerb gefördert werden soll, um Kosten zu reduzieren und den Staat zu entlasten. Re-Regulierung ist am ehesten dort zu beobachten, wo erwartbar ist, dass marktliche Steuerungsmuster sich negativ auf die staatliche Haushaltspolitik oder die Legitimität staatlicher Politik auswirken werden. Der Abbau des Selbstverwaltungskorporatismus ist repräsentativ für den Wandel des Modells Deutschland zu einem manageriellen Sozialstaatssystem. Auch wenn solche Entwicklungen nicht zwangsläufig das Ende des deutschen Modells als beteiligungsorientiertem System einläuten – schließlich lassen sich auch Alternativen denken und praktizieren – sind diese Prozesse wichtige Indikatoren für den beobachtbaren Transformationsprozess des gesamten sozialstaatlichen Systems.

Literatur

Braun, Bernhard/ Klenk, Tanja/ Kluth, Winfried/ Nullmeier, Frank/ Welti, Felix (2008): Gutachten zur Geschichte und Modernisierung der Sozialversicherungswahlen (Bundesministerium für Arbeit und Soziales), Berlin.

Klenk, Tanja (2008): Innovation und Kontinuität: Die Organisationsreform in der gesetzlichen Rentenversicherung, Wiesbaden.

Schroeder, Wolfgang (2006): Selbstverwaltungskorporatismus und neuer Sozialstatt, in: Zeitschrift für Sozialreform, 2/2006, S. 253-271.

Schroeder, Wolfgang (2008): Zur Reform der sozialen Selbstverwaltung in der gesetzlichen Krankenversicherung – Kasseler Konzept, Düsseldorf.

Tennstedt, Florian (1977): Geschichte der Selbstverwaltung in der Krankenversicherung von der Mitte des 19. Jahrhunderts bis zur Gründung der Bundesrepublik Deutschland (Soziale Selbstverwaltung, Bd. 2), Bonn.

Die Bundesvereinigung der Deutschen Arbeitgeberverbände und die Gesundheitsreform 2007

Volker Hansen

Die Bundesvereinigung der Deutschen Arbeitgeberverbände (BDA) ist der sozial- und tarifpolitische Spitzenverband der gesamten deutschen Wirtschaft. Über die 54 auf Bundesebene organisierten Branchenverbände und 14 Landesvereinigungen werden mehr als 1.000 rechtlich und wirtschaftlich selbständige Arbeitgeberverbände – unter anderem aus Industrie, Handwerk, Handel, Dienstleistungen und Landwirtschaft – vertreten. Die BDA ist vor allem für ihre Mitglieder, aber auch für die Öffentlichkeit und die Medien, für die Bundesregierung und den Bundestag, für die Gewerkschaften und die Sozialversicherungen, wichtigster Ansprechpartner in allen Fragen der Sozial- und Tarifpolitik, des Arbeitsrechts, des Arbeitsmarktes, der Bildungs-, Personal- und Gesellschaftspolitik einschließlich der europäischen und internationalen Sozialpolitik. Entsprechend gestaltet sich ihr innerer Aufbau in zehn Fachabteilungen mit insgesamt 115 Mitarbeitern. Zum einen analysiert die BDA die Herausforderungen aus dem gesellschaftlichen Wandel und der Globalisierung der Wirtschaft, stößt Dialoge, Diskussionen und Auseinandersetzungen an und erarbeitet Reformkonzepte zu allen relevanten sozial- und tarifpolitischen Themen. Zum anderen bietet die BDA ihren Mitgliedern ein umfangreiches Dienstleistungs- und Serviceangebot über Informationsdienste und Rundschreiben, Online-Archive und Datenbanken, Gremien und Ausschüsse. Die BDA ist ein eingetragener Verein mit freiwilliger Mitgliedschaft und hat ihren Sitz seit 1999 in Berlin. Organe sind die Mitgliederversammlung, der Vorstand, das Präsidium und die Geschäftsführung.

1 Status der BDA in der Gesundheitspolitik

Die Sozialversicherung in Deutschland wird in gleichen Teilen durch Beiträge von Arbeitnehmern und Arbeitgebern finanziert. Ausnahmen sind die gewerblichen Berufsgenossenschaften, die nur von den Arbeitgebern finanziert werden, sowie die Gesetzliche Krankenversicherung (GKV), mit einem Zusatzbeitrag der Versicherten von 0,9 Prozent seit 2005. Die Arbeitgeber tragen dabei laut dem Sozialbudget 2006 direkt, also über Beiträge (tatsächliche und unterstellte), rund 240 Milliarden Euro zu den gesamten Sozialleistungen von über 700 Milliarden Euro bei, was einem Anteil von 32,9 Prozent entspricht. Hinzu kommen die Anteile der Betriebe an der Steuerfinanzierung. Schon allein daraus ergibt sich für die BDA als Vertreter der Arbeitgeber ein besonderer Status innerhalb der Sozialversicherung und damit auch in der Gesundheitspolitik.

Die umfassenden Vertretungsfunktionen, welche die BDA in vielen zentralen Gremien des deutschen Gesundheitswesens übernimmt, unterstreichen das besondere Interesse an einer effizienten Ausgestaltung des Gesundheitssystems. Ziel der BDA ist eine dauerhaft leistungsfähige und finanzierbare GKV. Zu den Hauptforderungen der BDA zählt die Abkopplung der Gesundheitskosten von den Arbeitskosten. Hierzu wird eine Umstellung von der lohnbezogenen Beitragserhebung auf einkommensunabhängige Prämien gefordert, mit Auszahlung des Arbeitgeberanteils in den Bruttolohn und steuerfinanziertem Sozialausgleich für Einkommensschwache. Darüber hinaus setzt sich die BDA neben einer Steuerfinanzierung versicherungsfremder Leistungen besonders für eine Stärkung des Wettbewerbs, insbesondere im Vertragsrecht und der Eigenverantwortung der Versicherten ein, da dies letztlich die wirksamsten Mittel gegen ineffiziente Kostenstrukturen und übermäßige Beitragsbelastungen sind. Außerdem kann aus Sicht der BDA aufgrund der demographischen Veränderungen nicht auf den Auf- und Ausbau einer kapitalgedeckten Risikovorsorge verzichtet werden.

2 Auswirkungen der Gesundheitsreform 2007 auf die BDA

Die im GKV-Wettbewerbsstärkungsgesetz (GKV-WSG) vorgesehenen Änderungen in Bezug auf die institutionellen Vertretungsfunktionen innerhalb der sozialen Selbstverwaltung betreffen insbesondere den neu geschaffenen Spitzenverband Bund der Krankenkassen (SpiBu). In diesem sind zwar zahlenmäßig die Arbeitgeber unterbesetzt, da aus historischen Gründen der Verband der Angestellten und Arbeiterersatzkassen (VdAK/AEV) keine Arbeitgebervertreter entsendet, jedoch wird durch ein Stimmengewichtungsverfahren die Parität gewährleistet. Insofern stellt die Einrichtung des SpiBu für die institutionelle Vertretungsfunktion der BDA grundsätzlich keinen Nachteil dar.

Eine Beeinträchtigung der Einflussmöglichkeiten könnte sich allenfalls aus §°217 des Sozialgesetzbuchs (SGB V) ergeben, der den SpiBu ausdrücklich der Fachaufsicht des Bundesministeriums für Gesundheit (BMG) bzw. des Bundesministeriums für Arbeit und Soziales (BMAS) unterstellt. Je nach praktischer Anwendung dieser gesetzlichen Möglichkeit durch die Bundesregierung und dem tatsächlichen Verhalten des Verwaltungsrats sowie des Vorstands des SpiBu wird sich zeigen, ob sich eine staatliche Gängelung gegen die Interessen von Versicherten und Arbeitgebern oder der Wettbewerbsgedanke durchsetzten wird.

Darüber hinaus ist die Gesundheitsreform 2007 aus Sicht der BDA insgesamt als vertane Chance zu beurteilen, da wesentliche von der Wissenschaft und den Regierungsparteien selbst postulierte Zielsetzungen, wie die Abkopplung der Gesundheitskosten von den Arbeitskosten oder die langfristige Beitragsstabilität bzw. die Senkung der Lohnzusatzkosten, verfehlt wurden.

Dennoch konnten unter anderem auf Drängen der BDA auch einige positive Entwicklungen erreicht werden. Dazu zählt die Stärkung des Wettbewerbs, die sich in vermehrten Einzelverträgen bei der ärztlichen Versorgung zeigt, in neuen Instrumenten wie Rabattverhandlungen bei Arzneimitteln und Ausschreibungen bei Hilfsmitteln, in der Möglichkeit der Versicherten künftig zwischen verschiedenen Versicherungstarifen zu wählen und in der Verlagerung des Preiswettbewerbs der Krankenkassen auf den Zusatzbeitrag, nach dem Versicherte alleine die finanziellen Konsequenzen ihrer Kassenwahl zu tragen haben. Außerdem sind die Schaffung einer zentralen Weiterleitungsstelle zum Beitragseinzug sowie die Tatsache, dass – anders als ursprünglich geplant – der Zusatzbeitrag durch den Arbeitnehmer abgeführt wird, zu befürworten. Darüber hinaus liegt in der Vereinheitlichung des Beitragssatzes durchaus auch eine Chance, da im Falle einer zukünftigen Umstellung auf einkommensunabhängige Prämien der auszuzahlende Arbeitgeberanteil bei allen Krankenkassen gleich hoch wäre, so dass ein unerwünschter Anreiz, aufgrund des höheren auszuzahlenden Arbeitgeberanteils kurz vor der Umstellung in eine teurere Krankenkasse zu wechseln, verhindert wird.

Die Gesundheitsreform 2007 zeigt also, dass neben vielen ungenutzten Chancen auch wenige Schritte in die richtige Richtung unternommen wurden. Allerdings besteht nach wie vor erheblicher Handlungsbedarf. Für die Einflussmöglichkeiten der beteiligten Gruppen ergeben sich lediglich durch den neuen SpiBu Änderungen, die allerdings die Einflussmöglichkeiten der BDA eher stärken als schwächen.

3 Veränderung vorhandener Ressourcen das BDA

An der Bedeutung der BDA als Vertretung der Arbeitgeber in der sozialen Selbstverwaltung hat sich durch das GKV-WSG nichts Grundlegendes geändert, so dass hier auf keinen Fall von schwächeren Einflussmöglichkeiten gesprochen werden kann. Darüber hinaus wird die BDA auch weiterhin Stellungnahmen zu aktuellen Gesetzgebungsvorhaben herausgeben und sich an Anhörungen der Fachausschüsse des Deutschen Bundestags beteiligen, damit bei zukünftig geplanten Gesetzgebungsinitiativen die Interessen der Arbeitgeber gewahrt bleiben und damit weitere dringend erforderliche Reformmaßnahmen in Angriff genommen werden.

4 Veränderung der Strategien und Bündnismöglichkeiten der BDA

Die aus Sicht der Wissenschaft, insbesondere vom Sachverständigenrat zur Begutachtung der gesamtwirtschaftlichen Entwicklung sowie von der Rürup- und Herzog-Kommission, für erforderlich erachteten Reformmaßnahmen im deutschen Gesundheitswesen werden nach Auffassung der BDA durch das GKV-WSG nur unzureichend erfüllt. Weder wurden die Gesundheitskosten vom Faktor Arbeit abgekoppelt, noch wurde auf den demographischen Wandel durch mehr Kapitaldeckung reagiert. Trotz des viel versprechenden Namens sieht das Gesetz außerdem keine ausreichende Stärkung des Wettbewerbs im Bereich des Vertragsrechts vor. Vor dem Hintergrund des von allen drei Regierungsparteien postulierten Ziels der Senkung der Lohnzusatzkosten ist das GKV-WSG gerade deshalb unzureichend, weil weitere Beitragserhöhungen mittelfristig nicht verhindert werden.

Die BDA setzt sich trotz der durch das GKV-WSG vertanen Chancen weiterhin für Reformmaßnahmen ein und ist dabei unverändert um strategische Zusammenarbeit mit Vertretern aller Parteien und Interessengruppen bemüht, welche sich wie die BDA für die auch von der Wissenschaft einhellig geforderten Reformschritte einsetzen. So veröffentlichte die BDA beispielsweise im August 2006 im Rahmen des Gesetzgebungsprozesses zum GKV-WSG eine gemeinsame Erklärung mit dem Deutschen Gewerkschaftsbund (DGB), in dem gemeinsame Forderungen wie die Beibehaltung der Beitragsautonomie der Krankenkassen formuliert wurden.

An der grundsätzlichen Vorgehensweise der BDA, sich über die institutionelle Vertretungsfunktionen im Rahmen der Sozialen Selbstverwaltung, durch begleitende Stellungnahmen zu aktuellen Gesetzgebungsvorhaben und durch die Beteiligung an Anhörungen der Fachausschüsse des Deutschen Bundestags für die genannten Reformziele zur Stärkung des Wettbewerbsgedankens als Mittel zu einem effizienten Gesundheitswesen einzusetzen, hat das GKV-WSG nichts geändert.

5　Legitimations- und Steuerungsprobleme im Rahmen einer veränderten Konstellation gegenüber der Öffentlichkeit, dem politischen System und den Mitgliedern

Die Möglichkeit, die Arbeitgeber in der Sozialen Selbstverwaltung zu vertreten, hat sich durch das GKV-WSG nur durch die Einrichtung des neuen SpiBu geändert. Da in diesem jedoch das Paritätsprinzip zwischen Arbeitnehmer- und Arbeitgebervertretern durch ein Stimmengewichtungsverfahren gewährleistet ist, kann aus Sicht der BDA nicht von grundlegend veränderten Konstellationen der Beteilung der Arbeitgeberinteressen an den Entscheidungen der Selbstverwaltung gesprochen werden. An der Legitimität der BDA als Akteur in der Gesundheitspolitik hat sich demnach weder gegenüber der Öffentlichkeit noch gegenüber den Mitgliedsverbänden etwas geändert.

Das zukünftige Verhältnis zum politischen System hängt derweil davon ab, inwieweit von politischer Seite in die Selbstverwaltung und die Beteiligung von Arbeitnehmern und Arbeitgebern eingegriffen wird. Dass im Zuge des GKV-WSG zunehmend Satzungsleistungen zu Pflichtleistungen gemacht wurden, stellt einen deutlichen Eingriff in die Entscheidungsfreiheit der Selbstverwaltung dar. Hinzu kommt, dass im GKV-WSG dem BMG (sowie dem BMAS für das Beitragsrecht) neben der Rechts- auch ausdrücklich die Fachaufsicht über den SpiBu eingeräumt wird, was die Gefahr einer staatlichen Gängelung und einer Einschränkung der Mitspracherechte von Versicherten und Arbeitgebern birgt. Inwiefern sich aus dieser gesetzlichen Möglichkeit konkrete Probleme zwischen den Interessengruppen und den betroffenen Bundesministerien ergeben, hängt entscheidend davon ab, wie das Gesetz von den aktuellen und zukünftigen Bundesministern angewendet wird und wie sich die Akteure des SpiBu verhalten werden.

6 Chancen der BDA für zukünftiges Agenda-Setting in der Gesundheitspolitik

Die Kritikpunkte der BDA am GKV-WSG sowie die konkreten Politikempfehlungen in der Gesundheitspolitik liegen weitgehend in Überstimmung mit den Auffassungen der Wissenschaft, sei es in den Gutachten des Sachverständigenrats zur Begutachtung der gesamtwirtschaftlichen Entwicklung oder den Berichten der Rürup- und Herzog-Kommission. Insofern liegen die Forderungen der BDA in ausgearbeiteter Form auf dem politischen Verhandlungstisch. Nachdem die Empfehlungen der Wissenschaft im GKV-WSG überwiegend unberücksichtigt blieben, sieht es die BDA als ihre Aufgabe an, weiterhin durch kritische Stellungnahmen auf die Defizite in der Ausgestaltung des Gesundheitssystems hinzuweisen sowie auf die vorliegenden alternativen Konzepte aufmerksam zu machen. Angesichts der großen Übereinstimmungen zwischen den Politikempfehlungen der wissenschaftlichen Experten und den Forderungen der BDA, lässt sich erwarten, dass diese Konzepte in der Öffentlichkeit weiterhin Gehör finden und somit als Alternativen im Gespräch bleiben.

Die Gewerkschaften und die Gesundheitsreform 2007

Knut Lambertin

1 Rolle des DGB in der Gesundheitspolitik

Die Mitgliedsgewerkschaften übertragen laut Satzung dem Deutschen Gewerkschaftsbund (DGB) die Zuständigkeit in der Sozialpolitik, worunter auch die Gesundheitspolitik zu fassen ist (neben weiteren Aufgaben wie die Frauen- und Gleichstellungspolitik, die Arbeitsmarkt- und die Wirtschaftspolitik). Um diese Aufgaben erfüllen zu können, reichen die Mitgliedsgewerkschaften zwölf Prozent der Mitgliedsbeiträge an den Bund weiter. Im Gegensatz zu den Wohlfahrts- oder Sozialverbänden ist der DGB allerdings nicht nur „Bittsteller" gegenüber der Politik, der nur Forderungen erhebt, sondern vielmehr auch gestaltender Akteur, da er Wahllisten für die Wahlen zu den Selbstverwaltungen der Gesetzlichen Krankenkassen aufstellt und Betriebsräte laut Betriebsverfassungsgesetz wichtige Aufgaben in der betrieblichen Gesundheitspolitik übernehmen. Anders als viele andere Organisationen in der Gesundheitspolitik ist der DGB in seinen Aktivitäten nicht nur auf das Sozialgesetzbuch (SGB) V (Gesetzliche Krankenversicherung GKV) beschränkt, sondern vielmehr auch in der Gesundheitspolitik wie dem öffentlichen Gesundheitsdienst (ÖGD) und der betrieblichen Gesundheitspolitik tätig. Schließlich wirkt der DGB auch bei der Gestaltung und Umsetzung der gesundheitspolitischen Aspekte in weiteren Sozialgesetzbüchern mit.

2 Interessenlage des DGB

Grundsätzlich wollen der DGB und seine Mitgliedsgewerkschaften die wirtschaftliche und soziale Lage der abhängig Beschäftigten verbessern. Das zentrale Ziel der deutschen Gewerkschaften ist es, für die Arbeitnehmerinnen und Arbeitnehmer hohe Netto-Reallöhne zu organisieren. Darüber hinaus setzt sich der

DGB auch für eine hohe Qualität an Gesundheitsleistungen und deren Finanzierbarkeit ein und erhebt den Anspruch, die Gesundheitspolitik und die gesellschaftlichen Aufwendungen zur Gesundheitsvorsorge und -behandlung mitzugestalten. Diese Ziele wurden auch bei der Gesundheitsreform 2007 verfolgt.

Für die Gesundheitspolitik ist beim DGB das Mitglied des geschäftsführenden Bundesvorstandes Annelie Buntenbach zuständig. Sie trägt ebenfalls die Verantwortung für die Arbeit im Bereich Sozialpolitik, zu dem auch das Referat Gesundheitspolitik gehört, und repräsentiert natürlich auch die verschiedenen anderen Rollen des DGB in der Sozialpolitik, z.b. als Sozialpartner, Vertreter von Arbeitnehmer-, Sozialversicherten- und Patienteninteressen sowie als Vertreter der Beitragszahler und der Mitgliedsgewerkschaften.

Zusätzlich verfolgt der DGB die gesundheitspolitischen Interessen über die Versichertenvertreter in der sozialen Selbstverwaltung der Gesetzlichen Krankenkassen. Hier wird zwischen den Primärkassen und den Ersatzkassen unterschieden. Erstere bilden den Verwaltungsrat als Organ der sozialen Selbstverwaltung in paritätischer Besetzung mit Arbeitgeber- und Versichertenvertretern, wobei die Gewerkschaften hier den größten Teil der Selbstverwalter stellen. Bei den Ersatzkassen stellen gewerkschaftsfremde Listen mehrheitlich die Versichertenvertreter, wobei allerdings dort keine Arbeitgeber vertreten sind.[1] Die Koordination der gewerkschaftlichen Versichertenvertreter findet durch einen Gewerkschaftssekretär beim DGB statt.

Der DGB koordiniert und moderiert zudem die Aktivitäten der acht Mitgliedsgewerkschaften in Hinblick auf gesundheitspolitische Themen. Dabei muss berücksichtigt werden, dass mitgliederstarke Gewerkschaften eine größere Rolle spielen als die kleineren Gewerkschaften. In den Untergliederungen des DGB auf Landes- und regionaler Ebene spielt Gesundheitspolitik oft nur eine geringe Rolle. Nur wenn die zuständigen Gewerkschaftssekretärinnen und -sekretäre gleichzeitig Selbstverwalter in den Gesetzlichen Krankenkassen sind, erhält die Gesundheitspolitik ein stärkeres Gewicht.

3　Bewertung der Gesundheitsreform 2007

Der DGB ist mit massiver Kritik an den Eckpunkten zur Gesundheitsreform der Großen Koalition gestartet. Die Risiken – so seine Sichtweise – würden vor allem

---

[1] Den Sonderfall der Bundesknappschaft als Krankenversicherungsträger darzustellen, würde an dieser Stelle den Rahmen sprengen.

von den Versicherten getragen, denn im Kern gehe mit dem Gesetz zur Stärkung
des Wettbewerbs in der gesetzlichen Krankenversicherung (GKV-WSG) die (Teil-)
Privatisierung der GKV – sowohl der Leistungen wie auch der Krankenkassen –
einher. Die Belastungen und Risiken werden auf die Versicherten verlagert; auch
die Kosten für die privaten Krankenversicherungsunternehmen werden wohl
weiter steigen und die Kunden der Privaten Krankenversicherung (PKV) zusätzlich belasten. Zwischen den gesetzlichen Kassen einerseits und mit den PKV-
Unternehmen andererseits wird der Wettbewerb als verschärfte „Rosinenpicke-
rei" statt als Qualitätswettbewerb organisiert. Denn das Gesetz orientiert die
Gesetzlichen Krankenkassen mehr auf Leistungsvermeidung statt auf die optimale Versorgung der Versicherten. Ursache der skizzierten Entwicklung ist vor
allem die drohende Unterfinanzierung der GKV. Die hierdurch bedingte Dynamik konterkariert die Behauptung der Politiker, dies sei die erste Reform ohne
Leistungskürzungen. Die Regelungen im vorliegenden Gesetz tragen nicht zu
einer Stärkung, sondern vielmehr zu einer Schwächung der solidarischen Finanzierung der GKV bei, so die Position des DGB.

Hinsichtlich der Strukturreformen war der DGB grundlegend zufrieden, da
viele seiner Forderungen in diesem Bereich erfüllt worden sind. Das Gesetz ent-
hält eine Reihe von sinnvollen Maßnahmen, die eine Verbesserung der Versorgung zum Ziel haben. So ist geplant, neue Versorgungsmodelle wie Integrierte
Versorgung, Disease-Management-Programme, hausarztzentrierte Versorgung
und innovative Modellvorhaben dadurch zu befördern, dass die Krankenkassen
ihren Patienten für die Teilnahme einen Bonus zahlen können. Im Vergleich zu
den Wahltarifen ist dies sinnvoll, denn der finanzielle Anreiz für die Versicherten
kommt der ganzen Versorgungsgemeinschaft zu Gute, so dass die Versorgung
durch eine Verbesserung der Struktur insgesamt wirtschaftlicher wird. Zudem
erhöht sich die Qualität durch eine verbesserte Zusammenarbeit. Positiv ist auch
zu bewerten, dass die Verhandlungsmöglichkeiten der einzelnen Krankenkassen
mit Leistungserbringern mit dem Ziel einer wirtschaftlichen gesundheitlichen
Versorgung verbessert werden. Schließlich fanden weitere Leistungen, wie die
Palliativmedizin und die medizinische Rehabilitation Eingang in den Pflichtleis-
tungskatalog.

Diesen positiven Ansätzen stehen jedoch relativ starke institutionelle Um-
baumaßnahmen in der GKV gegenüber. Die Gesetzlichen Krankenkassen werden
mit an sich schon teuren Finanz- und Organisationsreformen überlastet. Die Erfahrungen anderer Sozialversicherungszweige lassen befürchten, dass die Unterstützung suchenden Versicherten dabei auf der Strecke bleiben. Entsprechend
haben sich der DGB und seine Mitgliedsgewerkschaften im Gesetzgebungspro-

zess auf die finanziellen Interessen der abhängig Beschäftigten konzentriert und versucht, diese durchzusetzen. Es zeigen sich aber noch immer erhebliche Mängel, die einer nachhaltigen Finanzierung des Gesundheitswesens widersprechen und zu höheren Belastungen der Arbeitnehmerinnen und Arbeitnehmer führen könnten. Hier ist an erster Stelle der Gesundheitsfonds zu nennen, der zwar mit (bis zu 14 Milliarden Euro) Steuergeldern gestützt werden soll. Doch ist nach wie vor eine strukturelle Unterfinanzierung der Gesetzlichen Krankenkassen zu befürchten, da die Leistungsausgaben aus diesem Fonds angesichts der strukturellen Probleme weiter steigen werden, aber der von der Regierung festgesetzte allgemeine Beitragssatz aller Wahrscheinlichkeit nach nicht rechtzeitig nachgeführt werden wird. Es entsteht eine Finanzierungslücke, die die Kassen mit Sparmaßnahmen und Zusatzbeiträgen ausgleichen müssen. Die Folgen für die Versicherten und Patienten sind absehbar: Leistungsausgrenzungen, Billigtarife und steigende Zusatzbeiträge. Da ein solcher Zusatzbeitrag die Belastungen einseitig den Versicherten zuweist, wird die paritätische Finanzierung der GKV weiter zulasten der Arbeitnehmerinnen und Arbeitnehmer ausgehöhlt. Da dies das zentrale Ventil ist, über das Kostensteigerungen in Zukunft aufgefangen werden sollen, ist die Dynamik seiner Steigerung absehbar, wenn er erst einmal eingeführt ist. Darüber hinaus hat der DGB gemeinsam mit der Bundesvereinigung der Deutschen Arbeitgeberverbände (BDA) in Bezug auf die Frage der Steuerung des deutschen Gesundheitswesens die deutliche Machtverschiebung zugunsten der Regierung und zu Lasten der Selbstverwaltung kritisiert.

Der DGB sieht durch die Gesundheitsreform auch die Einflussmöglichkeiten der Arbeitnehmerinnen und Arbeitnehmer in dem neu zu gründenden Spitzenverband Bund der gesetzlichen Krankenkassen (SpiBu) gefährdet. Durch die Zusammensetzung des Verwaltungsrates des Spitzenverbandes werden die bisherigen Ergebnisse der Sozialwahlen konterkariert. Im Ergebnis haben über alle Kassengrenzen hinweg die Gewerkschaften insgesamt die Sozialwahlen für sich entscheiden können. Allein in den Ersatzkassen existiert ein Übergewicht gewerkschaftsfremder Listen. Im Zuge des GKV-WSG werden die Ersatzkassen bei der Zusammensetzung des Verwaltungsrates des SpiBu willkürlich bevorzugt. Die gewerkschaftlichen Selbstverwalter sind daher in diesem Verwaltungsrat trotz eines anderen Ergebnisses bei den letzten Sozialwahlen in der Minderheit.

Während der Diskussion mit der Bundesregierung über die Reform gestaltete sich die Koordination der Mitgliedsgewerkschaften im DGB nicht gerade einfach, da diese unterschiedliche branchenspezifische Interessen vertreten sehen wollten. Zu nennen ist die Vereinte Dienstleistungsgewerkschaft (ver.di), die die Arbeitnehmer der wesentlichen Bereiche der Gesundheitsdienstleistungen und auch die Krankenkassenbeschäftigten organisiert. Zum anderen müssen ebenfalls die IG Bergbau, Chemie, Energien (IG BCE) mit ihren Interessen im Pharmabereich und die IG Metall mit den Brancheninteressen im Medizinproduktebereich erwähnt werden.[2]

In der Nachschau der Gesundheitsreform kann resümiert werden, dass der DGB auch Erfolge bei der Interessenvertretung seiner Mitglieder verbuchen konnte. Der DGB unterstützt seit langem Reformen in den Versorgungsstrukturen. Mit dem GKV-WSG konnten einige dieser Forderungen realisiert werden. Der Einzug der Beiträge und die damit verbundenen Arbeitsplätze verbleiben trotz des Gesundheitsfonds bei den Gesetzlichen Krankenkassen. Der Start des Fonds wurde auf das Jahr 2009 verschoben und als Bedingung mit einem morbiditätsorientierten Risikostrukturausgleich (Morbi-RSA) verknüpft. Der Zugang zum Krankenversicherungsschutz wird für die bisher Nicht-Versicherten erleichtert. Bei den Krankenhäusern sind die ursprünglich geplanten Kürzungen der Budgets – als „Sanierungsbeitrag" bezeichnet – auf 0,5 Prozent reduziert worden. Auch die im Entwurf geplanten Kürzungen der Entgelte von drei Prozent für die Fahrtkosten in den Bereichen Krankentransport und Rettungsdienst konnten im Interesse der Beschäftigten in diesen Bereichen verhindert werden.

4   Auswirkungen der Gesundheitsreform auf den DGB

Angesichts des Aufwands und des späteren Ertrags der Gesundheitspolitik muss festgestellt werden, dass der DGB grundsätzlich relativ erfolgreich agierte. Im Vergleich zu anderen Akteuren im Gesundheitsbereich ist dem DGB während des Reformprozesses ein guter Zugang zu den Entscheidungsprozessen gelungen. Viele der anderen Akteure benötigten oftmals einen weitaus höheren Kosten- und Personalaufwand, um ihre Positionen zu artikulieren. Dabei waren viele weitaus weniger in der Lage, ihre Interessen durchzusetzen.

Im Rückblick auf seine Arbeit ergeben sich für den DGB weitere Herausforderungen und neue Handlungsfelder im Rahmen seiner Interessenvertretungsfunktion für die Selbstverwalter in den einzelnen Krankenkassen und Krankenkassenverbänden. Der DGB muss zukünftig aber auch zusätzliche Ressourcen für die Betreuung der gewerkschaftlichen Selbstverwalter im neuen SpiBu bereitstel-

---

[2] Bei der Bewertung des gewerkschaftlichen Engagements im Hinblick auf die Gesundheitsreform muss berücksichtigt werden, dass die Belegschaften zeitgleich gegen die Rente mit 67 mobilisiert wurden.

len. Anders als in den vorhergehenden Jahren erhöht sich auch der Koordinationsaufwand, um die Versichertengruppe im Verwaltungsrat des SpiBu einheitlich zu organisieren. Die nächsten Sozialwahlen erhalten durch die neue Zusammensetzung der Gremien in der Gesundheitspolitik ein stärkeres Gewicht. Deshalb ist eine intensive Vorbereitung erforderlich, um ein besseres Ergebnis als bei den letzten Wahlen zu erzielen.

Zukünftige Aufgabe des DGB in der Gesundheitspolitik muss es sein, neue Antworten auf Fragen der stärkeren staatlichen Steuerung und der Versorgungssicherheit zu finden. Dabei spielen insbesondere folgende Fragen eine Rolle: Wie wird sich der medizinisch-technische Fortschritt auf die Kosten auswirken? Wie kann organisiert werden, dass auch die abhängig Beschäftigten – und damit natürlich vor allen Dingen auch die gesetzlich Krankenversicherten – dauerhaft an diesem Fortschritt teilhaben können? Wie kann eine Versorgung von Gesundheitsdienstleistungen und Gesundheitsprodukten mit hoher Qualität abgesichert werden? Auf der gewerkschaftlichen Agenda stehen auch weiterhin die Probleme der gleichzeitigen Fehl-, Unter- und Überversorgung im deutschen Gesundheitssystem.

Die Gewerkschaften sollten angesichts der staatlichen Steuerungsprobleme weiterhin an der Selbstverwaltung festhalten, das heißt an der Steuerung durch die *mittelbare* Staatsverwaltung. Die Kritik, die dabei immer wieder an der Selbstverwaltung geübt wird, muss angesichts der Probleme vergleichbarer Bereiche, wie der kommunalen oder der studentischen Selbstverwaltung und deren Organen relativiert werden. Die Steuerungsprobleme im Gesundheitsbereich werden alleine durch die Marktlogik oder direkte staatliche Steuerung nicht zu bewältigen sein.[3] Angesichts der Steuerungsprobleme im Gesundheitssystem und des finanzstarken Lobbyings von Partikularinteressen ist es allerdings schwierig, zu besseren Reformen zu kommen, die nicht zu Lasten der Schwächsten – also der abhängig Beschäftigten – gehen.

Für den DGB heißt das, in den nächsten Jahren weiterhin Vorschläge zur Verbesserung der medizinischen Versorgung, zur vernünftigen Organisation der Verhältnisprävention und der Gesundheitsförderungen sowie zur Steuerung des Gesundheitsbereiches zu machen.

Eine relevante Rolle spielt dabei, wie der DGB an den Diskussionen über eine zukünftige Gesundheitspolitik beteiligt wird. Aus Sicht des DGB ist die breite Öffentlichkeit nicht ausreichend in den Diskussionsprozess der Gesundheitsre-

---

[3] Diese Erkenntnis hatte schon das zentralistisch organisierte Kaiserreich, als es die Gesetzliche Krankenversicherung schuf.

form eingebunden gewesen. Es tritt lediglich eine Fachöffentlichkeit in Erscheinung, die allerdings sehr zersplittert und von Partikularinteressen geprägt ist. Völlig unklar ist in diesem Zusammenhang, welche Position und Rolle die Arbeitgeber und ihre Verbände künftig in der Gesundheitspolitik einnehmen werden. Aus Sicht des DGB gab es in den letzten Jahren keine so auswirkungsstarke Reform wie diese Gesundheitsreform, die dabei eine so geringe Beachtung in der Öffentlichkeit erfahren hat.

Der Gemeinsame Bundesausschuss und die Gesundheitsreform 2007: Auch künftig Organ der Selbstverwaltung

Dorothea Bronner

1 Der besondere Status des Gemeinsamen Bundesausschusses in der Gesundheitspolitik unter Betrachtung der dortigen Interessensorganisation

Ein Strukturprinzip der Gesetzlichen Krankenversicherung (GKV) besteht darin, den Versicherten die medizinischen und pharmazeutischen Leistungen als solche zur Verfügung zu stellen (Sachleistungsprinzip). Der Gemeinsame Bundesausschuss (G-BA) als oberstes Normsetzungsgremium der Gemeinsamen Selbstverwaltung von Ärzten, Zahnärzten, Psychotherapeuten, Krankenhäusern und Krankenkassen in Deutschland bestimmt im Auftrag des Gesetzgebers, welche konkreten Leistungen die etwa 70 Millionen Versicherten in Anspruch nehmen können.

Der G-BA wurde am 1. Januar 2004 durch das Gesetz zur Modernisierung der Gesetzlichen Krankenversicherung (GMG) errichtet. Er übernahm und vereinheitlichte die Aufgaben der bis dahin tätigen unterschiedlichen Bundesausschüsse. Rechtsgrundlage für die Struktur und die Arbeit des G-BA ist das fünfte Buch des Sozialgesetzbuches (SGB V). Im SGB V ist unter anderem festgelegt, dass die beschlossenen Richtlinien dem Bundesministerium für Gesundheit (BMG) vorzulegen sind. Das BMG besitzt die Möglichkeit, Beschlüsse des G-BA zu beanstanden oder über eine Ersatzvornahme die Regelungskompetenz an sich zu ziehen. Der G-BA ist jedoch keine nachgeordnete Behörde. Da im Allgemeinen davon ausgegangen wird, dass ausschließlich rechtliche Aspekte und nicht fachliche Gesichtspunkte eine Beanstandung rechtfertigen, spricht man diesbezüglich von einer Rechtsaufsicht des BMG. Der G-BA führt derzeit einen Rechtsstreit bzw. ein Klageverfahren gegen das BMG, um die Frage der Fach- oder Rechtsaufsicht verbindlich durch die Gerichte klären zu lassen.

Gesetzliche Aufgabe der GKV ist es, „[...] die Gesundheit der Versicherten zu erhalten, wiederherzustellen oder ihren Gesundheitszustand zu bessern" (§ 1 S. 1 SGB V). Die diesbezüglichen gesundheitspolitischen Rahmenvorgaben finden sich insbesondere im bereits genannten SGB V. Aufgabe des G-BA ist es, innerhalb dieses Rahmens einheitliche Vorgaben für die konkrete Umsetzung in der Praxis zu beschließen. In dieser Funktion wird der G-BA daher mitunter auch „kleiner Gesetzgeber" genannt. Denn die von ihm beschlossenen Richtlinien haben den Charakter untergesetzlicher Normen und sind für alle Akteure der GKV bindend.

Die Richtlinien gelten für die ambulante Behandlung beim niedergelassenen Arzt, Zahnarzt und Psychotherapeuten sowie für die Behandlung im Krankenhaus. Sie regeln die Versorgung mit Arzneimitteln, Heil- und Hilfsmitteln, Psychotherapie, Präventions- und Früherkennungsmaßnahmen ebenso wie die Versorgung mit ärztlichen, diagnostischen und therapeutischen Maßnahmen. Durch Richtlinien regelt der G-BA u.a. die Verordnung von Krankenhauseinweisungen, Krankentransportleistungen, Rehabilitationsmaßnahmen und Soziotherapie. Und nicht zuletzt hat der Gesetzgeber dem G-BA eine Vielzahl von Kompetenzen zur Qualitätssicherung im Gesundheitswesen übertragen. Dazu gehören die Aufgaben bei der Qualitätssicherung in der vertragsärztlichen sowie -zahnärztlichen Versorgung, bei zugelassenen Krankenhäusern und der sektorenübergreifenden Qualitätssicherung. Bei seinen Entscheidungen berücksichtigt der G-BA den aktuellen Stand der medizinischen Erkenntnisse und untersucht den diagnostischen oder therapeutischen Nutzen, die medizinische Notwendigkeit und die Wirtschaftlichkeit einer Leistung aus dem Pflichtkatalog der Krankenkassen.

Der G-BA setzt sich bis zur Neustrukturierung am 1. Juli 2008 aus 21 Mitgliedern zusammen. Neben einem unparteiischen Vorsitzenden und zwei weiteren unparteiischen Mitgliedern stellen die Spitzenverbände der Gesetzlichen Krankenkassen und die Leistungserbringer (Kassen(zahn-)ärztlichen Bundesvereinigung und Deutsche Krankenhausgesellschaft) jeweils neun Mitglieder. Die unparteiischen Mitglieder werden von den Trägerorganisationen vorgeschlagen. Unter den Trägerorganisationen ist Einvernehmen über deren Benennung zu erzielen. An den Sitzungen des G-BA nehmen außerdem jeweils neun Patientenvertreter – die von den durch die Patientenbeteiligungsverordnung anerkannten Patientenorganisationen einvernehmlich zu benennen sind – beratend und mit eigenem Antragsrecht, aber ohne Stimmrecht, teil.

Abbildung 1: Organigramm des Gemeinsamen Bundesausschusses

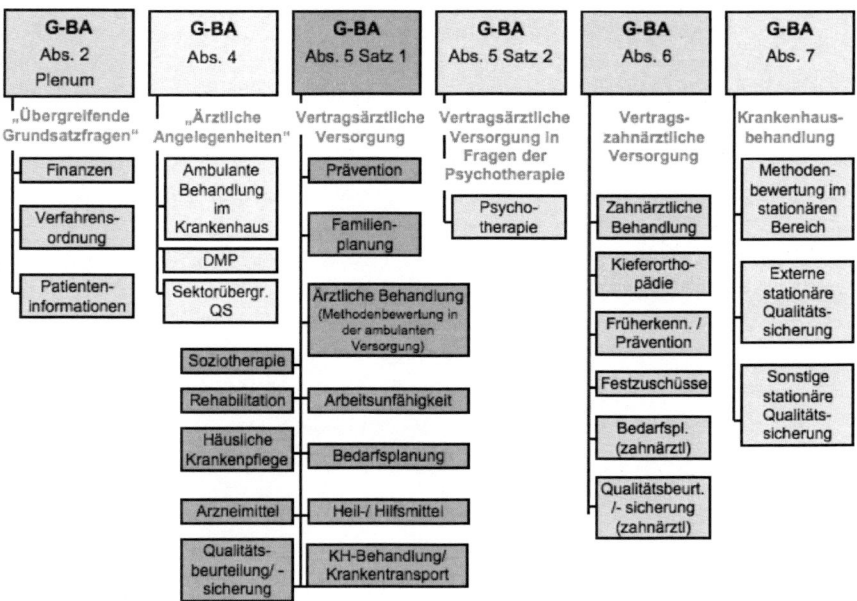

Quelle: Eigene Darstellung

Der G-BA berät in derzeit noch nicht-öffentlichen Sitzungen und entscheidet über die Beratungsthemen in unterschiedlichen Besetzungen für die einzelnen Versorgungsbereiche, entsprechend den zugrundeliegenden gesetzlichen Bestimmungen. Er entscheidet mit einfacher Mehrheit; der Stimme des unparteiischen Vorsitzenden kommt damit in Situationen des Interessensausgleichs ein besonderes Gewicht zu.

2 Der Einfluss der Gesundheitsreform 2007 auf die Bedeutung des G-BA

Die Verabschiedung des GKV-Wettbewerbsstärkungsgesetzes (GKV-WSG) durch Bundestag und Bundesrat im Februar 2007 hat große Auswirkungen auf die künftige Organisation des G-BA und bringt zugleich eine erhebliche Ausweitung

seiner Kompetenzen mit sich. In dem Gesetz sind sowohl strukturelle Veränderungen vorgesehen als auch neue inhaltliche Aufgaben.

Die jetzige Arbeit des G-BA ist maßgeblich durch die ehrenamtlich arbeiten-
den Mitglieder der Selbstverwaltungspartner geprägt. Dieses System bleibt entgegen anfänglich anderer Überlegungen des Gesetzgebers, den G-BA mit hauptamtlichen Mitgliedern zu besetzen, nunmehr trotz der Einsetzung von drei
hauptamtlich tätigen unparteiischen Mitgliedern erhalten. Der G-BA befürwortet
dies, da durch diese Besetzung zum einen gewährleistet ist, dass in die Entscheidungen auch zukünftig die Erfahrungen aus dem Versorgungsalltag der GKV
unmittelbar einfließen werden, zum anderen, dass die Beschlüsse von einem
möglichst breiten Konsens getragen und in der Praxis umgesetzt werden.

Abbildung 2:   Sitzverteilung im Gemeinsamen Bundesausschuss

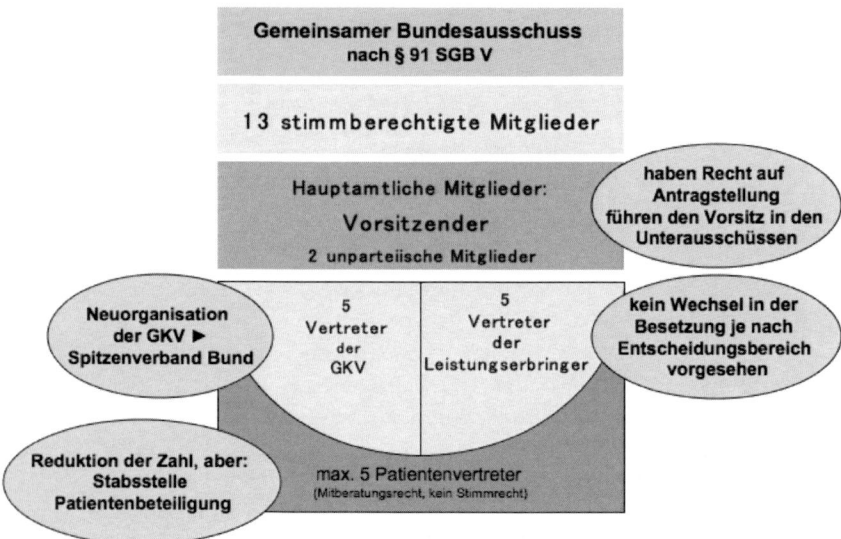

Quelle: Eigene Darstellung

Im Zuge der Gesundheitsreform hat der G-BA weitere Kompetenzen und Aufgaben erhalten, die vom Gesetzgeber zum Teil mit knappen Fristen versehen wurden. So waren bereits bis zum 30. Juni 2007 erste Entscheidungen zu Voraussetzungen, Art und Umfang von Schutzimpfungen zu treffen, die künftig von den

Gesetzlichen Krankenkassen nicht mehr als Satzungsleistung in deren Ermessen gestellt sind, sondern als Pflichtleistung erstattet werden.

Bis zum 31. Juli 2007 hatte der G-BA die so genannte Chronikerregelung zu präzisieren. Nach dem Willen des Gesetzgebers müssen sich chronisch Kranke künftig „therapiegerecht" verhalten, damit ihr Zuzahlungsbeitrag für Verordnungen auf ein Prozent der jährlichen Bruttoeinnahmen halbiert wird. Der G-BA hat die entsprechenden Ausnahmetatbestände festzulegen, bei denen der Versicherte bei nicht therapiegerechtem Verhalten dennoch die volle Ermäßigung der Zuzahlung erhalten soll. Zudem hat der G-BA die Beauftragung eines Instituts auf den Weg zu bringen, dem die Entwicklung von Verfahren zur Messung und Darstellung der Versorgungsqualität zur Durchführung der einrichtungsübergreifenden Qualitätssicherung übertragen werden soll. Die Anforderungen zur Qualitätssicherung werden künftig als Richtlinie des G-BA in der Regel einheitlich und sektorenübergreifend erlassen.

Darüber hinaus kann die derzeitige Nutzenbewertung von Arzneimitteln in Zusammenarbeit mit dem Institut für Qualität und Wirtschaftlichkeit im Gesundheitswesen (IQWiG) zu einer Kosten-Nutzen-Bewertung für diejenigen Fälle ausgeweitet werden, in denen für den Zusatznutzen eines Arzneimittels durch die Krankenkassen ein Höchstbetrag für die Verordnung als GKV-Leistung festzusetzen ist. Weiterhin wird der G-BA das Verfahren und die Auswahl von Arzneimitteln regeln, für welche in Zukunft eine Zweitmeinung für die Verordnung erforderlich ist. Das GKV-WSG sieht außerdem die Erweiterung von Leistungen zur häuslichen Krankenpflege vor. Betroffen sind Leistungen außerhalb des Haushaltes und der Familie, insbesondere betreute Wohnformen. Der G-BA wird hier Art und Inhalt der verrichtungsbezogenen krankheitsspezifischen Pflegemaßnahmen festlegen.

Schließlich sollte der G-BA bis zum 30. September 2007 den Inhalt und Umfang von spezialisierter ambulanter Palliativversorgung bestimmen, die die GKV als neue Leistung künftig ebenfalls erstattet. Dazu gehören die Schmerztherapie, psychosoziale Hilfen für Kranke und Angehörige sowie Sterbebegleitung.

Unverändert durch die jetzige Reform bleibt die gesetzliche Vorgabe eines einheitlichen Pflichtleistungskataloges der GKV, der allen Versicherten zur Verfügung stehen soll und deswegen nicht zur Disposition der Krankenkassen im Vertragswettbewerb steht. Insgesamt ist festzustellen, dass die Bedeutung des G-BA für die Konkretisierung des Leistungskatalogs der GKV durch das GKV-WSG erheblich zugenommen hat, sein Aufgabenkatalog erweitert wurde und sein regulierender Auftrag zu einer bundesweiten Vereinheitlichung der Qualitätssicherung beizutragen, maßgeblich gestärkt wurde.

3   Veränderung der vorhandenen Ressourcen/ Möglichkeiten zur Beeinflussung der Gesundheitspolitik

Dem G-BA kommt bei der Beeinflussung der Versorgungswirklichkeit der Versicherten eine herausgehobene Rolle zu. Er versteht sich jedoch nicht als Lobbyist mit dem primären Anliegen, seine Interessen in der Politik durchzusetzen. Eine direkte Einflussmöglichkeit auf Gesetze hat und hatte der G-BA ebenfalls nie. Vielmehr ist er durch Delegation vom Gesetzgeber damit beauftragt, den vorgegebenen gesetzlichen Rahmen im SGB V auszufüllen und zu spezifizieren.

Allerdings hat der G-BA ein hohes und nachvollziehbares Interesse, darauf hinzuwirken, dass die ihm übertragenen Aufgaben auch durchführbar sind und zu einer sinnvollen und praxisrelevanten Steuerung der Gesundheitsleistungen beitragen. In diesem Sinne hat sich der G-BA mehrfach zu Wort gemeldet, beispielsweise bei Anhörungen zu Gesetzesänderungen, aber auch durch die kontinuierliche Kommentierung seiner Beschlüsse in der Presse zu den ihm auferlegten Aufgaben, die nicht selten auch mit Leistungseinschränkungen einhergehen. Inwieweit diese Positionierungen tatsächlich zu einer Beeinflussung der Gesundheitspolitik geführt haben, bleibt dahingestellt.

Auf jeden Fall kann konstatiert werden, dass durch die oben geschilderte Vergrößerung der Aufgabenbereiche auch die gesundheitspolitische Bedeutung des G-BA gestiegen ist, allein schon durch die Zunahme der Themen, die ihn direkt tangieren und von ihm im Rahmen seiner Richtlinienkompetenz maßgeblich beeinflusst werden. In diesem Zusammenhang ist auch die vielfach geforderte und durch das GKV-WSG jetzt neu verfügte Erhöhung der Transparenz zu sehen. Die Zunahme des Einflusses des G-BA auf die Steuerung im Gesundheitswesen erzwingt gleichzeitig eine höhere Transparenz der Verfahren und Wege, die zu den Entscheidungen führten. Dazu wird der G-BA vom Gesetzgeber verpflichtet. So ist zum Beispiel vorgesehen, dass die Sitzungen des G-BA künftig öffentlich durchzuführen sind und die Entscheidungswege der Öffentlichkeit noch konsequenter als bisher zugänglich gemacht werden.

Insgesamt ist festzuhalten, dass die medizinische Selbstverwaltung sich als ein Kernprinzip des Gesundheitswesens in Deutschland in der Vergangenheit vielfach bewährt hat und auch künftig im Interesse aller Versicherten, Patienten und sonstigen Akteure der GKV eigene konstruktive und praktikable Reformvorschläge für das Gesundheitssystem vorlegen wird. Zur Lösung der bestehenden Finanzierungsprobleme müssen gesetzliche Grundlagen geschaffen werden, die unter Wahrung eines flächendeckenden Versorgungsanspruches auf das medizinisch Sinnvolle und Notwendige, einen wettbewerblichen Gestaltungsspielraum für Wahlmöglichkeiten der Versicherten und darauf basierende alternative Versorgungsangebote eröffnen.

4 Veränderung des Einflusses auf Strategien und Allianzen

Durch das GKV-WSG wird im G-BA nicht nur dessen eigene Struktur neu geregelt, sondern durch die Neuordnung der Verbandsstruktur der Krankenkassen auf Bundesebene die handelnden politischen Kräfte im G-BA insgesamt verändert. Die Zahl der Mitglieder nimmt von 21 auf insgesamt 13 Mitglieder ab, und diese entscheiden nicht mehr in verschiedenen Beschlusskammern, die die jeweiligen Versorgungssektoren abbilden, sondern immer in einer Besetzung mit fünf Vertretern des Spitzenverbandes Bund der Krankenkassen (SpiBu), zwei Vertretern der Deutschen Krankenhausgesellschaft (DKG), zwei Vertretern der Kassenärztlichen Bundesvereinigung (KBV), einem Vertreter der Kassenzahnärztlichen Bundesvereinigung (KZBV) und den drei hauptamtlichen unparteiischen Mitgliedern. Sie werden damit in die „Gesamthaftung" für das System genommen, auch zu Fragen und Leistungsbereichen, für deren Umsetzung sie keine Verantwortung tragen, wie beispielsweise die DKG nicht für die ambulante zahnärztliche Versorgung zuständig ist, und umgekehrt die niedergelassenen Ärzte zukünftig bei Maßnahmen zur externen vergleichenden Qualitätssicherung im stationären Bereich mitentscheiden.

Die Pluralität in der Besetzung der „Bänke" nicht nur auf Kassenseite hatte sich in der Vergangenheit befruchtend auf den Meinungsbildungsprozess ausgewirkt. Eine dadurch teilweise bedingte längere Dauer des Verfahrens ist durch die Akzeptanz der Entscheidung und deren zügige Umsetzung durch die Selbstverwaltungen ausgeglichen worden. Inwieweit sich diese Dynamik durch die neue Besetzung verändern wird und sich neue Allianzen und Strategien innerhalb des Meinungsbildungsprozesses herausbilden werden, ist ungewiss. Rein rechnerisch betrachtet, ist es dem SpiBu jedoch zukünftig leicht möglich, durch Allianzbildung mit einem der drei Leistungserbringer die Entscheidungen in seine Richtung zu lenken, so er denn für die Versicherungsträger mit einer Stimme spricht. In solchen Fällen würde dann nur ein einhelliges Votum der drei unparteiischen Mitglieder eine von diesen als nicht sachgerecht eingestufte Entscheidung verhindern können.

Die Rolle der Patientenvertreter im G-BA wird durch das GKV-WSG in den Kernpunkten nicht tangiert. Ihre Funktion und Mitwirkungsmöglichkeiten bleiben uneingeschränkt erhalten. Allerdings ist es durch die Konzentration des

Gremiums und der Abläufe und Entscheidungen durchaus möglich, dass sich die absolute Zahl der beteiligten Patientenvertreter verringern wird. Derzeit sind im G-BA weit mehr als 100 Patientenvertreter aus den zugelassenen Organisationen auf den unterschiedlichen Ebenen engagiert. Ihre Arbeit ist für die Entscheidung des G-BA ein unverzichtbarer Bestandteil, der bei den geplanten Veränderungen durch den Gesetzgeber in jedem Fall erhalten werden muss. Kompensiert werden soll deshalb die möglicherweise eintretende Konzentration der Zahl der beteiligten Patientenvertreter durch die nach § 140f Abs. 6 SGB V i.d.F. GKV-WSG vorgesehene stärkere Unterstützung ihrer Arbeit im G-BA insbesondere durch Einrichtung einer Stabsstelle Patientenbeteiligung. Hierbei sollen gezielt für die organisatorischen Koordinierungsnotwendigkeiten, aber auch für die fachliche Unterstützung bei Antragstellungen gesonderte personelle Ressourcen bereitgestellt werden. Inwieweit dies ihre Rolle auch hinsichtlich einer möglichen Allianzbildung oder Strategieverfolgung unter den „Playern" im G-BA verändern wird, ist nicht vorherzusehen.

Das Prinzip der Gemeinsamen Selbstverwaltung im G-BA basierte schon immer darauf, dass die Interessen der so genannten Bänke durch die Repräsentanten der Selbstverwaltung einander bewusst gegenüber gestellt und mit dem Votum der Unparteiischen sowie unter Mitwirkung von Patientenvertretern zu einem Ausgleich gebracht wurden. Dies trug in der Vergangenheit wesentlich zur Akzeptanz und zügigen Umsetzbarkeit auch unbequemer Entscheidungen – Beispiel Akupunktur – durch die Selbstverwaltungen der Trägerorganisationen des G-BA bei. Nach diesem Prinzip sind bisher alle vom Gesetzgeber dem G-BA erteilten Handlungsaufträge innerhalb der dafür gesetzten Fristen erfüllt worden. Der Ausgleich widerstreitender Interessen der „Bänke" unter Mitwirkung der unparteiischen Mitglieder sowie unter Beteiligung der von den Patientenorganisationen benannten sachkundigen Personen ist und bleibt das Kernelement der Gemeinsamen Selbstverwaltung im G-BA – unabhängig von möglichen und sich unter den Gegebenheiten stets ändernden Allianzen und Strategien.

5   Legitimations- und Steuerungsprobleme im Rahmen einer veränderten Konstellation gegenüber der Öffentlichkeit, dem politischem System und den Mitgliedern

Die Änderungen zur Struktur des G-BA, die sich aus dem GKV-WSG ergeben, können nicht allein im Lichte der inhaltlichen Ausgestaltung der Organisationsstruktur des G-BA betrachtet werden, sondern auch im Zusammenhang mit der grundsätzlich sozialpolitischen Frage, ob sich dadurch auch die verfassungsrechtliche Legitimation für die normative Ausgestaltung des gesetzlichen Leistungskataloges geändert hat. Konstatiert werden kann, dass durch das Umschwenken der Politik in der Gesetzgebungsphase – von ursprünglich vorgesehenen zwölf hauptamtlichen Mitgliedern des G-BA auf die jetzt zehn durch die Trägerorganisationen zu benennenden Mitglieder und drei hauptamtliche unparteiische Mitglieder – die mit der Errichtung des G-BA erreichte Sachnähe von Entscheidungen und damit dessen Legitimation erhalten geblieben ist. Die Einsetzung von hauptamtlichen Mitgliedern der „Bänke" hätte erhebliche Legitimationsprobleme mit sich gebracht, die nur durch eine stärkere Einflussnahme bzw. Steuerung durch den Staat hätten behoben werden könnten. Der G-BA wäre damit aus dem Bereich der mittelbaren in den Bereich der unmittelbaren Staatsverwaltung verschoben worden und der Staat hätte faktisch die Arbeit des G-BA gesteuert.

Mit der nun gesetzlich verankerten Struktur des G-BA bleibt es bei dem bewährten und erfolgreichen Prinzip des Interessenausgleichs zwischen den jeweiligen Selbstverwaltungspartnern. Der G-BA wird auch künftig in seiner Besetzung durch die von den Trägerorganisationen der Gesetzlichen Krankenkassen und der Vertragsärzte, Vertragszahnärzte, Psychotherapeuten und Krankenhäuser benannten ehrenamtlichen Vertreter getragen.

Als wesentlicher Kritikpunkt bestehen bleibt allerdings die starre Vorgabe der Besetzung eines einzigen sektorenübergreifenden Beschlussgremiums für alle anfallenden Entscheidungen mit fünf Vertretern der Krankenkassen, je zwei Vertretern der DKG und der KBV und einem Vertreter der KZBV. Zudem beraten fünf nach wie vor nicht stimmberechtigte Patientenvertreter mit in den dann öffentlichen Sitzungen. Sämtliche Entscheidungen werden dann in dieser Besetzung getroffen, unabhängig davon, ob es sich um Leistungen der vertragsärztlichen, vertragszahnärztlichen, psychotherapeutischen oder stationären Versorgung handelt.

Es wird aber auch künftig Richtlinien geben, die sich ausschließlich oder ganz überwiegend auf einen einzigen Leistungssektor beziehen und für deren Entscheidung eine entsprechende Flexibilisierung in der Besetzung der Leistungserbringerseite sachgerecht wäre. Dies bezieht sich auch auf die Besetzung der die Entscheidung vorbereitenden Unterausschüsse, die künftig in der Regel ebenfalls sektorenübergreifend arbeiten sollen. Die Auflösung der bisher unterschiedlichen Spruchkammern mit deren unterschiedlichen Besetzungen zu Gunsten eines einzigen öffentlich tagenden, sektorenübergreifenden Beschlussgremiums ist durch das GKV-WSG nun umzusetzen. Dies bedeutet zwar eine erhebliche Erschwernis bei den zukünftigen Konsensfindungsprozessen, hält aber im Kern wenigstens an dem Selbstverwaltungsprinzip fest.

Für die hauptamtlichen Unparteiischen im G-BA sieht das GKV-WSG einen Zuwachs an Verantwortung vor, da sie künftig auch den Vorsitz in den Unterausschüssen übernehmen werden. Auch wenn die Zahl dieser Ausschüsse von mehr als 20 auf unter zehn verringert wird, ist mit dieser Lösung ein erhebliches Maß an Mehrarbeit festgeschrieben. Der G-BA sorgt schon jetzt durch eine umfassende Pressearbeit für eine flächendeckende Information der Öffentlichkeit. Richtlinien, Beschlüsse und andere zentrale Dokumente werden zeitnah im Internet verfügbar gemacht. Von der Politik beabsichtigte Zeitgewinne und Effizienzvorteile bei der Entscheidungsfindung werden durch die Öffentlichkeit der Sitzungen jedoch möglicherweise konterkariert, da die Mitglieder des G-BA unter einer ständigen Beobachtung von Medien und Pharmaindustrie stehen. Dieser permanente Druck erschwert einen Interessensausgleich durch Kompromisse und könnte die Beratungsverfahren eher verzögern.

Insgesamt stellt die Neustrukturierung des G-BA die Gemeinsame Selbstverwaltung auf Bundesebene vor eine harte Bewährungsprobe und ist nach wie vor mit Risiken für die Effizienz seiner Arbeit verbunden. Die erweiterte Aufgabenstellung einer sektorenübergreifenden Qualitätssicherung und einer Steuerung der Arzneimittelversorgung durch Kosten-/ Nutzenbewertung und Zweitmeinungsverfahren betrifft konfliktträchtige Bereiche und stellt den G-BA vor neue Herausforderungen insbesondere in der Arzneimittelversorgung, die von Seiten der Politik mit einer hohen Erwartung an die schnelle Realisierung von Einsparvolumen verbunden sind.

6   Chancen des G-BA für zukünftiges Agenda-Setting in der Gesundheitspolitik

Auf der Ebene der vom G-BA vorzunehmenden Leistungskonkretisierungen wird durch das mit dem GKV-WSG inzwischen eingeführte Antragsrecht der unparteiischen Mitglieder eine Möglichkeit eingeräumt, gezielter und aktiver als bislang Themen im Versorgungskontext selbst aufzugreifen, ohne darauf warten zu müssen, dass eine der antragsberechtigten Trägerorganisationen oder die Patientenvertreter einen entsprechenden Antrag stellt. Für die Umsetzung der auf solchen Anträgen fußenden Entscheidungen ist es jedoch ratsam, dass sich die Unparteiischen auch der Akzeptanz unter den Mitgliedern der „Bänke" für ihren Antrag versichern. Dieses neue Instrument zur Steuerung von Beratungsthemen im G-BA kann daher eher als Ergänzung zur bisherigen Praxis des „Agenda-Settings" im G-BA, das bisher vornehmlich durch die „Bänke" bzw. die Patientenvertreter gesteuert wird, verstanden werden. Diese bringen ein Thema nämlich nur dann in den G-BA ein, wenn aus ihrer Sicht Handlungsbedarf besteht und eine Entscheidung über den Leistungsanspruch auf ein einzelnes Medikament, eine diagnostische oder therapeutische Methode etc. herbeigeführt werden soll. Vielfach kann für die „Bänke" das Gegenteil eines Agenda-Settings, nämlich das Nicht-Handeln, die gewinnbringendere Strategie bedeuten.

Daran knüpft sich direkt die Frage, ob der G-BA für seine Aufgabenerfüllung nicht ein Priorisierungs-Konzept braucht, das von Einzel-Fragestellungen hin zu einem ganzheitlichen Versorgungskonzept führt. Denn angesichts der Vielzahl von möglichen Themen gilt es zu vermeiden, dass der G-BA durch eine ungesteuerte Ausweitung von Anträgen faktisch handlungsunfähig würde und die Masse der ausstehenden Verfahren nicht mehr bewältigen könnte. Um zu einer sachgemäßen Entscheidung zu kommen, bedarf es einer gründlichen wissenschaftlichen Betrachtung, die eine Verfahrensdauer von weniger als zwölf Monaten in der Regel nicht zulässt. Dies lässt sich auch nicht wesentlich abkürzen und muss für eine Prioritätensetzung in Betracht gezogen werden. Darüber hinaus sind Korrekturen an den vom Gesetzgeber geschaffenen Rechtsgrundlagen für die Arbeit des G-BA erforderlich, um daraus entstandene Behinderungen in der Effizienz seiner Arbeit zu beseitigen. Dies betrifft insbesondere die sektorenbezogene Zersplitterung der Rechtsgrundlagen zur Qualitätssicherung, Interferenzen mit den Bestimmungen zum Datenschutz und die unterschiedlichen gesetzlichen Vorgaben zur Methodenbewertung, die sich aus dem Blickwinkel des jeweiligen Sektors ergeben.

Patientenbeteiligung im Gemeinsamen Bundesausschuss

Stefan Etgeton

> *„Man muß etwas Neues machen, um etwas Neues zu sehen."*
> *G. C. Lichtenberg, Sudelbücher*

Dem unbedarften Blick auf die Gemengelage im Gesundheitswesen könnte die Zusammensetzung der Gremien in der Gemeinsamen Selbstverwaltung aus Krankenkassen und Ärzten als ideale Formation erscheinen, um die unterschiedlichen Interessen zwischen medizinischer Notwendigkeit auf der einen und wirtschaftlicher Leistungserbringung auf der anderen Seite zu einem vernünftigen Ausgleich zu bringen. Ärztliche und ökonomische Logik seien durch die Repräsentanz der Heilberufe und der Krankenkassen adäquat vertreten, um im Interesse der Patienten und Versicherten zu tragfähigen Kompromissen zu gelangen. Wenn dem so wäre, hätte es einer Patientenbeteiligung wohl nicht bedurft. Aber die dritte Kraft in und gegenüber der Gemeinsamen Selbstverwaltung[1] hat ihre Berechtigung bereits nach kurzer Zeit unter Beweis gestellt.

Dabei ist die Einsicht gewachsen, dass in den Auseinandersetzungen der klassischen „Bänke" sich nicht-ärztliches Bemühen um das Wohl der Patienten auf der einen und wirtschaftliche Sorge um die Beiträge der Versicherten auf der anderen Seite gegenüberstehen. Im Gemeinsamen Bundesausschuss (G-BA) prallen vielmehr von allen Seiten vor allem ökonomische Interessen aufeinander, und zwar keineswegs immer parallel zum Frontverlauf der Bänke. Stattdessen wird die Linie zwischen Kostenträgern und Leistungserbringern durch sektorale Standes- oder andere Wettbewerbsinteressen mehrfach durchbrochen. Wie auch immer im Zuge der Angleichung der Vergütungslogiken und der stärkeren Verflechtung der Versorgungsstränge zwischen den Sektoren sich die Interessenlagen in der Gemeinsa-

---

[1] Der Status der Patientenvertreter im Gemeinsamen Bundesausschuss ist offiziell nicht der von „Mitgliedern" (ohne Stimmrecht), sondern sie sind als „sachkundige Personen" mitberatend an den Sitzungen beteiligt. Insofern sind sie – formell betrachtet – nicht wirklich Teil der Gemeinsamen Selbstverwaltung, sondern eher teilnehmende Beobachter. Zwar im System, bleiben sie dennoch außerhalb – auch dies ein dialektisches Rollenverhältnis.

men Selbstverwaltung weiterentwickeln werden. Im Zentrum der Auseinandersetzung stehen nicht primär Qualität und Effizienz der Versorgung, also das Ziel der Übung, sondern die Nebeneffekte: Sektor- und Gruppeninteressen, Wettbewerbsvorteile sowie Fragen der Vergütung und der Datenhoheit. Bleibt die Hoffnung, dass die strukturelle Weichenstellung, Patientenvertreter an den Beratungen zu beteiligen, im Prozess zu mehr Selbstbesinnung der Akteure beitrage und sich dies am Ende auch im Ergebnis niederschlage.

Ein Ziel der Gesundheitsreform 2004 war es die Patientenorientierung im Gesundheitswesen zu verbessern und damit medizinische Leistungen passgenauer zu gestalten. Neben den klassischen Akteuren im Gesundheitswesen (Krankenkassen, Kassenärzten und Krankenhäusern) sitzen seit Beginn des Jahres 2004 auch Vertreter der Patientinnen und Patienten mit am Tisch des G-BA. Nach den gesetzlichen Vorgaben wird hier der Leistungskatalog der Krankenkassen ausgestaltet. Zum anderen hat der neue Gemeinsame Bundesausschuss auch leistungsrechtliche Fragen zu klären, zum Beispiel was zur Bestimmung der Belastungsgrenze bei Zuzahlungen als „schwerwiegende chronische Erkrankung" gilt.

1 Transparenz- und Legitimationsdefizite der Gemeinsamen Selbstverwaltung

In der Vergangenheit waren die Entscheidungen des Bundesausschusses der Öffentlichkeit weitgehend entzogen. Die Möglichkeiten der Patientenvertreter, auf Richtlinien – und sei es auch nur durch Abgabe von Stellungnahmen – Einfluss zu nehmen, waren äußerst gering. Einige wenige Beschlüsse, wie der zu Viagra oder die langwierigen Verfahren zur Sondennahrung oder zur Methadonsubstitution, fanden den Weg in die mediale Berichterstattung. Immer wieder musste der Bundesausschuss seine Legitimation gegen Klagen (vor allem der Industrie) verteidigen – in der Regel mit Erfolg. In der kundigen Fachöffentlichkeit, insbesondere bei den betroffenen Patientenorganisationen, wuchs jedoch in den 1990er Jahren der Unmut über das intransparente Verfahren und das gelegentlich paternalistische Gebaren des Bundesausschusses. Je öfter das Gremium Leistungen der Krankenkassen, auch aus Erwägungen der Wirtschaftlichkeit, einschränkte, desto massiver wurde dem Bundesausschuss selbst die Legitimation für solche Richtlinienbeschlüsse abgesprochen. Die Zusammensetzung der Beschlusskörper sowie der vorbereitenden Arbeitsausschüsse blieben ebenso im Dunkeln wie die für die Entscheidung maßgeblichen Beweggründe. Für eingesandte Stellungnahmen von Patientenseite gab es oft nicht einmal eine Empfangsbestätigung, geschweige denn eine fachliche Erwiderung. Wandten sich die von bestimmten Beschlüssen des Bundesausschusses Betroffenen an das zuständige Gesundheitsministerium, wurden sie regelmäßig auf die Entscheidungsautonomie der Gemeinsamen Selbstverwaltung und darauf verwiesen, dass das Ministerium lediglich die Rechtmäßigkeit der Beschlüsse zu prüfen habe. So entstand der Eindruck, dass der Bundesausschuss, der immerhin für den Leistungsumfang der Gesetzlichen Krankenversicherung verantwortlich ist, in einer demokratisch nicht zureichend legitimierten Grauzone zwischen parlamentarischem Gesetzgeber, gewählter Exekutive, öffentlich-rechtlichen Körperschaften und am Wettbewerb teilnehmenden Vertragspartnern operiere.

2   Erfolge und Niederlagen – eine durchmischte Bilanz

Mit der Ausweitung der Kompetenzen des G-BA im Zuge der Gesundheitsreform 2004 hat sich die Frage nach der Rechtfertigung seiner Beschlüsse, die auch Qualität und Wirtschaftlichkeit in der Versorgung berücksichtigen sollen, verschärft. Eine der wesentlichen Aufgaben der Patientenvertretung ist es, bei den Entscheidungen des Bundesausschusses für mehr Transparenz und Nutzerorientierung zu sorgen, einschließlich der Berücksichtigung von Aspekten der Lebensqualität sowie der Beachtung alters-, geschlechts- und lebenslagenspezifischer Belange von Patientinnen und Patienten. Die in der Rechtsverordnung zur Patientenbeteiligung anerkannten maßgeblichen Patientenorganisationen haben einvernehmlich die sachkundigen Personen für die Beschlusskörper und Unterausschüsse des G-BA benannt und nehmen die Belange von Patientinnen und Patienten seit der Konstituierung des Gremiums am 13. Januar 2004 kontinuierlich wahr. Obgleich die Patientenvertreter und -vertreterinnen im G-BA ohne Stimmrecht nur mitberatend tätig sind und ihr Status in der Geschäftsordnung noch nicht abschließend geklärt ist, werden sie an den Plenar- und Ausschusssitzungen gleichberechtigt beteiligt und wie alle Seiten in den Informationsfluss des G-BA einbezogen. Dabei gibt es Fragen, bei denen sich die Patientenseite mit ihren Positionen nicht oder kaum hat durchsetzen können, aber auch Beschlüsse, die sich im Patienteninteresse beeinflussen ließen. Einige Beispiele:

1.   Zuzahlungsrichtlinie: Die Richtlinie zur Definition „schwerwiegender chronischer Erkrankungen", die der alte Bundesausschuss schon 2003 verabschiedet hatte, wurde nach massiver öffentlicher Kritik insbesondere von

Seiten der Patientinnen und Patienten vom Bundesgesundheitsministerium beanstandet und im Januar 2004 mit Patientenbeteiligung erneut beraten. Das Ergebnis: Nun gelten nicht nur der Grad der Behinderung oder die Pflegestufe, sondern auch eine krankheitsbedingte erhebliche Einschränkung der Lebensqualität als Kriterium für den Schweregrad einer chronischen Erkrankung. In einer weiteren Überarbeitung wurden Erleichterungen beim jährlichen Nachweis chronischer Erkrankungen erreicht.

2. Fahrtkosten zur ambulanten Behandlung: Nachdem die Übernahme von Fahrtkosten fast völlig gestrichen werden sollte, war es möglich, für stark in ihrer Mobilität eingeschränkte Menschen sowie für Patienten und Patientinnen mit einer Grunderkrankung, die häufiger ambulanter Behandlung bedürfen, die Kostenübernahme für Fahrten sicherzustellen. Bei der Umsetzung dieser Regelung vor Ort gibt es allerdings noch immer erhebliche Probleme; zum Beispiel bei sehr „störanfälligen" Behandlungen wie der Opiatsubstitution, die auf dem Lande mit häufigen und langen Fahrten verbunden ist.

3. Heilmittelrichtlinie: Der ursprüngliche Entwurf der Heilmittelrichtlinie hätte in vielen Fällen dazu geführt, dass auch notwendige Weiterbehandlungen vorzeitig hätten abgebrochen werden müssen. Unter maßgeblicher Beteiligung der Patientenvertreter und -vertreterinnen konnte die Richtlinie so verändert werden, dass Versorgungslücken nun weitgehend ausgeschlossen sind.

4. Ausnahmeliste nicht-verschreibungspflichtiger Arzneimittel: Mit dem Ausschluss verschreibungsfreier Arzneimittel (OTC) aus dem Leistungskatalog der Krankenkassen wurde der Gemeinsame Bundesausschuss beauftragt, eine Liste der Ausnahmepräparate zu erstellen. Diese Liste findet trotz einiger schon erreichter Verbesserungen nicht die Zustimmung der Patientenvertreter und -vertreterinnen, weil der Einsatz solcher OTC-Präparate für das Nebenwirkungsmanagement oder die Sekundärprophylaxe in der Liste nicht ausreichend berücksichtigt wurde. Die Patientenseite konnte durchsetzen, dass 2005 die Liste regelmäßig und zeitnah angepasst wurde. Die Patientenseite wird diesen Prozess aktiv und kritisch weiter begleiten.

5. Institut für Qualität und Wirtschaftlichkeit: Die Beteiligung der Patientenorganisationen in den Strukturen des neuen Instituts ist aus Sicht der Patientenvertreter und -vertreterinnen vom G-BA unzureichend geregelt worden. Im Gesetz ist lediglich ein Recht zur Stellungnahme sowie ein Antragsrecht zur Beauftragung des Instituts vorgesehen; das bleibt noch hinter den Beteiligungsrechten im Bundesausschuss selbst zurück. Die Praxis wird zeigen,

inwieweit die Einbeziehung der Patientenperspektive in der konkreten Arbeit des Instituts gewährleistet wird. Erste Aufträge an das Institut, davon auch einige auf Initiative der Patientenvertreter und -vertreterinnen, hat der Gemeinsame Bundesausschuss bereits Ende 2004 beschlossen.

6. Arzneimittelfestbeträge: Nach dem Willen des Gesetzgebers sollen für therapeutisch gleichwertige Präparate Festbeträge gebildet werden, unabhängig davon, ob es sich um patentgeschützte oder generische Arzneimittel handelt. Pharmazeutische Innovationen, die eine wirkliche therapeutische Verbesserung bieten, sind davon jedoch ausgenommen. Die vorgelagerte Gruppenbildung für vergleichbare Arzneimittel durch den G-BA kann in Verbindung mit den von den Spitzenverbänden der Krankenkassen festgelegten Festbeträgen erhebliche Auswirkungen auf die Arzneimittelversorgung der Patientinnen und Patienten haben. Dabei wird insbesondere die Bedeutung geringerer Nebenwirkungen für die Bewertung einer therapeutischen Verbesserung kontrovers diskutiert. Die im Jahr 2004 beschlossenen Festbetragsgruppen sind von den Patientenvertreter und -vertreterinnen intensiv mitberaten worden. Der in der Öffentlichkeit besonders umstrittenen Festbetragsgruppe der Statine haben die Patientenvertreter und -vertreterinnen jedoch grundsätzlich zugestimmt. Sie haben allerdings darauf hingewiesen, dass eine kontinuierliche zeitnahe Überprüfung der Festbetragsgruppenbeschlüsse im Hinblick sowohl auf den aktuellen Stand der Wissenschaft wie auch auf ihre Auswirkungen für die Patientenversorgung dringend erforderlich ist.

7. Festzuschüsse bei Zahnersatz: Im Zuge der Gesundheitsreform wurde gesetzlich festgeschrieben, dass die Kosten für Zahnersatz ab 2005 nicht mehr prozentual, sondern in Form so genannter befundbezogener Festzuschüsse erstattet werden. Zur Definition dieses neuen Abrechnungssystems waren 2004 fachlich schwierige Diskussionen in einem sehr eng gesteckten Zeitrahmen nötig. Die Patientenvertreter und -vertreterinnen haben sich intensiv in die Diskussionen eingebracht, um ein bedarfsgerechtes Abrechnungssystem im Rahmen der Gesetzlichen Krankenkasse zu erreichen und möglichst viele Leistungen ohne private Zusatzrechnung zu erhalten. Dies ist nur bedingt gelungen und es muss abgewartet werden, ob und wie sich die neue Regelung in der Praxis bewährt.

8. Verfahrensordnung: Im Frühjahr 2005 steht die Entscheidung über die Verfahrensordnung des G-BA an, in der die Methodik zur Bewertung medizinischer Verfahren geregelt werden soll. Die Diskussionen des vergangenen Jahres zeigen, dass aus Patientensicht eine schematische Anwendung des

Ansatzes der „Evidence based Medicine" unzureichend wäre, um die Behandlungsqualität angemessen beurteilen zu können. Die Patientenvertreter -vertreterinnen sehen die Notwendigkeit, die Anforderungen an Studien zum Nachweis therapeutischen Nutzens an den jeweiligen Gegenstand anzupassen und dabei alle verfügbaren Evidenzen zu nutzen. Dabei sollen Aspekte des Patientennutzens im Hinblick auf Lebensqualität, Alter und Geschlecht ebenso berücksichtigt werden wie besondere Versorgungsbedarfe von chronisch kranken und behinderten Menschen.

3 Patientenbeteiligung – eine Chance für die Selbstverwaltung

Die Zwischenbilanz der Beteiligung von Patientenvertreter und -vertreterinnen an den Arbeiten und Entscheidungen des G-BA ist insgesamt positiv. Sie zeigt jedoch auch Probleme und Schwachstellen auf, die es künftig zu beseitigen gilt. Generell haben wir den Eindruck, dass die Patientenbeteiligung zu einer Veränderung der Kultur des Gremiums beigetragen hat. Durch die Einbeziehung einer weiteren Gruppe in die Beratungen werden eingefahrene Diskussionsrituale durchbrochen. Indem die Patientenvertreter und -vertreterinnen die Perspektive der Nutzer und Nutzerinnen des Gesundheitswesens einbringen, kann die Patientenorientierung insgesamt verbessert werden. Die Patientenbeteiligung hat auch bei den Patientenorganisationen selbst zu Kompetenzzuwächsen geführt. Durch die Teilnahme an den Diskursen von Krankenkassen- und Ärztevertretern, die sich mit den Belangen von Patientinnen und Patienten unmittelbar auseinandersetzen müssen, gewinnen im Gegenzug auch die Patientenvertreter und – vertreterinnen Einblicke in die der Bewertung medizinischer Leistungen zu Grunde liegenden Abwägungsprozesse.

Als größtes Problem hat sich nach einem Jahr die Frage der Ressourcen der Patientenbeteiligung erwiesen. Viele der benannten sachkundigen Personen nehmen das Mandat im G-BA ehrenamtlich in ihrer Freizeit wahr. Die einzelnen benannten Personen, aber auch die sie entsendenden Organisationen, erhalten keine zusätzlichen Mittel für die Erfüllung ihres Mandates sowie die damit verbundene inhaltliche bzw. organisatorische Vor- und Nachbereitung. Sechs Beschlusskörper mit je neun und 25 Unterausschüsse mit bis zu fünf PatientenvertreterInnen sind, zum Teil je nach Beratungsgegenstand, themenspezifisch zu besetzen. Allein die Gewährleistung des gesetzlich vorgeschriebenen Einvernehmens unter den maßgeblichen Organisationen bei der Benennung dieser sachkundigen Personen erfordert erheblichen Koordinierungsaufwand. Dazu kommen interne Verständigungsprozesse über Verfahren, Strategie und Inhalte. Diese Aufgaben, für deren Bewältigung der Ärzte- und Kassenseite in ihren Verbänden ganze Apparate zur Verfügung stehen, werden die Patientenvertreter und –vertreterinnen in Zukunft nicht ohne zusätzliche finanzielle Unterstützung meistern können. Die maßgeblichen Organisationen der Patientinnen und Patienten haben daher eine angemessenere finanzielle Aufwandsentschädigung für die benannten sachkundigen Personen und eine spezielle Zuwendung für die Organisation der Patientenbeteiligung auf Bundesebene gefordert. Mit der Änderung des Vertragsarztrechtes und der Gesundheitsreform 2007 sind hier Verbesserungen eingetreten.

Angesichts der vielfältigen sich überlagernden Interessen war es für die Neuankömmlinge in den Gremien der Gemeinsamen Selbstverwaltung nicht immer einfach, klar zwischen sachlichen und interessengeleiteten Argumenten zu unterscheiden. Die Enttäuschung darüber, dass es eben nicht um einen Ausgleich zwischen medizinischer Notwendigkeit und wirtschaftlicher Möglichkeit, also im emphatischen Sinne vernünftig zu-, sondern primär um das geht, was sich unmittelbar rechnet, ist schon der erste Schritt heraus aus einer ursprünglichen Naivität der Unerfahrenheit. Freilich sorgt die zunehmende „Diskursverstrickung" qua Beteiligung auch dafür, dass Patientenvertreter und -vertreterinnen einen Teil ihrer „Unschuld" verlieren. Das wird nur abgemildert dadurch, dass der Patientenseite bislang kein Stimmrecht zugestanden wurde, so dass sie zwar für ihre Voten, aber nicht für die letztendlichen Entscheidungen haftbar gemacht werden können. Die dritte, jüngste und formell schwächste Kraft in der Gemeinsamen Selbstverwaltung verkörpert gleichwohl eher die Vernunft des Gesamtsystems als die beiden etablierten Bänke – unbeschadet der Tatsache, dass diese mit ihren Apparaten über deutlich mehr Mittel verfügen, um ihren Interessen und Argumenten ein imposantes Gepräge zu verleihen. Gelegentlich platzt auch diese Blase und der Kaiser steht in seinen neuen Kleidern splitternackt da – blamiert, wie es im Märchen heißt, durch die „Stimme der Naivität". Die Kraft der „dritten Bank" dürfte nicht zuletzt darin bestehen, dass ihr durchaus naiver Glaube an die Vernunft des Systems der Selbstverwaltung bei einigen mittlerweile zum Zynismus tendierenden Akteuren nicht nur Erheiterung, sondern doch auch eine gewisse manchmal heilsame Irritation auslöst.

Kommunikation von Reformen am Beispiel der Gesundheitsreform 2007

Rudolf Speth

1 Die Bedeutung der Medien für die Politik und Gesundheitspolitik

Die Medien haben für die politische Kommunikation eine immer wichtiger werdende Bedeutung, die in den letzten Jahren unter den Begriffen der Mediengesellschaft (vgl. Saxer 1998) und Mediatisierung der Politik gefasst wurde. Dies bedeutet, dass politische Kommunikation immer stärker medienvermittelte Kommunikation ist. Mediengesellschaft heißt aber auch, dass die Vermittlung von Deutungen, Informationen und Unterhaltung über die Medien als technische Hilfsmittel läuft und zu einem gesellschaftlichen Totalphänomen geworden ist. Medien sind allgegenwärtig und haben eine alle gesellschaftlichen Bereiche durchwirkende Prägekraft bekommen. Als Folge davon beeinflussen Medien grundlegend die Handlungsmöglichkeiten politischer und gesellschaftlicher Akteure.

Die Kommunikationsfähigkeit ist in der Politikvermittlung – gerade in der Begründung, Darstellung, und Akzeptanzbeschaffung für Reformvorhaben wie das GKV-WSG – zur Kernkompetenz geworden. Die Regierungskommunikation und speziell die Kommunikation von Reformvorhaben findet daher im Dreieck von Massenmedien, öffentlicher Meinung und den Kommunikationsstrategien der Parteien statt (Lovy/ Schmitz 2007). In diesem Dreieck sind die Massenmedien von besonderem Interesse, weil sie im Falle der Gesundheitsreform nicht nur für die Regierung – und hier das Gesundheitsministerium – und die Parteien, sondern auch für die Kommunikation der in diesem Politikfeld anzutreffenden Interessengruppen konstitutive Bedeutung haben (s. Steinmann[1] 2007). Die Mas-

---

[1] Steinmann zeigt in seiner Diplomarbeit am Beispiel der Agenda 2010 wie die Medien durch ihre Meinungsmacht Reformen zuerst einfordern und vorantreiben, diese dann aber durch negative, skandalisierende und personalisierende Berichterstattung blockieren.

senmedien sind für alle Akteure zu einer zentralen Instanz geworden, was sich auch darin zeigt, dass alle sich mehr oder minder umfassend den Gesetzen der Medienlogik anpassen.

Obwohl sich in der Forschung zur politischen Kommunikation das Paradigma der wechselseitigen Abhängigkeit von Politik und Medien (vgl. Saxer 1981) durchgesetzt hat, gibt es nach wie vor einen „strukturellen Antagonismus von Politik und Medien" (s. Steinmann 2007), der sich besonders im Reformprozess der Agenda 2010 zeigt. Dieser Antagonismus besteht darin, dass Politiker Schuld vermeiden wollen und das föderale System die Verantwortung auf viele Akteure verteilt. So unterliegen die Medien dem Zwang zur Personalisierung.

Die Medien sind längst nicht mehr nur die Vermittler und Transporteure politischer Entscheidungen und Programme, in einer Mediengesellschaft sind sie selbst zu politischen Akteuren geworden. D. h. sie müssen auch stärker in die Analyse von Politik als eigenständige Akteure und als Transporteure von Interessen mit einbezogen werden. Die Berufsrolle der Journalisten als klassische „gatekeeper" verändert sich: es gibt auf der einen Seite immer mehr „Bürger-Journalisten" (Leser-Reporter, Blogger) und auf der anderen Seite verstärkt sich der Einfluss von professionellen Nachrichten-Händlern. Neue Akteure wie Public-Affairs-Agenturen, die sich den Gesetzen der Medienlogik angepasst haben, treten hinzu, kooperieren mit den Medien oder bieten eigenständig gut aufbereitete Informationen (Newsletter, Blogs, Zeitschriften, Studien) an.

Diese Veränderungen haben auch zur Folge, dass sich die politischen Akteure viel stärker als früher in ihrer Kommunikation und in ihren organisatorischen Abläufen auf diese einstellen. Die politische Kommunikation professionalisiert sich, indem zum ersten die Etats für Kommunikation steigen, indem zum zweiten ein stärkeres politisches Marketing betrieben wird (vgl. Kreyher 2004) und indem zum dritten verstärkt Public-Affairs-Agenturen als Anbieter von außen die Kommunikation der Regierung und der Ministerien begleiten und organisieren. Hinzu kommt eine wachsende Anzahl von Kommunikations- und Medienberatern, die Strategieberatung sowohl für die Formulierung von Politik wie auch für ihre Kommunikation anbieten.

Diese und weitere Sachverhalte lassen insgesamt einen „rapiden Wandel der politischen Kommunikation" (s. Vowe/ Dohle 2007: 345) deutlich werden. Dieser Wandel betrifft alle Politikfelder und ganz besonders solche, in denen umfassende Reformen angepackt werden sollen. Solche Reformvorhaben zeichnen sich vielfach dadurch aus, dass nicht einfach Leistungen und Zahlungen ausgeweitet werden, sondern dass es Gewinner und Verlierer geben wird. Die Agenda 2010 und das aktuelle GKV-WSG können dafür als Beispiele gelten.

Unter solchen Bedingungen wird die Reformkommunikation (vgl. Weidenfeld 2007/ Korte 2006) zu einer neuen Herausforderung für die Akteure der Regierungskommunikation (Regierung, Ministerien), für die Parteien, die Interessengruppen und natürlich für Medien. Die Diskussionen zum Thema Reformkommunikation zeigen, dass von verschiedenen Seiten an der Optimierung strategischer Reformkommunikation gearbeitet wird. Das Bundesfinanzministerium hat ein Forschungsprojekt zur Verbesserung der Akzeptanz von Reformen in Auftrag gegeben (BMF 2007) und die Bertelsmann Stiftung betreibt das Projekt „Optimierung politischer Reformprozesse" mit einer konkret politikberatenden Absicht.

Die Überlegungen zur Verbesserung der Reformkommunikation gehen in drei Richtungen: Einmal geht es um eine zielgruppenadäquate Sprache, d. h. eine strategische Sprachpolitik für Reformvorhaben. Zum zweiten gehen die Überlegungen in Richtung Verbesserung der Vermittlungsmethoden, d.h. es müssen „Frames" (Narrative) für Reformvorhaben entwickelt werden, mit denen die Ziele besser benannt und Vertrauen gewonnen werden kann. Und schließlich geht es um institutionelle Veränderungen der Organisations-, Planungs- und Kommunikationsstrukturen. Insgesamt zeigt sich, dass in allen Bereichen mehr in Kommunikation investiert wird, die Professionalisierung steigt und die Kernkompetenz der strategischen Kommunikationsfähigkeit als Ziel bei allen Akteuren akzeptiert ist. Mit diesen Mitteln sollen die Kampagnenfähigkeit aller Akteure erhöht und die Massenmedien besser für die eigenen Absichten genutzt werden (vgl. Salazar 2006).

2   Kommunikation über Medizin in der Wissensgesellschaft

Die Themen Gesundheit und Medizin sind für die Bürgerinnen und Bürger von wachsender Bedeutung. Sie betreffen die Menschen existenziell und heben sich dadurch von anderen Themen wie Steuern, Arbeitsmarkt und Bildung ab. Diese unmittelbare Betroffenheit wird oft dadurch hergestellt, dass Menschen bei Erkrankungen nach schnellen Möglichkeiten der Heilung und Wiederherstellung der Gesundheit suchen. In solchen individuellen Notsituationen kommen immer stärker Fragen der Finanzierung medizinischer Leistungen und unzureichendes Wissen über medizinische Methoden, Therapien, Qualität von Ärzten und Krankenhäusern hinzu. Die Leistungen der Kassen werden eingeschränkt und Zuzahlungen häufen sich, während auf der anderen Seite die umfassende Nutzung des wachsenden medizinischen Wissens nur wenigen Patienten gelingt.[2]

In dieser Situation kommt den Massenmedien eine wichtige Funktion zu und viele haben das Thema Gesundheit seit einiger Zeit als attraktives Thema für Zuschauer, Leser und Hörer entdeckt. Hier steht die auflagenstarke Boulevard-Presse an erster Stelle, die entsprechend der Reflexions-Hypothese vor allem die Wünsche, Erwartungen und Attitüden des Publikums spiegeln. An zweiter Stelle steht die Qualitätspresse (Süddeutsche Zeitung, Frankfurter Allgemeine, Die Welt, Spiegel, taz, Die Zeit) und die öffentlich-rechtlichen Rundfunkanstalten. An dritter Stelle ist die Fachpresse (Organe der Berufsverbände, Fachzeitschriften) für die Meinungsbildung von Bedeutung. Daneben gibt es im Medizinbereich noch rund 125 unentgeltliche Kundenmagazine mit einer Millionenauflage, die Kunden von Apotheken, Mitgliedern von Krankenkassen und Interessierten kostenlos zur Verfügung gestellt wird. Die Spannbreite reicht von Ernährungsberatung bis hin zu Sendungen im Fernsehen, in denen Fragen zu speziellen Krankheiten und Operations- und Therapiemethoden beantwortet werden.

Diese Medien haben besondere Bedeutung, weil sie neben ihrer Informationsfunktion für die individuellen und existenziellen Bedürfnisse von Patienten weitere wichtige Funktionen ausüben, die für das Gewicht von Interessenpositionen und letztlich für die Akzeptanz und Ablehnung von Reformvorhaben von entscheidender Bedeutung sind.

Diese Medien stellen den Zuschauern und Lesern zum einen durch ihre Informationsfunktion Wissen für das Politikfeld Gesundheit und über Gesetzesvorhaben bereit. Zum zweiten fungieren diese Medien als Übersetzer. Denn dieses Wissen richtet sich an ein breiteres Publikum und unterscheidet sich damit vom Wissen, das einem Fachpublikum zur Verfügung gestellt wird. Sie nehmen damit die Framing-Funktion wahr, die darüber entscheidet, ob und wie bestimmte Reformvorhaben von der Öffentlichkeit angenommen werden. Damit verbunden ist schließlich die Funktion der Meinungsbildung durch Beeinflussung und stimmungsmachende Kampagnenführung zu bestimmten Themen und Lösungen.

---

[2] Die Selbsthilfebewegung mit bis zu 100.000 Gruppen und 3 Mio. Mitgliedern stellt eine Gegenbewegung gegen die mangelnde Vermittlung medizinischen Wissens durch das Gesundheitssystem dar.

3   Die Berichterstattung über Gesundheitspolitik

Die Berichterstattung über Gesundheitsthemen gehört wie viele Sozialthemen zum „Grundrauschen" der meinungsführenden Medien. Nach einer Analyse von „Medien Tenor" aber haben diese Medien die Gesundheitsreform 2002, die die Einführung der Praxisgebühr erbrachte, verschlafen und durch ihre mangelnden Informationen zur Verunsicherung der Bürger beigetragen (vgl. Medien Tenor 2004). Die Auswertung für den Zeitraum 2003 ergab, dass nicht nur ein Thema „verschlafen" wurde, sondern auch die Patienten zu den Hauptverlierern stilisiert wurden. Als Schuldige wurde die Gesundheitsministerin Ulla Schmidt vor allem von Stern, Bild-Zeitung und Super-Illu bestimmt.

Das Bild und die Berichterstattung besserten sich auch in der Folgezeit nicht, als 2005 mit der Großen Koalition die Diskussion um eine grundlegende Reform des Gesundheitssystems konkreter wurde. Im Langzeittrend lag das Thema Gesundheit 2005 unter der Wahrnehmungsschwelle und gewann erst 2006 in den ausgewerteten Medien an Fahrt. Die Medien haben den Reformdruck erhöht (vgl. Steinmann 2007). Allerdings war die Berichterstattung durchweg negativ (vgl. Medien Tenor 2006a). Steinmann konnte am Beispiel der Agenda 2010 zeigen, wie die Presse anfänglich den Reformdruck erhöhte und die Regierung zum Handeln zwang, sich dann aber, als die Reformen auf den Weg gebracht worden waren, vom Reformmotor zum Reformbremser wandelten. Dies lag insbesondere in der Personalisierung, dem Negativismus und der Meinungsvolatilität als den strukturellen Charakteristika der Massenmedien, die nach Steinmann „in ihrem fundamentalen Antagonismus zum Code des Politischen eine erhebliche Bremswirkung entwickelten" (s. Steinmann 2007: 108).

Auch in der Folge besserte sich die Berichterstattung nicht, wie eine Auswertung der Monate Dezember 2006 und Januar, Februar 2007 ergab. Das Thema Gesundheitspolitik nahm zwar in der Berichterstattung seit Beginn 2006 kontinuierlich zu, doch die Negativberichterstattung hat sich nicht umgekehrt. „In Sachen Gesundheitsreform übernahmen die Medien die Oppositionsrolle. Die Kritik verteilte sich auf das gesamte Meinungsspektrum: Besonders kritisch gingen die Springer-Blätter und Welt am Sonntag mit Regierung und Koalition ins Gericht. Auch in Zeit und Spiegel war mehr als jede fünfte Aussage negativ" (s. Medien Tenor 2007: 14). Ausgewogener war die Berichterstattung in den TV-Sendungen. Eine solche Negativberichterstattung – wenn Politiker als unfähig, inkompetent, führungslos und überfordert dargestellt werden (vgl. Kepplinger 2003) – erhöhte die Verunsicherung in der Bevölkerung und schmälerte die Akzeptanz des Reformvorhabens.

Einerseits hängt diese Negativberichterstattung mit dem Medienbild der Großen Koalition zusammen, andererseits mit den gegensätzlichen Konzepten, die zu einer Lagerbildung führten, wobei sich die Dissidenten bei beiden Lagern durchsetzen konnten, weil sie es schafften publizistische Aufmerksamkeit auf sich zu ziehen. „Medien Tenor" führt dies darauf zurück, dass die „Politik-Berichterstattung in der 'Berliner-Republik' nicht primär lösungs-, sondern ereignis- und konfliktorientiert ist" (s. ebd.: 13).

Die Blätter aus dem Hause Springer waren in der Negativ-Berichterstattung auch deshalb führend, weil das Thema Gesundheit mit seiner existenziellen Dimensionen besonders dafür eignete, die Leserinnen und Leser direkt anzusprechen. Zudem eignete sich das Thema Gesundheitsreform besonders für kampagnenförmige Inszenierungen. So veranstalte die Bild-Zeitung groß angelegte Telefonaktion, in der sich Tausende von verunsicherten Personen meldeten; am 20. Juni 2006 wurden in einem Artikel in Bild mit dem Titel „Um wie viel Geld geht es für mich?" der Eindruck erweckt, dass die Inhalte bereits beschlossen seien und viele Versicherte weniger Leistungen und höhere Beiträge zu erwarten hätten („Wer ist der Dumme?").

Für die Springer-Blätter liegen – „Anwalt des kleinen Mannes" zu sein, war der Gründungsauftrag von Axel Springer – Verbraucher- und Gesundheitsthemen als schlagzeile- und kampagnenträchtige Themen nahe. Damit konnten die Blätter ganz praktisch Lebenshilfe geben, indem sie die Sorgen und Ängste der Bürger aufgriffen. Gleichzeitig bringen Boulevard-Medien nur solche Aussagen, die vom eigenen Publikum auch akzeptiert werden.[3] Bereits weit im Vorfeld der Gesundheitsreform 2003 hat Bild am Sonntag das Thema Gesundheit als Zukunftsthema für sich entdeckt (vgl. Medien Tenor 2006b: 60). Flankiert wurde die Gesundheits-Berichterstattung durch Aktionen „Mensch, bleib' gesund!" und die auch durch den Deutschen Sportbundes geförderte Breitensport-Initiative „Deutschland bewegt sich!" Für „Medien Tenor" ist daher Bild am Sonntag auch in der aktuellen Diskussion das „Gesundheitsmedium Nr. 1" (s. ebd.).

---

[3] Dies fördert den Trend hin zum "Marketingjournalismus", bei dem sich die Informationsauswahl, die Kommentierung und die Darstellung stärker am Publikum und weniger an den Vermittlungswünschen der Institutionen orientiert (vgl. Jarren 1996: 90).

4   Interessengruppen und Medien in der Gesundheitspolitik

Die größeren Investitionen in die Kommunikation und die verstärkte Professionalisierung der Kommunikation haben auch Auswirkungen auf die Interessengruppen in diesem Politikfeld. Viele Verbände und Unternehmen investieren mehr in ihr Lobbying und in die Beeinflussung der Öffentlichkeit durch PR. Die Kampagnen der Privaten Krankenversicherer (PKV) und des Deutschen Apothekerverbandes (Hütt/ Huss/ Rogalla 2007) und der Ärzte während der Auseinandersetzungen der vergangenen Gesundheitsreform verdeutlichen diese Tendenz. Hinzu kamen noch die Proteste der Ärzte, die seit längerem laufende Kampagne des Verbandes der forschenden Arzneimittelhersteller und die Aktionen der Gesetzlichen Krankenversicherungen, wodurch insgesamt ein Bild entstand, für das Akteure den Vergleich mit dem libanesischen Bürgerkrieg bemühten.

Die Medien wirken häufig als Reformblockierer, weil sie verstärkt die Interessenvertreter zu Wort kommen lassen, die Reformvorschlägen mit dem Verweis auf schutzwürdige Einzelinteressen die Berechtigung absprechen. So werden bereits im Vorfeld von Reformen einerseits in den Kommentaren Reformen gefordert, in den Beiträgen von Gastautoren in ein und derselben Ausgabe diese anderseits aber behindert. Die Medien tragen damit dazu bei, dass kaum mehr eine Richtung erkennbar ist und die politischen Akteure als schwach erscheinen.

Den Medien kommt die kommunikative Aufrüstung und die Schlacht der Interessengruppen im Feld der Gesundheitspolitik auch entgegen. Sie wurden mit Themen und Informationen versorgt und gewannen im Anzeigengeschäft. Zudem entdecken die Interessengruppen die neuen Kombinationsmöglichkeiten von Lobbying, Öffentlichkeitsarbeit (PR) sowie die Mobilisierung der Mitglieder und Unterstützer durch Grassroots-Campaigning-Methoden. Die Interessengruppen sorgen damit selbst für nachrichtenträchtige Ereignisse und nutzen die Massenmedien für die eigene Kampagnenführung.

Literatur

Bundesministerium für Finanzen (BMF) (2007): Psychologie, Wachstum und Reformfähigkeit. Forschungsbericht des ZEW Mannheim in Zusammenarbeit mit der Universität Salzburg und der Ludwig-Maximilian-Universität München. In: Monatsbericht des BMF, April 2007, S. 43-55.

Hütt, Hans/ Huss, Nikolaus/ Rogalla, Annette (2007): Achtung Gesundheitsreform! Die Dialogkampagne der Apotheker. In: Forschungsjournal Neue Soziale Bewegungen, Heft 3/ 2007, S. 89-94.

Jarren, Otfried (1996): Auf dem Weg in die „Mediengesellschaft"? Medien als Akteure und institutionalisierter Handlungskontext. Theoretische Anmerkungen zum Wandel des intermediären Systems. In: Imhof, Kurt/ Schulz, Peter (Hrsg.): Politisches Raisonnement in der Informationsgesellschaft. Zürich, S. 74 -94.

Kepplinger, Hans Mathias (2003): Wie Medien Reformen blockieren. Journalisten sind Anheizer und Bremser. Die Politik hechtet hinterher – ein Debattenbeitrag. In: Die Welt, 8. Juli 2003.

Korte, Karl-Rudolf: Mehrheiten für Unpopuläres in Deutschland? Bedingungen für eine erfolgreiche Reformpolitik und Reformkommunikation, Paderborn.

Kreyher, Volker J. (2004): Politisches Marketing als Konzept für eine aktive Politik. In: Ders. (Hrsg.): Handbuch politisches Marketing. Impulse und Strategie für Politik, Wirtschaft und Gesellschaft. Baden-Baden, S. 13-34.

Lovy, Leonard/ Schmitz, Gregor Peter (2007): Lessons learned: politische Kommunikation im Wandel. In: Weidenfeld, Werner (Hrsg.): Reformen kommunizieren. Herausforderungen an die Politik. Gütersloh, S. 234-253.

Medien Tenor (2004): Forschungsbericht Nr. 140 – 1/ 2004, S. 34-35.

Medien Tenor (2006a): Newsletter 17.08.2006.

Medien Tenor (2006b): Nr. 133 – 15. Juni 2003, 64-65.

Medien Tenor (2007): Forschungsbericht Nr. 157 –I/ 2007.

Salazar, Wigan (2006): Der Wandel der Regierungskommunikation hat begonnen. Beobachtungen zur Regierungs-PR unter Gerhard Schröder. In: Köhler, Miriam Melanie/ Schuster, Christian H. (Hrsg.): Handbuch Regierungs-PR. Öffentlichkeitsarbeit von Bundesregierung und deren Beratern. Wiesbaden, S. 73 -82.

Saxer, Ulrich (1981): Publizistik und Politik als interdependente Systeme. Zur politischen Funktionalität von Publizistik. In: Media Perspektiven, Nr. 7, S. 501-514.

Saxer, Ulrich Mediengesellschaft (1998): Verständnisse und Missverständnisse. In: Sarcinelli, U. (Hrsg.): Politikvermittlung und Demokratie in der Mediengesellschaft. Bonn, S. 52-73.

Steinmann, Thomas (2007): Die Rolle der Presse im Reformprozess. Eine Analyse zur Agenda 2010, Saarbrücken.

Vowe, Gerhard/ Dohle, Marco (2007): Politische Kommunikation im Umbruch – neue Forschungen zu Akteuren, Medieninhalten und Wirkungen. In: Politische Vierteljahresschrift, Heft2/ 07, 338-359.

Weidenfeld, Werner (Hrsg.) (2007): Reformen kommunizieren. Herausforderungen an die Politik, Gütersloh.

Gesundheitspolitik und neue kommunikativ-mediale Entwicklungsmuster

Andreas Lehr / Jutta Visarius

Das Thema „Die Gesundheitsreform und die Medien" erfordert eine differential-analytische Berücksichtigung folgender Medien:

- TV: Reportagen, Magazine, Talkshows, Nachrichtensendungen
- Internetbasierte Informationen und Informationssysteme aller Art
- Yellow Press: von Bild bis Bunte
- Große Tageszeitungen (FAZ, FR, Süddeutsche, Handelsblatt u.a.)
- Fachinformationsdienste und freie Informationsdienstleister
- Zeitungen, Zeitschriften und Magazine der Verbände bzw. verbandsnaher Institutionen

1 Medien und Gesundheitspolitik

Galt die Gesundheitspolitik bis in die 90er Jahre des letzten Jahrhunderts als Softthema[1], mussten Helmut Kohl und mit ihm Horst Seehofer 1998 erkennen, dass die Zahnersatzregelung einen entscheidenden Einfluss auf den Wahlausgang hatte.[2] Gesundheitspolitik wird seitdem nicht mehr als Softthema „abgewer-

---

[1] Dem patriarchalischen Machtdenken gemäß wurde deshalb das Ministerium zumeist Frauen anvertraut. Das Gesundheitsministerium wurde von Adenauer in seiner Amtszeit nach Protestaktionen des Vorstands der Frauenunion zur Befriedung der Partizipationsansprüche der Frauen in der Union eingerichtet. Die Krankenversicherung verblieb im Bundesministerium für Arbeit (BMA) – bis zur Übernahme des Gesundheitsministeriums (BMG) durch Gerda Hasselfeldt, eigentlich aber erst herausgelöst durch Horst Seehofer. Die Zuständigkeit für die Krankenversicherung wechselte dann ins BMG. Das bedeutete einen Einflussverlust für das BMA, der noch Jahre später als schmerzlich empfunden wurde.
[2] Die SPD hatte die Zahnersatzregelung zu einem der Wahlkampfthemen erkoren und flächendeckend in Deutschland dieses Thema plakatiert.

tet". Sie hat offensichtlich direkte kausale Auswirkungen auf Wahlentscheidungen. Dies gilt jedoch nicht für alle Bereiche der Gesundheitspolitik, sondern in erster Linie für diejenigen, die die konkrete Versorgung betreffen und sich damit unmittelbar auf intime Bereiche des Daseins der Bürgerinnen und Bürger auswirken.

Insofern trifft insbesondere die Yellow Press, wenn sie Versorgungsthemen aufgreift, den Nerv der Bürgerinnen und Bürger, besonders derjenigen, die kein weitergehendes Interesse an Politik haben und mit Schlagzeilen zu beeinflussen sind, zum Beispiel mit Hinweisen auf eine schlechter werdende Versorgung, „Zwei-Klassen-Medizin", katastrophale Situationen in Krankenhäusern und Pflegeheimen usw. Dies spricht alle an, denn jeder ist davon direkt oder in seinem persönlichen Umfeld betroffen. Dazu ist auch keine differenzierte Berichterstattung erforderlich – im Gegenteil, durch sie würde der gewünschte Effekt, die breite Aufmerksamkeit, eher verfehlt. Damit gewinnt die Yellow Press einen erheblichen Einfluss auf Themen der Versorgungspolitik, ohne dass auszumachen wäre, ob und wie im jeweiligen Fall bestimmte Interessen vertreten werden. Es scheint im Allgemeinen mehr die jeweils negative „Stimmungsmache" als solche zu sein, die das Interesse jenes Medientyps bestimmt. In Einzelfällen allerdings kann man dahinter stehende Interessen einzelner Gruppen klar erkennen, die bei Verlagen bzw. Redaktionen interveniert und dabei auch in bestimmten Fällen die „Wirtschaftskarte" gezogen haben. Dies wird selbstverständlich nicht offen kommuniziert, es gibt in den seltensten Fällen Beweise für solche Interventionen. Gesprochen wird darüber nur hinter vorgehaltener Hand in kleinen Zirkeln, ohne dass der Wahrheitsgehalt dieser Geschichten überprüfbar wäre. Der politische Einfluss ist aber offensichtlich und nachvollziehbar nicht auf die Yellow Press beschränkt. Im Gegenteil: Gerade die so genannten seriösen Printmedien zeigen in einigen Fällen eine deutliche Nähe zur Politik und wieder andere zur „Gesundheitsindustrie".[3] Was für die Yellow Press dargestellt wurde, gilt auch für die Nachrichten, die politischen Magazine und Talkshows der öffent-

---

[3] Längst hat sich auch in Deutschland eine „Gesundheitsindustrie", eine regelrechte Gesundheitswirtschaft entwickelt. Dazu gehören nicht nur klassische Industriezweige wie die Pharmaindustrie, die Medizinprodukteindustrie, die im Übrigen längst internationalisiert sind, sondern auch Klinikketten, Ketten von anderen direkten Leistungsanbietern, etc. mit steigender Tendenz. Finanzielle Verflechtungen oder Verwertungsketten sind üblich, deshalb auch wirtschaftlich nicht weniger problematisch. Auch hier ist eine stetige Internationalisierung festzustellen. Der Einfluss der Versicherungswirtschaft auf bestimmte Medien, die den Kurs Privatisierung der Krankenversicherung schon seit Jahrzehnten verfolgen, ist bekannt.

lich-rechtlichen Fernsehanstalten und der Privatsender, denn auch sie haben direkten Einfluss auf die Gesundheitspolitik, insofern sie Themen der Versorgung aufgreifen. Die Interessen, die in den öffentlich-rechtlichen Sendern jeweils relevant werden, sind sattsam bekannt und vielfältig analysiert. Dies soll hier nicht weiter ausgeführt werden.

Insofern Gesundheitspolitik Strukturpolitik ist, bleibt sie für die großen Medientypen TV und Yellow Press relativ uninteressant, da das in der breiten Öffentlichkeit auf geringes Interesse stößt und somit auch als Leserattraktion wenig effektiv ist. Obwohl insbesondere die Vertreter der Gesundheitswirtschaft in den letzten Jahren wie Wandermönche von der Bedeutung des Gesundheitswesens für die Volkswirtschaft, den Arbeitsmarkt und die Innovationskraft Deutschlands und von den Exportchancen und damit allgemein vom wirtschaftlichen Potenzial gepredigt haben, scheinen sie doch bis auf das Fachpublikum eher wenig Gehör gefunden zu haben. Für die Zielgruppe der Yellow Press sind Strukturpolitik und ihre Bedeutung unverständlich und uninteressant, für die Nachrichten zweitrangig und zu komplex, für die e-Magazine zu wenig reißerisch. Auch für die Talkshows ist dieser Bereich zu wenig plastisch und für das breite Publikum – denn Einschaltquoten zählen – schlichtweg uninteressant.[4] So haben diese großen Medien insgesamt auf strukturpolitische Entscheidungen wenig Einfluss.

Anders gestaltet sich dies hinsichtlich der wenigen großen, so genannten „seriösen" Printmedien (Tageszeitungen). Auffällig ist, dass diese in bestimmten Variationen von der Politik mit handfesten Informationen gezielt und selektiv einzeln bedient werden. Es handelt sich dabei nicht um die üblichen Hintergrundgespräche, sondern um die gezielte Überlassung von Schriftstücken, bei denen eine Information gleich mitgeliefert wird. Diese Praxis geht soweit, dass man Interpretationsfloskeln wiedererkennen kann, d.h. Journalisten bilden sich oft gar keine eigene Meinung mehr (können dies auch teilweise gar nicht mehr, siehe dazu weiter unten), sondern übernehmen kritiklos die Meinung des politischen Informanten – auch, um bei diesem nicht in Ungnade zu fallen und dann nicht mehr mit Dokumenten bedient zu werden.

Für den durchschnittlichen, auch politisch gebildeten Leser sind diese höchst speziellen Sachverhalte in ihrer Differenziertheit allerdings nicht durch-

---

[4] Der öffentliche Fokus bleibt auf die Gesetzliche Krankenversicherung (GKV) und ihren Mitgliedsbeitrag gerichtet, auch durch die verengte, kameralistische Betrachtungsweise der Politik verursacht. In der breiten öffentlichen Wahrnehmung sind Wirtschaft und Industrie immer noch Autoindustrie, Stahl und andere klassische Industriezweige, deren reale Bedeutung immer weiter abnimmt, dagegen nimmt die Bedeutung der Gesundheitswirtschaft für die Volkswirtschaft immer weiter zu.

schaubar. Dies gilt umso mehr, als diese Zeitungen schon immer gewisse Tendenzen zu der einen oder anderen politischen Richtung pflegten, die nach wie vor erkennbar sind. Während einige eher wirtschaftsnah sind, versuchen andere geflissentlich als wirtschaftsfern zu gelten. Dass das Letztere mit den realen, nicht zu leugnenden wirtschaftlichen Interessen der Verlage kollidiert, mag dahingestellt bleiben. Und auch an diesen wirtschaftlichen Interessen wird nicht nur von der Wirtschaft, sondern augenscheinlich in zunehmendem Maß von der Politik der Hebel der Einflussnahme angesetzt. Auch dies ist nicht nachweisbar, sondern wird kolportiert. Der Wahrheitsgehalt steht damit zumindest unter Vorbehalt. Andererseits liegen bestimmte, auch zeitliche Koinzidenzen offen sichtbar auf der Hand, wenn sich zum Beispiel der Tenor der Berichterstattung parallel zu in der Szene kolportierten politischen Interventionen bei Verlagsleitungen ändert.

Klare Interessenvertretung betreiben dagegen die Zeitungen, Zeitschriften und Magazine der Verbände bzw. verbandsnaher Institutionen. Dies ist nicht nur legitim, sondern Sinn und Zweck ihres Erscheinens. Allerdings ist für die Leser, in der Regel Mitglieder der Verbände, nur schwer nachzuvollziehen, wann in welcher Differenzierung es sich dabei um ihre Interessen oder um die der Funktionäre, auch im weitesten Sinn, handelt.

Eine Sonderrolle spielen die Fachinformationsdienste und die wenigen „freien" Informationsdienstleister. Sie sind vergleichsweise klein, haben eine auf das Fachpublikum limitierte und des Systems kundige Leserschaft. Wie frei und unabhängig sie sind, hängt von ihrer Finanzierungsstruktur, ihren Kunden und deren Durchmischung ab. Bei einigen sind die Hauptkunden und die Finanzierungsströme bekannt und damit auch die Einflusssphären, die in der Regel in der Gesundheitswirtschaft zu lokalisieren sind. Dies ist eigentlich unverständlich, denn die Zahl der Leser ist begrenzt auf ein Fachpublikum, das eine Parteinahme direkt nachvollziehen kann. Unabhängige Berichterstattung, Information, Analyse und Kommentierung würden sowohl den Leser- wie den Kundenkreis erweitern und auch im engeren Zirkel der fachkundigen Leser die Möglichkeit zur politischen Einflussnahme erhöhen. Das Konzept der „Unabhängigkeit" müsste geradezu die Überlebensstrategie sein. Hier scheinen aber sowohl paradoxe Wahrnehmungen bei den Lesern als auch wirtschaftliche Zwänge bei manchen Anbietern eine Rolle zu spielen. Es wird bemerkt, hat aber keinerlei Folgen. Typisch für viele dieser Medien ist, dass Information, Analyse und Kommentierung ineinander überlaufen, sie also keine reinen Informationsdienste sind.

Die wenigen „Freien" die sich auf dem kleinen Spezialmarkt Gesundheitspolitik bewegen, spielen für die Beeinflussung der breiten Öffentlichkeit keine Rolle, befördern wohl aber die Diskussion in den inneren Zirkeln. In wie weit sie wirklich Einfluss ausüben, ist noch nicht wissenschaftlich untersucht. Man kann aber bei Einzelereignissen, deren Kommentierung und den entsprechenden Reaktionen einen gewissen Einfluss plausibel feststellen.

So sind sehr unterschiedliche Einflusssphären der Medien auf Versorgungs- und Strukturpolitik gegeben, und andererseits ein großer Einfluss von Politik- und Interessensverbänden auf die Medien. Diese Erkenntnis ist nicht neu. Neu erscheinen hingegen die Qualität, die Eindringlichkeit und partiell die Methoden, mit denen der jeweilige Einfluss auf die Medien ausgeübt wird. Dies ist vermutlich jedoch kein Spezifikum der Gesundheitspolitik, sondern eine eher allgemeine Entwicklung.

Die Medienlandschaft hat sich in den letzten Jahren erheblich verändert. Der Einfluss der Printmedien, insbesondere der seriösen Printmedien, auch auf ihr spezifisches Zielpublikum, scheint zugunsten der elektronischen Medien erheblich zurückgegangen zu sein. TV allgemein, die reinen Nachrichtensender und vor allem die schnelle, internetbasierte Information sind immer weiter auf dem Vormarsch.

Auch innerhalb des TV hat offensichtlich eine Verschiebung der Einflussmöglichkeiten zugunsten der Privatsender stattgefunden. Die Zielgruppe der öffentlich-rechtlichen Medien sind die deutlich über 50-Jährigen. Auch für die Yellow Press ist eine ständige Verschiebung zu den älteren Jahrgängen festzustellen.

Die Anforderungen für eine wirksame Interessenvertretung sind damit einerseits komplizierter, andererseits aber auch einfacher geworden. Komplizierter im Sinne einer Differenzierung der Zielgruppe und einer damit einher gehenden Steigerung des Aufwandes durch zielgruppenspezifischere Ansprache. Einfacher durch die dadurch auch gegebene Transparenz und Messbarkeit, auch was das Controlling der eingesetzten Ressourcen angeht.

Ob die Öffentlichkeitsarbeiter in Politik und Exekutive dieser Darstellung folgen würden, ist fraglich. Insgesamt folgt man eher traditionellen Mustern: Insbesondere in der Exekutive gibt man offensichtlich den klassischen Medien wie der Tageszeitung mit ihren immer geringer werdenden Reichweiten den Vorzug. Dies mag in persönlichen Vorlieben und Abneigungen begründet sein oder in einer Wertigkeitsskala, die unabhängig von messbarer Wirkung in einer besonders hohen Wertschätzung der Tageszeitung liegt. Die Politik dagegen scheint eine größere Vorliebe für das Fernsehen zu haben, vor allem die eigene Darstellung im Fernsehen zu suchen und dabei immer noch die Öffentlich-Rechtlichen zu bevorzugen. Ähnliche Phänomene können auch in der Gesundheitswirtschaft im weitesten Sinn beobachtet werden. Augenscheinlich hat sich die mediale Interessenvertretung noch nicht den neuen, messbaren Informations- und Mediengewohnheiten der Bürger, der einzelnen Zielgruppen und ihrer messbaren Wirkung angepasst. Reichweitenanalysen und entsprechend gezielt veränderte Öffentlichkeitsarbeit mit messbaren Erfolgsgrößen werden in Zukunft sicherlich erforderlich sein.

Vor dem Hintergrund der Reform war im Hinblick auf die „klassischen" Medien eine beinahe einhellige Ablehnung des GKV-WSG trotz massiver Intervention von Politik und Exekutive zu beobachten. Ob hier die unterschiedlichen Interessengruppen ihren Einfluss ausgeübt haben oder ob es sich hier um eine rein inhaltliche Ablehnung gehandelt hat, ist, soweit überhaupt möglich, einer kommunikationswissenschaftlichen Untersuchung vorbehalten zu entscheiden. Die Mehrzahl der Medien, auch der seriösen Printmedien, konzentrierte sich allerdings oft nur auf Fragen, wann Entscheidungen gefällt, wann wieder revidiert wurden; wer was wann gegen wen durchgesetzt hatte, stand im Vordergrund – und nicht die strukturellen, inhaltlichen und wirtschaftlichen Folgen für das Gesundheitssystem und die Gesundheitspolitik.

2   Die Gesundheitsreform 2007 und ihre Wirkung auf unterschiedliche Medien

Die Gesundheitsreform 2007 hat in der Berichterstattung des Fernsehens, der Tageszeitungen, Zeitschriften und Magazine ohne spezifische Fachausrichtung einen geringeren Raum eingenommen, als man aufgrund ihrer wirtschaftlichen und gesellschaftspolitischen Bedeutung vermuten sollte. Ursache könnten die unter Kap. 1 beschriebenen Phänomene sein (u.a. Schwerpunkt des Gesetzes zur Stärkung des Wettbewerbs in der gesetzlichen Krankenversicherung (GKV-WSG) auf kaum breitenwirksam vermittelbare Strukturpolitik). Die Gesundheitsreform 2007 dürfte für diese Medien weder eine auf- noch eine absteigende Wirkung gezeigt haben.

Für Verbandszeitungen befördern Reformen in der Regel keine Veränderungen, weder positiv noch negativ. Sind Verbände allerdings durch Reformen existenziell gefährdet, sind es folgerichtig auch die Mitgliederorgane. Für die mehr oder minder unabhängige freie Fachpresse dagegen sind Gesundheitsreformen regelrechte Konjunkturprogramme. In Zeiten paradigmatischen Wandels,[5] in denen zumindest in jeder Legislaturperiode eine große Gesundheitsreform notwendig wird, sind sie Umsatzstabilisatoren. Liegen die Umsätze allerdings vorwiegend in schwindenden Bereichen, wie zum Beispiel den Spitzenverbänden der Krankenkassen nach der einschneidenden Organisationsreform des GKV-WSG, kann es bei diesen Verlagen zu erheblichen Einbußen führen, wenn jene Organe nicht mehr die erforderlichen finanziellen Ressourcen zur Verfügung haben. Die wirtschaftlichen Ressourcen für die Fachpresse haben sich im Zuge der Reform bisher nicht verändert. Man muss abwarten, welche Produkte vorwiegend von den Spitzenverbänden abhängig waren und welche Auswirkungen der neue Spitzenverband Bund der Krankenkassen (SpiBu) auf sie haben wird. Bis zum Redaktionsschluss war das nicht absehbar, da die endgültige Aufgabenbestimmung und damit deren Bedarfe und die finanzielle Ausstattung noch nicht abschließend geklärt sind.

3 Wie verändern sich die vorhandenen Ressourcen?

Zu den wirtschaftlichen Ressourcen und der Auswirkung auf die Medien wurden in Kap. 2 Überlegungen angestellt. Die Humanressourcen der Medien haben sich in den letzten Jahren dramatisch verändert.

Der „romantisch-verkitschte" Redaktionsalltag à la Hollywood existiert längst nicht mehr, wenn er überhaupt jemals existiert hat. Die Arbeit hat sich enorm verdichtet, die Zahl an gut ausgebildeten Journalisten ist in vielen Redaktionen reduziert worden, ebenso die Zeilenhonorare freiberuflich arbeitender Journalisten. Die Arbeitslosigkeit bzw. Unterbeschäftigung unter Journalisten, vor allem in Berlin, ist hoch. Der wirtschaftliche Druck auf die Medien, insbesondere auf die traditionellen Printmedien, wächst und wird vermutlich noch stärker werden. Werbeeinnahmen fließen in immer höherem Maße in private TV-Anstalten und immer mehr in internetgestützte Medien. Die klassischen Verlage versuchen Standbeine im Internet zu errichten, nutzen aber erst langsam dessen Möglichkeiten, was gleichzeitig den von den traditionellen Lesern geschätzten Charakter verändert. Es ist ein nicht aufzulösendes Dilemma, das zu Sparsamkeit und Ressourcenverknappung in den Redaktionen führt, was sich wiederum logi-

---

[5] Es mag dahin gestellt bleiben, ob wir in einem Paradigmenwechsel à la Blumenberg leben oder ob wir in eine Zeit sich accelerierender permanenter Reformen eingestiegen sind. Für die Belebung des Umsatzes macht dies zumindest in den nächsten zehn Jahren kaum einen Unterschied.

scherweise auf die Arbeitsweise der Journalisten auswirkt: Für eine tiefer gehende Auseinandersetzung mit und der Recherche einzelner Themen bleibt diesen Journalisten nur noch wenig Zeit. Sie können die Artikel oft nicht entsprechend auf- und vorbereiten. Der Fachredakteur früherer Zeiten, der mehr weiß als einschlägige Experten, ein wandelndes gesundheitspolitisches Vademecum, ist heute eine Rarität geworden.

Hinzu kommt der brain drain beim Umzug von Bonn nach Berlin – viele Fachleute sind nicht mit umgezogen –, der immer noch nicht aufgeholt ist. Jahrzehntelange Erfahrung und Kontakte kann man nicht in fünf Jahren gewinnen, und der Name eines großen Mediums allein macht es auch nicht. Auch wenn Gesundheitspolitik einen immer wichtigeren Platz in der Politik einnimmt, werden die Redaktionen ihr Personal für dieses Ressort nicht aufstocken. Auch mit einem Aufbau neuer Personalstrukturen im Bereich der Fachpresse ist nicht zu rechnen. Zudem herrscht ein eklatanter Mangel an guten gesundheitspolitischen Journalisten, die sowohl inhaltlich als auch medientechnisch auf der Höhe der Zeit sind.

In den letzten Jahren sind immer wieder neue Zeitschriften und Informationsdienste zur Gesundheitspolitik und zum Gesundheitswesen an den Markt gegangen, von denen sich nur wenige behauptet haben, viele dümpeln auch einfach vor sich hin. Es ist nicht damit zu rechnen, dass sich dies ändert. Eine Konzentration wie im allgemeinen Medienmarkt ist nicht auszuschließen, muss sich aber in der Realität erst erweisen.

4   Wie verändert sich der Einfluss auf Strategien und Allianzen?

Ob und welchen Einfluss die Medien auf Strategien und Allianzen bisher hatten, kann abschließend nicht beurteilt werden. Um dies sicher zu klären, bedarf es einer interdisziplinären kommunikations-, wirtschafts- und politikwissenschaftlichen Langzeituntersuchung. Sicher ist nur, dass einige Medien benutzt wurden, um Informationen zu streuen. Sicher ist auch, dass bestimmte Allianzen in der Arena der Gesundheitspolitik unter anderem auch daran gescheitert sind, dass ihre Anliegen nicht so formuliert wurden, dass sie einfach zu transportieren waren und zielgruppenspezifisch in den richtigen Medien kommuniziert wurden.

Ein Beispiel für eine gelungene Kommunikation ist der Streik des Marburger Bundes 2006/2007, der trotz erheblicher Restriktionen für die Patienten von der Bevölkerung mit großem Wohlwollen begleitet wurde. Die Gesundheitsreform

2007 dagegen hatte trotz erheblichen Aufwandes nicht nur eine schlechte Presse, sondern auch schlechte Bewertungen in den demoskopischen Umfragen. Eine Ursache mag die traditionelle, nicht zielgruppenspezifische Kommunikationsaufbereitung gewesen sein. Es dürften allerdings auch nur untergeordnete strategische Kommunikationsziele vereinbart worden sein, auch was die Allianzen und deren Strategien betraf, da immer noch traditionelle Medienarbeit in allen Bereichen der Gesundheitspolitik vorherrscht. Kommunikationstechnologisch und –strategisch sind Gesundheitspolitik und Gesundheitswesen in weiten Teilen noch nicht in der neuen Medienwelt, ihren Möglichkeiten und der modernen Kommunikationswissenschaft angekommen. Offensichtlich gibt es bei den meisten Akteuren noch keine modernen Medienkonzepte. Wenn ein Einfluss auf Allianzen und Strategien bestanden hat, dann war es ein negativer, weil sie medial nicht ausreichend kommuniziert wurden.

5 Medienlogik und Legitimation politischer Entscheidungen

Legitimationsprobleme sind bisher nicht entstanden. Die Frage, ob und wie Medien ihre Kontrollfunktion, die von der Theorie der Demokratie zugewiesene Funktion als Fünfte Macht noch ausüben können, muss thematisiert werden. Bis auf die öffentlich-rechtlichen Rundfunkanstalten waren alle Medien bisher immer auch Unternehmen. Sie müssen wirtschaftlich geführt werden, um existieren zu können, und unterliegen damit gewissen Zwängen. Nicht zuletzt deshalb werden bestimmte Medienprodukte mit gewissen gesellschaftlichen Tendenzen assoziiert. Auch wurde immer versucht politischen Druck von der Legislative und der Exekutive auszuüben. In diesem Spannungsfeld Unabhängigkeit zu bewahren, die Redaktionen entsprechend zu führen, ist die Kunst des Verlegens oder des Betreibens eines e-Mediums. Nur dann wird ein Medium auf Dauer Wirkung haben können. Das gilt für alle Medien.

In zunehmenden Maß scheint diese Balance fast unbemerkt außer Kontrolle zu geraten, was auf Dauer zu Legitimationsproblemen gegenüber der Öffentlichkeit führen könnte, insofern die Öffentlichkeit dies überhaupt noch von den Medien erwartet, woran gewisse Zweifel angebracht sind. Viele Konsumenten können in den Medien gekaufte Sendezeiten, Verbandspresse, Werbung, etc. nicht mehr von unabhängiger Berichterstattung unterscheiden.[6]

---

[6] Das Medientraining in den Schulen scheint in den letzten Jahrzehnten keine Früchte getragen zu haben.

Die Disbalance kann nicht nur durch verstärkten Druck erklärt werden, sondern kann auch durch den Umbruch in der Medienlandschaft, auch unter den Stichworten Konzentration und Internationalisierung, ausgelöst sein. Eine Legitimationspflicht besteht nur gegenüber der Öffentlichkeit, nicht aber gegenüber der Politik, die gerade wieder versucht unabhängigen Journalismus durch Überwachungselemente unter dem Rubrum Sicherheit vor Terrorismus zu erschweren.

6 Wie sind die Chancen der Medien für zukünftiges Agenda-Setting in der Gesundheitspolitik?

Medien hatten schon immer in Wechselwirkung mit der Politik Einfluss auf das Agenda-Setting. Ob dies zunehmen wird, bleibt abzuwarten. Es ist allerdings davon auszugehen, dass das Kommunikationszeitalter irgendwann auch die Politik erreicht, die sich immer noch in weiten Teilen in Gegnerschaft zu den Medien, insbesondere zu den modernen Medien sieht und sich zu Recht auch von ihnen kontrolliert fühlt. Das ist in demokratischen Systemen ihre öffentliche Aufgabe. Wer aber mit den Medien richtig „spielt", hat einen messbaren Vorsprung gegenüber anderen Gruppierungen. Dabei sind Bildmedien eindeutig im Vorteil. Dies wird von vielen abgelehnt und als unseriös betrachtet. Eine Verweigerung gegenüber Veränderungen hat sich aber auf Dauer noch nie ausgezahlt.

Wissenschaftliche Politikberatung und Gesundheitsreform 2007

Jürgen Wasem

1 Einleitung

Wissenschaftliche Politikberatung nimmt unterschiedliche Funktionen wahr. Kirchgässner (1988) hat vorgeschlagen, zwischen „instrumenteller", „ideologischer" und „Alibi"-Beratung der Politik durch die Wissenschaft zu unterscheiden. Für das Gesundheitswesen lässt sich zeigen, dass Elemente aller drei Funktionen eine Rolle spielen (Wasem 1998): Teilweise will Politik durch Politikberatung tatsächlich Entscheidungsunterstützung;[1] teilweise steht aber auch eher Unterstützung in Form einer wissenschaftlichen Untermauerung für eine bereits mehr oder weniger fest eingenommene oder in Vorbereitung befindliche politische Position im Vordergrund;[2] schließlich gibt es auch in der Gesundheitspolitik gute Beispiele dafür, dass durch die Einbindung von wissenschaftlichen Gutachtern „auf Zeit" gespielt werden soll.[3]

In jedem Falle ist wissenschaftliche Politikberatung in der Gesundheitspolitik seit nunmehr mehreren Jahrzehnten ein regelmäßig eingesetztes Instrumentarium. Nicht überraschend spielt sie daher auch bei der Gesundheitsreform 2007

---

[1] Dies gilt wohl etwa für die Studie zur Auswahl eines geeigneten Klassifikationssystems für den morbiditätsorientierten Risikostrukturausgleich, mit der IGES (Lauterbach et al. 2005) beauftragt wurde.

[2] M.E. ist die Einsetzung der Herzog-Kommission durch die CDU-Parteivorsitzende Anfang 2003 ein gutes Beispiel hierfür in der Sozial- und Gesundheitspolitik.

[3] Interessanterweise ist die Gründung des Sachverständigenrates für die Konzertierte Aktion im Gesundheitswesen Anfang 1985 durch den damaligen Bundesarbeitsminister Norbert Blüm dafür ein gutes Beispiel, der in erster Linie bis zur Bundestagswahl 1987 Zeit gewinnen und vorher keine Reform mehr durchführen wollte (Wasem/ Greß 2005). Inzwischen allerdings sind manche Impulse für die Gesundheitspolitik vom Sachverständigenrat ausgegangen, wie wohl oft genug Politik sich derjenigen Elemente bedient, die jeweils ohnehin in das jeweilige Konzept „passen".

eine Rolle. In diesem Beitrag soll das Verhältnis zwischen Politik und wissenschaftlicher Politikberatung im Kontext der Gesundheitsreform 2007 in folgenden
zwei Schritten untersucht werden: Zunächst soll gefragt werden, in welchen
Phasen der Reform Wissenschaft einbezogen war. Anschließend soll an den
Themenfeldern „Finanzierung der GKV" und „Steuerung der Arzneimittelversorgung" exemplarisch gefragt werden, ob Wissenschaftler Einfluss auf die Inhalte der Gesundheitsreform hatten.

2   Wissenschaftler im Beratungsprozess der Gesundheitsreform

Bekanntlich sind CDU, CSU und SPD mit sehr unterschiedlichen Vorstellungen
einer Gesundheitsreform in die 16. Legislaturperiode des Deutschen Bundestages
gezogen. Dies galt insbesondere für die Finanzierung der GKV: Während die SPD
sich für eine Bürgerversicherung ausgesprochen hatte (Projektgruppe Bürgerversicherung 2004), hatten sich die CDU und CSU auf ein Modell einer Pauschalprämie verständigt (CDU/ CSU 2004). Nachdem nach der Bundestagswahl rasch
klar war, dass keine der beiden Seiten „ihr" Modell würde umsetzen können,
waren Kompromisslösungen gefragt.

In der ersten Phase der Gesundheitsreform waren Wissenschaftler dabei in
unterschiedlicher Weise in diesen Prozess der Entwicklung von Kompromisslösungen eingebunden. Teilweise engagierten die Arbeitsgruppen für Gesundheit
der Fraktionen von CDU/ CSU und SPD für gemeinsame Sitzungen, teilweise für
getrennte Sitzungen, Wissenschaftler, die über alternative Finanzierungsmodelle,
darunter auch über internationale Erfahrungen berichteten (vgl. in etwa Wirtschaftswoche 2006). Bei einigen zentralen Streitpunkten innerhalb der Regierungskoalition wurden Wissenschaftler auch von der Bundesregierung bzw. den
Bundesländern um Stellungnahmen oder die Entwicklung von Lösungsvorschlä-
gen gebeten.[4] Auch unabhängig davon boten Wissenschaftler ihre Reformkonzepte an – etwa der Wissenschaftliche Beirat beim Bundesministerium der Finan-

---

[4] So wurde Bert Rürup vom BMG mit einem Gutachten zum Zusatzbeitrag beauftragt.
Rürup und Wille (2007) wurden vom BMG mit einem Gutachten zu den finanziellen Effek-
ten der Einführung des Gesundheitsfonds auf die Bundesländer beauftragt. Das Rheinisch-
Westfälische Institut für Wirtschaftsforschung und die Universität Dortmund (2006) wurden vom Land NRW, Wasem, Buchner et al. (2007) vom Land Baden-Württemberg mit
entsprechenden Studien beauftragt.

zen (2005). Einzelne Verbände hatten ebenfalls Wissenschaftler mit Projekten zur Entwicklung von Reformkonzepten beauftragt, von denen sie erwarteten, sie in den Reformprozess einspeisen zu können.[5] Gleiches gilt für politiknahe Stiftungen (vgl. Greß u.a. 2005).

In den Folgeabschnitten bis zur Verabschiedung der Gesundheitsreform 2007 waren Wissenschaftler immer wieder von einzelnen Akteuren zu Stellungnahmen, Gesprächen, Arbeitskreissitzungen etc. eingeladen worden. In den mehrtägigen Anhörungen im Gesundheitsausschuss des Deutschen Bundestages waren zu nahezu allen Themenblöcken Wissenschaftler als Einzelsachverständige geladen, gaben schriftliche Stellungnahmen ab und stellten sich den Fragen der Abgeordneten. Dies bezieht sich sowohl auf Juristen und Ökonomen, aber etwa auch auf Arzneimittelexperten, Präventionsexperten und Epidemiologen. Alle fünf Fraktionen machten von der Möglichkeit Gebrauch, Wissenschaftler als Einzelsachverständige zu den Anhörungen zu bitten.

Seit Inkrafttreten der Gesundheitsreform 2007 sind Wissenschaftler an ihrer Umsetzung beteiligt. Beispielhaft sei auf die vom Bundesministerium für Gesundheit (BMG) eingesetzte Expertenkommission zu den Standards der Kosten-Nutzen-Bewertung von Arzneimitteln oder den Wissenschaftlichen Beirat beim Bundesversicherungsamt zur Weiterentwicklung des Risikostrukturausgleichs hingewiesen.

3   Einfluss von Wissenschaftlern auf die Inhalte der Gesundheitsreform

In diesem Abschnitt soll exemplarisch an den Gegenständen „Finanzierungsreform" und „Steuerung der Arzneimittelversorgung" gefragt werden, ob Wissenschaftler Einfluss auf die Inhalte der Gesundheitsreform 2007 hatten.

3.1 Beispiel „Finanzierungsreform"

Wie bereits im vorangegangenen Abschnitt beschrieben, war die Einbindung von Wissenschaftlern insbesondere bei der Finanzierungsreform von Beginn an intensiv. Aber liegt hierbei – um die Terminologie Kirchgässners noch einmal zu bemühen – auch „instrumentelle" Politikberatung vor, bei der die Wissenschaftler

---

[5] So etwa der AOK-Bundesverband zum Thema Vertragswettbewerb, woraus das Gutachten von Cassel und Ebsen u.a. (2006) entstand.

Ideen einbringen konnten, die auch eine Durchsetzungschance hatten? Oder liegt eher der Fall einer Alibi-Veranstaltung vor oder dienten die Wissenschaftler dazu, ohnehin feststehende Überzeugungen zu „erhöhen"?

Die beiden Kernelemente der Finanzierungsreform der Gesundheitsreform 2007 sind wohl der Gesundheitsfonds und der Übergang zur direkten Morbiditätsorientierung im Risikostrukturausgleich. Beide Elemente sind unmittelbare Ergebnisse wissenschaftlichen Engagements.

Der Gesundheitsfonds ist als Konsensmodell wohl zuerst eine Idee des Dortmunder Finanzwissenschaftlers Wolfram Richter gewesen (vgl. Feldenkirchen 2006). Die Idee machte sich der Wissenschaftliche Beirat beim Bundesministerium der Finanzen, dem Richter angehört, zu eigen. Über diesen wurde das Modell schließlich sowohl im BMG als auch bei der Kanzlerin und dem CDU-Fraktionsvorsitzenden Kauder goutiert. Parallel hatten andere Wissenschaftler den Gesundheitsfonds aus der empirischen Beobachtung des niederländischen Gesundheitswesens und seiner Reformen ebenfalls als taugliches Objekt für eine deutsche Finanzierungsreform identifiziert (vgl. Greß/ Groenewegen u.a. 2005; Greß/ Manouguian u.a. 2006).

Die Morbiditätsorientierung des Risikostrukturausgleichs ist in der deutschen Gesundheitsökonomie bereits vor zehn Jahren gefordert (vgl. Wasem 1998) und in einem auf Beschluss des Deutschen Bundestages vom BMG beauftragten Gutachten 2001 auch in die Politik hineingetragen worden (vgl. Jacobs/ Reschke u.a. 2002). Nachdem andere Wissenschaftler abweichende Vorstellungen hatten und auf Wunsch der Bundesgesundheitsministerin ein Konsenspapier der beteiligten Wissenschaftler erstellt worden war (vgl. Jacobs/ Reschke u.a. 2001), hatte der Deutsche Bundestag diesen Konsens weitgehend unverändert im RSA-Reformgesetz von 2001 beschlossen. Zur laut diesem Gesetz vorgesehenen Umsetzung zum 1. Januar 2007 ist es allerdings nicht gekommen. Erst im Kontext der Einführung des Gesundheitsfonds konnte auch die Morbiditätsorientierung des RSA noch einmal beschlossen werden, diesmal mit der Perspektive einer Einführung zum 1. Januar 2009.

Die Einführung von Gesundheitsfonds und morbiditätsorientiertem RSA zeigen zugleich aber auch die Grenzen des Einflusses der Wissenschaftler auf den politischen Prozess im Zuge der Gesundheitsreform 2007:

Dass die mit der Einführung des Gesundheitsfonds verbundenen Zusatzbeiträge in den Fällen, in denen Krankenkassen mit den Zuweisungen nicht auskommen, in der von der Politik beabsichtigten Ausgestaltung der Härtefallregelung zu den Zusatzbeiträgen problematisch sein würden, war auch den Akteuren in der Politik ziemlich rasch klar. Deswegen wurde im September 2007 Bert Rürup gemeinsam mit Eckhard Fiedler mit einem Gutachten zu dieser Problematik beauftragt. Beide zeigten einen gangbaren Weg auf, wie Zusatzbeiträge sozial abgefedert werden könnten, ohne dass der Wettbewerb der Krankenkassen dadurch verzerrt wird. Die Politik aber verhedderte sich in den ideologischen Gegensätzen und nahm keine wesentlichen Veränderungen an dem einmal beschlossenen, kaum funktionalen Modell mehr vor.

Den nur begrenzten Einfluss der Wissenschaftler konnte auch der Wissenschaftliche Beirat zur Weiterentwicklung des Risikostrukturausgleichs beim Bundesversicherungsamt erfahren. Die vom Beirat vorgeschlagene Krankheitsliste (vgl. Wissenschaftlicher Beirat zur Weiterentwicklung des Risikostrukturausgleichs 2007) wurde vom Bundesversicherungsamt in wesentlichen Teilen modifiziert (vgl. Bundesversicherungsamt 2008). Der Wissenschaftliche Beirat trat darauf hin kollektiv zurück (vgl. Thelen 2008).

3.2 Beispiel „Steuerung im Arzneimittelbereich"

Mit der Steuerung der Arzneimittelversorgung haben sich Gesundheitsökonomen und Gesundheitssystemforscher seit mehreren Jahren befasst. Zwei zentrale Forderungen sind aus den hierbei geführten Debatten hervorgegangen: Die Einführung einer Kosten-Nutzen-Bewertung für Arzneimittel und die Möglichkeit für die Krankenkassen, wirksam individuelle Preisvereinbarungen mit Arzneimittelherstellern schließen zu können.

Die Einführung einer Kosten-Nutzen-Bewertung ist im Zusammenhang mit der Erstattungsfähigkeit von Arzneimitteln unter dem Begriff der „Vierten Hürde" verschiedentlich wissenschaftlich diskutiert worden. Für Arzneimittel mit begrenztem Innovationsgrad sollte es im Rahmen dieser „Vierten Hürde" einen Erstattungshöchstbetrag geben (vgl. etwa Glaeske/ Klauber u.a. 2003). Bereits 2003 hatte die damalige rot-grüne Bundesregierung im Entwurf für das GMG diesen Vorschlag aufgegriffen; er wurde dann jedoch in den Konsensverhandlungen mit CDU und FDP wieder fallen gelassen. Mit dem GKV-WSG ist die Kosten-Nutzen-Bewertung mit der Zielrichtung eines Erstattungshöchstbetrages dann erneut aufgegriffen und im Gesetzentwurf der Fraktionen formuliert worden.

Die Formulierungen im Gesetzentwurf des GKV-WSG zur Kosten-Nutzen-Bewertung erregten allerdings den heftigen Widerspruch der meisten deutschen Gesundheitsökonomen, die eine gemeinsame Stellungnahme publizierten und im Gesundheitsausschuss des Bundestages einbrachten (vgl. Deutscher Bundestag,

Ausschuss für Gesundheit 2006). Sie argumentierten, dass die vorgesehenen Regelungen nicht sachgerecht seien. Es gelang den Gesundheitsökonomen im weiteren Verfahren aber nur noch – in Kooperation mit Ländervertretern – eine Änderung insoweit zu erreichen, dass die Regelung um die Vorgabe ergänzt wurde, dass die vom Institut für Qualität und Wirtschaftlichkeit im Gesundheitswesen (IQWiG) zu entwickelnden Methoden der Kosten-Nutzen-Bewertung dem internationalen Stand der Gesundheitsökonomie zu entsprechen hätten. Der vom IQWiG im Januar 2008 vorgelegte erste Entwurf für ein solches Methodenpapier rief eine erneute heftige Reaktion der Gesundheitsökonomen hervor. Inwieweit die Gesundheitsökonomen auf den weiteren Verlauf der Methodenentwicklung Einfluss nehmen können, ist zum gegenwärtigen Zeitpunkt offen.

Die Schaffung einer Möglichkeit für die Krankenkassen, individuelle Preisvereinbarungen mit Arzneimittelherstellern schließen zu können, durchzieht die Debatte um die Steuerung der Arzneimittelversorgung ebenfalls seit mehreren Jahren (vgl. etwa Glaske/ Klauber u.a. 2003; Greß/ Niebuhr u.a. 2005). Der Gesetzgeber hatte hier ebenfalls bereits mit dem GMG von 2003 grundsätzliche Möglichkeiten zum Abschluss von Rabattverträgen geschaffen. Die Beiträge aus der Wissenschaft haben jedoch seitdem und im Umfeld der Diskussion um das GKV-WSG gezeigt, dass die Regelungen nicht logisch konsistent und stringent geschnitten waren (vgl. etwa Greß/ Niebuhr u.a. 2005; Cassel/ Wille 2006). Mit dem GKV-WSG hat der Gesetzgeber diese Überlegungen teilweise aufgegriffen und die Regelungen stringenter ausgestaltet.

4   Abschließende Überlegungen

Wissenschaftliche Politikberatung hat im Politikfeld Gesundheit vergleichsweise spät begonnen. Seit spätestens Mitte der achtziger Jahre des vergangenen Jahrhunderts – mit Gründung des Sachverständigenrates für die Konzertierte Aktion im Gesundheitswesen – ist sie regelhaft etabliert.[6] Bei der Erarbeitung von Konzepten für Gesundheitsreformen ist sie eingebunden. Diese Feststellung gilt auch für die Gesundheitsreform 2007.

Der Einfluss der Wissenschaft darf dabei allerdings nicht überschätzt werden. Gerade im Gesundheitswesen ist der Einfluss der – sehr zahlreichen – Inte-

---

[6] Zumindest in den sechziger Jahren war Politikberatung für den Bereich des Gesundheitswesens eher Teil der Politikberatung für den Bereich der sozialen Sicherung als ein eigenständiges Feld – siehe etwa die Sozialenquete (Bogs/ Achinger u.a. 1966).

ressengruppen sehr stark (vgl. etwa Döhler/ Manow 1997; Mayntz/ Rosewitz 1988). Diese haben im Übrigen inzwischen ihre interne wissenschaftliche Expertise stark ausgebaut.[7]

Die Gesundheitsreform 2007 war allerdings in gewisser Weise in einer besonderen Situation, als der Konsensbedarf zwischen zwei Parteien mit sehr konfligierenden Vorstellungen für einen zentralen Bereich – nämlich die Finanzierung der GKV – hoch war. Hier wurde wissenschaftliche Politikberatung in der ersten Phase nach der Bundestagswahl in starkem Umfange nachgefragt – und konnte in Gestalt des Gesundheitsfonds auch ein innovatives Element in die Diskussion der Reformkonzepte einbringen, das schließlich auch aufgegriffen und umgesetzt wurde.

Literatur

Bogs, Walter/ Achinger, Hans/ Meinhold, Helmut u.a. (1966): Soziale Sicherung. Sozialenquete in der Bundesrepublik Deutschland, Stuttgart/ Berlin/ Köln/ Mainz.

Bundesversicherungsamt (2008): Festlegung der im morbiditätsorientierten Risikostrukturausgleich zu berücksichtigenden Krankheiten durch das Bundesversicherungsamt, Bonn.

Cassel, Dieter/ Ebsen, Ingwer./ Greß, Stefan u.a. (2006): Weiterentwicklung des Vertragswettbewerbs in der gesetzlichen Krankenversicherung – Vorschläge für kurzfristig umsetzbare Reformschritte (AOK-Bundesverband: 101), Bonn.

Cassel, Dieter/ Wille, Eberhard (2006): Vertragswettbewerbliche Steuerung der Arzneimittelversorgung. In: Wirtschaftsdienst 86 (10), S. 627-631.

CDU/ CSU (2004): Reform der Gesetzlichen Krankenversicherung – Solidarisches Gesundheitsprämienmodell, Berlin.

Deutscher Bundestag, Ausschuss für Gesundheit (2006): Gesundheitsökonomen nehmen Stellung zu den Pharmako-ökonomischen Regelungen in der Kabinettsvorlage des GKV-WSG vom 23.10.2006 (http://www.bundestag.de/ausschuesse/a14/anhoerungen/029-034/stll_eingel/Wasem.pdf; letzter Zugriff: 23.6.2008).

Döhler, Marian/ Manow, Philip (1997): Strukturbildung von Politikfeldern. Das Beispiel bundesdeutscher Gesundheitspolitik seit den fünfziger Jahren.

---

[7] Nicht nur werden in den Verbänden in hohem Maße Gesundheitsökonomen, Gesundheitswissenschaftler etc. beschäftigt. Teilweise unterhalten die Verbände auch explizite wissenschaftliche Einrichtungen – etwa das Wissenschaftliche Institut der Ortskrankenkassen, der wissenschaftliche Beirat der Betriebskrankenkassen, das Wissenschaftliche Institut der Ärzte Deutschlands, das Zentralinstitut für die kassenärztliche Versorgung in Deutschland oder das Deutsche Krankenhaus-Institut.

Glaeske, Gerd/ Klauber, Jürgen/ Lankers, Christoph u.a. (2003): Stärkung des Wettbewerbs in der Arzneimittelversorgung zur Steigerung von Konsumentenutzen, Effizienz und Qualität. Gutachten im Auftrag des BMGs, Bremen/ Bonn.

Feldenkirchen, Markus (2006): Ein plus eins = null. In: Der Spiegel (38/2006).

Greß, Stefan/ Groenewegen, Peter/ Hoeppner, Karin (2005): Die Reform-Mühle dreht sich wieder. In: Gesundheit und Gesellschaft 8 (2), S. 20-25.

Greß, Stefan/ Manouguian, Maral/ Wasem, Jürgen (2006): Krankenversicherungsreform in den Niederlanden – Vorbild für einen Kompromiss zwischen Bürgerversicherung Pauschalprämie in Deutschland? Hans-Böckler-Stiftung. Duisburg/ Essen: 38.

Greß, Stefan/ Niebuhr, Dea/ Wasem, Jürgen (2005): Regulierung des Marktes für verschreibungspflichtige Arzneimittel im internationalen Vergleich, Baden-Baden.

Greß, Stefan/ Pfaff, Anita/ Wagner, Gert G. (Hrsg.) (2005): Zwischen Kopfpauschale und Bürgerprämie. Hans-Böckler-Stiftung, Düsseldorf.

IGES: Lauterbach, Karl W./ Wasem, Jürgen (2005): Klassifikationsmodelle für Versicherte im Risikostrukturausgleich. Endbericht. Untersuchung zur Auswahl geeigneter Gruppenbildungen, Gewichtungsfaktoren und Klassifikationsmerkmale für einen direkt morbiditätsorientierten Risikostrukturausgleich in der gesetzlichen Krankenversicherung. Schriftenreihe des Bundesministeriums für Gesundheit. Bd. 334, Bonn.

Jacobs, Klaus/ Reschke, Peter/ Cassel, Dieter u.a. (2002): Zur Wirkung des Risikostrukturausgleichs in der gesetzlichen Krankenversicherung, Baden-Baden.

Jacobs, Klaus/ Reschke, Peter/ Cassel, Dieter u.a. (2001): Konsenspapier IGES/ Cassel/ Wasem und Lauterbach/ Wille. 26. Februar 2001. Berlin, Köln, Duisburg, Mannheim.

Kirchgässner, Gebhard (1988): Politik und Politikberatung aus der Sicht der Neuen Politischen Ökonomie. In: Liberal 30 (2), S. 41-49.

Mayntz, Renate/ Rosewitz, Bernd (1988): Ausdifferenzierung und Strukturwandel des deutschen Gesundheitssystems. In: Mayntz, Renate (Hrsg.): Differenzierung und Verselbständigung. Zur Entwicklung gesellschaftlicher Teilsysteme, Frankfurt a.M., S. 117-180.

Projektgruppe Bürgerversicherung (2004): Modell einer solidarischen Bürgerversicherung. Bericht der Projektgruppe Bürgerversicherung des SPD-Parteivorstandes, Berlin.

Rheinisch-Westfälisches Institut für Wirtschaftsforschung und Universität Dortmund (2006): Finanzielle Auswirkungen der Einführung des Gesundheitsfonds auf die Bundesländer – Forschungsvorhaben für das Ministerium für Arbeit, Gesundheit und Soziales des Landes Nordrhein-Westfalen, Essen.

Rürup, Bert/ Wille, Eberhard (2007): Finanzielle Effekte des vorgesehenen Gesundheitsfonds auf die Bundesländer, Gutachten im Auftrage des Bundesministeriums für Gesundheit, Darmstadt/ Mannheim.

Thelen, Peter (2008): Eklat um Gesundheitsfonds. Wissenschaftlicher Beirat tritt zurück. In: Handelsblatt vom 27.3.2008.

Wasem, Jürgen (1998): Der Risikostrukturausgleich als zentraler Baustein einer solidarischen Gesundheitspolitik muss ausgebaut werden. In: Knoche, Monika/ Hungeling, Germanus (Hrsg.): Soziale und ökologische Gesundheitspolitik, Frankfurt a.M., S. 243-249.

Wasem, Jürgen (1998): Institutionalisierte Politikberatung am Beispiel der Gesundheits- und Krankenversicherungspolitik. In: Ackermann, Rolf (Hrsg.): Offen für Reformen? Institutionelle Voraussetzungen für gesellschaftlichen Wandel im modernen Wohlfahrtsstaat, Baden-Baden, S. 185-198.

Wasem, Jürgen/ Buchner, Florian/ Lux, Gerald u.a. (2007): Die Regionaldimension in der Gesetzlichen Krankenversicherung vor dem Hintergrund des GKV-WSG, Gutachten für das Land Baden-Württemberg. Essen, Fachbereich Wirtschaftswissenschaften Universität Duisburg Essen, Diskussionspapier 153.

Wasem, Jürgen/ Greß, Stefan (2005): Gesundheitswesen und Sicherung bei Krankheit. In: Schmidt, Manfred (Hrsg.): Bundesrepublik 1982-1989, Finanzielle Konsolidierung und institutionelle Reform. Geschichte der Sozialpolitik in Deutschland seit 1945, Band 7.1. Baden- Baden, S. 392-416.

Wirtschaftswoche (2006): Niederlande als Vorbild (vom 18.1.2006).

Wissenschaftlicher Beirat beim Bundesministerium der Finanzen (2005): Zur Reform der Gesetzlichen Krankenversicherung: Ein Konsensmodell.

Wissenschaftlicher Beirat zur Weiterentwicklung des Risikostrukturausgleichs (2007): Wissenschaftliches Gutachten für die Auswahl von 50 bis 80 Erkrankungen zur Berücksichtigung im morbiditätsorientierten Risikostrukturausgleich. o.O.

Anhang

Vergleich: „Eckpunkte" und GKV-WSG *

Eckpunkte vom 3. Juli 2006	Regelungen des GKV-WSG	Datum des Inkraft- tretens
	Reform der Institutionen	
• Öffnung grundsätzlich aller Kranken- kassen für den Wettbewerb; Ausnah- meregelung für geschlossene Betriebs- krankenkassen.	• Ausnahmeregelung bezieht sich auf geschlossene Betriebskrankenkas- sen und die Landwirtschaftliche Krankenversicherung.	---
• Gründung neuer Betriebskrankenkas- sen und Innungskrankenkassen wei- terhin möglich.	• Vorschriften zur Gründung von BKK und IKK sind unverändert geblieben.	---
• Gleichstellung von Bundesknappschaft und See-Krankenkassen mit geöffne- ten BKKn; Sonderstatus der Landwirt- schaftlichen Krankenversicherung bleibt erhalten.	• Die Deutsche Rentenversicherung Knappschaft-Bahn-See und die See- Krankenkasse können von Versicher- ten gewählt werden (§ 173 SGBV). Sonderstatus der Landwirtschaftli- chen Krankenversicherung wurde nicht verändert.	1.4.2007 (Knappschaft) 1.1.2009 (See- Krankenkasse)
• Kassenartenübergreifende Fusionen von Krankenkassen unter Anwendung wettbewerbsrechtlicher Regelungen.	• Krankenkassen können sich mit anderen Krankenkassen anderer Kassenarten vereinigen (§ 171 a SGB V).	1.4.2007
• Bildung eines Spitzenverbandes Bund durch Krankenkassen bzw. ihrer Ver- bände für einige wenige wettbewerbs- neutralen Aufgaben der GKV.	• Die Krankenkassen bilden den Spitzenverband Bund der Kranken- kassen, dem die überwiegende An- zahl der Aufgaben der bisherigen Spitzenverbände der Krankenkassen übertragen werden (§§ 217a, 217 f SGB V).	1.7.2008

• Bildung von gemeinsamen Landesverbänden.	• Die Überlegungen wurden fallengelassen.	---
• Entschuldung aller Krankenkassen.	• ?	
• Prüfung, ob für GKV Insolvenzrecht anzuwenden ist.	• Krankenkassen bilden ab 1.1.2010 einen Kapitalstock zur Absicherung ihrer Verpflichtungen aus Versorgungszusagen (§ 171 b SGBV). Bundesregierung legt bis 31.12.2007 ein Nachfolgegesetz vor, in dem der Zeitpunkt des Inkrafttretens der Insolvenzordnung geregelt wird. Dies ist spätestens der Zeitpunkt des Inkrafttretens des Gesundheitsfonds (1.1.2009).	Offen
• Besetzen der Entscheidungsgremien des G-BA durch Hauptamtliche; Straffung der Gremienarbeit.	• Einzelheiten zur Neuorganisation des G-BA (§ 91 SGB V) sind spätestens bis 30. September 2008 zu regeln.	(spätestens) 1.10.2008

Finanzierung der GKV über einen Gesundheitsfonds

• Einheitlicher Beitrag für alle Versicherten und Arbeitgeber unabhängig von der Krankenkasse.	• Bundesregierung legt die Beitragssätze einheitlich für alle Krankenkassen bis zum 1.11.2008 mit Wirkung ab dem 1.1.2009 fest (§§ 241 ff. SGB V).	1.1.2009
• Krankenkassen erhalten für jeden Versicherten und für Kinder den gleichen Betrag aus dem Fonds.	• Die Krankenkassen erhalten aus dem Gesundheitsfonds eine einheitliche Grundpauschale (§§ 266 ff. SGB V).	1.1.2009
• Unterschiedliche Risiken (Alter, Krankheit, Geschlecht) sowie Einkommensunterschiede werden durch den Fonds ausgeglichen.	• Zum Ausgleich der unterschiedlichen Risikostrukturen sowie für Zuwendungen für sonstige Ausgaben werden Zu- und Abschläge gezahlt (§§ 266 ff. SGB V).	1.1.2009
• Verlagerung des Beitragseinzugs auf regional organisierte Einzugsstellen.	• Für den Beitragseinzug bleiben die Krankenkassen zuständig. Ab dem Jahr 2011 erhalten die Arbeitgeber die Option, sämtliche Beiträge nur noch an eine Weiterleitungsstelle zu zahlen (§ 28 f Abs. 4 SGB IV).	1.1.2011

• Steuerzuschuss 1,5 Mrd. Euro (2008); 3 Mrd. Euro (2009); Steigerung des Zuschusses ab 2010.	• Der Bundeszuschuss für versicherungsfremde Leistungen aus Steuermitteln wird 2007 und 2008 in Höhe von je 2,5 Mrd. Euro festgelegt. Ab 2009 Erhöhung um jährlich 1,5 Mrd. Euro bis auf 14 Mrd. Euro.	1.4.2007
• Erhebung von Zusatzbeiträgen bis zu 1 Prozent des Haushaltseinkommens bzw. Verteilung von Überschüssen.	• Die Krankenkassen können in ihrer Satzung einen Zusatzbeitrag bis zu 1 Prozent der beitragspflichtigen Einnahmen des Mitglieds festlegen. Zusatzbeiträge bis 8 Euro/Monat werden ohne Einkommensprüfung erhoben. Bei Überschüssen können die Krankenkassen durch Satzungsbestimmung Prämien an ihre Mitglieder auszahlen, sofern sie ihren Verpflichtungen zur Bildung von Rücklagen nachgekommen sind (§ 242 SGB V).	1.1.2009

Verhältnis PKV/GKV

• Erhaltung des pluralen Systems von GKV und PKV.	• PKV ist grundsätzlich als Versicherungsform für Vollversicherte erhalten geblieben.	
• Gesetzliche Regelung der Portabilität der individuellen Altersrückstellung innerhalb der PKV und beim Wechsel der Systeme.	• Bei einem Wechsel innerhalb der PKV können die Altersrückstellungen im Umfang des Basistarifes mitgenommen werden (§ 178 f VVG).	1.1.2009
• Pflichtversicherung für alle Nichtversicherten; ehemalige PKV-Versicherte erhalten Rückkehrrecht zur PKV in einen Basistarif. Basistarif PKV entspricht Leistungsumfang der GKV: Kontrahierungszwang ohne Risikoprüfung und -zuschlag sowie ohne Leistungsausschluss: bezahlbare Prämien, Altersrückstellung.	• Es gilt eine allgemeine Versicherungspflicht für Personen, die in der GKV versichert waren und keinen Versicherungsschutz mehr haben (§ 5 Abs. 1 Nr. 13 SGB V).	1.4.2007
	• Versicherungsschutz im Standardtarif für Nichtversicherte, die dem PKV-System zugeordnet sind.	1.7.2007
	• Nichtversicherte, die zuletzt bei der PKV versichert waren, erhalten ein Rückkehrrecht in den Basistarif (Pflichtversicherung für alle).	1.1.2009
• PKV-Basistarif gilt für alle freiwillig Versicherten.	• Der Basistarif der PKV wird für alle freiwillig GKV-Versicherten geöffnet. Sie können innerhalb einer Frist von sechs Monaten den Basistarif wählen.	1.1.2009

• Beteiligung der PKV an den Ausgaben für die Primärprävention.	• Die Überlegungen wurden nicht verwirklicht.	---
• Freiwillig versicherte Arbeitnehmer können von der GKV zur PKV wechseln, wenn in drei aufeinander folgenden Jahren die JAE-Grenze überschritten wird.	• Wechsel wird ermöglicht, wenn das Arbeitsentgelt die JAE-Grenze auch zu Beginn des vierten Kalenderjahres überschritten wird. • Stichtag für die Überschreitung der Versicherungspflichtgrenze:	2.2.2007
• Vergleichbare ambulante Leistungen werden in GKV und PKV vergleichbar vergütet; Abweichung innerhalb des Gebührenrahmens (Steigerungssätze) ist möglich.	• KVen haben Versorgung der PKV-Versicherten zum Standard- bzw. Basistarif sicherzustellen. Entsprechende Regelungen zur Vergütung sind zu treffen, ansonsten gelten die für Ersatzkassen vereinbarten Vergütungen. Abweichung innerhalb des Gebührenrahmens (Steigerungssätze) ist möglich (§ 75 SGB V).	1.7.2008

Ambulante ärztliche Versorgung

• Optimierung der Versorgung u. a. durch Zusammenarbeit des ambulanten und stationären Sektors sowie effektivere Nutzung der Instrumente zur Qualitätssicherung.	• Krankenkassen sind u. U. zur ambulanten Behandlung hochspezialisierter Leistungen und seltener Erkrankungen berechtigt (§ 116 b SGBV).	1.4.2007
• Ablösung des vom Budget geprägten ärztlichen Vergütungssystems durch eine Euro-Gebührenordnung.	• Vertragsärztliche Leistungen werden nach der Euro-Gebührenordnung vergütet; gilt nicht für vertragszahnärztliche Leistungen (§ 87 a SGB V).	1.1.2009
• Übertragung des Morbiditätsrisikos auf die Krankenkassen.	• Krankenkassen tragen das Morbiditätsrisiko (§ 87 a SGB V).	1.1.2009
• Verpflichtende Einführung von Hausarzttarifen für alle Krankenkassen.	• Krankenkassen haben Versicherten eine hausärztliche Versorgung anzubieten und darüber Verträge zur Sicherstellung zu schließen; sie haben ihre Versicherten umfassend zu informieren (§ 73 b SGB V).	1.4.2007
• Fortführung der integrierten Versorgung.	• Verträge zur integrierten Versorgung sollen eine bevölkerungsbezogene Flächendeckung aufweisen (§ 140 a SGB V).	Anschubfinanzierung integrierte Versorgung wird bis Ende 2008 verlängert.

Stationäre Versorgung

• Erleichterungen, ambulante Versorgung im Krankenhaus durchzuführen.	• Krankenhäuser sind zur ambulanten Behandlung berechtigt bei hochspezialisierten Leistungen, seltenen Erkrankungen und Erkrankungen mit besonderen Krankheitsverläufen (§ 116 b SGB V).	1.4.2007
• Sanierungsbeitrag in Höhe von 1 Prozent der Budgets (Landesbasisfallwerte).	• Abschlag von 0,5 Prozent auf Krankenhausrechnungen für voll- und teilstationäre Leistungen bei GKV-Patienten, die nach dem 31.12.2006 entlassen werden (§ 8 KHEntgG).	1.1.2007

Arzneimittelversorgung

• Mehr Wettbewerb im Apothekenmarkt durch Umstellung der Arzneimittelpreisverordnung auf Höchstpreise und Initiativrecht der Apotheken für Rabattverträge mit der Industrie.	• Regelung wurde in den letzten Beratungen fallengelassen, es bleibt beim einheitlichen Abgabepreis. Initiativrecht der Apotheken für Rabattverträge entfällt.	---
• Definition eines Einsparvolumens für 2007 in Höhe von 500 Mio. Euro. Ausgleich des ggf. nicht erreichten Einsparbetrages durch Erhöhung des Kassenrabatts der Apotheken.	• Haftung der Apotheker für Einsparungen aus Rabattverträgen in Höhe von bis zu 500 Mio. Euro ist ebenfalls fallengelassen worden. Stattdessen wurde der Apothekenrabatt zugunsten der Krankenkassen von 2 Euro auf 2,30 Euro erhöht (§ 130 SGB V). Daraus ergib sich ein jährliches Mehreinnahmevolumen von 150 Mio. Euro.	1.4.2007
• Verordnung kostenintensiver Arzneimittel mit Zweitmeinung.	• Regelung wird für Arzneimittel mit hohen Jahrestherapiekosten oder erheblichem Risikopotential umgesetzt (§ 73 d SGB V). G-BA beschließt Richtlinien zu näheren Einzelheiten.	KVen schaffen Voraussetzungen bis zum 31.12.2008
• Ausweitung der Nutzenbewertung von Arzneimitteln zu einer Kosten-Nutzen-Bewertung.	• Der G-BA kann das IQWiG beauftragen, den Nutzen oder das Kosten-Nutzen-Verhältnis zu bewerten (§ 35 b SGB V). Dabei sind internationale Standards der evidenzbasierten Medizin und der Gesundheitsökonomie zu berücksichtigen.	1.4.2007

Erweiterung der Wahlmöglichkeiten der Versicherten

• Erweiterte Wahl- und Entscheidungsmöglichkeiten der Kostenerstattung (Wahltarife) bzw. von fakulativen Selbstbehalten sowie von besonderen Formen der Versorgung wie integrierte Versorgung und Modellvorhaben.	• Für Versicherte **können** durch Satzungsregelung Wahltarife eingeführt werden, die Prämienzahlungen oder Zuzahlungsermäßigungen vorsehen; bei Übernahme von Selbstbehalten durch die Mitglieder sind Prämienzahlungen vorzusehen. Die Krankenkassen **haben** Versicherten, die an einer besonderen Versorgungsform teilnehmen (z.B. DMP, hausarztzentrierte Versorgung), spezielle Wahltarife anzubieten (§ 53 SGB V).	1.4.2007 bzw. 1.1.2009

Leistungskatalog

• Mutter-Vater-Kind-Kuren werden Pflichtleistungen. • Erweiterung des Leistungskataloges um geriatrische Reha- und Palliativversorgung.	• Medizinische Rehabilitationsleistungen wurden insgesamt von Ermessens- in Pflichtleistungen umgewandelt (§ 41 SGB V). Für Versicherte mit einer nicht heilbaren Erkrankung ist die ambulante Palliativversorgung als eigenständige Leistung geschaffen worden (§ 37 b SGB V).	1.4.2007
• Leistungseinschränkung bei „Selbstverschulden" (Schönheitsoperationen, Piercing, Tätowierungen).	• Leistungseinschränkungen vorgesehen, wenn Versicherte sich eine Krankheit durch eine medizinisch nicht indizierte Maßnahme zugezogen haben; Kosten werden den Versicherten anteilig in Rechnung gestellt bzw. Krankengeld gekürzt (§ 52 SGB V).	1.4.2007

* Diese Synopse basiert auf einer Zusammenstellung der Zeitschrift „Die Krankenversicherung" Nr. 3/2007, Seite 79 – 82. Mit freundlicher Genehmigung des Bundesverbandes der Innungskrankenkassen.

Dokumentation

Beschluss des CDU-Parteitages vom 1. Dezember 2003 in Leipzig: „Deutschland fair ändern." (Auszug)

[...]

Demographiefestigkeit der Sozialsysteme erhöhen

12. Eines der wesentlichen Probleme der heute bestehenden gesetzlichen Sozial-versicherungssysteme ist ihre Ausgestaltung als reine Umlageverfahren, in denen alle Einnahmen sofort zur Deckung der Leistungsausgaben verwandt und keiner-lei Rücklagen gebildet werden. Mit Ausnahme der nicht spezifisch demographie-anfälligen Arbeitslosenversicherung sind alle anderen Sozialversicherungszweige daher auf ein ausgewogenes Verhältnis zwischen Beitragszahlern und Leistungs-empfängern angewiesen, das mit abnehmender und alternder Bevölkerung nicht mehr gegeben und auf absehbare Zeit auch nicht wieder herzustellen ist.

Alternativ zur Umlage bietet sich bei der Alterssicherung, in der Pflegeversiche-rung und in der Krankenversicherung die Einführung bzw. Stärkung kapitalge-deckter Elemente an, die die im Lebensverlauf absehbaren Risiken des Versicher-ten vorwegnehmen und Beiträge wie Leistungsansprüche besser kalkulierbar halten. Die Einführung einzelner kapitalgedeckter Elemente und erst recht der Umstieg in ein kapitalgedecktes System ist schwierig und kurzfristig unmöglich. Über einen längeren Zeitraum verteilt, sind kapitalgedeckte Elemente aber durchaus zu implementieren, wenn begleitende Vorkehrungen für den sozialen Ausgleich getroffen werden.

Leitgedanke der CDU vor diesem Hintergrund ist es, durch Reformen, die von einer differenzierten Weiterentwicklung bis hin zu qualitativen Systemverände-rungen reichen, den deutschen Sozialstaat langfristig so demographiefest wie möglich zu machen. Ethisches Ziel eines neuen Generationenvertrages ist das Bewusstsein gegenseitiger Verantwortung in einem ausgewogenen Verhältnis von gesellschaftlicher Solidarleistung und persönlicher Eigenverantwortung.

Diesem Leitgedanken sind allerdings dadurch Grenzen gesetzt, dass nur in einem Teil der sozialen Sicherungssysteme der Übergang zur Kapitaldeckung möglich ist.

B. Reform der Krankenversicherung

13. Die gesetzliche Krankenversicherung stellt materiell eine qualitativ hochwertige und humane medizinische Versorgung zur Verfügung, die allen Versicherten zugute kommt. Aus Sicht der CDU muss auch künftig der Grundsatz Geltung haben: Was nach medizinischem Urteil notwendig ist, muss im Rahmen der gesetzlichen Versicherungspflicht für alle Versicherten – unabhängig von ihrem Alter, Geschlecht, Gesundheitszustand oder ihrer finanziellen Leistungsfähigkeit – erbracht werden.

14. Angesichts der demographischen Entwicklung des medizinischen und medizintechnischen Fortschritts sowie der erheblichen Unwirtschaftlichkeit des deutschen Gesundheitswesens können die im Rahmen des Gesundheitskompromisses 2003 eingeleiteten Maßnahmen nur für kurze Zeit sicherstellen, dass der Problemdruck im System der gesetzlichen Krankenversicherung vorläufig beherrschbar bleibt. Die CDU ist der Auffassung, dass nur ein Bündel unterschiedlicher, weit über den Gesundheitskompromiss 2003 hinaus greifender, in ihren Wirkungen aber sorgfältig aufeinander abgestimmter Maßnahmen zum Erfolg führen kann.

[…]

Versichertenkreis

18. Die CDU tritt dafür ein, dass die heute in der gesetzlichen Krankversicherung Versicherten zunächst dort versichert bleiben. Weiteres regelt ein Gesetz. Sozialhilfeempfänger müssen wie gesetzlich Versicherte behandelt werden.

19. Die negativen Folgen des demographischen Wandels für die gesetzliche Krankenversicherung können nicht durch eine Ausweitung des Versichertenkreises um weitere Personengruppen – wie etwa in den Modellen der so genannten „Bürgerversicherung" – aufgefangen werden.

Durch eine solche Versicherung würde das Problem steigender Lohnnebenkosten nicht gelöst, sondern im Ergebnis noch vergrößert, weil die demographische Asymmetrie nicht mehr nur für den Teil der gesetzlich versicherten Bevölkerung zum Tragen käme, sondern auch für den Teil, der privat versichert ist, und obendrein die Bindung der Beitragseinnahmen an Löhne und Gehälter weiter bestehen bliebe.

Die Einbeziehung von Beamten und Selbständigen hätte rechtlich höchst problematische Auswirkungen auf die Vertragsfreiheit und die Betätigungsfreiheit der privaten Krankenversicherung. Auch müssten die Altersrückstellungen der privaten Krankenversicherung durch die gesetzliche Krankenversicherung abgelöst werden.

Die CDU lehnt eine „Bürgerversicherung" ab, die alle Bürger in eine gesetzliche Pflichtversicherung, sei es mit einkommensabhängigen Beiträgen oder Prämien, zwingt.

Übergang zu einem Prämienmodell

20. Die CDU tritt dafür ein, das heutige System der gesetzlichen Krankenversicherung in ein kapitalgedecktes, einkommensunabhängiges und erheblich demographiefesteres System einer "Gesundheitsprämie" zu überführen.

Die Gesundheitsprämie soll so schnell wie möglich nach einem Regierungswechsel eingeführt werden.

Durch die unverzügliche Umstellung auf ein Gesundheitsprämienmodell wird schneller mehr Wettbewerb ermöglicht und überdies erreicht, dass die im heutigen System unzweifelhaft vorhandenen Fehlsteuerungen nicht noch auf längere Zeit fortbestehen.

Die Gesundheitsprämie wird auf der Basis heutiger Preise kalkuliert. Sie setzt sich für Erwachsene zusammen aus einem Grundbeitrag (180.- Euro) und einem Vorsorgebeitrag (20.- Euro). Der Grundbeitrag sichert den Krankenkassen unveränderte Einnahmen, so dass der heutige Leistungskatalog einschließlich Krankengeld sowie Zahnbehandlung finanziert und erhalten werden kann. Aus dem Vorsorgebeitrag wird eine kapitalgedeckte Altersrückstellung aufgebaut, die rechtlich durch die Bildung eines Sondervermögens so zu schützen ist, dass sie dem Zugriff des Staates entzogen und ihre ausschließliche Verwendung als Rückstellung zur Abfederung der Altersentwicklung sichergestellt ist. Diese Rückstellung wird nach Umstellung versicherungsmathematisch individualisiert und in die Prämie eingerechnet.

Damit sinken die Lohnnebenkosten erheblich, Netto nähert sich Brutto an, und Schwarzarbeit wird weniger attraktiv.

Kinder bleiben für die Eltern weiterhin beitragsfrei mitversichert, doch zahlt die Kindergeldstelle für diese einen Beitrag in halber Höhe des Grundbeitrages (90.- Euro). Damit kommen alle Steuerzahler und nicht nur die gesetzlich Versicherten für die Krankheitskosten der Kinder auf. Dadurch ist das Prämiensystem familienfreundlicher, weil Kinder im Steuersystem aufgrund der Kinderfreibeträge steuermindernd berücksichtigt werden, während das heutige GKV-System Beiträge unabhängig von der Kinderzahl erhebt.

Der bisherige Arbeitgeberbeitrag zur Krankenversicherung wird bei 6,5 Prozent der Bruttolohn- und -gehaltssumme gedeckelt und an die Arbeitnehmer ausgezahlt, so dass deren Einkommen um diesen Betrag steigen. Die CDU hält daran fest, dass der Arbeitgeberbeitrag – wie bisher – ein ständiger Lohnbestandteil bleibt. Der ausgezahlte Arbeitgeberbeitrag wird besteuert. Versicherte mit niedrigem Gesamteinkommen erhalten einen sozialen Ausgleich. Der Anspruch von Geringverdienern auf sozialen Ausgleich ist in einem Leistungsgesetz zu regeln. Dieser Ausgleich soll automatisch zwischen Finanzamt und Krankenversicherung auf der Grundlage des jeweils gültigen Einkommensteuerbescheids ohne Vermögensanrechnung erfolgen. Maßgebend wird damit in der Regel der Einkommensteuerbescheid des vorletzten Kalenderjahres sein. Durch den sozialen Ausgleich über Steuern werden alle Steuerzahler nach ihrer Leistungsfähigkeit und nicht nur der Kreis der gesetzlich Versicherten zur Finanzierung dieser gesamtgesellschaftlichen Aufgabe herangezogen.

Durch die automatische Verrechnung der Prämie mit dem sozialen Ausgleich wird die Gesundheitsprämie für Geringverdiener – auch für Familienarbeit Leistende – im Ergebnis einkommensabhängig und sozialverträglich gestaltet.

Um die Sozialverträglichkeit bei der Umstellung zu garantieren, ist sicherzustellen, dass in einer Übergangsphase von vier Jahren – beginnend mit der Umstellung – kein Versicherter durch die Prämie unter Einbeziehung des als Lohnbestandteil ausgezahlten Arbeitgeberbeitrages effektiv höher belastet wird, als es unmittelbar vor der Umstellung der Fall war.

Die Grenze für den anteiligen Sozialausgleich würde nach derzeitigen Beitragssätzen in der gesetzlichen Krankenversicherung bei knapp 1.400 Euro für Alleinstehende und 2.800 Euro für Verheiratete mit einem Verdienenden liegen. Versicherte mit höherem Einkommen zahlen schon heute höhere Beiträge als bei der Gesundheitsprämie.

Auch nach der Übergangsphase müssen Geringverdiener langfristig und verlässlich gegen Überforderung geschützt werden, weil die Gesundheitsprämie und der Vorsorgebeitrag als solche in ihrer Höhe unabhängig von der konkreten Einkommenssituation ist. Deshalb ist in dem Leistungsgesetz festzuschreiben, dass die Gesamtprämienbelastung eines Haushalts einschließlich des Vorsorgebeitrages die Grenze von 15 Prozent des Bruttogesamthaushaltseinkommens unter Einbeziehung des als Lohnbestandteil ausgezahlten Arbeitgeberanteils nicht übersteigen darf. Damit wird auch für die Zukunft gewährleistet, dass die Gesundheitsprämie unabhängig vom Einkommen für alle bezahlbar bleibt und jedermann Zugang zu einer bedarfsgerechten medizinischen Versorgung hat.

Die 15-Prozent-Grenze bedeutet gegenüber dem Status quo eine höhere Belastung. Eine solche nach oben hin begrenzte Mehrbelastung ist jedoch angesichts der auch in einem Prämiensystem unabdingbaren mittel- und langfristigen Kostensteigerungen aufgrund des medizinisch-technischen Fortschritts und der demographischen Gegebenheiten notwendig und gerechtfertigt. Sie ist auch politisch vertretbar, weil die effektive Belastung des Einzelnen durch steigende Beitragssätze im bestehenden System auch steigen würde.

Die Mittel der Kindergeldkasse, die für die Abdeckung der Gesundheitskosten von Kindern erforderlich werden, und die Mittel, die für den sozialen Ausgleich für Geringverdienende benötigt werden, bedürfen einer langfristigen Absicherung.

Die Besteuerung des bisherigen Arbeitgeberanteils zur Krankenversicherung mit einem Steuerertrag zwischen 15 und 17 Mrd. Euro reicht zur Gegenfinanzierung der aus dem Steueraufkommen zu erbringenden Prämienzahlungen für Kinder aus.

Die darüber hinaus notwendigen Mittel für den sozialen Ausgleich an die Bezieher niedriger Einkommen sollen im Gegensatz zu heute von allen Steuerpflichtigen nach ihrer Leistungsfähigkeit aufgebracht werden. Dies kann aus dem durch wirtschaftliche Dynamik gestiegenen allgemeinen Einkommensteueraufkommen, durch Subventionsabbau oder eine Verzahnung mit der Großen Einkommensteuerreform erfolgen.

Leistungsumfang: mehr Entscheidungsfreiräume für die Versicherten

21. Es ist Sache des Versicherten, aus den unterschiedlichen Angeboten der gesetzlichen Krankenkassen das für ihn jeweils günstigste Leistungsangebot auszuwählen und durch Beiträge zu finanzieren.

Durch diese Regelung wird der Wettbewerb unter den gesetzlichen Krankenkassen gefördert. Die Krankenkassen müssen wesentlich stärker als bisher wettbewerbsorientiert arbeiten und den Wünschen der Versicherten entsprechende unterschiedliche Tarife anbieten. Zugleich wird der Versicherte wesentlich stärker motiviert, das für ihn günstigste Versicherungsangebot zu finden und zu nutzen.

Der Versicherte muss mehr Entscheidungsfreiheit über seinen Krankenversicherungsschutz erhalten. Jeder Versicherte soll selbst darüber entscheiden können, ob er einen Standard-Krankenversicherungsschutz erhalten, ob er gegen einen höheren Beitrag zusätzliche Leistungen finanzieren oder ob er durch eine höhere Selbstbeteiligung seinen Krankenkassenbeitrag reduzieren will.

Auch in den vertraglichen Beziehungen zwischen Krankenkassen und Leistungserbringern müssen starre Strukturen aufgelockert werden, damit der Wettbewerb um Qualität und Wirtschaftlichkeit eine größere Chance erhält. Nur wenn verschiedene Versorgungsangebote und Behandlungsmethoden miteinander konkurrieren, können sich die Patienten für die aus ihrer Sicht beste Versorgung entscheiden. Mehr Wettbewerb führt zu einer besseren medizinischen Versorgung und zu einem sparsameren Umgang mit den Beiträgen der Versicherten.

[...]

28. Darüber hinaus sind Maßnahmen zu ergreifen, um den Wettbewerb zwischen den einzelnen Krankenversicherungen und Krankenkassen im Interesse der Ver-

sicherten zu verbessern und zusätzliche Anreize zur Senkung der Verwaltungskosten zu setzen.

Die CDU wird umfassend prüfen, wie nach einer Umstellung auf ein Prämienmodell der Risikostrukturausgleich entsprechend den dann neuen Anforderungen ausgestaltet werden kann.

Im Bereich der privaten Krankenversicherung muss der Wettbewerb durch die
Schaffung von Wechselmöglichkeiten gestärkt werden, um es dem Bestandskun-
den zu erleichtern, eine für ihn günstigere Versicherung zu wählen. Insbesondere
ist sicherzustellen, dass eine Mitnahme der Kapitalrückstellung möglich ist. Gleiches gilt für die GKV, wenn dort die Altersrückstellung individualisiert wird.

[...]

Quelle: CDU   Deutschland   (http://www.cdu.de/doc/pdfc/deutschlandfairaen
dern.pdf; Letzter Zugriff: 10.7.2008).

Beschluss des SPD-Parteitages vom 17.-19. November 2003 in Bochum: „Unser Weg in die Zukunft." (Auszug)

A 1: Unser Weg in die Zukunft (S. 30 ff.)

[...]

Zukunftsprogramm Gesundheit

[...]

Durch die Modernisierung des Gesundheitssystems wollen wir die Qualität der
Gesundheitsversorgung verbessern und die Effizienz des Mitteleinsatzes erhöhen. Jede und jeder soll auch künftig im Rahmen der Gesetzlichen Krankenversicherung das erhalten, was für ihn medizinisch notwendig ist. Dazu wollen wir
einen qualitätsorientierten Wettbewerb sowohl zwischen den Krankenkassen als

auch zwischen den Leistungserbringern in einem solidarischen Ordnungsrahmen.

Wir wollen die Kernaufgaben der sozialen Krankenversicherung und die Verfügbarkeit der medizinisch notwendigen Leistungen für alle Bürgerinnen und Bürger dauerhaft sichern. Gleichzeitig wollen wir die Finanzierung der gesetzlichen Krankenversicherung im Hinblick auf Belastungsgerechtigkeit und gesamtwirtschaftliche Wirkungen nachhaltig neu ordnen. Ziel ist es, den Beitragssatz weiter zu senken. Ein Beitrag ist dabei die Steuerfinanzierung versicherungsfremder Leistungen. Auch für die gesetzliche Krankenversicherung gilt das Prinzip sozialdemokratischer Politik, dass die solidarischen Sicherungssysteme nicht durch Leistungen überfordert werden dürfen, die von der ganzen Gesellschaft zu tragen sind.

Auch private Vorsorge muss in einem zukunftsfähigen Gesundheitssystem eine größere Rolle spielen. Gesundheitsbewusstes Verhalten und die Stärkung des Präventionsgedanken sind zentrale Elemente einer stärkeren privaten Verantwortung für die Stabilisierung des Gesundheitswesens. Prävention und Gesundheitsförderung muss den gleichen Stellenwert erhalten wie die kurative Medizin, die Rehabilitation und die Pflege. Durch das individuelle Verhalten können Krankheiten vermieden und Therapien beschleunigt werden. Dieses Verhalten gilt es, zu stärken:

- durch eine deutliche Förderung einer gesundheitlichen Aufklärung,

- durch eine intensive Gesundheitserziehung in Kindergarten und Schule

- und die frühe Förderung, Verantwortung für sich selbst zu übernehmen.

Anreize im Rahmen der Gesetzlichen Krankenversicherung können diese Entwicklung unterstützen.

Vielen Gesundheitsrisiken in der heutigen Gesellschaft kann man aber nicht durch die eigene Lebensgestaltung ausweichen. Deshalb ist die Schaffung gesunder Lebens- und Arbeitsbedingungen eine gesamtgesellschaftliche Aufgabe, wobei Politik und Unternehmen besonders gefordert sind.

Alle Bürgerinnen und Bürger müssen krankenversichert sein. Das bedeutet umgekehrt, dass die Versicherungen jeden versichern müssen. Die Qualität der Versorgung muss sich ebenfalls für alle Bürgerinnen und Bürger verbessern. Eine Zwei-Klassen-Medizin, die Einkommensschwache vom Fortschritt in der Medizin ausschließt, kommt für uns nicht in Frage. Die Finanzierung der medizinisch notwendigen Leistungen soll daher für alle Bürgerinnen und Bürger solidarisch gesichert werden. Einkommensunabhängige Kopfprämien, die jede Person mit einem gleich hohen Krankenversicherungsbeitrag belasten, lehnen wir als unsolidarisch ab. Deshalb wollen wir das Krankenversicherungssystem stufenweise in eine Bürgerversicherung umwandeln. Am Nebeneinander von gesetzlichen Kassen und privaten Krankenversicherungen halten wir dabei fest, weil wir den Wettbewerb wollen. Eine Einheitskasse oder ein steuerfinanziertes Gesundheitssystem lehnen wir ab. Wir wollen die Stärkung des Wettbewerbs auch innerhalb der Systeme. Deshalb wollen wir gewährleisten, dass die Altersrückstellungen der Versicherten beim Wechsel der privaten Krankenversicherung von den Versicherten mitgenommen werken können. Das eröffnet zugleich den Wettbewerb unter den privaten Versicherungen zugunsten der Versicherten.

Bei der Verwirklichung einer Bürgerversicherung lassen wir uns von folgenden Prinzipien leiten:

-       Alle Bürgerinnen und Bürger müssen sich an der solidarischen Finanzierung der Gesundheitsversorgung beteiligen. Dabei sind alle Einkommensarten zu berücksichtigen.

-       Der Beitrag jedes Einzelnen soll sich nach seiner finanziellen Leistungsfähigkeit richten.

-       Wer viel verdient, gesund oder jung ist, darf sich nicht der Solidarität in der Krankenversicherung entziehen.

-       Wir wollen einen Wettbewerb um gute Versorgungsstrukturen und nicht um gute Risiken. Es darf keinen Anreiz zum „Rosinenpicken" geben.

-       Die Belastung des Faktors Arbeit durch Beiträge muss begrenzt werden.

Geprüft werden muss, auf welchem Weg ein fairer Wettbewerb zwischen den Systemen unter Einbeziehung eines modernisierten Risikoausgleichs ermöglicht werden kann. Geprüft werden muss, wie neben dem Erwerbseinkommen andere Einkommensarten bei der Finanzierung der Krankenversicherung berücksichtigt werden können. Durch die Anpassung der Beitragsbemessungsgrenzen ist sicherzustellen, dass die Einbeziehung von Mieten und Zinsen die Bezieher kleiner und mittlerer Einkommen zusätzlich nicht belastet.

Die Einführung einer Bürgerversicherung wirft vielschichtige Fragen ökonomischer und rechtlicher Art auf. Wir werden sozialrechtliche, wettbewerbsrechtliche, kartellrechtliche und verfassungsrechtliche Probleme lösen müssen. Angesichts dieser Herausforderungen wird es daher einer intensiven Diskussion und klarer Übergangsregelungen bedürfen, um unser Ziel der Bürgerversicherung zu erreichen. Das in diesem Zusammenhang geforderte Einfrieren der Arbeitgeberbeiträge halten wir für falsch. Die Beteiligung der Arbeitgeber an der Finanzierung der gesetzlichen Krankenversicherung muss beibehalten werden.

Die beitragsfreie Familienversicherung von nichterwerbstätigen Ehepartnern und Kindern in der gesetzlichen Krankenversicherung ist ebenso wie die Übernahme von Mutterschaftsgeld und Lohnkosten von Erziehenden während der Krankheit eines Kindes ein erheblicher Beitrag zur Familienförderung.

In einer Bürgerversicherung soll es nicht nur einen uneingeschränkten fairen Wettbewerb auf der Ebene der Krankenversicherung geben, sondern auch zwischen den Leistungsgerbringern. Daher müssen die Ansätze der Modernisierung des Gesundheitswesens, die wir erfolgreich eingeleitet haben, konsequent fortgeführt werden. Anbietermonopole wie z.B. die Kassenärztlichen Vereinigungen müssen aufgehoben werden.

[...]

Quelle: SPD (http://november2003.spd-parteitag.de/servlet/PB/show/1453346/2003-11-19-a1-perspektivantrag.pdf; Letzter Zugriff: 10.7.2008).

Koalitionsvertrag von CDU, CSU und SPD vom 11. November 2005: „Gemeinsam für Deutschland. Mit Mut und Menschlichkeit." (Auszug)

IV. Soziale Sicherheit verlässlich und gerecht gestalten

[...]

7.2 Krankenversicherung

7.2.1 Sicherung einer nachhaltigen und gerechten Finanzierung

Die hohe Qualität unseres Gesundheitswesens ist international anerkannt und muss im Interesse aller, die auf seine Leistungsfähigkeit angewiesen sind, erhalten bleiben. Mit über 4 Millionen Arbeitsplätzen ist das Gesundheitswesen der größte Beschäftigungszweig in Deutschland. Auch dies ist von großer politischer Bedeutung.

Eine hochwertige medizinische Versorgung für jedermann hat bereits heute ihren Preis. Hinzu kommen weiter steigende Kosten durch den medizinischen Fortschritt und die demografische Entwicklung.

Dieser Herausforderung kann unser Gesundheitswesen nur dann gerecht werden, wenn seine Finanzierungsbasis durch wirtschaftliches Wachstum und insbesondere den Erhalt und die Schaffung von sozialversicherungspflichtigen Arbeitsplätzen gestärkt wird.

Um den Kostendruck zu bewältigen, bedarf es aber auch einer Modernisierung des Gesundheitssystems. Die Effizienz des Systems ist durch eine wettbewerbliche Ausrichtung zu verbessern.

Darüber hinaus sieht die Koalition eine ihrer großen Herausforderungen darin, die dauerhafte Leistungsfähigkeit unseres Gesundheitswesens durch stabile Finanzstrukturen zu sichern. Die Parteien haben hierzu unterschiedliche Konzepte entwickelt, die „Solidarische Gesundheitsprämie" (CDU und CSU) und die „Bürgerversicherung" (SPD), die sich nicht ohne weiteres miteinander vereinbaren lassen. Wir wollen für diese Frage im Laufe des Jahres 2006 gemeinsam eine Lösung entwickeln. Erforderlich ist ein Konzept, das dauerhaft die Grundlage für ein leistungsfähiges, solidarisches und demografiefestes Gesundheitswesen sichert. Wir werden dabei Erfahrungen anderer Länder und wissenschaftliche Konzepte vorurteilsfrei prüfen.

Ein fairer Wettbewerb zwischen privaten Krankenversicherungen und gesetzlichen Krankenkassen muss auf den Erhalt eines pluralen Systems und der Kassenvielfalt zielen. Die freie Arzt- und Kassenwahl bleibt erhalten.

Eine wachsende Zahl von Bürgerinnen und Bürgern ist heute ohne Versicherungsschutz. Ein moderner Sozialstaat muss sicherstellen, dass niemand ohne Versicherungsschutz bleibt und solchen Versicherten, die den Schutz verloren haben, eine Rückkehrmöglichkeit zur jeweiligen Versicherung angeboten wird.

Um Wahlmöglichkeiten der Versicherten auszuweiten und den Wettbewerb innerhalb der PKV zu stärken, sollen die individuellen Altersrückstellungen bei Wechsel zwischen privaten Versicherungen übertragen werden können. Darüber hinaus soll geprüft werden, ob und wie eine Übertragung der Altersrückstellungen auch bei Versicherten erfolgen kann, die von einer privaten zu einer gesetzlichen Krankenversicherung wechseln.

7.2.2 Wettbewerbliche und freiheitliche Ausrichtung des Gesundheitswesens

Das parteiübergreifend vereinbarte GKV-Modernisierungsgesetz hat spürbare strukturelle Änderungen in der Gesundheitsversorgung über wettbewerbliche Anreize gebracht. Dieser Weg muss konsequent weitergegangen werden. Dies betrifft sowohl die Krankenversicherung als auch die Leistungserbringung. Die Zielsetzungen des GMG, insbesondere

- die Erweiterung der Wahl- und Entscheidungsmöglichkeiten der Versicherten,
- die Intensivierung des Wettbewerbs um Qualität und Wirtschaftlichkeit,
- die Erhöhung der Transparenz über Angebote, Leistungen und Abrechnung,
- die Verminderung des bürokratischen Aufwands,

müssen stringenter verfolgt werden. Bei einer wettbewerblichen Orientierung der gesetzlichen Krankenversicherung müssen alle Teilnehmer grundsätzlich gleichen Rahmenbedingungen unterliegen.

Kassenartenübergreifende Fusionen sollen ermöglicht werden, mit dem Ziel die Effizienz der Kassenorganisation zu erhöhen. Voraussetzungen hierfür sind eine Verschärfung und Präzisierung des Haftungsrechts und die Vermeidung marktbeherrschender Stellung. Funktion und Organisation der Steuerung auf Verbandsebene und in der gemeinsamen Selbstverwaltung sind neu zu ordnen, damit Entscheidungen schneller, transparenter und zuverlässiger ausfallen. Mit der Neuordnung der Organisation müssen die bestehenden Aufsichtsbefugnisse von Bund und Ländern angepasst werden.

Zwingende Voraussetzung einer stärker wettbewerblichen Orientierung der Krankenversicherung ist die Vereinfachung und Weiterentwicklung des Risikostrukturausgleichs, so dass die Zielgenauigkeit erhöht und die Morbiditätsrisiken besser abgebildet werden. Geeignete Kriterien dazu werden gemeinsam entwickelt. Hierzu ist eine ausreichende Datenbasis zu schaffen. Die bisher vorgelegten Vorschläge zur Berücksichtigung der Morbiditätsrisiken werden gemeinsam überprüft.

Der Bereich der Gesundheitsversorgung soll durch die Schaffung flexiblerer Rahmenbedingungen konsequent wettbewerblich ausgerichtet werden. Krankenkassen und Leistungserbringer sollen stärker über Umfang, Preise und Qualität verhandeln können, ohne dass der Sicherstellungsauftrag der Kassenärztlichen Vereinigungen ausgehöhlt wird.

7.2.3 Strukturelle Reform der einzelnen Leistungsbereiche

Ärztliche Versorgung

[...]

Wir werden das ärztliche Vergütungssystem fortentwickeln und vereinfachen, um eine qualitativ hochwertige Versorgung aller Versicherten in der GKV auch in Zukunft zu gewährleisten. Ziel muss es sein, ein Vergütungssystem zu schaffen, das Transparenz schafft und in dem die heutige Systematik verstärkt durch Pauschalvergütungen kombiniert mit Einzelvergütungsmöglichkeiten für spezielle Leistungen ersetzt wird. Die komplexen Regelungen zur Einführung eines neuen Vergütungssystems müssen unter Berücksichtigung von Morbiditätskriterien vereinfacht und in einem professionellen Verfahren erarbeitet werden. Für ambulante Leistungen in Krankenhäusern und bei niedergelassenen Ärzten sollten vergleichbare Vergütungen geschaffen werden.

Die Aufgaben und Verantwortlichkeiten der Kassenärztlichen Vereinigungen werden neuen Bedingungen angepasst.

Es wird geprüft, inwieweit nichtärztliche Heilberufe stärker in Versorgungskonzepte einbezogen werden können.

Es wird eine Behandlungspflicht zu bestimmten Gebührensätzen für privat versicherte Personengruppen, wie zum Beispiel Beihilfeberechtigte und Standardtarifversicherte, sowohl bei wahlärztlichen Leistungen in Krankenhäusern als auch bei ambulanten Leistungen niedergelassener Ärzte geschaffen. Die dafür vorgesehenen abgesenkten Gebührensätze werden in der Gebührenordnung für Ärzte (GOÄ) und für Zahnärzte (GOZ) verbindlich verankert.

[...]

Krankenhausversorgung

[...]

Das GKV-Modernisierungsgesetz hat flexible Vertragsmöglichkeiten geschaffen, um die strikte Trennung von ambulanter und stationärer Versorgung zu überwinden. In der Praxis haben sich solche Verträge jedoch nicht durchgesetzt. Daher ist zu überprüfen, inwieweit Hindernisse für solche Vertragsgestaltungen beseitigt werden können.

Besondere Versorgungsformen

In der integrierten Versorgung soll die Anschubfinanzierung über das Jahr 2006 hinaus bis zum 1. Januar 2008 verlängert werden. Ziel der integrierten Versorgung muss es sein, Fach- oder Sektorengrenzen zu überwinden, Versorgungsqua-

lität zu erhöhen, Transparenz bei Angebot und Wirkung herzustellen sowie be-
völkerungsbezogene Flächendeckung zu erreichen.

Um den Verwaltungsaufwand bei Disease-Management-Programmen (DMP) zu
reduzieren und Multimorbidität zu berücksichtigen, ist die Schaffung eines einheitlichen Rahmens für alle Programme erforderlich. Dabei soll die Möglichkeit
geprüft werden, alle gesetzlichen Krankenkassen zur Durchführung der DMP
nach einem einheitlichen Qualitätsstandard zu verpflichten und somit auf Einzel-
zertifizierung zu verzichten. Die Verknüpfung mit dem Risikostrukturausgleich
ist mit der Entscheidung über einen weiterentwickelten Ausgleich neu zu gestalten.

Speziell im letzten Lebensabschnitt ist die gesundheitliche und pflegerische Versorgung in Deutschland zu verbessern. Viele Menschen wünschen sich, auch bei
schweren Erkrankungen bis zuletzt zu Hause versorgt zu werden. Unsere heutigen Angebote tragen diesen Bedürfnissen nur unzureichend Rechnung. Daher
müssen im Leistungs-, Vertrags- und Finanzierungsrecht der gesetzlichen Kran-
ken- und Pflegeversicherung Regelungen zur besseren palliativmedizinischen
Versorgung verankert werden.

Um dem demografischen Wandel Rechnung zu tragen, müssen Versorgungsstrukturen und -prozesse entsprechend den Bedürfnissen älterer Menschen angepasst werden (Reha vor Pflege, ambulant vor stationär).

Den alters- und geschlechtsspezifischen Besonderheiten muss die Gesundheitsversorgung stärker Rechnung tragen.

[…]

Quelle: Bundesregierung   (http://www.bundesregierung.de/Content/DE/__
Anlagen/koalitionsvertrag.html; Letzter Zugriff: 10.7.2008).

Chronik der Gesundheitsreform 2007
Auswahl und Redaktion: Marike Bartels und Robert Paquet

Das nachfolgende „Reformtagebuch" beruht im Wesentlichen auf einem Internet-Angebot des AOK-Bundesverbandes, dem wir hier für die Abdruckgenehmigung der Auszüge danken (Quelle: http://www.aok-bv.de/politik/reformwerkstatt/index_12607.html).

Im Bundestagswahlkampf 2005 war die Gesundheitspolitik eines der beherrschenden Themen. Die künftige Finanzierung der Krankenversicherung war dabei der zentrale Konfliktpunkt. Das langfristige Finanzierungsproblem der GKV wurde bereits durch die Arbeit der Rürup-Kommission 2002/ 2003 in das öffentliche Bewusstsein gerückt. Die politischen Parteien haben Ende 2003 mit programmatischen Lösungskonzepten reagiert. Die folgende Chronik beschränkt sich daher auf die entsprechenden Daten der beiden heutigen Koalitionsparteien und beginnt mit der Bundestagswahl 2005 und dem Koalitionsvertrag. Außeracht gelassen werden dabei zwei Gesetzgebungsvorhaben: Das Arzneimittelversorgungs-Wirtschaftlichkeits-Gesetz (AVWG) und das Vertragsarztrechts-Änderungsgesetz (VÄndG). Diese wurden zum Teil parallel zur Vorbereitung des Gesetzes zur Stärkung des Wettbewerbs in der gesetzlichen Krankenversicherung (GKV-WSG) umgesetzt und immer wieder in einem größeren Zusammenhang auch als Bestandteile der Gesundheitsreform diskutiert. Auf die entsprechenden Berührungs- und Konfliktpunkte sowie die wechselseitigen Einflüsse einzugehen würde den Rahmen dieser Chronik allerdings sprengen.

17.-19. November 2003 Die SPD legt sich bei ihrem Parteitag in Bochum auf das Modell einer **Bürgerversicherung** fest.

1.-2. Dezember 2003 Die CDU spricht sich auf ihrem Leipziger Parteitag für das Modell der **Kopfpauschale** aus (später, nach einem Kompromiss mit der CSU, modifiziert zum Modell **Solidarische Gesundheitsprämie**).

1. Januar 2004 Inkrafttreten des **Gesundheitsmodernisierungsgesetzes** (GMG) im Rahmen der Durchsetzung der Agenda 2010.

18. September 2005 **Bundestagswahlen**

11. November 2005	Ziel des **Koalitionsvertrags** von SPD und CDU/ CSU ist eine „Modernisierung des Gesundheitssystems", dessen Effizenz durch eine wettbewerbliche Ausrichtung zu verbessern sei. Gesichert werden sollen die dauerhafte Leistungsfähigkeit und der Erhalt stabiler Finanzstrukturen. Die Parteien verpflichten sich im Koalitionsvertrag, über die beiden grundsätzlich unvereinbaren Modelle – die „Solidarische Gesundheitsprämie" (CDU/ CSU) auf der einen, die „Bürgerversicherung" (SPD) auf der anderen Seite – in die Diskussion einzutreten, um zu einer gemeinsamen Lösung zu kommen.
27. März 2006	Nach den Landtagswahlen in Baden-Württemberg, Rheinland-Pfalz und Sachsen-Anhalt beginnt die Arbeit an der **Gesundheitsreform**. Gesundheitsministerin **Ulla Schmidt** legt Bundeskanzlerin **Angela Merkel** ihre Reformvorschläge vor. Die SPD ruft eine Projektgruppe aus Vertretern der Bundestagsfraktion und der Länder ins Leben und berät über ein gemeinsames Konzept.
28. März 2006	Die CDU/ CSU-Fraktion ruft ebenfalls eine Arbeitsgruppe ins Leben. Finanzminister **Peer Steinbrück** spricht sich in der Haushaltsdebatte im Bundestag dafür aus, die Bindung der Gesundheitskosten an die Lohnkosten zu lockern.
29. März 2006	Spitzentreffen der Regierungsparteien: Die Beteiligten einigen sich auf Ziele der Gesundheitsreform. Teilnehmerinnen und Teilnehmer waren **Angela Merkel, Franz Müntefering, Edmund Stoiber, Volker Kauder, Peter Struck, Peter Ramsauer** und **Kurt Beck** („**Siebener-Gruppe**").
5. April 2006	Zweites Spitzengespräch unter Anwesenheit von **Ulla Schmidt** und **Wolfgang Zöller**.
7. April 2006	Gründung der Bund-Länder-Arbeitsgruppe zur Gesundheitsreform mit der Aufgabe, die Eckpunkte der Reform zu erarbeiten. Teilnehmerinnen und Teilnehmer sind **Wolfgang Zöller, Elke Ferner, Karl Lauterbach, Hildegard Müller, Carola Reimann, Jens Spahn, Annette Widmann-Mauz, Malu Dreyer, Birgit Fischer (später Gerlinde Kuppe), Josef Hecken, Karl-Josef Laumann, Silke Lautenschläger, Christa Stewens** und **Gitta Trauernicht**.
10. April 2006	SPD-Bundesvorsitzender Matthias Platzeck tritt zurück. Kurt Beck wird sein Nachfolger.

11. April 2006	**Volker Kauder** äußert sich im Magazin „Stern" positiv zu den Vorstellungen, die Kosten für die Krankenversicherung von Kindern künftig aus Steuermitteln aufzubringen oder einen „Gesundheits-Soli" einzuführen. Gleichzeitig spricht er sich für die Einrichtung eines Gesundheitsfonds aus.
27. April 2006	„Erst die Strukturreform, dann die Finanzreform!" schreibt **Ulla Schmidt** in der „Frankfurter Rundschau" und räumte damit der Mittelverwendung den Vorrang vor der Finanzierung ein.
28. April 2006	Die **gesetzlichen Krankenkassen** appellieren an die Regierungsparteien, vom Modell eines Gesundheitsfonds Abstand zu nehmen. Mit einem solchen Fonds werde ein Systemwechsel in der GKV eingeleitet, den die Mehrheit der Bürger nicht wolle.
1. Mai 2006	Auf ihrer zweiten Sitzung vereinbart die 16-köpfige **Arbeitsgruppe** von CDU/ CSU und SPD, erst eine Struktur- und dann eine Finanzreform in Angriff zu nehmen.
14. Mai 2006	**Ulla Schmidt** lehnt den Vorschlag, eine Praxisgebühr von fünf Euro je Arztbesuch einzuführen, ab. Solche Überlegungen gebe es in der Arbeitsgruppe der Großen Koalition nicht. Zugleich plädiert sie dafür, die Arbeitgeber weiterhin an der Finanzierung der GKV zu beteiligen, um ihr Interesse an sinkenden Gesundheitskosten zu steigern.
17. Mai 2006	**Ulla Schmidt** kündigt erhöhte Zuzahlungen der Versicherten an. Der Nutzen von Diagnosen und Therapien könne nicht ohne Berücksichtigung der Kosten bewertet werden. Mit der Gesundheitsreform soll die Voraussetzung dafür geschaffen werden, dass die Krankenkassen ihren Versicherten unterschiedliche Tarife anbieten dürfen. Als Vorbild bezeichnet sie die niederländische Reform, nach der gesetzliche und private Versicherer zu gleichen Bedingungen auf dem Markt konkurrieren.
24. Mai 2006	Das **Bundeskabinett** verabschiedet den Gesetzentwurf für eine Reform des Vertragsarztrechts. Damit soll vor allem einer Unterversorgung in ländlichen Gebieten begegnet werden. Außerdem werden die Möglichkeiten zur Organisation der ambulanten ärztlichen Versorgung erweitert (medizinische Versorgungszentren, angestellte Ärzte, Filialpraxen etc.).

30. Mai 2006	Die CSU lehnt den Vorschlag des Vorsitzenden der Unions-Bundestagsfraktion, **Volker Kauder**, zur Einrichtung eines Gesundheitsfonds ab. **Die Kassenärztliche Bundesvereinigung** (KBV) kündigt an, noch während der Beratungen der Arbeitsgruppe Gesundheitsreform, ein Konzept für eine neue Gebührenordnung vorzulegen. Ziele seien „Entbürokratisierung, Transparenz und feste Preise für Ärzte."
8. Juni 2008	Die **Arbeitgeber- und Versichertenvertreter der gesetzlichen Krankenkassen** präsentieren in Berlin ihre Ideen zur anstehenden Reform und warnen vor zu viel Staat im Gesundheitswesen. Einen Gesundheitsfonds beurteilen sie skeptisch. Die künftigen Finanzierungsregelungen müssten unbürokratisch, manipulationssicher und transparent sein. Einen einheitlichen Dachverband für alle gesetzlichen Krankenkassen lehnen die Selbstverwalter ab.
12. Juni 2006	Innerhalb der Unionsparteien bestehen Meinungsunterschiede in der Frage, ob die privaten Krankenversicherer in die anstehende Gesundheitsreform in die Planung für einen Gesundheitsfonds einbezogen werden sollen. Die Ministerpräsidenten von Baden-Württemberg und Thüringen, **Günther Oettinger** und **Dieter Althaus**, sprechen sich für eine Einbeziehung aus, Niedersachsens Regierungschef **Christian Wulff** lehnt diese ab.
13. Juni 2006	Der **AOK-Bundesverband** warnt davor, dass der angepeilte Gesundheitsfonds einen Wettbewerb gegen Kranke fördern könnte, da Kassen mit vielen Kranken Zusatzprämien von ihren Versicherten verlangen müssten.
14. Juni 2006	Der Vorsitzende des **Verbands der privaten Krankenversicherer, Reinhold Schulte**, warnt, eine Beteiligung der Privaten am geplanten Gesundheitsfonds werde die PKV „austrocknen und ihr zukunftsfestes Geschäftsmodell eliminieren."
18. Juni 2006	Kanzlerin **Angela Merkel** spricht sich kurz vor Beginn eines weiteren Spitzentreffens der Großen Koalition erstmals öffentlich für die Einführung eines Gesundheitsfonds aus. Dieser sei Mittel zum Zweck, um mehr Kostentransparenz ins Gesundheitswesen zu bringen. Es müsse überlegt werden, ob die Krankenversicherung von Kindern von allen Steuerzahlern finanziert werden könne.
23. Juni 2006	In der Union wächst der Widerstand, die GKV verstärkt aus Steuermitteln zu finanzieren. Für Hessens Ministerpräsident **Roland**

Koch ist eine „Steuerfinanzierung in der Größenordnung von 45 Milliarden Euro völlig ausgeschlossen." In der CDU/ CSU zeichnet sich allerdings die Bereitschaft ab, die Versicherungskosten für Kinder in Höhe von 16 Milliarden Euro aus Steuern zu bestreiten.

3. Juli 2006   Der **Koalitionsausschuss** hat sich auf Eckpunkte für die Gesundheitsreform verständigt. Danach sollen von 2008 an die Kosten für die Krankenversicherung von Kindern stufenweise aus Steuern finanziert werden. 2007 werden die Beitragssätze der Krankenkassen um 0,5 Prozentpunkte erhöht, um das Defizit aufgrund des 2007 sinkenden Steuerzuschusses des Bundes und der höheren Mehrwertsteuer zumindest teilweise aufzufangen. Die Finanzierung soll über einen Gesundheitsfonds erfolgen. Aus diesem erhalten alle Kassen nach einheitlichen Regeln Zuweisungen entsprechend ihrem Leistungsbedarf. Braucht eine Kasse mehr Geld, erhebt sie von ihren Versicherten einen Zuschlag – entweder einkommensabhängig oder als pauschalen Festbetrag. Ambulante Leistungen der Ärzte sollen über Pauschalpreise vergütet werden.

4. Juli 2006   Während sich in der SPD Unmut darüber regt, dass keine höhere Steuerfinanzierung vereinbart worden ist, bezeichnet Kanzlerin **Angela Merkel** die Einigung als „Durchbruch in zwei Richtungen": Der Weg für Strukturveränderungen werde frei gemacht und mit dem Steuerzuschuss ab 2008 eine neue Finanzierungsordnung geschaffen.
Für den SPD-Vorsitzenden **Kurt Beck** hat die Große Koalition ihre Handlungsfähigkeit bewiesen. Der CSU-Vorsitzende Edmund Stoiber spricht vom Einstieg in eine „echte Strukturreform."

6. Juli 2006   Für **Eberhard Wille**, den Vorsitzenden des **Sachverständigenrats für das Gesundheitswesen**, ist der vereinbarte Gesundheitsfonds keine grundlegende Erneuerung der Finanzierungsform der GKV, da er aus den selben Quellen finanziert werde wie das derzeitige System. Wille warnt davor, dass die Beitragssätze der Krankenkassen 2007 stärker steigen werden, als die Große Koalition mit 0,5 Prozentpunkten prognostiziert hat. Grund: Die Kassen müssten nicht nur die Kürzung des Steuerzuschusses auffangen, sondern ihre Schulden vollständig abbauen, bevor 2008 der Gesundheitsfonds kommt.
Der SPD-Abgeordnete **Karl Lauterbach** sieht den Versuch einer Finanzreform durch die Große Koalition als gescheitert an. Der Fonds sei eine „Scheininnovation." Die CDU-Gesundheitspolitikerin **An-**

nette Widmann-Mauz hingegen lobt den Fonds als „Einstieg in eine nachhaltige Finanzierung."

7. Juli 2006   Der **DGB** sieht in der Vereinbarung keine Hilfe „bei der Lösung der Probleme im Gesundheitswesen." Die Selbstverwaltung der gesetzlichen Krankenkassen lehnt den geplanten Systemwechsel ab. Der vorgesehene Gesundheitsfonds setze „falsche Anreize für den Wettbewerb", erklären die Vertreter der Arbeitgeber und der Versicherten nach einer gemeinsamen Sitzung. Sie befürchten, dass sich der Wettbewerb „auf gesunde Versicherte" konzentrieren werde. Ministerin **Ulla Schmidt** verteidigt die Eckpunkte und insbesondere den Fonds als Beitrag zum Abbau von Bürokratie. NRW-Sozialminister **Karl-Josef Laumann** (CDU) schlägt vor, die Organisation des Gesundheitsfonds den Krankenkassen zu übertragen.

10. Juli 2006   **Andreas Köhler**, Vorsitzender der **Kassenärztlichen Bundesvereinigung** fordert im Zuge der Gesundheitsreform eine 20-prozentige Erhöhung der Honorare der niedergelassenen Ärzte. Anlass sind die Eckpunkte der Großen Koalition. Darin ist vorgesehen, die ärztlichen Leistungen künftig nach festen Preisen anstelle der heutigen Punktwerte zu vergüten. Köhler schätzt die Mehrkosten für die Krankenkassen auf bis zu fünf Milliarden Euro.
Als unrealistisch bezeichnet dagegen der Vorstandsvorsitzende des **AOK-Bundesverbandes, Dr. Hans Jürgen Ahrens**, die KBV-Forderung. Diese zeige, dass die Große Koalition mit ihren Eckpunkten bei der Ärzteschaft „überzogene Erwartungen" geweckt habe.
Finanzminister **Peer Steinbrück** hält einen zweiten Anlauf zur Finanzreform für notwendig.

12. Juli 2006   Das **Bundeskabinett** billigt die Eckpunkte zur Gesundheitsreform, auf die sich die Spitzen der Großen Koalition am 3. Juli verständigt haben. Laut Gesundheitsministerin **Ulla Schmidt** wird mit der Reform der Wettbewerb zwischen den Krankenkassen belebt.
Dem widerspricht der Ausschuss für Gesundheitsökonomie im **Verein für Socialpolitik**: Es werde kein Problem gelöst, sondern es würden neue geschaffen. Von einer „nachhaltigen Stabilisierung der Finanzierungsgrundlagen" könne „erst recht keine Rede sein." Mit dem Gesundheitsfonds werde lediglich eine „neue zentrale Beitragseinzugsbürokratie geschaffen, die den bisherigen Risikostrukturausgleich neu organisiert."

Die **gesetzlichen Krankenkassen** warnen vor negativen Folgen. Durch den Fonds werde die Gesundheitsversorgung für die Versicherten „teurer, schlechter und unsicherer."

15. Juli 2006 — Kanzlerin **Angela Merkel** und Gesundheitsministerin **Ulla Schmidt** verteidigen die Eckpunkte der Reform gegen anhaltende Kritik. Was die Koalitionsparteien an Strukturveränderungen vereinbart hätten, sei mehr, „als jemals eine Regierung an Strukturreformen erreichen konnte", so Schmidt. Für Merkel liegt die entscheidende Neuerung im künftigen Gesundheitsfonds. „Für den Patienten ist dann erstmals nachvollziehbarer geworden, ob seine Kasse gut arbeitet. Diese Transparenz hat er heute nicht," so die Kanzlerin. Zweifel gibt es jedoch in der Koalition noch am vereinbarten Steuerzuschuss für den Fonds um Krankheitskosten für Kinder finanzieren zu können. Dies sei ohne Steuererhöhungen nicht möglich, so Finanzminister **Peer Steinbrück**. Genau dieser Schritt kommt für CSU-Chef Edmund Stoiber aber nicht in Frage.

17. Juli 2006 — In der SPD wächst der Unmut über den Kompromiss zur Gesundheitsreform. Würde dieser umgesetzt, bedeute dies den „Todesstoß für die solidarische Absicherung des Krankheitsrisikos für die große Mehrheit der Bevölkerung", sagt der stellvertretende Vorsitzende der Arbeitsgemeinschaft der Sozialdemokraten im Gesundheitswesen (ASG), **Armin Lang**. An Korrekturen führe kein Weg vorbei.

FDP-Vorsitzender **Guido Westerwelle** fordert einen neuen Anlauf bei der Gesundheitsreform. „Dieser Gesundheitsmurks muss nach der Sommerpause noch mal beraten und verhandelt werden", sagt er der Deutschen Presseagentur. „Was jetzt vorliegt, ist von vorne bis hinten zum Scheitern verurteilt und wird keine zwei Jahre halten."

19. Juli 2006 — Der Vorsitzende des Gemeinsamen Bundesausschusses (G-BA), **Rainer Hess**, hat die Pläne der Bundesregierung für eine Reform des obersten Gremiums der Selbstverwaltung im Gesundheitswesen kritisiert. Die in den Eckpunkten für eine Gesundheitsreform genannte Berufung hauptamtlicher Mitglieder und die Überwachung ihrer Arbeit durch das Bundesministerium für Gesundheit mache den G-BA faktisch zu einer Bundesbehörde und zum verlängerten Arm des Staates. „Eine Verstaatlichung verbessert gar nichts, sondern erschwert nur den bewährten Interessensausgleich", kritisiert Hess.

20. Juli 2006   Dürfen sich die Krankenkassen auch öffentlich gegen eine Politik
wenden, die aus ihrer Sicht den Interessen der Patienten entgegen-
steht? Was die Kassen für ihr Recht und ihre Pflicht gegenüber ihren Versicherten halten, spricht ihnen Gesundheitsministerin **Ulla
Schmidt** ab. Als Körperschaften öffentlichen Rechts hätten die Kassen „kein öffentliches Mandat" sagt Schmidts Pressesprecher **Klaus
Vater**. Als solche seien sie im weiteren Sinne Teil des Staates und
hätten Entscheidungen des Gesetzgebers zu akzeptieren. Hintergrund: Die gesetzlichen Krankenkassen wollen in einer gemeinsamen Aktion über die aus ihrer Sicht negativen Folgen der geplanten
Gesundheitsreform informieren.

24. Juli 2006   „Die AOK lässt sich nicht einschüchtern", schreibt der Vorstandsvorsitzende des AOK-Bundesverbandes, **Hans Jürgen Ahrens** in
einem Beitrag für die „Bild am Sonntag." In ungewöhnlich deutlicher Form reagiert die AOK damit auf den „Maulkorberlass" aus
Berlin. **Klaus Theo Schröder**, Staatssekretär im Bundesministerium
für Gesundheit, hat die Spitzenverbände der gesetzlichen Krankenkassen per Brief ultimativ aufgefordert, „ihre propagandistischen
Äußerungen gegen die Gesundheitsreform zu unterlassen".
Neben einigen SPD-Bundestagsabgeordneten fordert auch der Präsident des Deutschen Industrie- und Handelskammertages, **Georg
Ludwig Braun**, Änderungen der Reform. Der geplante Gesundheitsfonds bedeute mehr Staat und verbessere nicht die Finanzsituation der Krankenversicherung. Nach einer am 24. Juli veröffent-
lichten Expertise der Krankenkassen würden sich bei einem Beitragseinzug über den neuen Fonds die Verwaltungskosten verdop-
peln.

28. Juli 2006   In einer gemeinsamen Erklärung rufen die **Kassen** zu mehr Sach-
lichkeit auf. Sie reagieren damit auch auf die Kritik der Ministerpräsidenten von Mecklenburg-Vorpommern und Sachsen-Anhalt,
Harald Ringstorff und **Wolfgang Böhmer**. Diese werfen den Kassen vor, vornehmlich eigene Interessen zu vertreten.
Im Gespräch mit Deutschlandradio zieht die stellvertretende SPD-
Partei- und Fraktionsvorsitzende **Elke Ferner** den Sinn des Gesundheitsfonds in Zweifel. Der Beitragseinzug müsse auch weiterhin dezentral erfolgen.

2. August 2006   Nach einem Gespräch mit den **Spitzenverbänden der Krankenkassen** trifft sich Gesundheitsministerin **Ulla Schmidt** mit den Vertretern der größten gesetzlichen Krankenkassen. Während die Ministerin versucht, die Kassen zu überzeugen, streiten sich Union und

SPD um die Auslegung einzelner Eckpunkte. Die CSU-Politiker **Wolfgang Zöller** und **Peter Ramsauer** sind der Ansicht, dass der Steuerzuschuss für die Mitversicherung der Kinder auch für privat Versicherte gelte. Dem widersprechen SPD-Partei-Vize **Elke Ferner** und der Gesundheitsexperte der Sozialdemokraten, **Karl Lauterbach**: Man habe den Steuerzuschuss nur für die Kinder gesetzlich Versicherter vereinbart.

3. August 2006   Nach einem aufsichtsrechtlichen Beratungsgespräch im Gesundheitsministerium wollen die gesetzlichen Krankenkassen ihre Informationsvermittlung über die möglichen negativen Folgen der geplanten Gesundheitsreform trotzdem fortsetzen. In Berlin legen die **Spitzenverbände der Krankenkassen** ein Rechtsgutachten vor: „Für eine Körperschaft des öffentlichen Rechts mit Selbstverwaltung ist es legitim, wenn sie die Versicherten und die Arbeitgeber etwa über organisatorische Veränderungen im System der gesetzlichen Krankenversicherung informiert, da nur so Selbstverwaltung sinnvoll funktionieren kann." In einer gemeinsamen Erklärung nach dem Gespräch im Ministerium betonen die Kassen, es gebe für die Informationen keinen Sonderetat und man nehme kein allgemeinpolitisches Mandat wahr. Die Diskussion um die angebliche Kampagne bezeichnen die Kassen als Versuch, von der inhaltlichen Diskussion abzulenken.

6. August 2006   Die Bundesregierung will, laut **Ulla Schmidt**, die sieben Spitzenverbände der gesetzlichen Krankenkassen durch einen einzigen Dachverband ersetzen. Auch auf der Landesebene solle es nur noch einen gemeinsamen Verband geben, der für die kollektiven Verträge mit Ärzten und Krankenhäusern zuständig sei.
Aus CDU/ CSU und SPD kommt neue Kritik an der Gesundheitsreform. Der wirtschaftspolitische Sprecher der Union im Bundestag, **Laurenz Meyer**, sagt dem „Focus", er wünsche sich eine stärkere Abkoppelung der Krankenkassenbeiträge von den Arbeitskosten.
Schleswig-Holsteins Sozialministerin **Gitta Trauernicht** (SPD) kommentiert, ein Gesundheitsfonds mache nur Sinn, wenn man die Privaten einbinde und mehr Steuern heranziehe.
Die hessische SPD-Vorsitzende **Andrea Ypsilanti** bemängelt in einem dpa-Gespräch, dass die Grundsatzfrage der Finanzierung nicht geklärt sei. Das Ziel einer sich auf alle Einkommensarten stützenden Bürgerversicherung finde sich im Kompromiss nicht wieder.

7. August 2006

Die fünf Wirtschaftsweisen äußern sich kritisch zur geplanten Reform. Allein durch Fusionen von Krankenkassen ließen sich keine Verwaltungskosten senken, meint der Finanzwissenschaftler **Bert Rürup**. Vielmehr sei eine Steigerung zu erwarten. Verwundert zeigt sich Rürup in der „Frankfurter Allgemeinen Sonntagszeitung" vor allem darüber, dass die Große Koalition die „Kassenvertreter und deren Sachverstand in den Willensbildungsprozess" bisher nicht einbezogen hat.

Der stellvertretende Vorsitzende der Unionsfraktion, **Wolfgang Zöller**, weist in der „Welt" erneut Kritik der Kassen zurück. Sie sollten „jetzt nicht herumnörgeln, sondern sich im Interesse der Versicherten auf die Reform vorbereiten."

8. August 2006

Die Vorsitzende des **Verbraucherzentralen Bundesverbandes** (vzbv), **Edda Müller**, hofft in der „Berliner Zeitung" auf deutliche Korrekturen an den Eckpunkten, denn „alles in allem ist die Reform missraten."

10. August 2006

Die Sozialminister von Baden-Württemberg und Bayern, **Wolfgang Reinhart** (CDU) und **Christa Stewens** (CSU), fordern, dass die Krankenkassen der reichen Länder aus dem Fonds höhere Pauschalen erhalten als weniger wohlhabende Länder. Begründung: Wegen der guten wirtschaftlichen Situation und des höheren Lohnniveaus leisteten die Versicherten beider Länder höhere Einzahlungen in den Fonds.

13. August 2006

Wohlfahrtsverbände und **Verbände der Städte und Gemeinden** beschließen, gegen die geplante Reform zu protestieren.

Der Vorsitzende der **Jungsozialisten** (Jusos), **Björn Böhning**, kritisiert den Gesundheitsfonds. Auf diese Weise werde bei den Krankenkassen „die Jagd auf junge, gesunde und damit kostengünstige Versicherte" eröffnet.

16. August 2006

Die **Deutsche Krankenhausgesellschaft** (DKG) verschärft ihren Widerstand gegen die geplante Gesundheitsreform. Wie DKG-Präsident **Rudolf Kösters** in Berlin erläutert, starte am 5. September eine bundesweite Kampagne, um die Große Koalition zur Rücknahme ihrer Eckpunkte zu bewegen.

17. August 2006

Die **Bundesvereinigung der Deutschen Arbeitgeberverbände** (BDA) und der **Bundesverband der Deutschen Industrie** (BDI) unterstützen die Forderung des baden-württembergischen Ministerpräsidenten **Günther Oettinger**, die Zuzahlungen der Patienten künftig auf alle medizinischen Leistungen auszuweiten. Ohne erhöhte Eigenbeteiligung werde die Beitragslast weiter steigen, warnt BDA-Präsident **Dieter Hundt**. Für den Sozialverband **VdK** gehen diese Vorschläge in die falsche Richtung. Eine höhere Selbstbeteiligung der Patienten führe nur dazu, dass Versicherte mit geringerem Einkommen auf notwendige Arztbesuche und Behandlungen verzichteten, so VdK-Präsident **Walter Hirrlinger**.

20. August 2006   In den Unionsparteien hält die Kritik an den Eckpunkten der Gesundheitsreform an. Der **CDU-Wirtschaftsrat** sieht in der Reform den „Weg in die Staatsmedizin." Die SPD schließt mittelfristig nicht aus, dass Steuern erhöht werden müssen, um künftig die Krankheitskosten für Kinder aus Steuergeldern zu finanzieren.

21. August 2006   Für Kanzlerin **Angela Merkel** ist der umstrittene Gesundheitsfonds das Kernstück der anstehenden Gesundheitsreform. Ohne die künftige Fixierung der Beitragssätze durch den Gesetzgeber sei es nicht möglich, die Kosten für die Gesundheit von den Arbeitskosten zu entkoppeln. Dabei spiele es keine entscheidende Rolle, ob der Fonds zum Jahresanfang 2008 oder erst zum 1. Juli 2008 komme. Voraussetzung sei, dass alle Krankenkassen ihre Schulden abgebaut hätten. Steuererhöhungen zur Finanzierung der Krankheitskosten für Kinder schließt die Kanzlerin aus.

22. August 2006   Die Gesundheitsökonomen **Prof. Jürgen Wasem**, **Dr. Stefan Greß** und **Maral Manouguian** von der Universität Duisburg-Essen haben für die Hans-Böckler-Stiftung die jüngste Gesundheitsreform in den Niederlanden in Bezug auf die Reformpläne in Deutschland untersucht. Die Niederlande haben bereits einen Fonds, in den Steuergelder sowie einkommensabhängige Beiträge und pauschale Prämien (sowohl von gesetzlich als auch von privat Versicherten) fließen. Dieser funktioniere gut, sei aber Teil eines Gesamtsystems. Dieses vermissen die Wissenschaftler bei den Plänen der Großen Koalition. Deren Vorhaben, lediglich die Beitragsgelder durch den Fonds verteilen zu lassen, sei nicht sinnvoll. Der Fonds funktioniere nur, wenn das Geld aus verschiedenen Quellen komme. Dazu nennen die Experten drei Voraussetzungen: Beitragspflicht auf alle Einkunftsarten, Einbeziehung der Privatversicherer in einen Risikostrukturausgleich, gleiche Vergütung ärztlicher Leistungen für gesetzlich und privat Versicherte.

23. August 2006   Der Gesundheitsfonds wird zum 1. Juli 2008 starten und nicht, wie ursprünglich angedacht, zum Jahresanfang 2008. Dieses geht aus einem ersten Arbeitsentwurf des Gesundheitsministeriums für die Gesundheitsreform hervor. Vorher müssten alle Krankenkassen ihre Schulden vollständig abgebaut haben. Berichten zufolge könnten deshalb Anfang 2008 die Beitragssätze steigen.

24. August 2006   Kanzlerin **Angela Merkel** übt heftige Kritik an den vorgelegten Arbeitsentwürfen. Sie entsprächen „noch nicht den Eckpunkten, wie wir sie vereinbart haben." Dabei stößt vor allem der erste Entwurf des Finanzministeriums für Änderungen in der PKV auf Ablehnung: Dem Entwurf zufolge müssten junge Privatversicherte damit rechnen, dass ihre Prämien in den nächsten Jahren bis zu 36,5 Prozent steigen. Das Gesundheitsministerium plant zudem, dass Privatversicherte künftig bei einem Wechsel in die GKV ihre Altersrückstellungen mitnehmen können. Der **Verband der privaten Krankenversicherer** droht bereits mit einer Verfassungsklage, sollten die Entwürfe umgesetzt werden. Die **Kassenärztliche Bundesvereinigung** (KBV) warnt vor einer „Zerstörung" der Privatversicherer.

25. August 2006   Der Sprecher von Gesundheitsministerin Ulla Schmidt widerspricht: „Es geht nicht darum, die private Krankenversicherung zu zerstören oder zu strangulieren."

29. August 2006   Kanzlerin **Angela Merkel** hat Gesundheitsministerin Ulla Schmidt die „volle Unterstützung" bei der Umsetzung der Eckpunkte zur Gesundheitsreform zugesichert. Die Reform sei ein Beispiel für das Gegeneinander von „Partikularinteressen und Gemeinwohl." Die Regierung sei entschlossen, dem Gemeinwohl zu entsprechen, sagt Merkel auf einer gemeinsamen Pressekonferenz mit Vizekanzler Franz Müntefering. Sie geht davon aus, dass die Reform – wie geplant – Anfang 2007 in Kraft trete. Merkel zufolge kommen auf die privaten Krankenversicherer „gravierende Änderungen" zu.
In einer gemeinsamen Erklärung fordern die **Bundesvereinigung der Deutschen Arbeitgeberverbände** (BDA) und der **Deutsche Gewerkschaftsbund** (DGB) die Bundesregierung zum Verzicht auf den Gesundheitsfonds auf.

30. August 2006   **Ulla Schmidt** will den geplanten Gesundheitsfonds finanziell so ausstatten, dass er anfangs die fälligen Ausgaben der gesetzlichen Krankenkassen abbildet. Dies bedeute aber nicht den Ausschluss einer Zusatzprämie. Sie geht davon aus, dass es bis zum Start des

Fonds Mitte 2008 „in einzelnen Kassen Beitragssatzanhebungen" geben wird, die über die von der Regierung für 2007 vorgesehene Anhebung um 0,5 Prozentpunkte hinausgehen.

In der Bevölkerung findet die Große Koalition mit ihrer Gesundheitsreform keinen Anklang. 78 Prozent der Bürger sind nach einer Umfrage für das Magazin „Stern" der Auffassung, dass die Regierung ihre Reformpläne stoppen und neu aushandeln sollte.

4. September 2006	Die Regierungsparteien sind sich in zentralen Fragen noch nicht einig. Das zeigt sich bei einem Treffen der Gesundheitspolitiker der Koalition, die erstmals über Details der Reform beraten haben. So will die SPD, laut ihrer stellvertretenden Vorsitzenden **Elke Ferner,** nicht auf die vorgesehene Belastungsobergrenze für die Versicherten bei der Zusatzprämie verzichten. Dazu meint Unions-Fraktionsvize **Wolfgang Zöller**: „Der Punkt ist für die SPD zwar nicht verhandelbar, aber er ist auch nicht praktizierbar."
7. September 2006	Die Bundesregierung tritt auf die (Zeit-)Bremse. Der Koalitionsausschuss beschließt, dass die Gesundheitsreform nicht zum Jahresbeginn 2007, sondern am 1. April 2007 in Kraft treten wird. Die Opposition mahnt einen Neuanfang bei der Reform an, der **DGB** begrüßt die Verschiebung.
11. September 2006	SPD-Fraktionschef **Peter Struck** reagiert auf zunehmende Kritik aus den eigenen Reihen der regierenden Parteien. Er bezeichnet die Reform als „Lackmus-Test" für das Regierungsbündnis: „Sie muss gelingen, damit die Koalition bis 2009 hält."
12. September 2006	Die Kritik aus den Unionsparteien an der geplanten Gesundheitsreform hält unvermindert an: Saarlands Ministerpräsident **Peter Müller** spricht von einem „Geburtsfehler" in den Eckpunkten, weil die Große Koalition nicht vereinbart habe, die Beitragssätze stabil zu halten. Er plädiert deshalb dafür, bei der Zusatzprämie auf die Überforderungsklausel für die Versicherten von einem Prozent des Hauseinkommens zu verzichten. Außerdem solle das Prinzip der Kostenerstattung eingeführt werden, bei dem die Versicherten in Vorleistung treten und die Ausgaben anschließend von den Kassen erstattet bekommen. Mehr Wettbewerb und Transparenz werden laut Müller mit den bisherigen Plänen kaum erreicht. Gerade wegen der steigenden Beitragssätze behält es sich Sachsens Ministerpräsident **Georg Milbradt** vor, im Bundesrat die Gesundheitsreform abzulehnen. Eine Anhebung um zwei oder drei Prozentpunkte sei „für den Freistaat Sachsen absolut unakzeptabel."

Als nicht akzeptabel bezeichnet hingegen der konservative **See-heimer Kreis** in der SPD-Bundestagsfraktion, „dass führende Uni-ons-Ministerpräsidenten die Autorität der Bundeskanzlerin unter-graben, indem sie die Eckpunkte der Gesundheitsreform in Frage stellen."

14. September 2006   Kanzlerin **Angela Merkel** schaltet sich in die sich verschärfende Debatte in den Regierungsparteien um die Gesundheitsreform ein. Sie warnt davor, Gruppeninteressen vor das Gemeinwohl zu stel-len. „Hier geht es nicht um 100.000 oder 200.000 Menschen, son-dern um 80 Millionen Versicherte", so die Kanzlerin. Die CDU-Ministerpräsidenten bleiben, trotz der Warnung Merkels, bei ihrer Kritik – insbesondere am Gesundheitsfonds.

22. September 2006   Union und SPD wollen unabhängige Fachleute einbeziehen, damit – so **Angela Merkel** – „die Gesundheitsreform zu einem guten En-de gebracht" werden könne. „Sorgfalt geht vor Schnelligkeit", sagt **Kurt Beck** im Vorfeld eines Gespräches mit der Kanzlerin. Die Ex-perten sollen den Koalitionspartnern helfen, den Streit um die Här-tefallregelung für den geplanten Zusatzbeitrag beizulegen. Merkel zufolge steht die Union zur Überforderungsklausel. Während die SPD auf der in den Eckpunkten vereinbarten Obergrenze von ei-nem Prozent des Haushaltseinkommens besteht, halten Kritiker in den Reihen von CDU/CSU diese Grenze für zu niedrig.

26. September 2006   Die Gesundheitsexperten von Union und SPD treffen erneut zu-sammen. Sie sind sich zwar beim künftigen Beitragseinzug und der Struktur der Krankenkassen einig. Doch beim Finanzausgleich zwi-schen den Krankenkassen ist ebenso wenig ein Konsens absehbar, wie bei den Reformplänen für die private Krankenversicherung und der Härtefallregelung für den Zusatzbeitrag. Unionspolitiker bestehen darauf, die Eckpunkte von Anfang Juli zu ändern. SPD-Politiker beharren auf dem ausgehandelten Kompromiss.

28. September 2006   Für den Streitpunkt der Zusatzprämie und einer damit verbunde-nen Härtefallregelung hat die Koalition zwei Schlichter hinzuge-holt. Der Wirtschaftsweise **Bert Rürup** und der frühere Barmer-Vorstandschef **Eckart Fiedler** sollen nun bis zum Koalitionstreffen am 4. Oktober einen Kompromissvorschlag entwickeln.

4. Oktober 2006   Drei Monate nach ihrem ersten Treffen zur Gesundheitsreform kommen die Spitzen der Großen Koalition erneut zusammen. Sie wollen sich darin einigen, wie die Anfang Juli einmütig beschlosse-

nen Eckpunkte in Gesetzesänderungen umgesetzt werden sollen. Die Gesundheitsexperten der Koalition haben zur Frage des künftigen Risikoausgleichs zwischen den gesetzlichen Krankenkassen und zum künftigen Rahmen für die privaten Krankenversicherer Kompromisse erarbeitet. Die CSU befürchtet allerdings weiterhin finanzielle Nachteile für Bayern durch den künftigen Fonds und plädiert für eine Neugestaltung des Finanzausgleichs. In der SPD gibt es inzwischen grundsätzliche Kritik: Der Erhalt der Solidargemeinschaft sei wichtiger als der Erhalt der Koalition.

5. Oktober 2006 Die Spitzen der Großen Koalition verkünden die Ergebnisse ihrer Sitzung: Der Gesundheitsfonds soll nun zum 1. Januar 2009 starten, zeitgleich mit einem neuen Risikostrukturausgleich zwischen den gesetzlichen Krankenkassen und einem neuen Vergütungssystem für die niedergelassenen Ärzte, verkünden die jeweiligen Parteivorsitzenden. Im Streit um die Höhe des Zusatzbeitrags und einer Härtefallregelung haben sich die Regierungspartner auf eine Lösung verständig: Es bleibt bei der Begrenzung auf ein Prozent des Haushaltseinkommens, jedoch dürfen die Kassen Zusatzprämien von bis zu acht Euro im Monat erheben, ohne eine finanzielle Überforderung des einzelnen Versicherten prüfen zu müssen.

6. Oktober 2006 Sowohl in der Union als auch bei der SPD bleibt Skepsis vorherrschend. SPD-Vorstandsmitglied **Andrea Nahles** etwa hält die jetzt erzielte Einigung für schlechter als die Anfang Juli beschlossenen Eckpunkte. Betroffen seien nun vor allem Geringverdiener, die deutlich höhere Beiträge zahlen und teils noch einen Zusatzbeitrag aufbringen müssten. Vize-Kanzler **Franz Müntefering** hingegen hält die geplante Reform für einen „wichtigen Schritt."

11. Oktober 2006 Die Personalräte der sieben Krankenkassen-Spitzenverbände warnen in Berlin vor dem Verlust vieler hundert Arbeitsplätze durch die Ablösung ihrer Organisationen durch den neuen Spitzenverband Bund der GKV.

12. Oktober 2006 Der Referentenentwurf des Bundesgesundheitsministeriums für das Gesetz zur Stärkung des Wettbewerbs in der gesetzlichen Krankenversicherung wird veröffentlicht.

13. Oktober 2006 Das **Bundesministerium für Gesundheit** hat 94 Verbände und Organisationen zur Fachanhörung am 16. Oktober geladen. Die Spitzenorganisationen von Ärzten und Zahnärzten, Kliniken, Apothekern sowie der gesetzlichen und der privaten Krankenkassen halten es jedoch für eine Farce, vier Tage nach Veröffentlichung des Entwurfes fundiert über diesen sprechen zu können und sagen die Teilnahme in einer gemeinsamen Erklärung ab. Die Anhörung soll trotzdem stattfinden. „Wenn die Leute nicht kommen, kommen sie eben nicht", sagt Ulla Schmidts Sprecher, **Klaus Vater**, und ergänzt gegenüber dpa: „Das wird das Gesetz nicht aufhalten."

17. Oktober 2006 — Nach der Fachanhörung ohne Beteiligung der wichtigsten Verbände geht der Referentenentwurf für das GKV-WSG am 17. Oktober in die Fraktionen. Umstritten sind weiterhin die Zusatzprämie, die bis zur Höhe von acht Euro ohne Einkommensprüfung erhoben werden soll, und die Ausgestaltung eines krankheitsorientieren Risikoausgleichs zwischen den Krankenkassen. Mindestens 35 Parlamentarier hat der SPD-Abgeordnete **Wolfgang Wodarg** in den eigenen Reihen ausgemacht, die zur Reform Nein sagen wollen. Bevor das Solidarsystem auseinander breche, „ist es besser, die Koalition bricht auseinander", führt er an. SPD-Fraktionschef **Peter Struck** bezeichnet Äußerungen derartiger Zahlen über mögliche Abweichler als „absoluten Unsinn."

Auch in der CDU/ CSU-Fraktion gibt es Widerstand. Der Vorsitzende der Jungen Union, **Philipp Mißfelder**, und der Chef der Jungen Gruppe, **Marco Wanderwitz**, lehnen die Reform ab.

Einen Neuanfang bei der Gesundheitsreform fordern der **Sozialverband Deutschland** und die **Volkssolidarität**. Die jetzigen Reformpläne bedeuteten eine „gravierende soziale Schieflage."

18. Oktober 2006 — Die Spitzen der Regierungsparteien äußern sich relativierend zum Widerstand aus den Fraktionen. Der Parlamentarische Geschäftsführer der SPD-Fraktion, **Olaf Scholz** dementiert ebenfalls, dass etwa 35 Abgeordnete der SPD die Reform ablehnen wollten. Der SPD-Vize **Elke Ferner** zufolge hat sich in der Fraktion die Erkenntnis durchgesetzt, „dass es ein Kompromiss ist, bei dem wir nicht alles durchsetzen konnten, die Union aber auch nicht."

Die Kassen verstärken ihre Kritik an den Reformplänen. Die Versorgung der Patienten werde teurer, schlechter und unsicherer, so sechs der sieben Spitzenverbände in einer gemeinsamen Stellungnahme zum Referentenentwurf.

19. Oktober 2006 — Die sechs führenden Wirtschaftsforschungsinstitute kritisieren in ihrem Herbstgutachten die geplante Gesundheitsreform und fordern einen Systemwechsel, der den Bürgern mehr Freiheit gebe, über Art und Umfang ihrer Krankenversicherung zu entscheiden.

Der Staatsrechtler **Prof. Rupert Scholz** legt ein Gutachten zu der Frage vor, ob gesetzliche Krankenkassen Insolvenz anmelden können. Danach ist die in den Referentenentwurf aufgenommene Insolvenzfähigkeit nicht mit dem Grundgesetz vereinbar. Scholz hält es für realistisch, dass in Folge der Gesundheitsreform große Versorgerkassen schließen müssen und warnt vor einem Dominoeffekt. Die Zahlungsunfähigkeit weiterer Kassen sei nicht auszuschließen, da die Kassen innerhalb der gleichen Kassenart für die Schulden der insolventen Schwesterkasse haften sollen.

20. Oktober 2006   Der Bremer Wissenschaftler **Gerd Glaeske** – Mitglied im **Sachverständigenrat zur Begutachtung der Entwicklung im Gesundheitswesen** des BMG – hält die geplante Reform schlicht für „Murks", da Probleme nur verschärft würden.

24. Oktober 2006   Die Bundestagsfraktionen von CDU/ CSU und der SPD stimmen mehrheitlich dem Gesetzentwurf zur Gesundheitsreform zu, wobei die Zahl der Gegenstimmen in der Unionsfraktion höher als in der der Sozialdemokraten ist.

25. Oktober 2006   Das Bundeskabinett billigt den Gesetzentwurf. Gesundheitsministerin **Ulla Schmidt** hält die Reform für einen „großen Fortschritt für das deutsche Gesundheitswesen." Kassenärzte, Apotheker, Krankenhaus-Gesellschaft sowie gesetzliche und private Krankenversicherer warnen hingegen in einer gemeinsamen Resolution vor einer Verstaatlichung und Vereinheitlichung des Gesundheitswesens.

26. Oktober 2006   Unmittelbar nach der Fertigstellung des Regierungsentwurfes, melden daran Beteiligte Zweifel an. Als „unterentwickelt" bezeichnet Unions-Fraktionsvize **Wolfgang Zöller** den Anteil der Steuerfinanzierung am künftigen Gesundheitsfonds. SPD-Vize **Elke Ferner**, ebenso wie Zöller seit Anfang April Mitglied der Arbeitsgruppe der Großen Koalition, hätte gerne „mehr Steuermittel."

27. Oktober 2006   Der Bundestag berät über das Gesetz in der ersten Lesung.

31. Oktober 2006   Die Apothekerverbände haben sich entschlossen, nach dem Vorbild der Ärzte gegen die geplante Reform zu demonstrieren. Sie befürchten ein Apotheken-Sterben vor allem auf dem Lande, wenn die Bundesregierung die Apotheker mit bis zu 500 Millionen Euro zur Kasse bitte, erläutert der Präsident der **Bundesvereinigung Deutscher Apothekerverbände** (ABDA) **Heinz-Günter Wolf**. Hintergrund ist, dass laut Gesetzentwurf die Apotheken Rabattverträ-

ge mit Pharmaherstellern vereinbaren sollen, um so die Kosten für Arzneimittel zu senken. Angepeilt wird ein Einsparvolumen von 500 Millionen Euro. Wird das nicht erreicht, sollen die Apotheker den Differenzbetrag zahlen.

Die privaten Krankenversicherer sind mit einer Protestaktion gegen die Gesundheitsreform selbst unter Druck geraten. Bundesregierung und mehrere Bundestagsabgeordnete werfen ihnen vor, bei massenhaft verschickten Protestbriefen von Privatversicherten an Parlamentarier Unterschriften gefälscht zu haben. Der **Verband der privaten Krankenversicherung** will die Vorwürfe prüfen.

1. November 2006   Der Staatsrechtler und frühere Verteidigungsminister **Rupert Scholz** ist davon überzeugt, dass die geplante Zusammenfassung der sieben Spitzenverbände der gesetzlichen Krankenkassen in einen einzigen Spitzenverband Bund, gegen die Verfassung verstoße. Mit dem Spitzenverband plane der Gesetzgeber „durch die Hintertür den Einstieg in eine Einheitsversicherung", so Scholz in seinem Gutachten für den **BKK- und den IKK-Bundesverband**.

2. November 2006   Die Parlamentarische Staatssekretärin im Gesundheitsministerium, **Marion Caspers-Merk**, plädiert dafür, die Kürzung des Bundeszuschusses zumindest teilweise zurückzunehmen. Ihre Begründung: Die Kassen würden derzeit Millionen-Kosten für die Bezieher von Arbeitslosengeld II tragen; deshalb sollten die Kassen nun auch von den Überschüssen der Bundesagentur für Arbeit profitieren.

3. November 2006   Im Rahmen des Finanzgipfels bei Kanzlerin **Angela Merkel** wird von einem Steuer-Plus von knapp 40 Milliarden Euro bei Bund, Ländern und Kommunen für 2006 und 2007 ausgegangen. Auch die gesetzliche Krankenversicherung soll von den Steuereinnahmen profitieren. Union und SPD wollen bereits 2007 statt 2008 in eine Steuerfinanzierung der Krankheitskosten für Kinder einsteigen. Wie hoch der Zuschuss des Bundes ausfallen wird, haben die Koalitionsspitzen allerdings offen gelassen. Nach dem Entwurf zur Gesundheitsreform soll der Bund 2008 einen Zuschuss von 1,5 Milliarden Euro zahlen.

Die Kritik an der Gesundheitsreform hält unvermindert an. Der **Marburger Bund** ruft zum Boykott der Reform auf.

8. November 2006   In der Anhörung des Gesundheitsausschusses des Bundestags zur Gesundheitsreform warnen die privaten Krankenversicherer vor drastischen Prämiensteigerungen. Der **Verband der privaten Krankenversicherung** kritisiert vor allem die Pflicht, einen Basista-

rif anzubieten. Die Kassenärzte und die Krankenkassen äußern erneut Kritik an der künftigen Vergütung der niedergelassenen Ärzte. Die **Kassenärztliche Bundesvereinigung** warnt vor Praxispleiten. Die Krankenkassen sehen erhebliche Risiken für die Ausgabenentwicklung.

13. November 2006   Noch vor Abschluss der Anhörungen im Gesundheitsausschuss sprechen sich Parlamentarier der Koalitionsfraktionen für mehr Zeit im Gesetzgebungsverfahren aus. Die Bedenken und Kritik aus den Verbänden am Gesetzentwurf hätten eine Reihe von Fragen aufgeworfen, so der CSU-Sozialpolitiker **Max Straubinger**. Nach den Worten der CDU-Gesundheitsexpertin **Annette Widmann-Mauz** gibt es im Gesetzentwurf noch „missverständliche Formulierungen", die mit Änderungsanträgen klargestellt werden müssten. Sie plädieren dafür, die für den 15. Dezember vorgesehene zweite und dritte Lesung der Reform im Bundestag auf den Januar zu verschieben.

16. November 2006   Ein „halbwegs geschlossenes Wettbewerbskonzept" vermisst der Gesundheitsökonom **Jürgen Wasem** im GKV-WSG. Deshalb sei der Reformentwurf der Großen Koalition nur „sehr eingeschränkt dazu geeignet, die Leistungsfähigkeit des Gesundheitssystems zu erhöhen", schreibt der Professor an der Universität Duisburg-Essen in einer Analyse für die gewerkschaftsnahe Hans-Böckler-Stiftung. Notwendig seien die Einführung eines morbiditätsorientierten Risikostrukturausgleichs, die Überwindung der Grenzen zwischen ambulanter und stationärer Versorgung und mehr Vertragswettbewerb in der Arzneimittelversorgung. In diesen Bereichen bringe das GKV-Wettbewerbsstärkungsgesetz zwar einige Fortschritte, aber keine entscheidenden Weiterentwicklungen.

18. November 2006   Gesundheitsministerin Ulla Schmidt gibt bekannt, dass der Bundestag die Reform erst 2007 verabschieden werde. Bei einzelnen Punkten sieht aber auch die Ministerin Nachbesserungsbedarf, so bspw. bei Regelungen zu Insolvenzen von Krankenkassen. Unnachgiebig zeigt sich Schmidt in Sachen Privatversicherung. Für Forderungen aus der Union, die geplanten Änderungen im Bereich der privaten Krankenkassen um ein Jahr zu verschieben, gebe es keine sachlichen Gründe.

20.-22. November 2006 Vom 20. bis zum 22. November empfängt Kanzleramtsminister **Thomas de Maizière** Vertreter der Verbände im Gesundheitswesen im Kanzleramt.

Der Vorsitzende des **Gemeinsamen Bundesausschusses, Rainer Hess**, warnt davor, dass mit der Reform „ein funktionierendes System zerstört" werde. „Künftig steuert der Staat die Arbeit", kritisiert er die geplanten Änderungen am G-BA.

21. November 2006   Die **Spitzenorganisationen im Gesundheitswesen** legen eine Mängelliste zum Entwurf der Gesundheitsreform vor. Darin werden rechtlich problematische Regelungen wie etwa die künftige Insolvenzfähigkeit der Krankenkassen oder die Pflicht für Privatversicherer zum Angebot eines Basistarifs aufgelistet. Das einhellige Urteil von gesetzlichen und privaten Krankenversicherungen, Ärzten und Zahnärzten sowie Deutscher Krankenhausgesellschaft lautet: Die Reform löst weder die Finanzierungsprobleme der gesetzlichen Krankenversicherung, noch bringt sie den Wettbewerb voran.

22. November 2006   Vertreter von **BDA** und **DGB** setzen sich für den Erhalt der Selbstverwaltung in der GKV ein. Die Selbstverwaltung der Kassen müsse ihre Finanzhoheit behalten, so **Dr. Volker Hansen** von der BDA. Der mit der Reform vorgegebene Weg in ein zentralistisches System lasse keinen verstärkten Wettbewerb um die beste medizinische Versorgung und Qualität zu. DGB-Chef Michael Sommer sieht die Versicherten und Kranken als Verlierer des geplanten GKV-WSG.

24. November 2006   Der Bundesrat stimmt in einem zur Gesundheitsreform parallelen Gesetzesverfahren – dem Vertragsarztrechts-Änderungsgesetz – den Änderungen im Vertragsarztrecht ebenso zu, wie den Neuregelungen zur Entschuldung der Krankenkassen und der verlängerten Anschubfinanzierung zur Integrierten Versorgung. Allerdings sind **Baden-Württemberg, Bayern** und **Sachsen** mit den neuen Entschuldungsregelungen nicht einverstanden. Der geforderten Anrufung des Vermittlungsausschusses wird nicht Folge geleistet.

27. November 2006   Bundeskanzlerin **Angela Merkel** muss sich auf dem CDU-Parteitag in Dresden harscher Kritik stellen. Die geplante Reform sei mehr als enttäuschend, so der niedersächsische CDU-Delegierte und Vorsitzendes des Hartmannbundes **Kuno Winn**. Es sei nicht zu bestreiten, dass der Staat stärker in die Therapiefreiheit der Ärzte eingreife.

Unterdessen kommen auch aus den Reihen der Großen Koalition immer mehr Änderungswünsche. Die Gesundheitsexperten der SPD plädieren für Korrekturen im Bereich Rehabilitation und bei der geplanten Insolvenzfähigkeit für alle Krankenkassen. Hier wollen sie zumindest längere Fristen erreichen. Die unionsregierten Länder lehnen es ab, dass die Bundesregierung den künftig einheitlichen Beitragssatz für alle Kassen festlegen soll. Sie fordern Mitsprache ein. Die FDP-Wirtschaftsminister von Niedersachsen und Baden-Württemberg wollen gar das Kernstück der Reform, den Gesundheitsfonds, kippen. In der Länderkammer liegen zahlreiche Änderungsanträge vor.

4. Dezember 2006   Bundesweit demonstrieren mehrere zehntausend Ärzte, Zahnärzte, Apotheker, Klinikbeschäftigte und Angehörige von Gesundheitsverbänden gegen die Gesundheitsreform. Ihr Ziel: Die Reform noch im laufenden Gesetzgebungsverfahren zu stoppen. „Die Kranken sind die Verlierer dieser Reform", so Ärztepräsident **Jörg-Dietrich Hoppe**. Gesundheitsministerin **Ulla Schmidt** kritisiert die Proteste. Mit den Forderungen der Verbände nach mehr Geld würden Kranke und Patienten „in Geiselhaft" genommen, so Schmidt im Deutschlandfunk.

5. Dezember 2006   Mehrere Ärzteverbände sagen ein Treffen im Bundesgesundheitsministerium ab. Der **Hartmannbund** erklärt, man wolle sich nicht „an einem Tag als Geiselnehmer und geldgierige Lobbyisten beschimpfen" lassen, um sich am nächsten Tag „in einer Arbeitsgruppe vorführen zu lassen."

8. Dezember 2006   Die Gesundheitsreform wird zu einem der wichtigsten Themen im Bundestagswahlkampf 2009. Das Bemühen, eine dauerhafte Reform zu verabschieden, die über zehn Jahre hält, sei leider gescheitert, sagt SPD-Fraktionschef **Peter Struck** gegenüber der „Westfalenpost." Dieses Gesetz sei ein Kompromiss auf dem kleinsten gemeinsamen Nenner. Seine Prognose für den Wahlkampf 2009 lautet, dass die Union wieder mit der Kopfpauschale antreten wird, die SPD hingegen erneut für die Bürgerversicherung werben werde.

11. Dezember 2006   Die jüngsten Entscheidungen von Bundespräsident **Horst Köhler**, zwei verabschiedete Gesetze wegen verfassungsrechtlicher Bedenken nicht zu unterzeichnen, wirkt sich auch auf die Gesundheitsreform aus. Laut Regierungssprecher **Thomas Steg** will die Große Koalition den Gesetzentwurf ändern, damit alle Regelungen verfassungsgemäß sind. Denn auch Unions-Fraktionsvize **Wolfgang Bosbach** hält die Reform in Teilen für „verfassungsrechtlich fraglich." Als Beispiel nennt er die geplanten Änderungen für die privaten Krankenversicherer. Der FDP-Gesundheitsexperte **Daniel**

Bahr hält auch die Regelungen zur Insolvenzfähigkeit der Krankenkassen für nicht mit dem Grundgesetz vereinbar.

13. Dezember 2006   Zwischen den Koalitionspartnern Union und SPD zeichnet sich der
nächste Streitpunkt ab. CDU/ CSU wollen den geplanten Basistarif,
den künftig die privaten Krankenversicherer anbieten sollen, auf
2009 verschieben. Der Basistarif erfordere „erhebliche Umstellun-
gen im Geschäftsbereich der privaten Krankenversicherungen", begründet die gesundheitspolitische Sprecherin der Unionsfraktion,
Annette Widmann-Mauz, den Vorstoß im NDR. Außerdem komme das neue Vergütungssystem für die niedergelassenen Ärzte e-
benfalls erst 2009. In die gleiche Richtung zielen Änderungsanträge
des Bundesrates, der am Freitag seine Stellungnahme zum Gesetzentwurf der Bundesregierung beraten wird. Die SPD winkt bereits
ab. Es gebe „überhaupt keine Veranlassung, den Basistarif zu verschieben", meint die gesundheitspolitische Sprecherin der Bundestagsfraktion, **Carola Reimann**.

15. Dezember 2006   Die Länder fordern zahlreiche Änderungen am Gesetzentwurf. Im
Bundesrat droht Bayern mit einem Nein zur Reform, sollten die finanziellen Auswirkungen auf die Länder nicht eindeutig geklärt
sein. Neue Gutachten sollen dem abhelfen. Sachsen-Anhalt schließt
die Anrufung des Vermittlungsausschusses von Bundesrat und
Bundestag nicht aus, denn der Plan, die Krankheitskosten nur für
gesetzlich versicherte Kinder aus Steuern zu finanzieren, sei verfassungswidrig.

19. Dezember 2006   Die Gesundheitsexperten **Prof. Bert Rürup** und **Prof. Eberhard
Wille** werden von der Bundesregierung erneut mit einem Gutach-
ten beauftragt: Bis Anfang Januar sollen sie die Auswirkungen der
Gesundheitsreform auf die finanziellen Transfers zwischen den
Ländern evaluieren.

22. Dezember 2006   In den letzten Wochen des Jahres werden nahezu flächendeckend
Steigerungen der Kassenbeträge bekannt gegeben.

28. Dezember 2006   **Peter Ramsauer**, Vorsitzender der CSU-Landesgruppe im Bundestag, droht in der „Bild-Zeitung" mit dem Nein seiner Partei. Die
CSU-Landesgruppe könne dem Gesetz in der jetzigen Form auch
deshalb nicht zustimmen, weil es faktisch das Ende der privaten
Krankenversicherung bedeute. Dies verstoße klar gegen die im Koalitionsausschuss vereinbarten Eckpunkte.

| 29. Dezember 2006 | **Volker Kauder** (CDU) sieht den Fahrplan für die Gesundheitsreform nicht gefährdet und ruft zur „verbalen Abrüstung" auf. Den Kritikern in den Reihen der CSU verspricht er: „Ich bin sicher, dass die noch offenen Fragen sehr schnell beantwortet werden." Dabei sollen insbesondere **Bert Rürup** und **Eberhard Wille** helfen. Das Rheinisch-Westfälische Institut für Wirtschaftsforschung hat errechnet, dass vor allem Nordrhein-Westfalen, Baden-Württemberg und Bayern belastet werden. Vor diesem Hintergrund appelliert Gesundheitsministerin **Ulla Schmidt** an alle Beteiligten: „Die Krankenversicherung ist eine Solidargemeinschaft für alle. Es gibt keine Süd- und auch keine Ost-Solidarität. Es gibt eine gesamtdeutsche Solidarität." |

1. Januar 2007 **Angela Merkel** zählt in ihrer Neujahrsansprache die Gesundheitsreform zu den 2007 anstehenden wichtigen Vorhaben

4. Januar 2007 In ihrem Gutachten zu den finanziellen Auswirkungen des künftigen Gesundheitsfonds auf die einzelnen Bundesländer prognostizieren **Rürup** und **Wille** für Bayern, Baden-Württemberg und Hessen erheblich geringere finanzielle Belastungen als ein Gutachten des Kieler Instituts für Mikrodatenanalyse Ende 2006. „Es gibt viele und gute Gründe, den Gesundheitsfonds in seiner beschlossenen Form zu kritisieren, die in diesem Fonds induzierten länderspezifischen Umverteilungswirkungen gehören nicht dazu." Wer regionale Verteilungswirkungen in den Vordergrund stelle, „dokumentiert ein verfehltes Verständnis einer Sozialversicherung", so **Rürup**.

5. Januar 2007 Im Streit um die finanziellen Auswirkungen des Fonds auf die Bundesländer lehnt die CSU ein Einlenken ab. Trotz des jüngsten Gutachtens ist für Bayerns Sozialministerin **Christa Stewens** noch immer die Höhe des Finanzbedarfs für den Gesundheitsfonds offen. Auch Baden-Württembergs Sozialministerin **Monika Stolz** (CDU) will ein noch ausstehendes Gutachten – das vierte zu dieser Frage – abwarten. Ihr fehlen wichtige Aspekte wie die Folgen auf die Versorgungsstruktur. Dabei hat am Vortag Ministerpräsident **Günther Oettinger** Bereitschaft gezeigt, den Streit um Prognosen zu beenden.

10. Januar 2007 Die Bundesregierung ist zuversichtlich, den Termin 1. April für den Start der Gesundheitsreform einhalten zu können – trotz der 104 Änderungsvorschläge des **Bundesrates** und den anhaltenden Diskussion. Nicht alle Forderungen der Länderkammer sollen berücksichtigt werden. Ein Mitspracherecht der Länder bei der Festlegung

des künftig bundesweit einheitlichen Beitragssatzes aller Krankenkassen in etwa lehnt die Regierung ab.

12. Januar 2007   Union und SPD haben einen der Hauptstreitpunkte in der Gesundheitsreform mit einem Kompromiss gelöst. Die geplanten Neuregelungen für die privaten Krankenversicherer sollen nun moderater
ausfallen als bislang vorgesehen; darauf hatte die Union bestanden.
Dafür wird, wie von der SPD gewünscht, eine Pflicht zur Krankenversicherung für alle Bürger eingeführt.

18. Januar 2007   Das Gesundheitsministerium stößt weiterhin auf den Widerspruch
von Verfassungsrechtlern. „Teile der Reform sind rechtspolitisch
falsch und verfassungsrechtlich wohl nicht zu halten", meint der
Osnabrücker Staatsrechtler **Jörn Ipsen**. Das betreffe insbesondere
die geplanten Änderungen für die privaten Krankenversicherer.
Europarechtliche Risiken sieht hingegen der Gesundheitsrechtler
Thorsten Kingreen von der Universität Regensburg. Durch das
GKV-WSG werde das Solidarprinzip der GKV geschwächt. Dies
könne zur Folge haben, dass die gesetzlichen Kassen künftig als
Unternehmen gelten und dann mit dem EU-Kartellrecht in Konflikt
geraten, schreibt Kingreen in einem Gutachten. Bisher gelten die
Krankenkassen aufgrund des Solidarprinzips nicht als Unterneh-
men.
Die **Bundesärztekammer** appelliert an die Abgeordneten des Bundestags, die Gesundheitsreform in der entscheidenden Sitzung am
2. Februar abzulehnen.

2. Februar 2007   Die Gesundheitsreform wird im Bundestag beschlossen. 378 Abgeordnete stimmen mit Ja, 207 mit Nein und acht enthalten sich. 43
Abgeordnete aus den Reihen der Regierungsfraktionen stimmen
nicht für das Gesetz.

16. Februar 2007   Das GKV-WSG passiert den Bundesrat. Die Landesregierungen, an
denen die FDP oder die Linkspartei beteiligt sind, sowie die CDU/
SPD-Koalition in Sachsen enthalten sich bei der Abstimmung.

26. März 2007   Der Bundespräsident unterzeichnet das GKV-Wettbewerbsstärkungsgesetz. Wie das Bundespräsidialamt mitteilt, hat **Horst
Köhler** „keine durchgreifenden verfassungsrechtlichen Bedenken."
Damit kann die Reform noch im März im Bundesgesetzblatt veröffentlicht werden und wie geplant am 1. April in Kraft treten.

1. April 2007   Das GKV-WSG tritt in Kraft.

21. Mai 2007   Fast 500 Vertreter von Versicherten und Arbeitgebern der zurzeit 241 gesetzlichen Krankenkassen haben mit der ersten Mitgliederversammlung den Grundstein für den neuen **Spitzenverband Bund** der Krankenkassen gelegt. Das zentrale Gremium wird gemäß dem seit 1. April geltenden GKV-Wettbewerbsstärkungsgesetz ab Juli 2008 anstelle der bisherigen sieben Spitzenverbände der unterschiedlichen Kassenarten für Teile der Vertragsgestaltung zuständig sein. In der Mitgliederversammlung haben die Kassenvertreter den 41-köpfigen Verwaltungsrat des neuen Spitzenverbandes gewählt. **Dr. Volker Hansen** (AOK) für die Arbeitgeber-Seite und **Willi Budde** (BKK) für die Versichertenvertreter sind die alternierenden Verwaltungsratsvorsitzenden des neuen Spitzenverbandes Bund.

21. September 2007   47 der 48 Unternehmen im **Verband der Privaten Krankenversicherung** wollen vor dem Bundesverfassungsgericht in Karlsruhe Verfassungsbeschwerde gegen die Gesundheitsreform einlegen. Sie halten den für 2009 vorgesehenen Basistarif im Umfang der Leistungen der gesetzlichen Krankenversicherung für verfassungswidrig, weil der Bund hier keine Gesetzgebungskompetenz habe. Außerdem verstoßen nach Ansicht der Privaten die vom Gesetzgeber beschlossenen Mitnahmemöglichkeiten von Altersrückstellungen bei einem Versicherungswechsel gegen die Eigentumsgarantie des Grundgesetzes.

Die handelnden Personen

zusammengestellt von Robert Paquet (Redaktionsschluss im April 2008)

Name	Ge-burts-jahr	Partei-zuge-hörig-keit	Akteur	Berufliche Herkunft
Ahrens, Dr. Jürgen	1941	CDU	Vorstand des AOK-Bundesverbandes	Studium der Rechts-wissenschaften
Budde, Willi	1940	SPD	Alternierender Vorsitzender des Verwaltungsrates beim BKK-Bundesverband; Versicherten-Vorsitzender des Verwaltungsra-tes des GKV-Spitzenverbandes	Lehre zum Maschi-nenschlosser; Be-triebsrat bei Man-nesmann, Mühl-heim/Ruhr
Buntenbach, Annelie	1955	GRÜNE	Mitglied des DGB-Bundesvorstand	Studium der Geistes-wissenschaften/ Lehramt
Busse, Prof. Dr. Reinhard	1963		Professor für Management im Gesundheitswesen an der TU Berlin	Studium der Humanmedizin
Caspers-Merk, MdB Marion	1955	SPD	Parlamentarische Staatssekretärin beim Bundesministerium für Gesundheit	Studium der Politik-wissenschaften/ Geisteswissenschaf-ten
Dreyer, MdL Malu	1961	SPD	Ministerin für Arbeit, Soziales, Familie und Gesundheit in Rhein-land-Pfalz	Studium der Sprach-wissenschaften/ Religionswissenschaf-ten/ Rechtswissen-schaften
Ferner, MdB Elke	1958	SPD	Stellvertretende Vorsitzende der SPD-Bundestagsfraktion; stellver-tretende Bundesvorsitzende der SPD	Ausbildung zur EDV-Kauffrau
Fiedler, Prof. Dr. Eckhard	1942	CDU	Vorstand der BARMER-Ersatzkasse	Studium der Human-medizin

Name	Ge-burts-jahr	Partei-zuge-hörig-keit	Akteur	Berufliche Herkunft
Fischer, Birgit	1953	SPD	Stellvertretende Vorsitzende der BARMER-Ersatzkasse; Mitglied des SPD-Bundesvorstandes	Studium der Erziehungswissenschaften
Gunkel, Alexander	1968		Mitglied der Hauptgeschäftsführung der Bundesvereinigung der Deutschen Arbeitgeberverbände (BDA)	Studium der Rechtswissenschaften
Hansen, Dr. Volker	1955		Stellvertretender Abteilungsleiter Soziale Sicherung bei der Bundesvereinigung der Deutschen Arbeitgeberverbände (BDA); Verwaltungsratsvorsitzender des AOK-Bundesverbandes; Arbeitgeber-Vorsitzender des Verwaltungsrates des GKV-Spitzenverbandes	Studium der Volkswirtschaftslehre
Hecken, Josef	1959	CDU	Bis Mai 2008 Minister für Justiz, Gesundheit, Arbeit und Soziales des Saarlandes; seit Mai 2008 Präsident des Bundesversicherungsamtes	Studium der Rechtswissenschaften
Heß, Dr. Rainer	1940		Unparteiischer Vorsitzender des Gemeinsamen Bundesausschusses (G-BA)	Studium der Rechtswissenschaften
Kauder, MdB Volker	1949	CDU	Vorsitzender der CDU/ CSU-Bundestagsfraktion	Studium der Rechtswissenschaften
Klusen, Prof. Dr. Norbert	1947		Vorstandsvorsitzender der Techniker Krankenkasse	Studium der Betriebwirtschaftslehre
Knieps, Franz	1956	SPD	Leiter der Abteilung Krankenversicherung des Bundesministeriums für Gesundheit	Studium der Rechts- und Staatswissenschaften
Köhler, Dr. Andreas	1960		Vorstandsvorsitzender der Kassenärztlichen Bundesvereinigung	Studium der Humanmedizin/ Betriebswirtschaftslehre

Name	Ge-burts-jahr	Partei-zuge-hörig-keit	Akteur	Berufliche Herkunft
Kuppe, MdL Dr. Gerlinde	1945	SPD	Ministerin für Gesundheit und Soziales in Sachsen-Anhalt	Studium der Chemie und der Medizin
Lang, Dr. Manfred	1958	CDU	Referent für Gesundheitspolitik der CDU/ CSU-Bundestagsfraktion; Büroleiter des stellvertretenden Fraktionsvorsitzenden Zöller	Studium der Humanmedizin
Laumann, MdL Karl-Josef	1957	CDU	Minister für Arbeit, Gesundheit und Soziales in Nordrhein-Westfalen	Lehre zum Maschinenschlosser
Lautenschläger, MdL Silke	1968	CDU	Sozialministerin in Hessen	Studium der Rechtswissenschaften
Lauterbach, MdB Prof. Dr. Dr. Karl W.	1963	SPD	Mitglied der SPD-Bundestagsfraktion; gesundheitspolitischer Experte	Studium der Humanmedizin/ Gesundheitsökonomie
Leienbach, Dr. Volker	1954	CDU	Geschäftsführendes Vorstandsmitglied des Verbandes der privaten Krankenversicherung	Betriebswirtschaftslehre
Merkel, MdB Dr. Angela	1954	CDU	Bundeskanzlerin; Vorsitzende der CDU	Studium der Physik
Müller, MdB Hildegard	1967	CDU	Staatsministerin im Bundeskanzleramt; Mitglied der CDU/ CSU-Bundestagsfraktion	Studium der Betriebwirtschaftslehre
Nahles, MdB Andrea	1970	SPD	Mitglied der SPD-Bundestagsfraktion; stellvertretende Bundesvorsitzende der SPD	Studium der Politikwissenschaften/ Geisteswissenschaften
Pfeiffer, Dr. Doris	1959		Vorstandsvorsitzende des Verbandes der Angestellten-Krankenkassen (VdAK) und des Arbeiter-Ersatzkassen-Verbandes (AEV); Vorstandsvorsitzende des GKV-Spitzenverbandes	Studium der Volkswirtschaftslehre
Rebscher, Prof. Dr. Herbert	1954		Vorsitzender des Vorstandes der DAK	Studium der Wirtschafts- und Organisationswissenschaften

Name	Ge-burts-jahr	Partei-zuge-hörig-keit	Akteur	Berufliche Herkunft
Reimann, MdB Dr. Carola	1967	SPD	Gesundheitspolitische Sprecherin der SPD-Bundestagsfraktion	Studium der Biotechnologie
Rürup, Prof. Dr. Bert	1943	SPD	Vorsitzender des Sachverständigenrates zur Begutachtung der gesamtwirtschaftlichen Entwicklung	Studium der Volkswirtschaftslehre
Schmeinck, Wolfgang	1947	keine	Vorsitzender des Vorstandes des BKK-Bundesverbandes	Studium der Volkswirtschaftslehre
Schmidt, MdB Ulla	1949	SPD	Bundesministerin für Gesundheit	Studium für das Lehramt an Grund- und Hauptschulen
Schröder, Dr. Klaus Theo	1948	SPD	Staatssekretär im Bundesministerium für Gesundheit	Studium
Seehofer, MdB Horst	1949	CSU	Bundesminister für Ernährung, Landwirtschaft und Verbraucherschutz	Studium der Verwaltungswissenschaften
Spahn, MdB Jens	1980	CDU	Mitglied der CDU/ CSU-Bundestagsfraktion	Studium der Politologie und der Rechtswissenschaften
Stewens, MdL Christa	1945	CSU	Staatsministerin für Arbeit- und Sozialordnung, Familie und Frauen in Bayern	Hausfrau
Stoiber, MdL Dr. Edmund	1941	CSU	Bis Oktober 2007 Ministerpräsident von Bayern	Studium der Rechtswissenschaften
Tilly, Ulrich	1958	SPD	Leiter des Ministerbüros im Gesundheitsministerium	Studium der Wirtschafts- und Sozialwissenschaften des Landbaues
Trauernicht, MdL Dr. Gitta	1951	SPD	Ministerin für Soziales, Gesundheit, Familie, Jugend und Senioren in Schleswig-Holstein	Studium der Erziehungswissenschaften, Soziologie und Germanistik
Vater, Klaus	1946	SPD	Pressesprecher des Bundesministeriums für Gesundheit	Studium der Politikwissenschaften
Wasem, Prof. Dr. Jürgen	1959		Professor für Medizinmanagement an der Universität Duisburg-Essen	Studium der Wirtschafts-, Politik- und Sozialwissenschaften

Name	Ge-burts-jahr	Partei-zuge-hörig-keit	Akteur	Berufliche Herkunft
Widmann-Mauz, MdB Annette	1966	CDU	Vorstand der CDU/ CDU- Bundes-tagsfraktion	Studium der Politik-wissenschaften/ Rechtswissenschaften
Wille, Prof. Dr. Eberhard	1942		Vorsitzender des Sachverständi-genrates zur Begutachtung der Entwicklung im Gesundheitswe-sen	Studium der Volks-wirtschaftslehre
Ziegler, MdL Dagmar	1960	SPD	Ministerin für Arbeit, Soziales, Gesundheit und Familie in Bran-denburg	Studium der Finanz-wirtschaft
Zöller, MdB Wolf-gang	1942	CDU	Stellvertretender Vorsitzender der CDU/ CSU-Bundestagsfraktion	Studium Maschinen-bau

Dr. Jürgen Ahrens, geboren am 30. Juni 1941 in Hamburg, studierte nach Abitur und Wehrdienst Jura in Graz und Kiel. 1971 schloss er sein Studium mit Promotion und zweiter Juristischer Staatsprüfung ab. 1973 absolvierte er bei der Commerzbank eine Ausbildung zum Filialleiter und wechselte dann in den Landesdienst in Schleswig-Holstein. Dort war er zuletzt Ministerialdirigent und Leiter einer Abteilung im Ministerium für Arbeit und Soziales, Jugend, Gesundheit und Energie. 1994 wurde er Geschäftsführer und 1996 Vorstandsvorsitzender des AOK-Bundesverbandes.

Willi Budde, geboren am 26. August 1940 in Mülheim/Ruhr, absolvierte eine Lehre zum Maschinenschlosser und engagierte sich früh als Betriebsrat bei Mannesmann, Mülheim/Ruhr. Er ist seit 1970 ehrenamtlich in der Selbstverwaltung der BKK Mannesmann in Düsseldorf tätig. 1981 wurde er in den Verwaltungsrat des BKK Landesverbandes Nordrhein-Westfalen gewählt und ist dort seit 1996 alternierender Vorsitzender. Der Selbstverwaltung des BKK Bundesverbandes gehört Willi Budde seit 1987 an und ist auch dort seit 1996 alternierender Vorsitzender des Verwaltungsrates. Seit 2007 ist er - für die Versichertenseite - Vorsitzender des Verwaltungsrates des neuen Spitzenverbandes Bund der Krankenkassen.

Annelie Buntenbach, am 24. Februar 1955 in Solingen geboren, studierte zunächst Geschichte und Philosophie für das Lehramt und legte ihr erstes und zweites Staatsexamen ab. Seit 1984 arbeitete sie als Setzerin in einem selbstverwalteten graphischen Betrieb in Bielefeld. Seit 1982 ist sie Mitglied der Grünen. Von 1984 bis 1989 war sie Mitglied im Bielefelder Stadtrat. Von 1994 bis 2002 war sie Mitglied des Deutschen Bundestages und ist seit 2006 Mitglied des geschäftsführenden Bundesvorstandes des DGB, zuständig für das Ressort Sozialpolitik.

Prof. Dr. Reinhard Busse, geboren am 26. März 1963, studierte nach dem Abitur Humanmedizin in Marburg, Harvard (USA), Boston (USA) und London (GB). 1992 promovierte er in Marburg und absolvierte 1993 ein Zusatzstudium „Bevölkerungsmedizin und Gesundheitswesen (Public Health)" in Hannover, wo er 1999 auch habilitierte. Nach verschiedenen Tätigkeiten im Bereich „Public Health" wurde er 2002 Professor für Management im Gesundheitswesen an der TU-Berlin.

Marion Caspers-Merk MdB, Parlamentarische Staatssekretärin im Bundesgesundheitsministerium, wurde am 24. April 1955 in Mannheim geboren. Sie studierte Politikwissenschaft, Geschichte und Germanistik in Freiburg und Berlin. Verschiedene wissenschaftliche Tätigkeiten schlossen sich an. Seit 1972 Mitglied der SPD, engagierte sich Marion Caspers-Merk zunächst in der Lokalpolitik. Seit 1990 ist sie Mitglied des Deutschen Bundestages. 2001 wurde sie durch die Bundesregierung zur Drogenbeauftragten berufen. Seit 2002 ist sie Parlamentarische Staatssekretärin im Gesundheitsministerium.

Malu Dreyer MdL, Ministerin für Arbeit, Soziales, Familie und Gesundheit des Landes Rheinland-Pfalz, geboren am 6. Februar 1961 in Neustadt an der Weinstraße, studierte nach dem Abitur zunächst Anglistik und Theologie, dann Rechtswissenschaften, absolvierte 1987 das erste Staatsexamen und 1990 das zweite. Nach ihrer Tätigkeit als wissenschaftliche Assistentin an der Johannes-Gutenberg-Universität in Mainz wechselte sie nach ihrer Ernennung als Richterin auf Probe zur Staatsanwaltschaft Bad Kreuznach. Von 1995 bis 1997 war sie hauptamtliche Bürgermeisterin (SPD) der Stadt Bad Kreuznach, ab 1997 Dezernentin für den Bereich Soziales, Jugend und Wohnen der Stadt Mainz. 2002 berief sie Ministerpräsident Kurt Beck als Nachfolgerin von Florian Gerster in sein Kabinett.

Elke Ferner MdB, wurde am 5. Mai 1958 in Idar-Oberstein geboren. Die gelernte EDV-Kauffrau arbeitete von 1979 bis 1990 in verschiedenen Unternehmen in Saarbrücken als Programmiererin. Seit 1983 Mitglied der SPD, übernahm Elke Ferner verschiedene Funktionen in der Lokalpolitik und in Orts- und Landesverbänden der SPD. 1990 bis 1998 war sie Mitglied des Deutschen Bundestags, danach bis 2000 Staatssekretärin im Bundesministerium für Verkehr, Bau- und Wohnungswesen in Bonn und Berlin. 2002 wurde Elke Ferner erneut Mitglied des Deutschen Bundestages und stellvertretende Vorsitzende der SPD Bundestagsfraktion. Von 2005 bis 2007 war sie auch stellvertretende Bundesvorsitzende der SPD.

Prof. Dr. Eckhard Fiedler, Jahrgang 1942, studierte Medizin, Politikwissenschaften und Soziologie in Mainz. Nach dem Staatsexamen der Medizin promovierte er 1970 und arbeitete danach als Assistent der Neurochirurgie, Inneren Medizin und Bakteriologie in Mainz. 1971 wurde er nebenberuflich Geschäftsführer der Landesärztekammer Rheinland-Pfalz und 1972 geschäftsführender Arzt und Leiter der Honorarabteilung der Kassenärztlichen Bundesvereinigung (KBV) in Köln. 1977 übernahm er das Amt des Hauptgeschäftsführers der KBV und wechselte 1988 als Geschäftsführer des Verbandes der Angestellten-Krankenkassen nach Siegburg. Von 1996 bis 2006 war er Vorsitzender des Vorstandes der BARMER-Ersatzkasse in Wuppertal. Seit 2006 ist er Professor am Institut für Gesundheitsökonomie und Klinische Epidemiologie der Universität zu Köln (IGKE).

Birgit Fischer wurde am 4. Oktober 1953 in Bochum geboren. Nach dem Studium der Erziehungswissenschaften in Münster war sie zunächst ab 1977 pädagogische Leiterin des Evangelischen Bildungswerks, dann ab 1980 Fachbereichsleiterin einer Volkshochschule. 1986 bis 1990 war sie Gleichstellungsbeauftragte der Stadt Bochum. 1990 bis 2007 war sie für die SPD Mitglied des Landtages in Nordrhein-Westfalen. Ab 1991 war sie Parlamentarische Geschäftsführerin der SPD-Fraktion. Von 1998 bis 2005 war sie Ministerin für Frauen, Jugend, Familie und Gesundheit des Landes Nordrhein-Westfalen. Als stellvertretende Vorsitzende der SPD-Landtagsfraktion NRW war Birgit Fischer für die SPD an der Ausarbeitung der „Eckpunkte" beteiligt. Seit 2006 ist sie stellvertretende Vorstandsvorsitzende der BARMER-Ersatzkasse.

Alexander Gunkel wurde am 31. Juli 1968 in Darmstadt geboren. 1988 bis 1993 studierte er Rechtswissenschaften mit dem Schwerpunkt Arbeitsrecht an der Universität des Saarlandes und am Centre d'Etudes Juridiques. Nach Abschluss des Referendariats erfolgte 1996 der Eintritt in die Bundesvereinigung der Deutschen Arbeitgeberverbände (BDA), wo er bis 1998 als wissenschaftlicher Mitarbeiter in der Abteilung Soziale Sicherung tätig war. Anschließend war er Büroleiter des BDA- Präsidenten und Hauptgeschäftsführer. 2003 wurde er Mitglied der Hauptgeschäftsführung der BDA. Bis 2005 war er alternierender Vorstandsvorsitzender des Verbandes Deutscher Rentenversicherungsträger und Mitglied im Vorstand der Bundesversicherungsanstalt für Angestellte. Seitdem ist er alternierender Vorsitzender der Deutschen Rentenversicherung.

Dr. Volker Hansen, Jahrgang 1955, studierte nach Abitur und Wehrdienst in Köln Volkswirtschaftslehre. 1981 bis 1986 war er Assistent am Wirtschaftspolitischen Seminar der Universität Köln und promovierte 1984. 1986 erfolgte der Eintritt in die Bundesvereinigung der Deutschen Arbeitgeberverbände (BDA), Abteilung „Soziale Sicherung". 1998 bis 1999 war er Büroleiter des Präsidenten und des Hauptgeschäftsführers. Seit 2005 ist er Verwaltungsratsvorsitzender des AOK-Bundesverbands, wo er die Arbeitgeberseite vertritt. Seit 2007 ist er Vorsitzender des Verwaltungsrates des neuen Spitzenverbandes Bund der Krankenkassen.

Josef Hecken MdL, Minister für Justiz, Gesundheit, Arbeit und Soziales des Saarlandes, wurde am 2. August 1959 in Neuwied geboren. Nach Abitur und Wehrdienst studierte er Rechtswissenschaften in Würzburg und Trier. Seit 1978 ist er Mitglied der CDU. Das Rechtsreferendariat absolvierte er am Oberlandesgericht Koblenz und 1988 erfolgte das zweite Staatsexamen. Zunächst in der Bezirksregierung Koblenz tätig, wurde er 1990 Leiter des Büros des rheinlandpfälzischen Innenministers Rudi Geil. 1991 bis 1998 leitete er das Büro des Bundesarbeitsministers Norbert Blüm. 1999 bis 2004 war Hecken Staatssekretär im saarländischen Ministerium für Frauen, Arbeit, Gesundheit und Soziales. Seit 2004 war er Minister für Justiz, Gesundheit und Soziales, seit 2007 ist er Minister für Justiz, Gesundheit, Arbeit und Soziales im Saarland.

Dr. Rainer Heß, geboren 1940 in Frankfurt am Main, studierte nach dem Abitur zunächst Mathematik, dann Rechtswissenschaften. 1969 legte er das zweite Staatsexamen ab und promovierte 1972 im Steuerrecht. Nach dem Staatsexamen war er zunächst als Justiziar des Verbandes der leitenden Krankenhausärzte, dann als Justiziar der gemeinsamen Rechtsabteilung von Bundesärztekammer und Kassenärztlicher Bundesvereinigung (KBV) tätig. 1988 bis 2003 war er

Hauptgeschäftsführer der KBV, bevor er 2004 Unparteiischer Vorsitzender des Gemeinsamen Bundesausschusses wurde.

Volker Kauder MdB, geboren am 3. September 1949 in Hoffenheim, studierte nach Abitur und Wehrdienst Rechtswissenschaft in Freiburg. 1975 schloss er dieses Studium mit dem ersten Staatsexamen ab. Nach dem zweiten Staatsexamen trat er 1979 in den Verwaltungsdienst des Landes Baden-Württemberg ein. 1975 bis 1991 war Kauder Pressesprecher und Mitglied des Vorstandes der CDU Südbaden und von 1985 bis 1999 Vorsitzender des CDU-Kreisverbandes Tuttlingen. Seit 1990 ist er Mitglied des Deutschen Bundestages. 1991 bis 2005 war Kauder Generalsekretär der CDU in Baden-Württemberg, 2005 Generalsekretär der CDU Deutschland. Seit 2005 ist er Fraktionsvorsitzender der CDU/ CSU-Bundestagsfraktion.

Prof. Dr. Norbert Klusen, Jahrgang 1947, wurde in Mönchengladbach geboren. Er absolvierte nach dem Fachhochschuldiplom in Betriebswirtschaftslehre ein weiteres Studium an der TU-Berlin, wo er schließlich auch promovierte. Nach verschiedenen Lehrtätigkeiten an Universitäten und Fachhochschulen arbeitete er im Personalmanagement und in der allgemeinen Verwaltung. Seit 1993 ist er im Gesundheitswesen tätig. Seit 1996 ist er Vorsitzender des Vorstands der Techniker Krankenkasse.

Franz Knieps, geboren am 10. Juli 1956. Nach dem Studium der Rechts- und Staatswissenschaften an den Universitäten Bonn und Freiburg war er wissenschaftlicher Mitarbeiter von Prof. Dr. Bernd Baron von Maydell am Institut für Arbeitsrecht und Recht der sozialen Sicherheit an der Universität Bonn. Es folgte der juristische Vorbereitungsdienst im Bezirk des Oberlandesgerichts Köln mit Schwerpunkt Sozialrecht. Danach war Knieps Referent für rechtspolitische Grundsatzfragen in der Rechtsabteilung des AOK-Bundesverbandes; es folgte eine Abordnung ins Bundesministerium für Arbeit und Sozialordnung zu Vorarbeiten am Gesundheitsreformgesetz sowie 1988/89 eine Abordnung als wissenschaftlicher Mitarbeiter zur Enquête-Kommission „Strukturreform der gesetzlichen Krankenversicherung" des Deutschen Bundestages. Eine weitere Abordnung erfolgte als politischer Berater ins DDR-Ministerium für Arbeit und Soziales und zum Direktor der DDR-Sozialversicherung zur Unterstützung des deutschen Vereinigungsprozesses; zudem war er Leiter des Stabsbereichs Politik im AOK-Bundesverband. Von 1998 bis 2003 war er „Geschäftsführer Politik" des AOK-Bundesverbandes. Seit 2003 ist er Leiter der Abteilung „Gesundheitsversorgung,

Krankenversicherung, Pflegeversicherung" im Bundesministerium für Gesundheit.

Dr. Andreas Köhler, geboren am 20. November 1960 in Hambrücken/Baden, studierte bis 1987 Humanmedizin und absolvierte nach der Facharztweiterbildung zum Chirurgen zusätzlich ein Studium der Betriebswirtschaftslehre. 1995 wurde er Referent bei der Kassenärztlichen Bundesvereinigung und 1998 Referent für Grundsatzfragen der KV Südwürttemberg. 1998 bis 2002 war er Leiter des Dezernats „Gebührenordnung und Vergütung" der KBV und 1999 bis 2003 stellvertretender Hauptgeschäftsführer, 2004 dann Hauptgeschäftsführer. Seit 2005 ist er Vorstandsvorsitzender der KBV.

Dr. habil. Gerlinde Kuppe MdL, Ministerin für Gesundheit und Soziales des Landes Sachsen-Anhalt, geboren am 19. Oktober 1945 in Görlitz, absolvierte nach dem Abitur ein Studium der Chemie an der Martin-Luther-Universität Halle-Wittenberg. Es folgte 1972 die Promotion und bis 1978 eine anschließende Tätigkeit als wissenschaftliche Mitarbeiterin im „VEB Rationalisierung" in Halle. 1979 wechselte sie als Laborleiterin an das Universitätsklinikum Halle und absolvierte berufsbegleitend ein Studium zur Chemikerin der Medizin. 1991 erfolgte die Habilitation. Von März bis Oktober 1990 gehörte sie der ersten frei gewählten Volkskammer der DDR an. Seit 1990 ist sie für die SPD Mitglied des Landtages von Sachsen-Anhalt. 1994 wurde sie als Ministerin für Arbeit, Soziales und Gesundheit von Ministerpräsident Höppner berufen. Unter Ministerpräsident Böhmer wurde sie 2006 erneut Ministerin für Gesundheit und Soziales.

Dr. Manfred Lang, Jahrgang 1958, studierte Humanmedizin. Er war bis 1998 Leiter des Ministerbüros von Gesundheitsminister Horst Seehofer (CSU). Danach war er sein Büroleiter in dessen Funktion als stellvertretender Vorsitzender der CDU/ CSU-Bundestagsfraktion für den Bereich Sozialpolitik. Im Anschluss war er in der gleichen Funktion für den stellvertretenden Fraktionsvorsitzenden Wolfgang Zöller tätig, der Seehofer in diesem Amt 2004 nachfolgte. Dr. Lang ist damit auf der „Arbeitsebene" der direkte Gesprächspartner der Ministerialbeamten des Bundesgesundheitsministeriums.

Karl-Josef Laumann MdL, Minister für Arbeit, Soziales, Familie und Gesundheit des Landes Nordrhein-Westfalen, wurde am 11. Juli 1957 in Riesenbeck geboren. Nach dem Besuch der Hauptschule absolvierte er eine Lehre zum Maschinenschlosser. Nach dem Wehrdienst war er in diesem Beruf von 1978 bis 1990 tätig. Seit 1974 ist er Mitglied der CDU und seit 1986 Vorsitzender des CDU-Kreisverbandes Steinfurt. Seit 2003 ist er Vorsitzender des Bezirksverbandes Münsterland. Außerdem ist Laumann Mitglied des Bundesvorstandes und seit 2004 des Präsidiums der CDU. Seit 2005 ist er Bundesvorsitzender der Christlich-Demokratischen Arbeitnehmerschaft (CDA). Von 1990 bis 2005 war Laumann Mitglied des Deutschen Bundestages, von 2000 bis 2002 Vorsitzender der Arbeitsgruppe Arbeit und Soziales und von 2002 bis 2005 der Arbeitsgruppe Wirtschaft und Arbeit der CDU/CSU-Bundestagsfraktion. Ende Juni 2005 wechselte er in das Kabinett Jürgen Rüttgers.

Silke Lautenschläger MdL, Ministerin für Soziales des Landes Hessen, geboren am 19. September 1968 in Darmstadt. Nach dem Abitur studierte Silke Lautenschläger in Mainz Rechtswissenschaft und legte 1996 ihr zweites Staatsexamen ab. Nach ihrem Engagement in der Jungen Union wurde sie 1997 in den Bezirksvorstand Hessen Süd gewählt. Seit 1999 ist sie Mitglied des Hessischen Landtages. 2001 wurde Silke Lautenschläger Ministerin für Familie, Gesundheit, Frauen, Soziales und Arbeit unter Ministerpräsident Roland Koch.

Prof. Dr. Dr. Karl W. Lauterbach MdB, wurde am 21. Februar 1963 in Niederzier geboren. Er studierte Medizin in Aachen, Düsseldorf und San Antonio (USA). Dem schloss er ein Studium der Gesundheitsökonomie und der Epidemiologie an der Harvard School of Public Health in Bosten (USA) an. Seit 1998 ist er Direktor des Instituts für Gesundheitsökonomie und Klinische Epidemiologie der Universität Köln. Karl W. Lauterbach war von 1999 bis 2005 Mitglied des Sachverständigenrates zur Begutachtung der Entwicklung im Gesundheitswesen. 2003 war er Mitglied der „Rürup-Kommission" und wurde im Herbst 2005 für die SPD in den Bundestag gewählt, wo er Mitglied des Gesundheitsausschusses ist.

Dr. Volker Leienbach, geboren am 2. Februar 1954 in Köln, studierte bis 1978 Betriebswirtschaftslehre. Er übernahm eine Assistentenstelle an der Universität Köln und promovierte 1980. Nach seiner Tätigkeit bei der Bundesvereinigung der Deutschen Arbeitgeberverbände (BDA) war er von 1984 bis 2002 Geschäftsführer der Gesellschaft für Versicherungswissenschaft und -gestaltung e.V. in Köln. Seit 2002 ist er Verbandsdirektor und geschäftsführendes Vorstandsmitglied im Verband der privaten Krankenversicherung e.V. in Köln.

Dr. Angela Merkel MdB, Bundeskanzlerin, wurde am 17. Juli 1954 in Hamburg geboren. Die Pfarrerstochter siedelte noch im selben Jahr in die DDR über, da der Vater eine Pfarrstelle in Quitzow bei Perleberg übernahm. Nach dem Abitur 1973 studierte sie Physik in Leipzig. 1986 reichte sie ihre Dissertation im Bereich Theoretische Chemie ein. Nach ersten politischen Erfahrungen in der Wendezeit im „Demokratischen Aufbruch" wurde Angela Merkel stellvertretende Regierungssprecherin der ersten und letzten frei gewählten Regierung der DDR. Unter Helmut Kohl wurde sie Ministerin für Frauen und Jugend. 1991 wurde sie stellvertretende Bundesvorsitzende der CDU. 1994 bis 1998 war Merkel Bundesministerin für Umwelt, Naturschutz und Reaktorsicherheit. 1998 wurde sie Generalsekretärin der CDU, im Jahr 2000 CDU-Vorsitzende und von 2002 bis 2005 war sie Vorsitzende der CDU/ CSU-Bundestagsfraktion. 2005 wurde sie zur Bundeskanzlerin gewählt.

Hildegard Müller MdB, Staatsministerin bei der Bundeskanzlerin, wurde am 29. Juni 1967 in Rheine geboren. Nach dem Abitur 1987 machte Hildegard Müller bei der Dresdner Bank zunächst eine Ausbildung zur Bankkauffrau. Anschließend begann sie 1989 ein Studium der Betriebswirtschaftslehre, das sie 1994 als Diplom-Kauffrau abschloss. Danach kehrte sie 1995 als Abteilungsdirektorin zur Dresdner Bank zurück. Hildegard Müller engagierte sich zunächst in der Jungen Union und war von 1998 bis 2002 deren Bundesvorsitzende. Sie ist seit 1998 Mitglied des CDU-Bundesvorstandes und gehört seit April 2000 dem Präsidium der CDU an. Seit 2001 ist sie Mitglied des Bundesvorstandes der Mittelstands- und Wirtschaftsvereinigung von CDU/ CSU (MIT). Seit 2002 ist sie Mitglied des Deutschen Bundestages. 2005 wurde Hildegard Müller Staatsministerin bei der Bundeskanzlerin und Beauftragte für die Bund-Länder-Koordination.

Andrea Nahles MdB, geboren am 20. Juni 1970, studierte Politik, Germanistik und Philosophie an der Universität Bonn. Nahles trat 1988 in die SPD ein und war mehrere Jahre Vorsitzende des Juso-Unterbezirkes Mayen-Koblenz. 1993 bis 1995 war sie Vorsitzende der Jusos in Rheinland-Pfalz, 1995 bis 1999 Bundesvorsitzende der Jusos. Mitglied im SPD-Parteivorstand ist sie seit 1997. Seit 2003 gehört sie dem SPD-Präsidium an. Sie leitete die Projektgruppe „Bürgerversicherung" des SPD-Parteivorstandes. Seit 2007 ist Andrea Nahles stellvertretende Parteivorsitzende. Mitglied des Bundestages war sie von 1998 bis 2002 und ist es wieder seit 2005. Seit November 2007 ist sie zudem arbeitsmarktpolitische Sprecherin der SPD-Fraktion.

Dr. Doris Pfeiffer, Jahrgang 1959, studierte nach dem Abitur Volkswirtschafts-lehre in Köln und an der Pennsylvania State University. 1985 arbeitete sie als wissenschaftliche Mitarbeiterin am Forschungsinstitut für Sozialpolitik in Köln, bis sie 1988 einen Lehrauftrag an der Kölner Schule - Institut für Publizistik e.V. annahm. 1989 erfolgte die Promotion, danach ihre Tätigkeit als Referentin für Ordnungspolitik in der Abteilung Verbandspolitische Planung des AOK-Bundesverbandes. 1992 wechselte sie als Referentin für Grundsatzfragen zur Deutschen Krankenhausgesellschaft, dann zum Verband der Angestellten-Krankenkassen. Dort war sie 1995 bis 2003 Leiterin der Abteilung Verbandspoli-tik, Marktsicherung und Öffentlichkeitsarbeit. Von 2003 bis 2007 war sie Vor-standsvorsitzende des Verbandes der Angestellten-Krankenkassen e.V., seit 2007 ist sie Vorstandsvorsitzende des neuen Spitzenverbandes Bund der Krankenkas-sen.

Prof. Dr. Herbert Rebscher wurde 1954 in Bad König im Odenwald geboren. Nach dem Abitur 1973 begann seine berufliche Laufbahn als Offizier bei der Bundeswehr. In München studierte er an der Universität der Bundeswehr Wirt-schafts- und Organisationswissenschaften. Seit 1992 war Herbert Rebscher stell-vertretender Geschäftsführer des VdAK, 1996 wurde er Vorsitzender des Vor-standes des VdAK. Zum 1. Oktober 2003 wechselte er in den Vorstand der DAK. Seit 2005 ist Herbert Rebscher Vorsitzender des DAK-Vorstandes und seit August 2005 zudem Honorarprofessor für Gesundheitspolitik und Gesundheitsökonomie an der Universität Bayreuth.

Dr. Carola Reimann MdB, wurde am 25. August 1967 in Goch geboren. Ab 1987 studierte sie Biotechnologie an der Technischen Universität Braunschweig. An-schließend arbeitete sie als wissenschaftliche Hilfskraft am Institut für Technolo-gie der Bundesforschungsanstalt für Landwirtschaft in Braunschweig. 1999 folgte ihre Promotion zum Dr. rer. nat.. 1998 wurde sie Referentin im Bereich „Public Health" und arbeitete ab 2000 als Projektleiterin für medizinisches Marketing in einem Pharmaunternehmen. Carola Reimann trat 1986 in die SPD ein. Von 1990 bis 1997 engagierte sie sich als Vorsitzende bzw. stellvertretende Vorsitzende bei den Jusos im Unterbezirk Braunschweig. Seit 1997 gehört sie dem Vorstand des SPD-Unterbezirks Braunschweig an und ist seit 2002 Unterbezirksvorsitzende. Seit dem 22. Februar 2000 ist sie Mitglied des Deutschen Bundestags. Hier ist sie seit Dezember 2005 Sprecherin der Fraktionsarbeitsgruppe „Gesundheit" und Mitglied des Vorstandes der SPD-Bundestagsfraktion.

Prof. Dr. Dr. h.c. Bert Rürup, geboren am 7. November 1943 in Essen, studierte wirtschaftliche Staatswissenschaften in Hamburg und Köln. 1969 bis 1974 war er Assistent am Seminar für Finanzwissenschaft der Universität Köln, danach wissenschaftlicher Mitarbeiter in der Planungsabteilung des Bundeskanzleramtes. Seit 1976 ist er Professor für Finanz- und Wirtschaftspolitik an der Technischen Universität Darmstadt. Nach verschiedenen Beratungsfunktionen für die Bundesregierung, vor allem im Bereich der Alterssicherung, wurde er im Jahr 2000 in den Sachverständigenrat zur Begutachtung der gesamtwirtschaftlichen Entwicklung berufen, dessen Vorsitz er im März 2005 übernahm. In den Jahren 2002/2003 war er Vorsitzender der „Kommission für die Nachhaltigkeit in der Finanzierung der Sozialen Sicherungssysteme", die auch als „Rürup-Kommission" bezeichnet wird.

Wolfgang Schmeinck, Jahrgang 1947, studierte nach dem Abitur Wirtschaftswissenschaften an der Ruhr-Universität Bochum. Danach begann er 1975 seine Tätigkeit beim BKK Bundesverband in Essen zunächst als wissenschaftlicher Mitarbeiter, dann als stellvertretender Geschäftsführer und seit Juli 1986 als Geschäftsführer. Seit dem 1. Januar 1996 ist er Vorstandsvorsitzender des BKK Bundesverbandes.

Ulla Schmidt MdB, Bundesministerin für Gesundheit und Soziales, wurde am 13. Juni 1949 in Aachen geboren. Sie studierte Psychologie und für das Lehramt an Grund- und Hauptschulen. Von 1976 bis 1985 war sie Lehrerin an einer Schule für Lernbehinderte in Stolberg. Nach einem Zusatzstudium an der Fernuniversität Hagen war sie 1985 bis 1990 Lehrerin an der Schule für Erziehungshilfe im Kreis Aachen. 1980 bis 1990 war Ulla Schmidt Mitglied im örtlichen Personalrat, im Bezirkspersonalrat und im Hauptpersonalrat für Lehrerinnen und Lehrer an Sonderschulen beim Kultusminister des Landes Nordrhein-Westfalen. Seit 1983 ist sie Mitglied der SPD und war bis 1992 im Rat der Stadt Aachen. Seit 1990 ist sie Mitglied des Deutschen Bundestages. Ulla Schmidt war von 1998 bis 2001 stellvertretende Vorsitzende der SPD-Bundestagsfraktion für die Bereiche Arbeit und Soziales, Frauen, Familie und Senioren. Im Januar 2001 wurde Ulla Schmidt Bundesministerin für Gesundheit.

Dr. Klaus Theo Schröder, Staatssekretär im Bundesministerium für Gesundheit, wurde am 5. Februar 1948 in Moers geboren. Im Anschluss an das Studium arbeitete er zunächst einige Jahre wissenschaftlich an der Gesamthochschule Duisburg, der Wirtschaftsuniversität Wien, der Universität Trier sowie am

Fraunhofer-Institut für Systemtechnik und Innovationsforschung in Karlsruhe an Fragen des Einsatzes und der Wirkungen moderner Technologien, der Struktur- sowie der Forschungs- und Innovationspolitik. Im November 1986 wurde er Mitarbeiter im damaligen Ministerium für Arbeit, Gesundheit und Soziales des Landes Nordrhein-Westfalen in Düsseldorf. Im Dezember 1994 wurde Schröder als Staatssekretär in das Thüringer Ministerium für Soziales und Gesundheit in Erfurt berufen. Im Dezember 1999 wurde er Staatssekretär in der Senatsverwaltung für Arbeit, Soziales und Frauen des Landes Berlin. Anschließend arbeitete er ab Dezember 2000 als Bereichsleiter des Vorstandsbereiches Baden-Württemberg, Hessen, Nordrhein-Westfalen in der Rhön-Klinikum AG, Bad Neustadt an der Saale. Von dort wechselte er im Januar 2001 als beamteter Staatssekretär in das Bundesministerium für Gesundheit.

Horst Seehofer MdB, Bundesminister für Ernährung, Landwirtschaft und Verbraucherschutz, geboren am 4. Juli 1949 in Ingolstadt, ist seit 1971 Mitglied der CSU. Der diplomierte Verwaltungsfachwirt wurde 1980 in seinem Wahlkreis Ingolstadt direkt in den Bundestag gewählt. Dort war er zunächst Sprecher der CSU-Landesgruppe (1983 bis 1989), dann Parlamentarischer Staatssekretär beim Bundesminister für Arbeit und Sozialordnung (1989 bis 1992). Danach wurde Horst Seehofer Bundesminister für Gesundheit (1992 bis 1998). Seit 1994 ist er stellvertretender Vorsitzender der CSU. Von 1998 bis 2004 war er stellvertretender Vorsitzender der CDU/ CSU-Bundestagsfraktion, zunächst zuständig für die Bereiche Europa, Landwirtschaft und Umwelt, später dann auch wieder für Gesundheits- und Sozialpolitik. Horst Seehofer verhandelte als CSU-Sozialexperte den Konsens der beiden Unionsparteien zur Gesundheitsreform und unterstützte im Gegensatz zur CDU tendenziell das Bürgerversicherungsmodell. 2005 wurde er Bundesminister für Ernährung, Landwirtschaft und Verbraucherschutz.

Jens Spahn MdB, wurde am 16. Mai 1980 in Ahaus geboren. Nach dem Abitur absolvierte er eine Ausbildung zum Bankkaufmann bei der Westdeutschen Landesbank. Spahn ist seit 2002 Mitglied des Deutschen Bundestages. Seit Ende 2005 ist er Obmann der CDU/CSU-Bundestagsfraktion im Ausschuss für Gesundheit.

Christa Stewens MdL, Ministerin für Arbeit, Sozialordnung, Familie und Frauen des Freistaats Bayern, wurde am 27. August 1945 in Altötting geboren. Nach dem Besuch des Realgymnasiums arbeite Christa Stewens 1965 bis 1967 in einem Architekturbüro, danach als Hausfrau in Poing-Angelbrachting. Nach verschiedenen Funktionen in der Kommunalpolitik war sie von 1990 bis 1994 oberbayerische Bezirksrätin. Seit 1994 ist sie Mitglied des bayerischen Landtages. 1998 bis 2001 war sie Staatssekretärin im Bayerischen Staatsministerium für Landesentwicklung und Umweltfragen. Im Januar 2001 wurde sie Bayerische Staatsministerin für Arbeit und Sozialordnung, Familie und Frauen.

Dr. Edmund Stoiber wurde am 28. September 1941 in Oberaudorf bei Rosenheim geboren. Nach dem Abitur absolvierte er seinen Wehrdienst bei der Gebirgsdivision in Bad Reichenhall und Mittenwald. Darauf folgte ein Studium der Rechtswissenschaften und der Politischen Wissenschaften an der Universität München und an der Hochschule für Politische Wissenschaften. Nach dem zweiten juristischen Staatsexamen 1971 folgte der Berufsstart im Bayerischen Staatsministerium für Landesentwicklung und Umweltfragen. 1972 bis 1974 war er persönlicher Referent des Staatsministers und zuletzt Leiter des Ministerbüros. Bis 1976 war Stoiber Kreisvorsitzender der Jungen Union von Bad Tölz-Wolfratshausen und ist seit 1974 Mitglied des Bayerischen Landtags. 1978 bis 1983 war er Generalsekretär der CSU in Bayern und 1989 bis 1993 stellvertretender Parteivorsitzender. 1982 bis 1988 war er Leiter der Bayerischen Staatskanzlei, 1988 bis 1993 Bayerischer Staatsminister des Innern und von Mai 1993 bis Oktober 2007 Bayerischer Ministerpräsident. Parteivorsitzender der CSU war Edmund Stoiber von Januar 1999 bis Ende September 2007.

Dr. Gitta Trauernicht MdL, Ministerin für Soziales, Gesundheit und Verbraucherschutz des Landes Schleswig-Holstein, wurde am 30. April 1951 in Emden geboren. Nach der mittleren Reife absolvierte Gitta Trauernicht zunächst eine Ausbildung als Chemielaborantin und war danach in verschiedenen Firmen der Lebensmittelüberwachung und der Medizintechnik tätig. Nach dem Abitur auf dem zweiten Bildungsweg studierte sie in Münster Soziologie, Erziehungswissenschaft und Deutsche Philologie. Seit 1987 ist sie Mitglied der SPD. 1989 erfolgte die Promotion an der TU-Berlin zu einem sozialpädagogischen Thema. Von 1984 bis 1989 war sie Mitarbeiterin, später Geschäftsführerin des Instituts für soziale Arbeit e.V. in Münster. Von 1989 bis 1995 war sie Senatsdirektorin/ Leiterin des Amtes für Jugend der Freien und Hansestadt Hamburg, von 1995 bis 1997 Staatsrätin für Schule, Jugend und Berufsbildung und von 1997 bis 2000 Chefin der Senatskanzlei der Freien Hansestadt Hamburg und Staatsrätin für den Ersten Bürgermeister. Von Dezember 2000 bis März 2003 war Gitta Trauernicht Niedersächsische Ministerin für Frauen, Arbeit und Soziales. Seit 2004 ist sie Ministerin für Soziales und Gesundheit in Schleswig-Holstein.

Klaus Vater wurde am 22. März 1946 in Lüdenscheid geboren. Er war Redakteur des „Vorwärts" und war von 1990 bis 1999 wissenschaftlicher Referent und Büroleiter des stellvertretenden Fraktionsvorsitzenden der SPD-Bundestagsfraktion Rudolf Dreßler (zuständig für Gesundheits- und Sozialpolitik). Seit 2000 ist er Pressesprecher, zunächst bei Arbeitsminister Walter Riester, dann im Bundesgesundheitsministerium.

Prof. Dr. Jürgen Wasem wurde am 2. September 1959 in Köln geboren. Er studierte Volkswirtschaftslehre, Politikwissenschaft und Sozialwissenschaft an der Pennsylvania State University, der University of Sussex und in Köln. 1983 bis 1985 war er wissenschaftlicher Mitarbeiter am Seminar für Sozialpolitik der Universität Köln, wo er 1986 promovierte. 1985 bis 1989 war Wasem Referent in der Abteilung Gesundheitsversorgung und Krankenversicherung im Bundesministerium für Arbeit und Sozialordnung. Es folgten Professuren an der Fachhochschule Köln, der Universität München und der Universität Greifswald. Seit 2003 ist Wasem Inhaber des Alfried Krupp von Bohlen und Halbach-Stiftungs-Lehrstuhls für Medizinmanagement der Universität Duisburg-Essen mit Sitz in Essen. Wasem leitete 1994 bis 1996 die „Unabhängige Expertenkommission zur Untersuchung der Problematik steigender Beiträge der privat Krankenversicherten im Alter". Wasem war u.a. gemeinsam mit Karl W. Lauterbach, Bert Rürup und Gerd Glaeske 2001 Mitglied einer Expertengruppe, die im Auftrag der Friedrich-Ebert-Stiftung Eckpunkte für die Weiterentwicklung des Gesundheitswesens vorlegte. Er war andererseits auch Mitglied der Herzog-Kommission, die 2003 ein Reformprogramm für die soziale Sicherung im Auftrag des Parteivorstandes der CDU ausarbeitete.

Annette Widmann-Mauz MdB, geboren am 13. Juni 1966 in Tübingen, studierte Politik- und Rechtswissenschaften an der Eberhard-Karls-Universität in Tübingen, wo sie 1993 bis 1998 als wissenschaftliche Mitarbeiterin tätig war. Sie ist seit 1984 Mitglied der CDU. Seit 1998 ist Annette Widmann-Mauz Mitglied des Deutschen Bundestages, seit 2000 Mitglied des Vorstandes der CDU/ CSU-Bundestagsfraktion. Seit 2002 ist sie gesundheitspolitische Sprecherin und seit 2005 Vorsitzende der Arbeitsgruppe Gesundheit der CDU/ CSU-Bundestagsfraktion.

Prof. Dr. Eberhard Wille, geboren am 15. April 1942 in Berlin, promovierte 1969 nach einem Studium der Volkswirtschaftlehre in Bonn an der Universität Mainz. 1973 folgte die Habilitation. Seit 1975 ist er Professor an der Universität Mannheim. Seine Arbeitsschwerpunkte liegen im Bereich Gesundheitsökonomie und

Finanzwissenschaft. Seit 1993 war Wille Mitglied im Sachverständigenrat für die Konzertierte Aktion im Gesundheitswesen und ist seit 2002 Vorsitzender des Sachverständigenrates zur Begutachtung der Entwicklung im Gesundheitswesen.

Dagmar Ziegler MdL, Ministerin für Arbeit, Soziales, Gesundheit und Familie des Landes Brandenburg, wurde 1960 in Leipzig geboren. Sie absolvierte von 1977 bis 1980 eine Berufsausbildung zur Finanzkauffrau und studierte danach von 1980 bis 1984 Finanzwirtschaft an der Humboldt-Universität zu Berlin. Von 1984 bis 1987 war sie Sektorenleiterin für bezirksgeleitete Industrie bei der Staatsbank Leipzig, von 1987 bis 1990 Ökonomin in einer Landwirtschaftlichen Produktionsgenossenschaft (LPG). Seit 1990 ist sie Mitglied der SPD. Von 1993 bis 1998 war sie ehrenamtliche Bürgermeisterin der Stadt Lenzen. Mitglied des Landtages Brandenburg ist Dagmar Ziegler seit Oktober 1994, bis September 2000 war sie stellvertretende Vorsitzende der SPD-Fraktion und stellvertretende Vorsitzende des Ausschusses für Haushalt und Finanzen. Von September 2000 bis Oktober 2004 war sie Ministerin der Finanzen, seit Oktober 2004 ist sie Ministerin für Arbeit, Soziales, Gesundheit und Familie.

Wolfgang Zöller MdB, geboren am 18. Juni 1942 in Obernburg, studierte Maschinenbau. 1972 bis 1990 war er leitender Sicherheitsingenieur bei der Firma AKZO in Obernburg. Von 1969 bis 1989 hatte Zöllner verschiedene politische Funktionen und Ämter auf Lokal- und Landesebene für die CSU inne. Mitglied des Deutschen Bundestages ist er seit 1990. Von 2002 bis 2004 war er Vorsitzender des Arbeitskreises Gesundheit und Soziale Sicherung, Familie, Senioren, Frauen und Jugend der CSU-Landesgruppe. Von 1994 bis 2004 war er gesundheits- und sozialpolitischer Sprecher der CSU-Landesgruppe. Seit 2004 ist er stellvertretender Vorsitzender der CDU/CSU für den Bereich Gesundheit. 1998 bis 2005 war er stellvertretender Vorsitzender des Ausschusses für Gesundheit und Soziale Sicherung des Deutschen Bundestages.

Glossar

Agenda 2010: Programm zur Reform des Arbeitsmarkts und des Sozialsystems. Die Agenda 2010 wurde maßgeblich durch die rot-grüne Koalition und Bundeskanzler Gerhard Schröder (1998-2005) initiiert.

Alterungsrückstellungen: Rücklagen in der PKV, um starken Beitragserhöhungen im Alter vorzubeugen. Nach dem GKV-WSG können diese Rücklagen nun erstmals bei einem Wechsel des PKV-Unternehmens übertragen werden.

Arzneimittelbudget: Bis 2002 unterlagen die Ausgaben für Arznei-, Verband- und Heilmittel aller Vertragsärzte einer KV einer festgelegten Obergrenze. Das Arzneimittelbudget-Ablösungsgesetz (ABAG) ersetzte 2002 diese Ausgabenobergrenzen durch Zielvereinbarungen zwischen den KVen und den Krankenkassen.

Arzneimittelfestbeträge: Höchstbeträge für die Erstattung von Arzneimittelkosten durch die Gesetzlichen Krankenkassen. Diese zahlen nicht automatisch den Apothekenabgabepreis, sondern nur den Festbetrag, der für die jeweilige Gruppe vergleichbarer Arzneimittel festgesetzt wurde.

Beitragsautonomie: Bisher haben die gesetzlichen Krankenkassen ihre Finanzen selbst verwaltet und ihre jeweiligen Beitragssätze festgelegt. Ab 1. Januar 2009 wird im Zuge der Gesundheitsreform in der GKV jedoch ein einheitlicher Beitragssatz eingeführt, der von der Bundesregierung festgesetzt wird.

Beitragsbemessungsgrenze: Der Euro-Betrag, bis zu dem im jeweiligen Sozialversicherungszweig aus dem Arbeitsentgelt prozentuale Beiträge erhoben werden. Arbeitsentgelte über den Beitragsbemessungsgrenzen sind beitragsfrei.

Bundeskartellamt: Das BKartA ist eine dem Bundesministerium für Wirtschaft und Technologie zugeordnete Bundesoberbehörde, deren Hauptaufgaben die Durchsetzung des Kartellverbotes, die Durchführung der Zusammenschlusskontrolle und die Ausübung der Missbrauchsaufsicht sind.

Bürgerversicherung: Grundidee der Bürgerversicherung ist die Einbeziehung aller Bürger mit allen Einkommen in die prozentuale Beitragserhebung zur Gesetzlichen Krankenversicherung. Sie bildet in der politischen Diskussion den Gegensatz zum Vorschlag der fixen „Kopfpauschale" und wird von der SPD und den Grünen vertreten.

Chronikerregelung: Da chronisch Kranke bei prozentualer Zuzahlung zu Arzneimitteln, Heilmitteln und Heilbehandlung überproportional belastet sind, wird die Zahlungsverpflichtung in nachgewiesenen Fällen auf die Höhe von einem Prozent des Bruttoeinkommens begrenzt.

DG Enterprise: The European Commission's Directorate General for Enterprise and Industry. Die Aufgabe der Generaldirektion der Europäischen Kommission für Unternehmen ist die Sicherung gleicher und fairer Wettbewerbsbedingungen für Unternehmungen im europäischen Geltungsrahmen. Dies betrifft auch den Arzneimittelbereich, etwa bezüglich der Zulassung und Sicherheit neuer Medikamente.

Diagnosis-Related-Groups: Diagnosebezogene Fallpauschalen für die Abrechnung von Krankenhausleistungen.

DG SANCO: Direction Générale de la santé et des consommateurs/ Directorate General for Health and Consumer Affairs. Die Generaldirektion für Gesundheit und Verbraucherschutz der Europäischen Kommission hat die Aufgabe, die europäischen Rechtsvorschriften hinsichtlich menschlicher Gesundheit und Verbraucherschutz anzupassen, anzuwenden und durchzusetzen.

Disease-Management-Programme: DMPs sind strukturierte Behandlungsprogramme für chronisch Kranke. Diese Programme sollen eine bessere Kosten-Nutzen-Relation in der Behandlung ermöglichen.

Einkaufsmodell: In der GKV ist das „Einkaufsmodell" das Konzept, nach dem die einzelnen Krankenkassen – z.B. ohne Beteiligung der Kassenärztlichen Vereinigungen – direkte Verträge mit den Leistungsanbietern medizinischer Dienste abschließen.

Erweiterter Mehr- oder Fremdbesitz: Heute müssen Apotheken von einem Inhaber betrieben werden, der approbierter Pharmazeut ist. Er darf seit 2004 drei weitere Filialen haben. Ein erweiterter Mehr- oder Fremdbesitz darüber hinaus ist in Deutschland verboten. Ein entsprechendes Urteil des EuGH im Rahmen eines Vertragsverletzungsverfahrens gegen Deutschland steht noch aus.

Evidence-based Medicine: Die Evidenzbasierte Medizin trifft Entscheidungen im Behandlungsprozess aufgrund von statistisch nachgewiesenen Erfolgen einzelner Behandlungsmethoden.

Festzuschuss bei Zahnersatz: Mit der Einführung von befundbezogenen Festzuschüssen am 1. Januar 2005 hat sich die Berechnungsgrundlage für die Bezuschussung von Zahnersatzleistungen durch die gesetzlichen Krankenkassen geändert. Die Festzuschüsse decken jedoch immer nur einen bestimmten Anteil der tatsächlichen Versorgungskosten.

Finanzautonomie: Siehe: Beitragsautonomie.

gematik: Die gematik ist eine Betriebsorganisation, die von den Spitzenorganisationen des deutschen Gesundheitswesens im Januar 2005 gegründet wurde. Ihre Aufgabe ist die Einführung, Pflege und Weiterentwicklung der elektronischen Gesundheitskarte (eGK) und ihrer Infrastruktur.

Gemeinsamer Bundesausschusses: Der Gemeinsame Bundesausschuss ist das oberste Beschlussgremium der gemeinsamen Selbstverwaltung der Ärzte, Zahnärzte, Psychotherapeuten, Krankenhäuser und Krankenkassen in Deutschland. Er konkretisiert den Leistungskatalog der GKV, z.B. in Form von Richtlinien.

Gemeinsame Selbstverwaltung: Die Gemeinsame Selbstverwaltung regelt in der GKV die nicht-wettbewerblichen Angelegenheiten im Verhältnis der Krankenkassen und Leistungserbringer. Gremien der Gemeinsamen Selbstverwaltung sind vor allem der Gemeinsame Bundesausschuss, und bei den Vertragsärzten und Krankenkassen die Bewertungsausschüsse, Zulassungsausschüsse, Schiedsämter und Prüfungsausschüsse im Rahmen der Wirtschaftlichkeitsprüfung.

Generationengerechtigkeit: Generationengerechtigkeit ist das Bestreben, wirtschaftliche und politische Entscheidungen der Gegenwart nicht zu Lasten der nachkommenden Generationen zu treffen. Verbunden mit diesem Begriff sind die Begriffe „Nachhaltigkeit" und „Ressourcenverantwortung".

Generika: Wirkstoffgleiche Arzneimittel, die nach dem Auslaufen des Patentschutzes eines Originalpräparats auf den Markt kommen.

Gesundheitsfonds: Im Zuge der Gesundheitsreform werden die GKV-Beiträge nach einem einheitlichen Beitragssatz zwar noch dezentral von den einzelnen Kassen erhoben, jedoch vollständig in den Gesundheitsfonds eingezahlt. Er ist die zentrale Verrechnungsstelle der GKV; in ihn fließen auch die Steuerzuschüsse des Bundes. Aus diesem Fonds erhalten dann die einzelnen Krankenkassen als Zuweisung den standardisierten Leistungsbedarf für ihre Versicherten entsprechend den Regeln des morbiditätsorientierten Risikostrukturausgleichs.

Gesundheitsstrukturgesetz: Das Gesetz zur Sicherung und Strukturverbesserung der gesetzlichen Krankenversicherung (GSG) vom 21. Dezember 1992 verfolgte zum einen das Ziel, die Beiträge zur GKV stabil zu halten. Dafür waren die folgenden Reformelemente maßgeblich: Budgetierung der Leistungsausgaben und Verwaltungskosten, Einführung eines Arznei- und Heilmittelbudgets sowie Anhebung der Zuzahlungen der Versicherten. Das GSG hat mit dem Mitgliederwettbewerb zum anderen grundsätzlich neue Gestaltungselemente in die GKV eingeführt: freie Krankenkassenwahl und Risikostrukturausgleich zwischen den einzelnen Krankenkassen.

Hannoveraner Thesen: Die 10 Hannoveraner Thesen zum Beitrag der Versorgungsforschung zur Kosten-Nutzen-Bewertung von Arzneimitteln für den GKV-Arzneimittelmarkt. Sie gingen aus einem Expertengespräch „Datenquellen und Methodik zur Nutzen- und Kosten-Nutzen-Bewertung des Arzneimitteleinsatzes aus Sicht der Versorgungsforschung und Gesundheitsökonomie" am 5. Juni 2007 in Hannover hervor.

Haushaltsbegleitgesetz: Als Haushaltsbegleitgesetz wird ein Gesetz bezeichnet, das gemeinsam mit dem jährlichen Haushaltsgesetz/ Haushaltsplan eingebracht wird und die mit dem Staatshaushalt zusammenhängenden Änderungen anderer Gesetze vornimmt.

Herzog-Kommission: 2003 wurden im Auftrag der CDU von dieser Kommission unter der Leitung von Bundespräsident a.D. Roman Herzog Vorschläge zur Reform der deutschen Sozialversicherungen erarbeitet, die später in das CDU-Programm einflossen (Leipziger Parteitag, Dezember 2003).

Institut für Qualität und Wirtschaftlichkeit im Gesundheitswesen: Das IQWiG ist ein unabhängiges wissenschaftlich arbeitendes Institut mit der Aufgabe, im Auftrag der gemeinsamen Selbstverwaltung medizinische Behandlungen, Operationsverfahren oder auch Arzneimittel auf ihren Nutzen und ihre Qualität hin zu untersuchen. Außerdem untersucht das IQWiG, die Kosten-Nutzen-Relation von neuen Medikamenten im Hinblick auf ihre Erstattungsfähigkeit im Rahmen der GKV.

Integrierte Versorgung: Die von den Krankenkassen zur Integrierten Versorgung abgeschlossenen Verträge sollen eine enge Kooperation unterschiedlicher Leistungserbringer im Hinblick auf eine patientenorientierte interdisziplinäre Versorgung fördern und damit die Eigenlogik der einzelnen Sektoren des Gesundheitssystems (ambulante ärztliche Versorgung, Krankenhäuser und Rehabilitation etc.) überwinden.

Kassenarten: Die GKV ist in acht Kassenarten mit insgesamt über 200 Krankenkassen gegliedert: Allgemeine Ortskrankenkassen (AOK), Betriebskrankenkassen (BKK), Knappschaft und Ersatzkassen für Angestellte (VdAK) bzw. für Arbeiter (AEV), Innungskrankenkassen (IKK), See-Krankenkasse und Landwirtschaftliche Krankenkassen (LKK). Vgl. hierzu § 4 SGB V.

Kassenärztliche Vereinigung: Hauptaufgabe der KVen ist die Vertretung der Rechte der Vertragsärzte gegenüber den Krankenkassen und die Überwachung ihrer Pflichten. Die KVen organisieren die Abrechnung der ambulanten ärztlichen Leistungen mit den Krankenkassen. Die Gesetzlichen Krankenkassen schließen dazu mit den jeweiligen KVen Verträge ab, in denen die Gesamtvergütung für den jeweiligen Geltungsbereich festgelegt wird.

Kollektivvertragssystem: Verträge, die die Krankenkassen bzw. ihre Verbände mit den Kassenärztlichen Vereinigungen (KV) schließen und die für alle Mitglieder der KVen gelten.

Kontrahierungszwang: In der gesetzlichen Krankenversicherung unterliegen die Krankenkassen dem Kontrahierungszwang, d.h. sie sind zur Aufnahme neuer Mitglieder, unabhängig von ihrem Gesundheitszustand oder ihrer finanziellen Leistungsfähigkeit, verpflichtet.

Kopfpauschale: Die Kopfpauschale bzw. Gesundheitsprämie bezeichnet die einkommensunabhängige, d.h. in einem fixen Euro-Betrag bestehende Mitgliedschafts-Prämie jedes Versicherten zur Krankenversicherung nach dem Vorschlag der Unionsparteien zur Reform der Finanzierung der GKV. Im geltenden System einkommensabhängiger Beiträge ist sowohl ein sozialer Einkommensausgleich als auch ein Familienlastenausgleich eingeschlossen. Dieser Solidarausgleich soll nach dem Konzept der CDU künftig über das Steuersystem erfolgen.

Korporatismus: Korporatismus bezeichnet ein System, in dem politische und ökonomische Interessen über Verbände vertreten und in Verhandlungen und Kollektivverträgen zum Ausgleich gebracht werden.

Kostenerstattungsprinzip: Prinzip der Leistungsabrechnung in den privaten Krankenkassen. Wird eine Behandlung nötig, bezahlt der Patient die Leistungserbringer direkt. Die entstandenen Kosten werden ihm dann von der PKV wieder erstattet.

Leistungskatalog: Gesamtumfang aller Leistungen, auf die die Mitglieder der GKV nach dem SGB V einen Anspruch haben. Da das Gesetz diesen Anspruch nur sehr allgemein fasst, muss er beständig durch Entscheidungen der Gemeinsamen Selbstverwaltung (G-BA) konkretisiert werden. Im Zuge der Gesundheitsreform 2007 wurde der Leistungskatalog z.B. um folgende Aspekte erweitert: Palliativversorgung, Impfungen, Rehabilitationsleistungen und ambulante Pflege.

Managed Care: Steuerungsmodell für die Zusammenarbeit verschiedener Leistungserbringer im Gesundheitswesens mit dem Ziel der Effizienzsteigerung.

Medizinischer Dienst der Spitzenverbände der Krankenkassen: Der MDS berät die Spitzenverbände der gesetzlichen Kranken- und Pflegekassen bezüglich der medizinischen und pflegerischen Versorgung. Sein Auftrag ist es, die Zusammenarbeit der einzelnen Medizinischen Dienste (in den Ländern) zu unterstützen und eine einheitliche Durchführung der Aufgaben zu fördern.

Morbiditätsorientierung: Morbidität bzw. die Krankheitswahrscheinlichkeit der Mitglieder einer Krankenkasse soll das maßgebliche Kriterium für die Höhe des Beitragsbedarfs werden, den diese Kasse für ihre Versicherten aus dem Risikostrukturausgleich erhält.

Palliativmedizin: Die Palliativmedizin hat nicht die Heilung des Patienten zum Ziel, sondern die Linderung seiner Leiden (z.B. durch Schmerztherapie) bzw. die Stabilisierung seines Zustandes.

Parität: Unter Parität versteht man, dass die Krankenkassenbeiträge je zur Hälfte vom Arbeitnehmer und vom Arbeitgeber gezahlt werden.

Pharmaceutical Forum: Das „Pharmaceutical Forum" wurde 2005 von der Europäischen Kommission gegründet und stellt eine Diskussionsplattform dar, die die Förderung des Wettbewerbs in der pharmazeutischen Industrie zum Ziel hat.

Primärkassen: Primärkassen waren, nach der Einführung der Sozialversicherung durch Bismarck, die berufsständischen Krankenkassen der GKV, also die BKK, die IKK und die Allgemeinen Ortskrankenkassen (im Gegensatz zu den „Ersatzkassen").

Rabattverträge: Die Krankenkassen können nach der Gesundheitsreform kostenmindernde Einzelverträge (Rabattverträge) mit bestimmten Arzneimittelherstellern aushandeln. Die Apotheken sind daran gebunden und müssen für die Versicherten der betreffenden Kassen die entsprechenden Präparate abgeben.

Risikoselektion: Bestreben von Versicherungen, einen möglichst hohen Anteil von Mitgliedern mit geringem Risiko und einen niedrigen Anteil mit hohem Risiko zu versichern. Die privaten Krankenversicherungsunternehmen versuchen ihr Risiko zu minimieren, indem sie bei der Aufnahme nach Risikokriterien selektieren. In den Gesetzlichen Krankenkassen hingegen gilt Kontrahierungszwang.

Risikostrukturausgleich: Die Mitglieder der verschiedenen Krankenkassen zeigen unterschiedliche gemittelte Risikostrukturen. Ziel des Risikostrukturausgleichs ist es, durch Ausgleichzahlungen zwischen den Krankenkassen diejenigen Kassen zu entlasten, deren Mitglieder ein höheres Risiko haben.

Rürup-Kommission: Gesundheitsministerin Ulla Schmidt berief am 21. November 2002 unter dem Vorsitz des Wirtschaftswissenschaftlers Prof. Bert Rürup eine Kommission, die Vorschläge zur nachhaltigen und zukunftssicheren Gestaltung der Finanzierung der sozialen Sicherungssysteme machen sollte.

Sachleistungsprinzip: Unter dem Sachleistungsprinzip versteht man die vertragliche Bereitstellung von Leistungen durch die Krankenkassen. Der Versicherte nimmt diese ohne direkte Zahlungsverpflichtungen in Anspruch – abgerechnet wird später durch die jeweilige Krankenkasse. Dem gegenüber steht das Kostenerstattungsprinzip.

Selbstbehalttarife: Tarifmodelle, die im Krankheitsfall einen festgelegten finanziellen Eigenbeitrag vom Versicherten einfordern.

Sicherstellungsauftrag: Nach § 72 SGB V der gesetzliche Auftrag der Kassenärztlichen Vereinigungen, die Versorgung der Versicherten mit vertragsärztlichen Leistungen im Rahmen der gesetzlichen Krankenversicherung zu gewährleisten.

Solidarische Gesundheitsprämie: So wurde das Modell der Kopfpauschale der CDU nach einem Kompromiss mit der CSU (und verschiedenen Modifikationen in der Sache) für den Wahlkampf der Unionsparteien 2005 genannt.

Spitzenverband Bund der Krankenkassen: Im Zuge der Gesundheitsreform bilden die einzelnen Krankenkassen einen neuen Spitzenverband, der die öffentlich-rechtlichen Gemeinschaftsaufgaben der GKV ab 1. Juli 2008 übernimmt. Er ersetzt die bisherigen Bundesverbände der einzelnen Kassenarten.

Strukturvertrag: Ziel von Strukturverträgen ist es, ähnlich wie bei Verträgen zur Integrierten Versorgung, die Zusammenarbeit der verschiedenen Leistungserbringer zu verbessern, d.h. z.B. auch, stationäre Behandlung durch ambulante Behandlung zu ersetzen.

Subsidiaritätsprinzip: Nach dem Subsidiaritätsprinzip soll eine staatliche Aufgabe soweit wie möglich von der jeweils unteren bzw. kleineren Einheit wahrgenommen werden. Der Gesamtstaat soll erst dann eingreifen, wenn die Probleme auf der Ebene der Gemeinde oder Region (Bundesland) nicht zu bewältigen sind.

Systemkonkurrenz: Der Wettbewerb zwischen gesetzlichen und privaten Krankenversicherungen wird als Systemkonkurrenz bezeichnet.

Versicherungsfremde Leistungen: Leistungen der GKV, die nicht direkt durch Krankheiten ausgelöst werden (z.B. Mutterschaftshilfe).

Versicherungspflichtgrenze: Die Versicherungspflichtgrenze legt fest, bis zu welcher Höhe des jährlichen Bruttoarbeitsentgelts Arbeitnehmer der Versicherungspflicht in der gesetzlichen Krankenversicherung unterliegen.

Vertragsarztrecht: Die Reform des Vertragsarztrechtes ist am 1. Januar 2007 in Kraft getreten. Ein wesentlicher Punkt hierbei ist die beabsichtigte Bildung von örtlichen und überörtlichen Berufsausübungsgemeinschaften zwischen allen zur vertragsärztlichen Versorgung zugelassenen Leistungserbringern – auch über die Grenzen einer KV hinaus.

Wahltarife: Die Krankenkassen können den Versicherten im Zuge der Gesundheitsreform die Möglichkeit bieten, unter verschiedenen Tarifmodellen zu wählen. So stehen unter anderem Selbstbehalttarife oder Rückerstattungsmodelle zur Auswahl.

Zusatzprämien: Wenn die Leistungsausgaben einer Krankenkasse ihre Zuweisungen aus dem morbiditätsorientierten RSA überschreiten, muss sie von ihren Mitgliedern eine Zusatzprämie einziehen. Diese ist jedoch aus sozialen Gründen auf maximal 1 Prozent des beitragspflichtigen Einkommens ihrer Mitglieder beschränkt.

Zweitmeinung: Für die Verordnung von bestimmten kostenintensiven Arzneimitteln muss seit dem 1. April 2007 von fachlich besonders ausgewiesenen Ärzten eine Zweitmeinung eingeholt werden.

Abkürzungsverzeichnis

ABAG	Arzneimittelbudget-Ablösungsgesetz
AEV	Arbeiter-Ersatzkassen-Verband e.v.
AOK	Allgemeine Ortskrankenkassen
AVWG	Arzneimittelversorgungs-Wirtschaftlichkeitsgesetz
AWO	Arbeiterwohlfahrt
BAH	Bundesverband der Arzneimittelhersteller e.v.
BAI	Bundesverband der Arzneimittelimporteure e.v.
BDA	Berufsverband der Allgemeinärzte e.v.
BMAS	Bundesministerium für Arbeit und Soziales
BKartA	Bundeskartellamt
BKK	Betriebskrankenkassen
BMG	Bundesministerium für Gesundheit
BMJ	Bundesministerium für Justiz
BPI	Bundesverband der Pharmazeutischen Industrie e.v.
BSSichG	Beitragssatzsicherungsgesetz
DAK	Deutsche Angestellten-Krankenkassen
DGB	Deutscher Gewerkschaftsbund
DKG	Deutsche Krankenhausgesellschaft e.v.
DMP	Disease-Management-Programm
DRG	Diagnosis-Related-Groups - Bezeichnung für diagnosebezogene Fallpauschalen bei der Abrechnung von Krankenhausleistungen
G 10	EU-Arbeitsgruppe „Innovation und Bereitstellung von Arzneimitteln"
GEK	Gmünder Ersatzkasse
G-BA	Gemeinsamer Bundesausschuss
GKV	Gesetzliche Krankenversicherung
GKV-WSG	Gesetz zur Stärkung des Wettbewerbs in der gesetzlichen Krankenversicherung
GMG	Gesetz zur Modernisierung der gesetzlichen Krankenversicherung
GRG	Gesundheitsreformgesetz
GSG	Gesundheitsstrukturgesetz
GWB	Gesetz gegen Wettbewerbsbeschränkungen
HOPE	European Hospital and Healthcare Federation
IG BCE	Industriegewerkschaft Bergbau, Chemie, Energie
IhF e.V.	Institut für hausärztliche Fortbildung im Deutschen Hausärzteverband
IKK	Innungskrankenkassen
InEK	Institut für das Entgeltsystem im Krankenhaus GmbH
IQWiG	Institut für Qualität und Wirtschaftlichkeit im Gesundheitwesen

KBV	Kassenärztliche Bundesvereinigung
KV	Kassenärztliche Vereinigung
KZBV	Kassenzahnärztliche Bundesvereinigung
LKG	Landeskrankenhausgesellschaft
ÖGD	Öffentlicher Gesundheitsdienst
OTC	„over the counter" - Bezeichnung für rezeptfreie, also frei verkäufliche Medikamente
PKV	Private Krankenversicherung
RSA	Risikostrukturausgleich
RVO	Reichsversicherungsordnung
SGB	Sozialgesetzbuch
SpiBu	Spitzenverband Bund der Krankenkassen
TK	Techniker Krankenkasse
UWG	Gesetz gegen den unlauteren Wettbewerb
VAD	Verband der Arzneimittel-Importeure Deutschlands
VÄndG	Vertragsarztrechtsänderungsgesetz
VdAK	Verband der Angestellten-Krankenkassen e.V.
VFA	Verband forschender Arzneimittelhersteller e.V.
VVaG	Versicherungsverein auf Gegenseitigkeit

Autoren

Prof. Dr. Nils C. Bandelow *1967

nils.bandelow@tu-braunschweig.de

Prof. Dr. Nils C. Bandelow ist seit September 2007 Inhaber des Lehrstuhls für Innenpolitik an der TU Braunschweig. Zuvor war er an der Ruhr-Universität Bochum, der Heinrich-Heine-Universität Düsseldorf und der University of Birmingham (UK) tätig.

Aktuelle Publikationen:

Bandelow, Nils C./ Bleek, Wilhelm (Hrsg.) (2007): Einzelinteressen und kollektives Handeln in modernen Demokratien, Wiesbaden.

Nils C. Bandelow (2007): Health Policy: Obstacles to Policy Convergence in Britain and Germany. In: German Politics (16/ 1), S. 150-163.

Andreas Brandhorst *1961

andreas.brandhorst@gruene-bundestag.de

Andreas Brandhorst ist seit 2003 Fraktionsreferent für Gesundheitspolitik in der Bundestagsfraktion von Bündnis 90/ Die Grünen. Von 1991 bis 1994 war er Referent für Sozialpolitik in der Fraktion Bündnis 90/ Die Grünen im Thüringer Landtag und von 1995 bis 1998 wissenschaftlicher Mitarbeiter der sozialpolitischen Sprecherin der Bundestagsfraktion Bündnis 90/ Die Grünen. Von 1998 bis 2001 leitete er das Ministerbüro im Bundesministerium für Gesundheit und war dort von 2001 bis 2002 Leiter des Referats für gesamtwirtschaftliche Fragen.

Aktuelle Publikationen:

Brandhorst, Andreas (2003): Gesundheitspolitik zwischen 1998 und 2003: Nach der Reform ist vor der Reform. In: Gohr, Antonie/ Seeleib-Kaiser, Martin (Hrsg.): Sozial- und Wirtschaftspolitik unter Rot-Grün, Wiesbaden.

Thomas Brauner *1950

tbrauner@bpi.de

Thomas Brauner studierte Erziehungswissenschaften und ist seit 2004 stellvertretenden Hauptgeschäftsführer beim Bundesverband der Pharmazeutischen Industrie e.V. in Frankfurt/ Main und Berlin. Dort war er zudem Geschäftsführer der Abteilungen Wirtschafts-, Gesundheits- und Sozialpolitik. Zuvor war er Leiter des Bereichs Grundsatzfragen der Gesundheits- und Sozialpolitik in der Senatsverwaltung für Gesundheit und Soziales Berlin, als Vertreter Berlins in den Ausschüssen des Bundesrates sowie als Stabsleiter für Politik in der Berliner Senatsverwaltung für Gesundheit. Im Anschluss daran wurde er Leiter des Referats Politik beim Verband der Angestellten-Krankenkassen (VdAK).

Dr. Dorothea Bronner *1957
dorothea.bronner@g-ba.de

Dorothea Bronner ist seit 2004 Geschäftsführerin des Gemeinsamen Bundesausschusses. Nach dem Studium der Chemie und ihrer Promotion an der Universität Freiburg arbeitete sie als wissenschaftliche Assistentin am Max-Planck Institut für Immunbiologie in Freiburg und später als wissenschaftliche Mitarbeiterin im Projektträger Gesundheitsforschung des Deutschen Zentrums für Luft- und Raumfahrt. Von 1999 bis 2001 war sie dort Gruppenleiterin und stellvertretende Abteilungsleiterin. Im Anschluss daran wurde sie Hauptgeschäftsführerin der Arbeitsgemeinschaft Koordinierungsausschuss e.V.

Dr. Stefan Etgeton *1963
etgeton@vzbv.de

Der studierte Theologe ist seit 2002 Gesundheitsreferent beim Verbraucherzentrale Bundesverband e.V. Von 1995 bis 2000 war er Verbandssekretär und Bundesgeschäftsführer der Deutschen AIDS-Hilfe e.V.

Dr. Timm Genett *1970
timm.genett@pkv.de

Dr. Timm Genett ist Politikwissenschaftler und leitet seit 2008 das Büro des Verbandsdirektors im Verband der privaten Krankenversicherung. Während der Gesundheitsreform 2006/07 war er im PKV-Verband für Regierungs- und Parlamentsfragen zuständig. Von 2000 bis 2005 war er Büroleiter des petitionspolitischen Sprechers der CDU/ CSU-Bundestagsfraktion.
Aktuelle Publikationen:
Genett, Timm (2008): Der Fremde im Kriege. Zur politischen Theorie und Biographie von Robert Michels 1876-1936, Berlin.
Genett, Timm (Hrsg.) (2007): Robert Michels: Soziale Bewegungen zwischen Dynamik und Erstarrung. Essays zur Arbeiter-, Frauen- und nationalen Frage (Schriften zur europäischen Ideengeschichte 2), Berlin.

Stefan Gräf

Stefan Gräf ist Rechtsanwalt und Leiter der Stabsstelle Politik bei der Kassenärztlichen Bundesvereinigung.

Prof. Dr. Andreas Hänlein *1959

haenlein@uni-kassel.de

Prof. Dr. Andreas Hänlein ist seit 2002 Inhaber des Lehrstuhls Wirtschafts-, Arbeits- und Sozialrecht an der Universität Kassel am Fachbereich Wirtschaftswissenschaften. Von 1993 bis 1995 war wissenschaftlicher Mitarbeiter am Bundesverfassungsgericht, von 1995 bis 2002 wissenschaftlicher Referent am Max-Planck-Institut für ausländisches und internationales Sozialrecht in München.

Aktuelle Publikationen:
Hänlein, Andreas (2007): Governance und Arbeitsmarkt. In: Recht der sozialen Dienste und Einrichtungen 65/ 07.
Hänlein, Andreas (2007): Europabezüge und Europaneigungen im deutschen Berufsbildungsrecht. In: Hänlein, Andreas/ Roßnagel, Alexander (Hrsg.): Wirtschaftsverfassung in Deutschland und Europa. Festschrift für Bernhard Nagel, Kassel, S. 57 – 68.

Dr. Volker Hansen *1955

v.hansen@bda-online.de

Dr. Volker Hansen ist Volkswirt und promovierter Politikwissenschaftler und seit 1993 stellvertretender Leiter der Abteilung Soziale Sicherung der Bundesvereinigung Deutscher Arbeitgeberverbände (BDA). Von 1998 bis 1999 leitete er dort das Büro des Präsidenten und des Hauptgeschäftsführers. Seit 2005 ist er Mitglied des Verwaltungsrats der AOK Brandenburg und alternierender Vorsitzender des Verwaltungsrats des AOK-Bundesverbandes sowie alternierender Vorsitzender des Vorstands des Medizinischen Dienstes der Spitzenverbände der Krankenkassen.

Detlev Heins *1969

detlev.heins@dkgev.de

Detlev Heins ist Krankenkassenbetriebswirt und seit Mai 2007 Leiter des Bereichs Politik der Deutschen Krankenhausgesellschaft e.V. Zuvor war er neun Jahre für den BKK-Landesverband NORD, zuletzt als Leiter des Bereichs Verbandspolitik, tätig. Seinen beruflichen Werdegang begann Detlev Heins 1985 bei der Innungskrankenkasse Hamburg.

Knut Lambertin *1970
knut.lambertin@dgb.de

Knut Lambertin ist Politikwissenschaftler und seit 2005 politischer Sekretär für Gesundheitspolitik beim DGB-Bundesvorstand. Von 2003 bis 2005 war er Referent in der Arbeitsgruppe Gesundheit und Soziale Sicherung der SPD-Bundestagsfraktion.

Dr. Andreas Lehr *1965
lehr@letv-verlag.de

Dr. Andreas Lehr ist gesundheitspolitischer Fachjournalist und Verleger des Online Magazins „highlights – Nachrichten und Analysen zur Gesundheitspolitik" sowie der Zeitschrift „forum für gesundheitspolitik". Zudem ist er Geschäftsführer des LetV-Verlags. Er veröffentlichte zahlreiche Beiträge in gesundheitspolitischen Fachmedien, unter anderem die „Krankenhauspolitische Chronik" im jährlich erscheinenden „Krankenhaus-Report".

Arijana Neumann *1980
arijana.neumann@uni-kassel.de

Arijana Neumann ist Politikwissenschaftlerin und arbeitet seit 2006 als wissenschaftliche Mitarbeiterin an der Universität Kassel, wo sie aktuell ihre Dissertation über die CDU auf Landesebene scheibt. Sie hat Politikwissenschaft und Volkswirtschaftslehre in Frankfurt am Main und in Wien studiert und ihre Abschlussarbeit über die Arbeitsmarktpolitik der rot-grünen Bundesregierung verfasst.
Aktuelle Publikationen:
Neumann, Arijana/ Schmid, Josef (2008): Die Hessen-CDU: Kampfverband und Regierungspartei. In: Schroeder, Wolfgang (Hrsg.): Parteien und Parteiensystem in Hessen. Vom Vier- zum Fünfparteiensystem? Wiesbaden.
Schroeder, Wolfgang/ Neumann, Arijana (2006): Vieillissment démographique: entre déni et dramatisation. In: Regards sur L'Economie Allemande. Bulletin Economique de Cirac, Nr. 78.

Dr. Robert Paquet *1953
rp@robert-paquet.de

Dr. Robert Paquet ist Soziologe und Volkswirt und arbeitet als selbständiger Publizist und Berater im Gesundheitswesen. Er war bis Mitte 2008 Leiter des Berliner Büros des BKK-Bundesverbandes. Bis 1999 war er Vorstandsvorsitzender des BKK-Landesverbandes Niedersachsen und zuvor Abteilungsleiter beim BKK Bundesverband in Essen. Bis 1989 war er Mitarbeiter der SPD-Bundestagsfraktion. Von 1980 bis 1987 arbeitete er am Institut für Gesundheits- und Sozialforschung (IGES) GmbH in Berlin. Er veröffentlichte zahlreiche Beiträge zu gesundheits- und sozialpolitischen Themen und ist Herausgeber des Jahrbuchs der medizinischen Innovationen.

Hartmut Reiners *1945
hartmut.reiners@masgf.brandenburg.de

Hartmut Reiners ist seit 1992 Leiter des Referats für Grundsatzfragen der Gesundheitspolitik im Ministerium für Arbeit, Soziales, Gesundheit und Familie des Landes Brandenburg. Zuvor arbeitete er in gleicher Position in Nordrhein-Westfalen. Von 1987 bis 1990 war er Mitglied der Enquete-Kommission zur Strukturreform der GKV. Er verfasste zahlreiche Publikationen zu Fragen der Gesundheitspolitik und -ökonomie.

Mathieu Schade *1981
mathieu.schade@tu-bs.de

Mathieu Schade ist seit Juli 2007 wissenschaftlicher Mitarbeiter am Lehrstuhl für Innenpolitik an der TU Braunschweig und hat Politikwissenschaft, Volkswirtschaftslehre und Rechtswissenschaft an den Universitäten Braunschweig und Prag studiert. Seine Abschlussarbeit zum Thema „Regierungskommissionen als multifunktionales Politikinstrument" wurde mit dem Preis der Salzgitter AG ausgezeichnet. 2006/07 war er als Projektmanager bei der Bertelsmann Stiftung tätig.

Prof. Dr. Wolfgang Schroeder *1960

wolfgang.schroeder@uni-kassel.de

Prof. Dr. Wolfgang Schroeder ist Politikwissenschaftler und seit 2006 Inhaber des Lehrstuhls Politisches System der BRD/ Staatlichkeit im Wandel an der Universität Kassel. Seine Arbeitsschwerpunkte liegen u.a. in den Bereichen Wandel von Politik und Ökonomie in Deutschland und Europa, sozialstaatlicher Umbau, Parteien- und Organisationsforschung sowie Arbeitsbeziehungen.

Aktuelle Publikationen:

Schroeder, Wolfgang (Hrsg.) (2008): Parteien und Parteiensystem in Hessen. Vom Vier- zum Fünfparteiensystem? Wiesbaden.

Schroeder, Wolfgang/ Kerschbaumer, Judith (Hrsg.) (2006): Sozialstaat und demographischer Wandel. Herausforderungen für Arbeitsmarkt und Sozialversicherung, Wiesbaden.

Dr. Rudolf Speth *1957

rudolf.speth@web.de

Rudolf Speth ist Privatdozent am Fachbereich Politik- und Sozialwissenschaften der FU Berlin und Dozent im Studiengang „Nonprofit-Management und Governance" der Universität Münster.

Aktuelle Publikationen:

Speth, Rudolf (2007): Das neue Lobbying der Unternehmen: Public Affairs, Düsseldorf.

Speth, Rudolf (2007): Über die Inszenierung von Öffentlichkeit durch Kampagnen. In: Forschungsjournal Neue Soziale Bewegungen Nr. 3.

Dr. Dominik Graf von Stillfried *1965

dstillfried@kbv.de

Dr. von Stillfried ist seit Januar 2008 Geschäftsführer des Zentralinstituts für die kassenärztliche Versorgung. Der studierte Volkswirt (Schwerpunkt Gesundheitsökonomie) hat zuvor in verschiedenen Positionen bei Krankenkassen und Verbänden gearbeitet.

Dr. Jutta Visarius *1954
visarius@letv-verlag.de

Dr. Jutta Visarius verlegt das Online Magazin „highlights – Nachrichten und Analysen zur Gesundheitspolitik" und die Zeitschrift „forum für gesundheitspolitik". Sie ist zudem Geschäftsführerin des LetV-Verlags. Sie veröffentlichte zahlreiche Publikationen in gesundheitspolitischen Fachmedien, unter anderem die „Krankenhauspolitische Chronik" im jährlich erscheinenden „Krankenhaus-Report".